곧은 길에서 좁은 길로

예수께 나아오는 무슬림들

모든 인간은 하나님의 형상을 닮은 존엄한 존재입니다. 전 세계의 모든 사람들은 인종, 민족, 피부색, 문화, 언어에 관계없이 존귀합니다. 예영커뮤니케이션은 이러한 정신에 근거해 모든 인간이 존귀한 삶을 사는 데 필요한 지식과 문화를 예수 그리스도의 사랑으로 보급함으로써 우리가 속한 사회에 기여하고자 합니다.

예영세계선교신서 17
곧은 길에서 좁은 길로

펴낸 날 · 2010년 9월 10일 | **초판 1쇄 찍은 날** · 2010년 9월 5일
지은이 · 데이빗 그린리 | **옮긴이** · 김요한, 백재현, 전병희
펴낸이 · 김승태
등록번호 · 제2-1349호(1992. 3. 31) | **펴낸 곳** · 예영커뮤니케이션
주소 · (136-825) 서울시 성북구 성북1동 179-56 | **홈페이지** www.jeyoung.com
출판사업부 · T. (02)766-8931 F. (02)766-8934 e-mail: edit1@jeyoung.com
출판유통사업부 · T. (02)766-7912 F. 02)766-8934 e-mail: sales@jeyoung.com

Copyright ⓒ 2010. 예영커뮤니케이션
ISBN 978-89-8350-598-9 (04230)
      978-89-8350-542-2 (세트)

값 14,000원

예영세계선교신서 17

곧은 길에서 좁은 길로

예수께 나아오는 무슬림들

데이빗 그린리 편저
김요한 백재현 전병희 공역

예영커뮤니케이션

출간에 즈음하여, 전문가들의 회의를 거쳐 본서 출간이 가능하도록 관대하게 선물을 베푼 가족 여러분께 감사하는 마음을 드립니다.

"내가 너희를 생각할 때마다 나의 하나님께 감사하며 간구할 때마다 너희 무리를 위하여 기쁨으로 항상 간구함은 너희가 첫날부터 이제까지 복음을 위한 일에 참여하고 있기 때문이라 너희 안에서 착한 일을 시작하신 이가 그리스도 예수의 날까지 이루실 줄을 우리는 확신하노라"(빌 1:3-6).

관대하게 우리를 환영해 주시고 모임을 이끌어 주신 여러분, 글들을 작성하고 교정하는 데 많은 시간을 할애해 주신 필자들, 출판에 이르기까지 도와준 그렉(Greg), 그리고 독자들을 위해 이 글들을 내 준 출판사 팀 여러분께 감사의 인사를 표합니다.

그리고 무엇보다 우리가 나눈 희망의 메시지 되시는 그리스도와 이 책의 이야기에 거론된 그리스도 안의 믿음으로 나아온 형제자매들에게 깊은 감사를 올려 드립니다.

편저자 데이빗 그린리

5

편저자의 인사말(한국어 번역판)

출간에 즈음하여, 전문가들 회의를 통해 본서 출간이 가능하도록 관대하게 도와주신 가족 여러분과 모임을 은혜롭게 이끌어 주신 여러분께 감사하는 마음을 드립니다.

"내가 너희를 생각할 때마다 나의 하나님께 감사하며 간구할 때마다 너희 무리를 위하여 기쁨으로 항상 간구함은 너희가 첫날부터 이제까지 복음을 위한 일에 참여하고 있기 때문이라 너희 안에서 착한 일을 시작하신 이가 그리스도 예수의 날까지 이루실 줄을 우리는 확신하노라"(빌 1:3-6).

책의 저자들 모두, 본 책자의 글을 장시간에 걸쳐 정확하게 번역하느라고 수고를 아끼지 않으신 여러분과 한국의 출판사 사장님께 감사의 인사를 전합니다. 이 책을 한국어로 번역하기로 결정하신 전병희 박사(1-9장)와 이 번역작업에 함께 동참하신 백재현 박사(10-14장), 김요한 박사(15-22장)께 뜨거운 감사를 드리며, 이 책의 한국어 번역본을 출판하기로 결정해 주신 예영커뮤니케이션 김승태 사장님께 진심으로 감사의 말씀을 올립니다.

또한 모든 족속과 민족이 예수 그리스도의 복음을 듣도록 세계 만방에 충성된 아들과 딸을 보내 준 한국 교회에 감사를 드립니다. 우리의 기도와 바람은 이 책자를 통하여 한국의 성도 여러분이 이보다도 더욱 더 많은 일을 감당해 냄으로 말미암아 용기를 얻는 것입니다.

끝으로 이 책자의 내용에 실린 실화의 주인공들인 그리스도 안의 믿음으로 나아온 형제자매들과 우리가 공통으로 나눈 소망의 메시지 되시는 예수 그리스도께 감사를 올려 드립니다.

편저자 데이빗 그린리

오늘날처럼 무슬림 선교에 대한 관심이 고조된 적이 이전에는 없었던 것 같다. 이는 두 가지 의미를 가지는데 하나는 기독교의 선교적 관심이 고양되었다는 의미이고 다른 의미로는 이슬람이 놀라운 세력으로 확대되고 있다는 의미이기도 하다. 중요한 것은 우리 앞에 거대한 과업이 놓여 있고 이 과업을 기꺼이 담당할 추수꾼들을 하나님께서는 부르고 계시다는 사실이다.

20세기 커다란 부흥이 일어났지만 사실 이 부흥은 주변부의 부흥에 불과했다. 즉 샤머니즘의 영향을 받은 가톨릭권(라틴 아메리카)과 토착종교의 영향이 남아 있는 아프리카권, 공산주의가 기존 종교의 영향력을 말살시킨 이후의 구공산권에서 일어난 부흥들이다. 불행히도 아직 우리는 정통 이슬람권을 돌파하거나, 정통 힌두교권, 정통 소승불교권을 돌파하지 못하고 있다. 21세기 선교는 더 이상 주변부에서 사역하는 것이 아니라 이런 정통 거대 종교권을 대상으로 선교적 돌파를 일으켜야만 한다. 선교의 종료를 선포하기 위해서 이는 필연적 과정이다. 아마도 이 중 가장 큰 대상은 이슬람권일 것이다.

그러나 지금까지 우리는 정통 이슬람권에서 기대할 만한 열매를 거두지 못했다. 승리주의에 입각한 정면대결의 방법이나, 반대로 대립하지 않는 부드러운 접근 모두에서 기대할 만한 결과를 보지 못했다. 이는 전통적 방법으로는 이슬람권 돌파가 쉽지 않음을 보여 주는 것이다. 무언가 새로운 선교적 접근이 절실하다.

도날드 맥가브란(Donald McGavran)은 하나님의 복음은 모든 상황과 종교 내에서 성장하는 것이 정상이며 그렇지 못하다면 우리가 방법을 못 찾았을 뿐이라고 말한다. 이는 선교 전략가들에게는 놓쳐서는 안 되는 기본 진리이다. 이슬람이 아무리 강해도 이들을 복음으로 인도할 수 있는 길이 반드시 있다는 것이다. 우리가 기대할 만한 열매를 보지 못하는 것은 아직도 우리가 연구하고 배워야 할 것이 이슬람권에 많다는 의미이다.

최근 이슬람권의 선교적 돌파를 위해서 다양한 연구가 진행되고 있다. 이런 연구의 출발점은 사실 무슬림들의 개종 과정에 대한 분석이 기초가 되어야 하는데 의외로 무슬림의 개종을 연구한 자료는 극히 부족하다. 이제는 서구 선교학이 아니라 현장 상황에 눈높이를 맞추는 것에서 시작해야 한다. 개종이 순간의 결단인지 혹은 과정인지도 아직 논란의 대상이다. 개종은 결정이고 이 결정은 문화의 지배를 받는다고 해야 할지도 논란의 대상이다. 무엇보다도 현장의 소리가 필요한 영역이다.

본서는 2003년에 열렸던 CTFC 모임에서 발표된 논문들과 자료들을 통하여 무슬림들의 개종 과정을 중심 주제로 편집한 책이다. 이 책은 단순한 선교적 이론들만을 모아 놓은 것이 아니라는 강점을 가지고 있다. 다양한 지역에서 다양한 계층의 무슬림들 가운데 실제 사역하고 있는 사역자들과 무슬림 개종자들의 간증을 기본으로 하고, 선교학적 기초가 이를 보충하는 형식으로 되어 있다. 모두 8개의 개종과정에 대한 실제 사례들이 보고되었다.

이 중 특히 장 마리 고들(Jean-Marie Gaudeul)이 제시한 다섯 가지 모델은 개종 과정에 접근하는 총체적 길잡이 노릇을 감당하고 있다. 물론 고들이 개종을 단순히 문화적 측면에서 강조한 면이 있지만 오늘날 무슬림 개종 과정이 일어나는 상황을 분류해 준 것은 큰 유익이다.

또한 본서는 단순한 선교학적 기초에서 더 나아가 실제적 전략을 일부 제시하고 있다는 점에서 훌륭하다. 이 중 특히 관심을 끈 것은 로웰 드쟝(Lowell de Jong)의 풀베 종족 내에서의 내부자 운동에 대한 제안이다. 풀베 혹은 풀라니 종족은 서부 아프리카에서 오랫동안 미전도 종족으로 알려졌다. 이들에게 접근하면서 드쟝은 흥미롭게도 왜 이들에게 이슬람은 그토록 견고하게 정착했는가를 분석해 보고 여기서 배운 교훈을 기독교 선교에 적용시켜 보려고 한다. 그는 풀베족에게 선교는 복음을 그들의 문화 내부에 심는 과정이라고 정의한다.

지금까지 미전도 종족이 기독교 신앙을 가지기 위해서는 선교사의 세계관과 신앙 체계를 수용해야 가능했다. 그러나 복음은 어떠한 세계관과 신앙 체계에서도 심길 수 있다는 믿음을 가진다면 전자와 같은 접근이 선교의 장애가 됨을 쉽게 알 수 있다. 드쟝은 이를 지적하면서 풀베 내부에 복음을 심는 내부자 운동을 제안한다. 그러나 아쉬운 것은 더 구체적인 내용으로 들어가지는 못하고 기본 아이디어를 제안하는 수준이라는 것이지만 새로운 관점을 제공한다는 면에서 훌륭하다.

본서 자체는 완성된 작품이 아니고 더 깊은 연구를 위한 발제라고 보인다. 이 자료 위에 다양한 추가의 경험과 분석, 적용이 축적되기 시작한다면 새로운 이슬람 선교 전략이 구체적 틀을 가지고 출현할 수 있을 것으로 확신한다. 한국에서 이슬람 선교에 대한 심도 있는 연구와 전략이 부족하던 시점에 참으로 적절한 도움을 주는 책으로 생각된다. 이슬람을 연구하는 학자들과 이슬람 선교사, 선교 지망생 모두에게 중요한 자료로 필독할 것을 강력히 권고하고 싶은 책이다.

이현모
침례신학대학교 선교학 교수

추천의 글 2

이 책의 어느 이라크 무슬림 회심자는 "어느 선지자도 감히 그가 길이요, 진리요, 생명이라고 말할 수 없는 것이지요."라고 말했다. 그리스도인들이 믿는 예수와 무슬림들이 이해하는 예수는 큰 차이가 있다. 이 예수 그리스도(이사 알마시흐-Isa al Masih)를 무슬림들 속에서 알리기 위해 아씨시의 성 프란시스(Saint Francis of Assis, 1182-1226)는 용서와 사랑과 화해의 좁은 길을 걸었고, 레이몬드 룰(Raymond Lull, 1235-1315)은 무슬림을 위해 순교했다. 그 후, 사무엘 즈웸머(Samuel M. Zwemer, 1867-1952)는 근대 무슬림 선교의 문을 열었다. 그는 1906년 4월 4~9일에 카이로에서 열린 최초의 무슬림 선교 대회 의장으로서 이 대회를 주도하였다. 그때 우리나라는 일제에 합병되는 어두운 시기였고 복음이 막 들어온 때였다. 그리고 1세기가 지났다.

지난 100년간 세계 선교 상황도 큰 변화를 겪었다. 무슬림 세계도 큰 변화를 겪었다. 복음의 빛을 진 한국 교회가 지난 30년간 어떻게 무슬림들에게 복음을 전할까를 씨름하고 고민하고 있을 때, 이 책은 우리가 알지 못하는 더 진전된 무슬림 선교가 이미 진행되고 있었음을 우리에게 보여 준다.

사실 최근 들어 무슬림 선교에 여러 도전들이 있었다. 다양하고 복잡한 선교 현실들, 기독교와 이슬람 세계관의 충돌, 과격 무슬림들의 테러와 9.11 사태, 근본주의 이슬람의 부흥, 한국 내 무슬림들의 증가, 이러한 거대한 도전 앞에서 예수 그리스도의 복음의 유일성을 전해야만 하는 큰 부담! 동시에 오만이 아닌 성육신적 겸손과 사랑으로 이 복음을 전해야 하는 두려움, 그리고 곳곳에서 나타나는 고난과 순교의 소식들! 무슬림 선교는 과연 가능할까? 공산주의가 무너지듯이 이슬람도 무너질까? 아니, 이슬람의 틀을 가진 채 개종이 일어날 수 있을까? 선포인가 대화인가? 만남인가 충돌인가? 두 종교의 공통분모를 기초로 서로 대화가 가능할 것인가? 아니면 서로를 사탄으로 여겨 양립된 길을 걸을 것인가?

이런 상황에서 이 책은 지금까지 진행된 무슬림권 선교를 선교 신학적으로 다양하게 정리하였다. 짐 테베(Jim Tebbe)의 말처럼 좋은 신학이 늘 좋은 선교를 낳은 것이 아니지만, 신학이 없거나, 혹은 나쁜 신학은 확실히 나쁜 선교를 낳는다. 또한 다양한 저자들이 대륙별, 나라별로 여러 개종의 모습과 개종자들의 다양한 상황들을 보여 주고 있다. 선교사 주도가 아닌 현지 무슬림 주도의 방식들, 개종의 여러 동기들과 다양한 결과들을 잘 분석하여 우리에게 통찰력을 준다. 초자연적인 하나님의 역사, 꿈, 환상, 기적들, 성경의 중요성과 역할, 성경공부, 인터넷, Radio/TV, 성경통신과정, 자선과 긍휼 사역, 고난의 장기 사역 등이 어떤 결과를 가져왔는지 잘 보여 주고 있다.

눈물로 씨를 뿌리는 자는 기쁨으로 거두게 되는 진리를 확인하며 나는 격려를 받았고 독자들도 격려를 받을 것을 확신한다. 또 사역자들과 개종자들의 여러 케이스를 통하여 그들의 성공과 실패의 실제 경험들을 읽음으로써, 이곳에 제시된 선교학적 통찰들을 냉냉한 이론으로 머리로만 이해하는 것이 아니라, 살아 움직이는 감동과 함께 가슴으로 알게 될 것이다.

우리는 무슬림들이 그리스도인으로 개종하는 일에 너무 집착한 나머지 그리스도인들이 무슬림으로 개종하는 일에 대해 관심이 적지만,

이 책은 개종이 양 방향으로 이루어지고 있음을 솔직하게 보여 준다. 또한 무슬림들을 그들의 공동체에서 뽑아내는 것이 아니라, 그들의 상황에서 그들 심령에 어떻게 영원한 복음을 심어 주었는지에 대한 선교사들의 몸부림을 보여 준다.

과연 우리는 양 방향의 개종에 대해 예수처럼 인간의 선택의 자유를 존중하고 허용할 것인가? 종교적, 사회적, 정치적, 경제적, 문화 인류학적, 신학적으로, 통전적으로, 전인간적으로 개종을 이해하는 저자들의 노력은 그리스도인과 무슬림 간의 관계에서 중요한 전환점을 이룬 시도이다. 단지 한 종교적인 요구들에 기초한 좁은 의미에서의 개종은 서로 간에 더 크고도 끊임없는 충돌을 일으켰기 때문이다. 동시에 개종자들을 믿음의 공동체가 특별히 돌보며 관심과 배려를 보여 준 사례들은 참으로 당연하고 귀한 것이다. 이런 맥락에서 인사이더스 운동(Insiders Movement)이나 종족(집단) 개종의 다각적인 새로운 시도를 통해 무슬림들이 개종하고, 또 그들을 어떻게 돌보았는지에 대한 구체적인 사례들은 무슬림 선교의 새로운 지평을 열어 주고 있다.

이슬람 탄생 이후 천 년 이상 이슬람과 기독교는 엄청나게 논쟁해 왔다. 그리고 수많은 책이 쓰였다. 논쟁을 위해 책이 더 쓰여야 할까? 우리는 누가 옳고 그른가라는 관점에서 논쟁하면서 정작 하나님은 잊어버리고 변증에 너무 집중한 오류를 범하였다. 죄악된 사람들, 특히 지성인들이 논쟁에 빠질 때 그들은 다른 모든 것들을 잊어버리고 모든 값을 치르고서라도 상대의 잘못을 증명하는 방향으로 초점이 맞추어졌다는 지적은 정말 귀담아 들어야 한다.

논쟁하고 말다툼하는 것은 사람들의 마음과 생각을 완고하게 한다는 점, 그들의 영혼이 하나님 음성에 귀 기울이는 것을 방해한다는 점, 교리를 가르치는 선생이 아닌 사랑의 증인으로서의 증거가 가장 중요하다는 점, 그리고 기도의 중요성을 강조한 점은 두 종교 간에 사랑이 메말라 가는 21세기에 반드시 우리의 심령 깊숙한 곳에 새겨야 할 교훈이다. 그리스도의 인격에 이끌리어, 진리에 대한 목마름으로, 공동체를 바라봄으로, 예수와의 만남을 통한 용서와 대속을 찾아서, 하나님에 대한 배고픔을 통해서 무슬림들이 그리스도께 나아오는 모습을 읽음으로써, 독자들의 마음도 그리스도께 더 가까이 이끌려 갈 것이다.

나는 이 책을 읽으며 무슬림 선교에 놀라운 진전이 있음에 하나님을 찬양한다. 이 책에 나타난 이야기들은 지난 30여 년간 감추어졌던 것인데 "때가 차매"(갈 4:4) 큰 희망과 감격과 무지갯빛으로 우리들 모두에게 다가온다.

이 책에는 무슬림들을 지극히 사랑하시는 삼위 일체 하나님의 열심과 그의 역사, 불가능에 끊임없이 도전하며 오직 믿음의 전진을 해 온 선교사들의 무릎과 눈물 그리고 좌절, 핍박 속에서의 현지 무슬림 회심자들의 다양한 반응들과 고난의 현장들이 균형 있게 잘 드러나 있다.

이런 점에서 이 책은 단순한 책이 아니다. 독자들은 이 책을 읽으며 무슬림 세계 속에서 역사하시는 살아 계신 하나님을 만날 것이다. 이 책은 두려움과 실망과 좌절을 자주 경험하는 무슬림권 내 사역자들과 선교 전략가들과 후원 교회지도자들과 개인 후원자들이 무슬림 사역에 대한 믿음과 희망과 용기를 갖도록 도와줄 뿐만 아니라, 무슬림 선교의 문제와 도전들을 실제적이고 구체적으로 알도록 도와준다.

서투르고 어설픈 접근이나 성공주의나 한국 김치식 선교를 경계하고, 동시에 무슬림들에 대한 막연한 두려움과 적대감이 아니라 실제 체험하고 검증된 사실들과 객관적인 자료들을 근거로 한국 독자들에게 건강한 무슬림의 미래 선교를 그려 줄 것을 확신한다. 이 책은 여러 통계 자료들과 함께 연구 결과들을 성경적, 역사적, 선교신학적, 복음주의 입장에서 분석하고 해석한 균형 잡힌 책이므로 무슬림 선교의 현주소와 미래를 이해하려는 한국 독자들에게 큰 축복이 될 것이다.

이 책은 저자들도 다양하다. 남녀 지도자들, 선교학자와 선교사들, 현지 개종자들과 동서양 선교지도자들이 각자의 독특한 영역을 탁월한 내용으로 드러내어 아름다운 모자이크가 되었다. 한국의 세 번역자들에게 특별한 감사를 드린다. 남아시아의 인도네시아(김요한)에서, 아프리카 남단의 남아공화국(전병희), 그리고 그 유럽과 아프리카와 아시아를 잇는 터키(백재현)에서 수고한 한국의 사역자들이 번역한 것은 결코 우연이 아니다. 이 세 사람처럼 우리 모두는 삼겹줄로 연합하여 무슬림들을 사랑하고 겸손히 섬겨야 할 것이다. 우리 모두는 이 책의 저자들과 이 책에 언급된 무슬림 개종자들로부터 좋은 것들을 겸손히 배우고, 이 책에 나타난 과거의 오류와 실수를 재현하지 말아야 한다.

지난 100년간 서구 선교가 무슬림 선교를 해 왔다면 앞으로의 100년은 한국과 아시아와 아프리카가 이미 앞서간 분들과 함께 무슬림 선교의 새로운 길을 열어 주어야 할 시대적 책임이 있다고 믿는다. 천 년 전 십자군 원정 때 나타난 십자가의 깃발과 백 년 전 서양 제국주의 때 나타난 십자가의 깃발이 한국의 십자가와 무슨 상관이 있는가? 지난 천 년간 이슬람과 서양이 경험한 증오, 오해, 살인의 뼈아픈 역사가 한국과 무관하다면, 이제 한국 교회는 예수의 복음의 깃발을 높이 들고 새롭게 좁은 길을 가야 한다.

앞으로 100년을 위하여, 무슬림들이 십자군과 제국주의의 십자가 깃발 밑에서 칼과 총을 든 그리스도인을 오해한 과거, 그리스도인들이 코란과 칼을 양손에 든 무슬림을 이해한 불행한 과거를 뒤로 하고, 우리 한국 교회는 무슬림들과 함께 새로운 관계와 역사를 위한 새로운 길을 만들 수 있을까? 암울한 과거의 길을 벗어나, 큰 용기를 가지고 한국 교회는 용서와 화해를 위한 예수 그리스도의 길, 프란시스의 길을 만들 수 있을까? 그래서 무슬림들과 그리스도인들에게 희망을 주는 새 길을 만들 수 있을까?

사실, 이 길을 우리가 만들 수 있는 것이 아니라, 예수 그리스도가 먼저 가셨던 고난의 길, 그래서 크리스천과 무슬림이 함께 가는 엠마오의 길, 예수 그리스도를 함께 인격적으로 경험하는 길, 하늘 가는 밝은 길, 시온의 대로로 인도하는 좁은 길을 깊은 회개와 함께 우리 모두가 먼저 걸어갈 뿐이다. 그 길은 오직 예수 그리스도 자신이기 때문이다.

길이요, 진리요, 생명이신 예수 그리스도께서는 오늘도 우리 모두를 이 좁은 길로 초청하고 있다. 당신도 함께 이 길을 가지 않겠는가?

정마태
한국 인터서브(InterServe) 대표

회심(回心)은 하나님의 전능하신 역사인가, 아니면 인간의 선택의 문제인가? 회심은 영적 실재와의 감정적이고도 극적인 만남인가, 아니면 다른 어떤 신비스러운 현상을 접하거나 혹은 점진적인 단계에서 얻게 되는 확신의 종류인가? 회심의 성격을 띤 개종(改宗)과 회심이 한 그룹의 경험이나 결정이 될 수 있을까?

본 책자를 번역하면서 깨닫게 되는 것은 '개종'(conversion)이나 '회심'(conversion)이란 용어를 접하게 될 때 같은 영어 철자라도 접근하는 방식과 내용 면에서 차이가 있다는 것이다. 이러한 관점에서 볼 때 형식적인 회심, 혹은 점진적으로 비롯되는 회심, 혹은 회심의 결과로서 초래되는 개종 등 대륙과 지역 문화에 따라 상이하게 사용되는 이 용어를 만난다. 그래서 용어 자체에 얽매일 것이 아니라 앞뒤 문맥을 고려하며 그 의미와 진행경로를 살펴보아야 한다. 본 책자는 전반적으로 회심(신앙의 움직임으로서)에 대하여 진행과정을 이야기하고 있기에 가능한 회심의 진행과정을 다루거나 신앙적 결단을 한 경우에 '회심'을 쓰고, 일반적으로 회심을 포함한 개종의 이론에 대해 언급한 경우, 혹은 그냥 형식적인 개종이나 아직 회심의 단계에 이르지 못한 경우는 '개종'이라 표기하였다.

회심에 대해서는 이 문제를 정확히 파악하거나 단정하기 어려울 정도로 개인마다 차이를 보이는 것이 진행의 과정이며 이는 정확한 공식 같은 것으로 일반화시킬 수 없는 성질의 것이다. 그러나 언급한 대로 책 전체가 개종과 회심의 정의를 다루는 것이기보다는 예수께 나아오게 되는 다양한 경로나 환경 그리고 예들을 살펴보는 데 초점을 둔다.

본 책자는 꾸란에 나오는 '곧은 길'에서 예수께서 제시한 '좁은 길'로 결단하여 나아가는 신앙의 여로에서 이론과 현장을 겸비한 저자들이 여러 유형 무슬림의 생각과 현장 속으로 파고 들어간다. 저자들은 무슬림의 마음과 상황을 읽고 이 다양한 경우를 선교학적 시각에서 어떻게 해석하고 접근하는지를 보여 주며 무슬림이 그리스도 안의 믿음으로 나아오는 데에 진행되는 회심의 구체적인 경로와 진행과정을 이해하는 데에 통찰을 안겨 준다. 그리고 이 과정에서 하나님이 어떻게 역사하시는지에 대한 깊은 이해와 분석 그리고 적용을 돕는다.

공동 역자 가운데 김요한과 백재현은 2003년 인도에서 열렸던 CTFC 대회(Coming to Faith in Christ Consultation)에 직접 참여한 장본인들이다. 본 책자의 내용은 대부분 그 당시 발표된 것들로서, 우리가 철옹성이라고 생각하는 이슬람이라는 종교의 울타리에 갇혀서 복음을 듣지 못하는 무슬림들이 우리의 상상을 뛰어넘어 어떻게 하나님의 놀라운 역사하심을 경험하면서 지금도 예수께 나아오고 있는지 선교 현장의 사역자들을 통하여 그 다양한 방법들과 상황들이 상세하게 보고하고 있다.

모두가 공감하는 것은 하나님의 역사하시는 그 방법이 상황과 지역에 따라서 무슬림의 종류에 따라서 너무나 다양하다는 것이며, 그렇기 때문에 우리의 이슬람 혹은 무슬림에 대한 이해도 그와 같은 다양성 가운데 이루어져야 한다는 것이다.

현재 한국의 이슬람이나 무슬림에 대한 이해는 다양성 가운데 이루어지기보다는 시온주의와 세대주의라는 극단적 전형 가운데 소위 이슬람-포비아(Islam Phobia)의 경향이 크게 드러나고 있다. 차제에 선교 현장의 생생한 증언과 분석 그리고 무슬림 사역에 대한 장래의 조망을 담은 본 책자의 한국어판 발행은 한국의 무슬림 선교에 대한 이해와 실천의 폭을 더욱 넓혀 주는 데 공헌할 뿐만 아니라, 하나님 나라의 확장이라는 관점에서 무슬림들을 바라보는 새로운 지평을 열어 주리라 기대한다.

한 마디로 본 책자는 무슬림 사역에 대한 어떤 한 가지의 방법론을 추천하는 것이 아니다. 그보다는 지금도 하나님께서 얼마나 무슬림들을 당신 백성 삼기 위하여 사랑하시며 수많은 현장의 사역자들을 통하여 다양한 방법으로 역사하셔서 새로운 운동을 일으켜 가고 계시는지 생생하게 증언하는 일종의 보고서이다.

이러한 면에서 본 책자는 가치가 있다고 여겨진다. 무슬림 사역에 대한 정답을 제시할 수 있는 사람은 아무도 없다. 단지, 겸손히 우리 모두의 지혜와 경험을 모아 최선을 다하며 성령의 인도하심과 역사하심을 간구할 따름이다. 이 책에는 여러 지역의 다양한 상황에서 오랫동안 눈물로 씨를 뿌린 베테랑 선교사들의 귀한 자료들이 있으며, 이러한 현장 경험을 세계적인 선교학자들이 선교학적으로 잘 정리해 주고 있다. 이 책을 통해, 편협적이고 분위기에 좌우되는 이슬람 선교가 아니라, 하나님께서 일하시는 과정과 방법에 입각하여 무슬림들을 더욱 깊이 사랑하고 그들에게 실제적으로 다가가는 데 도움이 될 수 있기를 바란다.

2010년 7월 1일
김요한, 백재현, 전병희

☪차례

2부
믿음으로 나아오는 경험 이해

3부
몇몇 신앙운동에 대한 이해

FROM THE STRAIGHT PATH
TO THE NARROW WAY

4부
마무리하는 고찰들

본서의 저자들

Hasan Abdulahugli는 중앙아시아 인이다. 소련 시대 때 자라난 그는 1990년대 초기에 그리스도를 믿게 되었다. 현재 자국의 성장하는 교회의 지도자로 섬기고 있다.

P. I. Barnabas는 32년 이상을 미전도 종족 집단 사이에서 살면서 사역했으며 토착어로 말할 수 있다. 그는 직접 개인전도와 훈련을 하고, 다른 기독교인들도 그와 같은 일을 할 수 있도록 준비시키는 사역을 하며, UPG 가운데 사역하는 지도자들의 매월 모임을 인도하고 있다. 풀러신학교(Fuller Theological Seminary)에서 박사학위(Ph.D.)를 취득하였다.

Lowell de Jong과 그의 아내는 선교지에서 자라났으며 성인이 되어 아프리카 선교사로 32년을 사역하였다.

Abraham Durán은 중동에서 12년간을 사역했다. 그는 라틴아메리카 복음주의 교회에서 파송된 타문화권 사역자들 중에 첫 세대에 속한다. 무슬림세계에서 예수의 영광을 구하는 초교파선교회인 프런티어스와 협력하여 사역하고 있다.

Christel Eric과 그녀의 남편은 1981년부터 사하라 이남 아프리카의 다른 지역들에서 여러 무슬림 공동체 가운데 사역했다. 그들의 주 관점은 직접 전도를 하는 것뿐만 아니라 지역 교회 기독교인들로 하여금 이 사역에 가담하도록 동원하며 그들을 돕고, 그들의 믿음을 무슬림 이웃 및 친구들과 나누도록 훈련하는 것이다. 그들은 기독교인들의 역량을 갖추기 위해 문서와 매체를 개발하며 이를 통해 무슬림들이 복음을 이해하도록 돕는 사역도 겸하고 있다. 크리스텔의 특별한 바람은, "요람을 달래는 손이 세계를 통치한다!"는 확신과 함께 무슬림 여성과 청년들과 가까운 우정관계를 쌓는 것이다. 이들 부부는 SIM International 선교사들이다.

Edward Evans는 영국 출신으로 파키스탄과 영국에서 파키스탄인 무슬림 개종자들과 더불어 25년의 사역경험을 가졌다. 그 중에 15년 이상은 파키스탄에서 성경 교수 분야와 관련된 사역을 감당하였다. 그는 석사과정에서 이슬람 사회와 문화(Islamic Societies and Cultures)를 전공하였는데 "파키스탄에서 배교에 대한 태도에 영향을 미치는 요소들"(Factors Affecting Attitudes to Apostasy in Pakistan)이란 제목의 논문을 썼다. 13장은 그 논문에서 각색한 것이다. 에드워드는 세 자녀를 두고 있다.

David Greenlee는 남미의 어느 선교사 가정에서 자랐다. 그는 1977년 이래로 오엠선교회와 함께 사역하였으며 현재는 국제적인 연구 사역자로 섬기고 있다. 세 자녀를 두고 있으며 트리니티국제대학(Trinity International University, Illinois)의 박사학위(Ph.D. in Intercultural Studies)를 소지하고 있다.

Jean-Marie Gaudeul은 1937년에 태어났다. 그는 Missionary Society of the White Fathers의 회원으로 1963년에 안수받은 로마 가톨릭 사제이다. 안수받은 이후 탄자니아에서 수년간 교구사제로 사역하였으며, 1975년부터 1984년까지는 로마에 있는 PISAI (Pontifical Institute of Arabic and Islamic Studies)에서 학생들을 가르쳤다. 기독교인과 무슬림 관계의 역사에 대한 여러 책을 저술하였으며 PISAI 의 박사학위(Ph.D. in Arabic and Islamic Studies)를 소지하고 있다.

현재 프랑스 사제단 SRI(French Bishops' Secretariat for Relations with Islam) 대표이자 Vatican Commission for Christian-Muslim Dialogue의 회원이다.

Paul G. Hiebert는 트리니티복음주의신학교(Trinity Evangelical Divinity School, Illinois)의 선교 분야 석좌교수(Distinguished Professor)였다. 히버트는 인도의 Mennonite Brethren 제3세대 선교사였으며 미네소타대학(University of Minnesota)에서 문화인류학 박사학위(Ph.D. in Anthropology)를 받았고 수많은 책들과 논문들을 저술하였다.

John Kim은 1994년부터 OMF International의 무슬림 사역분과를 통하여 동남아시아의 무슬림 미전도 종족 가운데 전략코디네이터와 실행위원으로서 일하였고, 현재는 인사이더스선교회 국제대표로 섬기고 있다. 그는 1985년에 윤(Yoon)과 결혼하여 세 자녀를 두고 있다. 서울대학교에서 물리학 박사학위(Ph.D. in Physics)를 취득하였다.

Rick Love는 국제 프런티어스(Frontiers) 총재로 세계에 퍼져 있는 800명의 선교사들을 섬겼다. 총재 사역 전에는 동 단체의 미국 책임자로 섬겼고, 그 이전에는 인도네시아에서 순다족 무슬림들 가운데 교회개척팀을 인도했다. 웨스트민스터신학교(Westminster Theological Seminary)에서 도시선교 분야 선교학 박사학위(D.Min. in Urban Missions)를 받았으며, 풀러선교대학원(Fuller School of World Mission)에서 선교학 박사학위(Ph.D. in Missiology)를 받았다.

David E. Maranz는 지금 은퇴하였으나 지난 25년을 중앙아프리카와 서부 아프리카에서 선교사로 보냈다. 그는 여러 나라들에 있는 수많은 무슬림집단들 가운데서 사역하며 디렉터로 섬겼다. 아내 마란즈와 함께 몇 달간 수피즘이 지배적인 무슬림 마을에 살기도 하였다. 여러 해 동안 마란즈는 문화인류학 자문역을 하였고 무슬림과 전통사회들에 관한 두 권의 책을 저술하였다. 그는 윌리엄케리국제대학(William Carey

International University)에서 이슬람학 분야의 박사학위(Ph.D. in Islamic Studies)를 취득하였다.

Andreas Maurer는 루쓰(Ruth)와 결혼하여 슬하에 세 아들이 있다. 1981년부터 1984년까지 영국의 한 성경 대학에서 공부했고 그 이전에는 스위스에서 일정 기간을 기계공학자로 일했다. 그 이후 영국과 남아공의 대학에서 여러 과목들과 신학을 공부하면서 지식을 넓혀갔다. 1999년에 남아공화국의 남아프리카대학교(University of South Africa, Pretoria)에서 "새로운 삶을 찾아서: 기독교인과 무슬림들의 개종 동기들"(In Search of a New Life: Conversion Motives of Christians and Muslims)이란 제목으로 박사학위를 받았다.

Dan McVey와 그의 아내 브렌다(Brenda)는 서부 아프리카의 한 나라에서 21년간을 교회개척, 지도자 훈련 그리고 공동체 개발에 힘썼다. 그가 취득한 타문화연구 및 이슬람학(Intercultural Studies and Islamics) 분야의 대학원 과정 학위들은 무슬림종족 집단 사역에 도움을 주었다. 현재 그는 에빌린기독교대학(Abilene Christian University, Texas)의 선교 코디로 섬기고 있다.

Mary McVicker는 1987년 이래로 남아시아 무슬림들 가운데 살고 있는 타문화권 사역자이다. 그녀는 하나님의 사랑을 표현하는 실제적인 방도들을 찾고 사역하는 공동체 내에서 여성과 가족들 가운데 변화(transformation)를 가져오도록 돕고자 하는 일에 헌신하였다. 현재 프로젝트 가운데 하나는 남아시아 이슬람에 대한 연구센터와 도서관인 아시아타문화연구소(Asian Institute of Intercultural Studies)를 발전시키는 것이다. 그녀는 타문화연구 석사학위(M.A. in Intercultural Studies)를 마쳤으며 현재는 인디아 무슬림 공동체 내의 여성들에 관한 연구로 커뮤니케이션 분야의 박사학위(Ph.D. in communication studies) 과정을 수학 중이다.

David Smith는 중동의 무슬림들과 기독교인들 간의 만남(encounter)에 관찰자와 참여자로서 여러 해 동안 사역해 왔다.

Evelyne A. Reisacher는 프랑스와 북아프리카에 있는 북아프리카인 공동체를 섬기는 한 기독교 기관인 L'Ami의 공동대표로 20년을 섬겼다. 그녀는 북아프리카, 중동 그리고 이슬람 세계를 폭넓게 여행하면서 강의를 하였고 기독교인들과 무슬림들을 만났다. 현재 풀러신학교(Fuller Theological Seminary)에서 이슬람학 분야에 조교수(Assistant Professor)로 있다. 또한 국제적으로 여행을 하며 기독교인과 무슬림 간의 관계들, 이슬람에서 남녀 간 이성 문제 그리고 문화 간의 유연관계들을 포함한 주제들을 강의한다.

Farida Saïdi는 위에서 언급한 L'Ami의 창설자이자 공동대표이다. 그녀는 무슬림 세계에 관하여 수많은 기독교 기관들에 전문적 지식을 가져다주는 활동적인 회원이다. 북아프리카 기독교에 관계된 문제들을 강의하고 워크숍을 인도한다. 현재 무슬림 세계 교회지도자들의 문제에 강조점을 두고 이슬람학 분야에서 박사과정을 수학 중이다

Helen Steadman은 영국 출신으로서 1968년 이래로 동아시아에서 살았다. 그녀는 지역 교회에서 가르치고 훈련하는 사역을 하면서 여러 국립 대학교에서 과학을 가르치며 학생들과 함께 연구해 왔다. 동아시아를 두루 여행하면서 11년간을 그곳에서 보냈다. 그녀는 현재 인도네시아에 있는 한 작은 신학대학원에서 학생들을 가르치고 있다.

Jim Tebbe는 파키스탄에서 자라서 파키스탄, 방글라데시, 요르단 그리고 키프로스에서 일했다. 그는 1992년부터 2002년까지 키프로스에 기반을 둔 인터서브의 국제디렉터로 섬겼으며, 현재는 InterVarsity의 선교부 부책임자(Vice President for Missions) 및 어바나선교대회(Urbana Mission Convention)의 책임자로 있다. 그는 그의 가족과 위스콘신(Wisconsin)의 메디슨(Madison)에 살고 있다. 고돈콘웰신학교(Gordon Conwell Seminary, Massachusetts)에서 목회학 석사를 마치고, 파키스탄의 펀잡대학교(University of the Punjab, Lahore)

에서 이슬람 역사연구로 석사과정을 밟았다. 프린스턴대학(Princeton University)에서 근동연구(Near Eastern Studies)로 석사학위를 받았고, 영국 세인트존스 개방대학(Open University of St. John's, Nottingham)에서 종교연구로 박사학위를 받았다.

Richard Tucker은 다리스탄(Daristan)이라는 나라의 시골에서 10년간 교회개척팀 가운데 사역했다.

J. Dudley Woodberry는 풀러선교대학원의 명예학장으로 이슬람학 분야 교수이다. 그는 그의 가족과 함께 아프가니스탄, 파키스탄 그리고 사우디아라비아에서 사역했다. 그는 Muslims and Christians on the Emmaus Road(MARC, 1989)와 Reaching the Resistant: Bridge and Barriers for Mission(William Carey, 1998)의 편집자이다. 그리고 Missiological Education for the 21st Century: The Book, the Circle, and the Sandals(Orbis, 1996)와 Muslim and Christian Reflections on Peace: Divine and Human Dimensions(University Press of America, 2005)의 공동편집자이다.

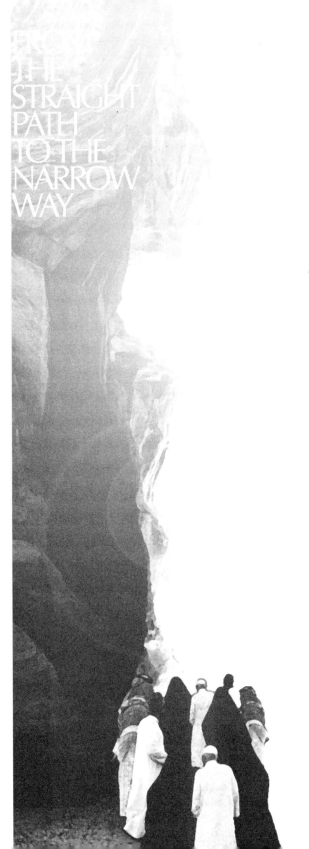

1부

선교학적 개관

1장
'복음'은 좋은 소식이다

David Greenlee

"좋은 소식(good news)에 대해 당신에게 좋았던 것이 무엇인가?"

대부분의 사람들은 자신에 대해 말하는 것을 즐기고, 예수 그리스도를 믿는 신자들은 특별히 이 질문에 대답하는 것을 반긴다. 나도 이 질문을 자주 하였고 그 대답을 하는 데에 지금까지도 지칠 줄 모른다.

내 경우에는 6살 소년이었을 때 좋은 소식이 내게 좋았던 것은, 이것이 내게 죄 용서와 하늘나라 약속을 의미했기 때문이다. 그 후 40년에 걸쳐 줄곧 이 복음은 내 삶에 좋은 소식으로 계속되었다.

1. 어떻게 복음이 무슬림들에게 좋은 소식이 될 수 있을까?

최근에 약 50여 명이 한 그룹으로 모여서 무슬림들이 어떻게 복음에 응답하는지 그리고 그들이 어떻게 예수 그리스도를 믿는 믿음으로 나아올 수 있는지를 숙고하였다. 우리는 20개국 이상의 나라에서 왔는데 여기에는 이슬람의 '곧은 길'에서 예수 그리스도의 '좁은 길'[1]로 믿음의 순례를 한 몇 사람도 포함되었다.

그리고 나 자신의 길에 대한 논의는 1990년 초에 시작되었다. 내 논문 제목의 범위를 더 좁히는 과정에서 그렉 리빙스턴(Greg Living-stone)의 의견을 뜻밖에 만나게 되었다. 그것은 바로 그동안의 연구가 무슬림들이 무슨 연유로 어떻게 그리스도께 나오게 되었는지에 대한 어떤 가변성이 논의되지 않은 채로 고립되어 적합한 연구가 거의 이뤄지지 않았다는 것이다.[2] 사실 내가 논문 계획안을 준비할 때 간증과 이야기들에 관한 책들이 셀 수 없을 정도로 많았지만 리빙스턴이 제시한 대로 그러한 분석적인 연구가 거의 없음을 발견하였다. 그래서 그 도전을 받아들여 무슬림 지역 도시에 거주하는 젊은 무슬림 남성들 가운데 그리스도 안의 믿음에 이른 한 무슬림 형제에 대한 현장사역을 가져 보았다.

다른 접근들도 이 필요에 응하는데 이 연구들 가운데 중요한 열쇠는 더들리 우드베리(J. Dudley Woodberry)가 진행하는 전 세계에 관한 연구로 본서에 제시된 그의 글에 두드러지게 나타나고 있다.

그러나 연구의 격차는 1992-2001년 사이에 완성된 영어로 쓴 선교학 논문들이 나열된 국제적인 선교연구회보 International Bulletin of Missionary Research에 나타나 있다. 비록 편찬자들이 논문 중 일부를 빠뜨렸지만 925개의 논문들 중에서 단지 3개만이 "이슬람, …로부

1) 꾸란 1:6, 마 7:14.
2) Greg Livingstone, Planting Churches in Muslim Cities(Grand Rapids: Baker, 1993), 154.

터 개종/회심"[3]의 범주에 나열되어 있다. 남아공의 안드레아스 마우러 (Andreas Maurer) 논문도 빠져 있지만 본서에 그의 책 한 장(chapter)이 포함되었다.

현장과 근접한 나의 경험은 무슬림들 가운데 기독교인 사역을 지켜 보면서 회심을 다루어야 한다는 생각을 갖게 하였는데 그 이유는 사회, 프로그램들, 사역의 도구들, 제자훈련 그리고 교회개척 등의 문제에 강 조점을 두었으나 믿음으로 나아오는 중요한 진행과정과 사건은 간과되 어 온 경향을 보였기 때문이다.

2. 차이점을 보이는 연구

피스(Richard Peace)는 그의 우수한 책 『신약의 회심』(Conversion in the New Testament)에서 우리가 회심에 대해 어떻게 생각하느냐에 따라 어떠한 방도로 전도할지가 결정된다고 진술한다.[4]

피스와 나는 성경에서 묘사된 믿음으로 나아오는 부분에 범례나 유 형이 단순하지 않다는 것을 인정한다. 비록 거기에 중대한 동향과 유형 이 있다 할지라도 무슬림들이 그리스도 안의 믿음으로 나아오는 데에 단순한 어떤 진행과정을 강조할 수 없다. 성경적 회심의 예를 이해하는 것은 절대적으로 필요한데 우리가 본서에서 제시하는 연구는 우리 증거 에 더 열매를 맺을 수 있도록 돕는 데 필요한 것이다.

우리의 사역은 위에 언급한 대로 무슬림들이 무슨 연유로 어떻게 그리스도께로 돌아오는지에 대한 가변성들을 도외시하고 행해진 것이 다. 어떻게 하나님께서 일하시는지에 대한 깊은 이해에 이르도록, 이야

---

3) Stanley H. Skreslet, "Doctoral Dissertations on Mission: Ten-Year Update, 1992–2001," International Bulletin of Missionary Research 27, no. 3(July 2003).
4) Richard Peace, Conversion in the New Testament: Paul and the Twelve(Grand Rapids: Eerdmans), 286.

기를 말하는 것 이상으로 감동을 불러일으킬 수 있는 분석들을 요하는 것이다. 이 일이 잘 이뤄지고 적용될 때 우리 사역에 중대한 차이를 만들어 낼 수 있다.

우리가 언급하고자 하는 필요를 설명하기 위해 먼저 내가 속해 있는 단체를 지적해 보고자 한다. 십여 년 전에 사역을 알리기 위해 한 비디오를 제작하였다. 거기 한 장면에서 그리스도 신앙으로 나아온 90% 가량의 무슬림들이 문서에 의해 영향을 받은 것으로 그 효과에 대해 한 청년이 권위 있는 인물들의 글을 인용하면서 신약 성경을 담은 여행가방을 지고 있는 모습이 있었다.

이 진술은 정말 옳을 수 있으며 그 적용도 분명히 효과가 있을 수 있다. 따라서 문서에 시간과 노력을 투자할 필요가 있다. 나는 적합한 문서를 배부하는 것을 전심으로 지원한다. 하지만 거기에는 문제도 있다. 비록 믿음으로 나아온 무슬림들의 90% 이상이 문서에 영향을 받았다 할지라도 믿음으로 나아오지 않은 무슬림들에게는 무슨 일이 일어났겠는가. 숫자로 추축하건대 똑같은 문서를 받았지만 믿음으로 나아오지 않은 98% 무슬림들은 어떠했을까 말이다.

우리가 애호하는 도구인 문서, 꿈과 비전, 라디오 혹은 위성 텔레비전 방송, 성경 통신과정들을 택해 보자. 하나님께서는 이 모두를 사용하시지만 우리의 자료 투자는 사회에서 그리고 영적 범주에서 그리고 그리스도 안의 믿음에로 나아오는 사람들의 진행과정에서 너무 자주 성령께서 하시는 사역의 복합적인 상호작용에 대한 부적절한 이해에서 이루어진다. 어떤 기독교인들은 마치 그들의 특수한 사역이나 방법이 하나님께서 사람들로 하여금 믿음으로 나아오도록 사용하시는 유일한 도구라고 말하면서 수치스럽게도 전리품을 사냥하는 것처럼 '개종자들'을 요구한다.

그러나 긍정적으로 생각해 보자. 여기에서 제시하는 연구가 필요한 이유는 하나님께서 일하시는 중이기 때문이다. 세계에는 획기적인 진전이 있다고 말할 수 있는 곳들이 별로 없으나 본서의 결론에 기여한 헬렌 스티드맨(Helen Steadman)은 우리에게 1980년대에 그녀가 참여했던 다른 전문가 회의의 상황을 기억시키고 있다.

> 우리는 여기에 있는 두 명이나 세 명의 신자들에 관해 말했다. 그들은 아무 [무슬림 배경의] 신자들에 대해서도 알지 못했지만 소수가 있을 것이라는 희망을 가졌다고 일부 사람들은 말했다. 그러나 지금에 와서 우리는 수백 명에 대해 말하고 있다.

그녀는 계속 말을 이어가기를, 그녀의 나라에는 '듣거나 믿게 되는 첫 사람'이라고 장애가 따르는 환경이 이제는 거의 없다고 한다. 우리 대부분은 불과 몇 명의 고립된 그리스도 추종자들을 반복하여 말하는 것이고 그와 같은 이야기는 새 신자들의 신변 안전을 위해 출판되지 않는 채로 남는 것이 종종 가장 좋다. 이러한 연구를 하는 것은 하나님이 일하시기 때문이며 우리는 그분이 더 많은 일을 하시기를 원하시기 때문이다.

우리는 알제리의 시골로부터 남아시아의 도시에 이르기까지 한 가지의 교훈을 적용하기에는 어려움이 있음을 깨닫는다. 이에 연구가 필요하고 서로를 위해 격려와 지도로서 이를 적합하게 나눌 필요가 있다.

3. 선교에서 '난폭한 단어'

전문가 회의와 마찬가지로 본서에서도 강조점은 탄생을 의미하는 회심이다. 일부에게는 이 '회심'이란 용어가 식민주의, 적출, 문화변동 그리고 힘과 연루되어 얼룩진, 우리 선교학적인 어휘에서 제거되어야 하는 부류의 난폭한 언어가 되었다.

우리는 이러한 관계에 대해 고찰하고 있는데 특별히 반개종법들로 심각하게 위협당하는 지역들에서는 그리스도를 따르고 섬기는 사람들이 상당한 압제 속에 있다. 비록 많은 사람들이 그리스도 안의 믿음에 이르는 이 진행절차와 사건을 묘사하기 위해 영어로(혹은 다른 언어들로) 더 나은 단어를 찾았는데 오랫동안 어렵게 생각해 보아도 conversion의 열 문자에 의해 옮겨진 의미의 부요함을 전달할 어떤 단 하나의 적합한 용어를 찾아내지 못했다.

그래서 이 용어의 사용에 대해 관심을 두는 사람들에 대해 우리는 인내심을 가져야 한다. 비록 본서에 저자들이 여러 뉘앙스의 의미를 이 단어에 돌린다 해도, 그리고 이 단어와 결부된 언어학적 복잡성들을 의식한다 해도 전반적으로 우리는 앤드류 월(Andrew Wall)이 말한 바와 같이 "특별히 하나님의 구원활동에 대한 반응을 기독교인이 이해하고자 함에 있어서… 돌아섬(turning)의 아이디어로서… 그 단어의 가장 기초적인 특징"을[5] 언급하기 위한 용어 사용에는 모두 공감할 것이다.

4. 이 여행에 우리와 연합하기

우리 회합에 모인 사람들 중 일부는 선교계에 폭넓게 이름이 알려진 남녀들이지만 우리 중의 대부분은 '알려지지 않은' 사람들이다. 그러나 이들은 지치지 않고 이름 없이 충성스럽게 다년간에 걸쳐 섬기고 있다.

이 모임에서 서로 의견을 나누는 중에, 어떤 사람은 중대한 현장 경험과 더불어 특출한 연구와 선교학적인 고찰로 사람들 모두의 주의를 끌었다. 참여한 사람들 중에 어느 누구도 이슬람을 알지만 무슬림들을

---

5) Andrew F. Walls, "Converts or Proselytes? The Crisis over Conversion in the Early Church," International Bulletin of Missionary Research 28, no. 1(January 2004).

모르는 '안락의자 전문가들'은 없었다. 그와 같이 현장사역에서 활동적인 사람들은 그들 경험의 세월을 거치면서 선교학적인 만남에 초대되어 생동력 있게 기량을 상호교류 하였다. 우리는 이 모임에서 학술적 수준을 필수적으로 수반하였지만 더불어 더 깊은 연구와 현장, 즉 예수 그리스도 안의 믿음으로 무슬림들이 나오도록 하나님께서 어떻게 일하시는지를 더 잘 이해할 수 있도록 다른 사람들을 돕는 일을 희망하며 이를 그들이 해 낼 수 있도록 격려하고자 하였다.

더들리 우드베리는 자신이 진행하고 있는 세계적 동향의 조사를 갱신하는 것으로 이 일을 시작한다. 저명한 선교학자 폴 히버트(Paul G. Hiebert)는 세계관 변혁이라는 결정적인 이슈를 다루는 반면, 릭 러브(Rick Love)는 우리의 제목과 연관된 현재의 이슈들의 개관을 나와 함께 다루었다. 데이빗 마란즈(David Maranz)의 연구는 무슬림들을 그리스도 안의 믿음으로 이끄는 데 성경이 지대하게 중요함을 지적한다. 짐 테베(Jim Tebbe)는 특히 계시에 관한 부분에 있어서, 템플 가이드너(Temple Gairdner), 케니스 크랙(Kenneth Cragg), 그리고 윌리엄 스미스(William Cantwell Smith)의 예를 제시하면서, 신학적인 중요성과 이슬람에 대한 기독교인 접근에 있어서 그 변화의 영향을 지적함으로써 소개하는 장을 마무리 짓는다.

개인 회심의 동기를 취급하는 문서들의 부분은 프랑스 학자 장 마리 고들의 통찰들로 시작한다. 안드레아스 마우러의 논문은 그가 남아공화국 무슬림들이 그리스도 안의 믿음에 이르는 회심뿐만 아니라 기독교인들이 이슬람으로 개종하는 동기들을 분석하면서 "회심/개종의 문이 두 기로에서 흔들린다."라고 지적한다. 에벌린 레이서처(Evelyne Reisacher)와 메리 맥비커(Mary McVicker)는 여성의 눈을 통하여 회심을 보고 경험하도록 우리를 북아프리카와 남아시아 여성들의 세계로 인도한다. 반면에 크리스텔 에릭(Christel Eric)은 믿음에 이르는 단계들을 우리가 볼 수 있도록 돕는다.

그리고 다음의 세 장들은 중앙아시아, 파키스탄 그리고 아시아의 거대한 한 인종그룹 가운데 회심의 진행절차로 더 폭넓은 통찰들을 안겨주면서 개인들의 집합적인 연구에 접근한다. 연구의 핵심을 개인에 두기보다는 그룹에 두며 그리스도께로의 이동에 우리의 주의를 돌린다. 우드베리는 그의 글 서두에 '내부자 운동들'(insider movements)에 대해 특별히 언급하면서 이에 대한 개념을 소개한다. 댄 멕베이(Dan McVey)의 논문은 초기 성장의 연구, 그 다음에는 안정기, 서부 아프리카에서의 운동에 대한 연구이다. 로웰 드쟝(Lowell de Jong)은 우리에게 그리스도께로의 움직임을 조장하려고 시도하는 데에 너무 빨리 다음 단계로 이동하지 않도록 주의를 준다. 그리고 두 장들에서 아프리카의 풀베(Fulbe) 부족 가운데 새로운 신앙 운동으로 이끄는 긴 진행과정을 묘사한다. 김요한(John Kim)은 물리학과 선교학에서 흥미 있는 모델을 연결하는데 아시아의 섬 'Anotoc'에 있는 무슬림 마을 사람들의 집단들 가운데서 복음의 파급을 묘사하고 있다. 마지막으로 터커(Richard Tucker)는 다리스탄(Daristan)이라는 국가의 신자들의 숫자에 일종의 점화가 일어나게 되는 핵심요소들을 지적하는 한편, 하나님께서 우리에게 '과자 절단기' 같은 유일한 해결책들을 제시하지 않기에 각 상황의 독특성을 살펴볼 필요가 있다고 경고하고 있다.

사례 연구 장을 마무리로 이끌고 있는 에이브러햄 두란(Abraham Durán)은 한 중동 종족 가운데 그리스도께 향하는 중대한 전환을 인도하도록 도운 일곱 가지의 단계들을 지적한다. 이 진행과정의 중심은 예수의 아름다움을 나타내는 데에 강조점을 두고 있다.

마지막으로 헬렌 스티드맨과 데이빗 스미스(David Smith)는 둘 다 무슬림들 가운데서 오랜 세월 동안 사역해 왔지만 서로 매우 다른 상황 가운데 있었다. 이들은 개인적인 회고들을 재검토하고 무슬림들 가운데 기독교인 사역에 있어서 앞으로 나아가야 할 길들을 제시함으로 본서의 결론을 맺는다.

본서에 제시된 연구는 타당하기는 하지만, 우리가 발견한 모든 것들이 어디에나 보편적으로 적용될 수 있는 것은 아니다. 어떤 것은 당신의 환경과 다를 수 있어서 다른 발견을 이끌어 내거나 다른 결론들이나 적용들을 제시할 수 있다. 우리가 바라는 바는, 하나님의 영광을 위하여 더 큰 열매를 잘 맺도록 여러분이 고찰하고 재고해야 할 도전들을 발견하도록 돕고자 하는 것이다.

이 원고에 '곧은 길'에서 '좁은 길'로 들어서는 여행을 해 온 군중들을 여기에 언급할 수는 없지만 점점 더 무슬림들이 하루하루 그 길로 들어서는 것은 확실하다. 이 논문들이 모든 영광 받으실 예수 그리스도 안의 믿음을 통하여 나누는 영생의 소망을 더 많이 발견하도록 하는 과정에 기여하기를 바란다.

5. 스타일에 관한 주목 사항

본서의 저자들은 서로 다른 나라 출신이며 수많은 나라들에서 사역하고 있다. 그들은 무슬림들 가운데서 섬기는 대로 언어의 다양성을 반영하면서 이름 표기와 이슬람 종교적 용어들의 철자들도 다양하게 사용한다. 그래서 우리는 의도적으로 한 표준을 택하기보다는 저자들이 그들 각자의 선택한 스타일을 유지하도록 허락하였다. 더 나아가서 독자들이 이 용어들과 친숙하다고 가정하고 단지 최소 통용하는 용어들의 영어번역만 하였다.

어떤 저자들은 익명 아래 글쓰기를 선택하였고 어떤 지리적 위치들과 인종 그룹들의 이름들을 변화시켰다. 이렇게 개인과 집단들의 주의를 고려함으로 그들에 대한 존경심을 나타냈으며, 장소 혹은 종족 집단의 이름들이 처음 사용된 것은 인용표시를 하였다.

2장

그리스도 안의 믿음으로 나아오는
무슬림들에 관한 세계적 전망

J. Dudley Woodberry

찰스 디킨스(Charles Dickens)는 그의 소설 A Tale of Two Cit-
ies(두 도시의 이야기)에서 프랑스혁명에 대해 "그것은 더할 나위 없는
최상의 시간이었고 동시에 최악의 시간이었다."라고 썼다. 당시 '무슬림
혁명' 동안에 무슬림 전도에 대해서도 프랑스혁명과 같이 말해질 수 있
다.

온 세계가 주시한 1978-1979년의 이란혁명의 발발과 모든 안방에
전달된 2001년 9.11 사건은 이슬람 재기의 조류 일부가 된 적그리스도
의 흐름 가운데 명백하게 드러난 '최악의 시간들'로서 많은 희생과 교회
의 파괴를 일거에 남겼다.

'가장 최상의 시간들'은 전례 없던 복음전도로 불모의 땅이었던 곳
에서 많은 무슬림들이 그리스도를 따른 것이다. 1960년대 후반에 인도
네시아에서 그리스도로 돌아오는 주요 움직임이 있었는데 지금 북아프

리카와 서남아시아 지역들에서 정말 그와 비슷한 운동들을 보고 있고 더불어 동부유럽, 남아시아, 사하라 이남 아프리카의 지역들에서, 그리고 중동에 있는 여러 부족 및 종족 집단 가운데에서 그보다는 작지만 새로운 반응들을 목격하고 있다.

1. 하나님 역사의 상황들

애버리 윌리스(Avery Willis Jr.)는 1960년대 후반기에 하나님의 손이 인도네시아의 다섯 환경들의 장갑(glove)을 통해 수천의 자바인을 어떻게 그리스도 안의 믿음으로 인도하셨는지를 기록하였다.[6] 오늘날 무슬림 세계에서 하나님께서 역사해 오신 것을 볼 때에 다양한 환경의 혼합을 통하여 전도가 이뤄지는 것을 느낄 수 있다. 이는 많은 상황들과 부합된 비극들을 하나님께서 초래한 것으로 말하려는 것이 아니라 하나님께서 그분 자신에게로 사람들을 끌어당기기 위해 그들 안에서 일하신다는 것을 말하려 함이다.

이 상황들의 첫째는 **정치적**인 것으로 특히 이슬람의 재건에 관한 것이었다. 이것은 이란에서 이슬람주의자 혁명과 함께 세계의 주목을 끌었지만 이와 같이 주목을 끌지 않은 것이 있는데 그것은 새 정부가 세계성서공회연합회(United Bible Societies)의 사무실들을 닫았음에도 불구하고 성경의 판매부수가 그 후에 계속해서 늘어난 것이다. 게다가 더 많은 무슬림들이 세례를 받으러 교회를 찾아온 것이다. 또한 파키스탄 군사법의 의장 지아 알하크(Zia al-Haq)가 이슬람법을 강요하였지만 이전보다 더 많은 성경이 팔리고 더 많은 사람들이 성경통신과정에 사인하였으며 더 많은 사람들이 그리스도를 구주로 영접하였다.

---

6) Avery T. Willis Jr., Indonesian Revival: Why Two Million Came to Christ(Pasadena: William Carey Library, 1977).

이웃 아프가니스탄에서 이슬람 전사들(mujahideen) 시민전쟁과 이슬람법을 강행하기 위해 애쓴 탈레반의 봉기 이후로, 많은 아프간 인들이 피난민들이 되었고 피난민으로서 그리스도를 주님과 구주로 영접하였다. 여러 해에 걸쳐서 세속화의 추이에 따른 가치들의 손실로 종교적이고 전통적인 가치들에까지 영향을 미친 현상은 우리가 본 대로 명백해졌다. 그 결과는 이슬람의 부활이었는데 이는 군대적인 형태를 취하여 이슬람법을 강요하려고 하였다. 그러나 거기에도 기독교에 매료되는 기독교인의 현존이 있었고 결과적으로 기독교 핍박 이후에 도리어 복음의 수용이 있었다.

하나님의 손이 일하시는 것을 볼 때 현재 사건들에서 하나님 장갑의 두 번째 일하시는 손가락은 큰 **재해**인데 이들은 자연적이거나 인간이 초래하는 것들이다. 이것은 교회로 하여금 남쪽으로 뻗어 나가는 사하라 사막에 차가운 물이나 우유를 그리스도의 이름으로 공급하거나, 사이클론(cyclones)과 쓰나미(tsunamis)와 같은 해일들이 해변 육지들에 범람하는 곳인 남아시아에 그리스도의 이름으로 차가운 물을 퍼내도록 하는 기회가 제공되었다. 둘 다 재해자들이 육체적인 필요에 대한 사랑 체험과 영적인 필요에 대한 사랑을 환영함으로써 하나님의 사랑을 재해자들에게 표현할 수 있는 기회를 기독교인들에게 준 것이다.

현재 사건들에서 하나님 장갑의 세 번째 손가락은 피난민들, 새로운 도회지 사람들, 혹은 서구로 이주한 이주자들을 포함하는 **이동들**(migrations)이다. 이들은 새로운 필요들과 아이디어들에 대해 수용성을 갖고 있었다. 이란혁명을 피해 온 터키에 있는 많은 이주자들이, 그리고 서구의 더 많은 이주자들이 그리스도와 더불어 새로운 삶을 발견하였다. 최근 수년간 요르단, 시리아 그리고 레바논에서 그리스도를 따른 무슬림들의 대부분이 새로운 도시 정착자들이었다. 그러나 기회의 처음 창구에 응하지 않은 사람들은 세속화되고 영적 문제들에 무관심하거나 환멸을 느끼는 경향을 띠었는데 이 경우에 이들은 흔히 이슬람

운동들에 가담하였다.

하나님 장갑의 네 번째 손가락은 거대한 수의 무슬림들의 민속적인 믿음에서 중요한 한 부분인 **축복(baraka) 혹은 능력(power)에 대한 바람**이었다. 복음주의자들이 점점 증가하는 추세로 치유와 능력-성경적인 가르침과 짝으로 연결되는-사역들을 증가시켜 개시해 온 것과 같이 복음은 무슬림 집단들의 심중의 관심들과 만나는 것으로 보였다.

하나님의 손이 사용하시는 장갑의 마지막 손가락은 **인종적이고 문화적인 재기**(resurgence)이다. 동부 파키스탄의 벵골인들은 펀잡인들과 서부 파키스탄의 다른 사람들의 손들에 괴로움을 당했다. 같은 종교를 믿는 사람들에게 억압을 받은 이 인종그룹과 비슷한 압박을 받았던 다른 인종그룹들은 복음에 더 수용적이 되었다. 기독교인 사역자들이 복음이 여러 문화적인 형태들로 번역될 수 있다고 이해하였던 것 같이, 그리고 '이슬람의 다섯 기둥들'의 모두(무함마드와 메카에 관련한 사항들을 제외한)가 이전에 유대인들과/이나 기독교인들에 의해 사용되었던 것 같이, 기독교인들은 토착적인 예배의 용어들과 형태들을 사용하는데 더 큰 자유를 깨달은 것이다. 이것은 결국 여러 지역에서 수많은 무슬림들이 그리스도를 따르는 성장을 낳는 중대한 결과를 가져왔다.

2. 개인적인 회심에 있어서 하나님께서 사용하고 계신 것

이전에 무슬림이었던 650명의 개인들에게 여러 질문을 하였는데 이들은 무슬림 세계의 각 주요지역을 대표하는 40개 나라, 58개 인종그룹들에서 그리스도를 따른 무슬림들이다. 이 질문의 개정된 사본은 dudley@fuller.edu로 이메일을 보내면 얻을 수 있다.(설문 형태에 대해서는 본서의 부록을 보라.) 그 설문의 결과들은 엑셀 확장문서에 모았는데 성, 연령, 시골 혹은 도시상황, 국가, 민족성, 혹은 이슬람의 분파

등의 요소에 기초하여 다른 그룹들 간에 손쉽게 비교하도록 ABstat 프로그램으로 변환하였다. 하나님께서 가하신 영향들은 개인의 중요도에 따라 그리스도를 따르기 이전 혹은 따르는 순간, 혹은 그리스도를 따르기로 결정한 이후의 것으로 정렬되었다.

전체 샘플에 두세 그룹만이 어느 정도 신빙성 있는 비교로 충분히 묘사되었는데 650명의 응답자들이 일반적인 관찰들에 대해 그들 스스로 대답하였다. 이 관찰에서 회심의 진행과정에 영향을 많이 준 요소들을 가리킨 대답들에 더 무게감을 싣고 그 부분들에 대해 깊게 다룰 것이다. 이와 같이 응답자들의 대답에 대해 상대적으로 중요한 요소들이 각 섹션에서 진술될 것이다.

1) 경험의 영향

기독교인들의 삶의 방식(첫 번째 범주)은 매우 영향력이 있었는데 그 이유는 기독교인들이 비도덕적이라는 많은 무슬림 사회들에서 내놓은 인식과 대조되기 때문이었다. 한 북아프리카인 수피(Sufi)는 기독교인의 도덕적인 고백과 실천 사이에는 격차가 없다고 말했다. 한 오만인 여성은 기독교인들이 여성을 동등하게 대우하는 것을 목격하였다. 다른 여성들은 사랑하는 결혼생활들을 주목하였다. 한 모로코인은 어렵게 이혼을 하고난 후 법적으로 첫 배우자였던 사람에 의해 환영받았다. 거지에게 전도지만 주어진 것이 아니고 그 전도지를 준 사람이 가진 모든 돈도 주어졌다. 다른 무슬림 인종 그룹들에 의해 압박을 경험했던 많은 사람들이 기독교인들의 반인종주의를 언급했다. 보수적인 무슬림들이 기독교인들은 술을 마시지 않고 이성의 사람들에게 접근하지 않는 것을 목도한 반면에, 가난한 사람들은 기독교인 사역자들이 검소한 삶의 방식을 지녔고 그 고장 사람의 옷을 입는 것을 주목하였다.

이는 **응답받은 기도**(두 번째), 독특한 상황에서의 **기적들**과 **하나님**

의 **능력**(세 번째), 그리고 **치유**(네 번째)로 다발적으로 잇따랐다. 북아프리카 무슬림 이웃들은 기독교인들에게 심히 병든 딸이 치료되도록 기도해 달라고 요청했다. 세네갈에서, 무슬림 성자(marabout)는 그가 치료할 수 없었을 때 그 환자를 기독교인들에게 의뢰하였다. 파키스탄에서 불구가 된 시아(Shi'ite) 소녀는 그녀의 치료를 위해 메카로의 성지순례를 원했으나 하지 못하고 그 후에 기독교인의 기도를 통해서 치유받았다.

이슬람의 형식에 대한 불만 혹은 그들이 경험한 개인 무슬림들(다섯 번째)은 확실히 복음을 쉽게 수용하였다. 이것은 사랑하는 신(God)보다는 동떨어진 신, 인간의 자유를 충분히 허용하지 않은 신으로 형벌에 강조점을 두고 인식한 것이다. 아랍어로 예전적인 기도의 요구사항에 대하여 한 자바인 남성은 "전지하신 알라가 인도네시아인은 모르십니까?"라고 물었다. 꾸란은 연합(unity)이 부족하고 무함마드는 거룩성이 부족하게 여겨졌다. 무슬림의 호전성은 이른 정복 때부터 현재의 무슬림 폭력에 이르기까지 비판을 받았다. 대부분 불평을 품게 한 것은 이슬람의 성차별, 인간의 마음과 사회를 변화시키기에는 무능한 이슬람법에 관련하여 표현되었다. 마지막으로 거기에는 무슬림 지도자들, 호메이니 혁명, 이맘들이 기대했던 보수와 이익, 그리고 민속이슬람에서 부적들의 기록과 죽은 성인들에게 기도하는 것 등에 환멸을 느낀 것도 있다.

꿈들과 환상들(여섯 번째)은 회심의 진행절차에서 여러 시대에 걸쳐 중대하였다. 프랑스에 사는 한 젊은 알제리 여성이 한 환상을 보았는데 그녀의 무슬림 조모가 그녀의 방에 들어와서 말하기를, "예수가 돌아가시지 않으셨어… 그분은 여기에 계셔." 그리고 이스라엘에서 한 아랍인이 꿈을 꾸었는데 그의 죽은 아버지가 와서 말하기를, "목사님을 따르거라. 그분이 네게 올바를 길을 보여 줄 게야." 또한 한 나이지리아 사람은 지옥에 있는 헌신된 무슬림과 자선을 베풀지 못했던 가난한 기독교인이 천국에 있는 환상을 보았다. 이뿐만 아니라 다른 꿈들과 환상들이 뒤따랐다. 한 젊은 터키인 여성은 그녀의 개종 때문에 교도소에 있게 되었는데 그녀는 교도소에서 풀려나는 환상을 가졌고 그리고 곧 풀려났다. 북아프리카에 있는 한 젊은 남성은 그들의 믿음을 선포하면서 그의 도시의 거리들에서 수천 믿음의 성도들의 환상을 가짐으로 교도소에서 인내하도록 격려를 받았다.

2) 그리스도 안에서 믿음에 의해 더 잘 대답된 영적인 필요사항들

그리스도 믿음 안에서 **내적인 평화**(첫 번째 등급으로 분류된), **죄 사함의 확신**(두 번째), 그리고 **구원의 확신**(세 번째로 이어진)은 매력적이었다. 왜냐하면 꾸란에서 알라가 반기는 자는 용서를 받을 것이요 또한 알라의 뜻에 따라 응징을 받기 때문이다(2:284). 이와 같이 꾸란에는 구원의 확신이 없다.

한 인도네시아 여성은 무함마드의 전통(hadith)으로부터 지옥 위로 걸쳐져 있는 천국에 이르는 다리는 머리카락처럼 얇다고 배웠다. 미국에 이민 온 한 이란인 이민자는 "만일 그리스도가 그에게 두려움으로부터 자유를 주었다면"이라고 질문을 받았다. 그는 대답하기를, "오예, 나는 죄 사함의 확신을 더 느낍니다." 한 이집트인은 무슬림에 대한 기독교의 주 매력은 구원의 확신이라고 주장하였다. 한 자바인은 똑같이 지지하기를, "예수를 영접한 후에 나는 삶의 종국에 관해 확신을 가졌다."라고 말했다.

하나님의 사랑(네 번째로 이어지는)은 매력적이다. 왜냐하면 꾸란에서 알라는 믿음을 저버리는 자들은 사랑하지 않고 그분을 사랑하는 자들을 사랑하기 때문이다(4:31-32). 한 감비아인 무슬림은 흥분해서 외치기를, "하나님께서는 내 있는 모습 그대로 나를 사랑하신다!" 한 서부아프리카인은 적들까지 포함한 모든 종족의 모든 사람들에 대한 하나님의 사랑에 놀랐다. 꾸란은 알라가 아버지라는 것을 부정한다(37:152).

하지만 아버지로서 친구로서의 하나님에 관한 묘사는 그분의 사랑을 갈구하는 자들에게 매력적이다.

무슬림들은 이 사랑이, 꾸란에서(무함마드는 자신의 죄를 위해 용서를 구하라고 말해지지만; 47:19) 아무 과실이 없다고 이미 그들이 믿은 예수를 통하여 표현되었다는 것을 발견한다(19:19). 한 시아파 이란인은 그가 기독교에 매료되기 전에 그리스도에 매료되었다. 북아프리카의 한 수피를 매료했던 선한 목자로서의 예수의 이미지는, 그리고 그분의 산상설교에서의 선명한 요구들은 한 레바논 시아인을 매료시켰다.

성경에서 영적인 진실로의 인도는 다섯 번째로 분류되었다. 한 파키스탄인은 성경에서 많은 질문에 대한 대답들을 찾았다고 하며 성경이 변조되었다고 고발한 무슬림들이 그를 속인 것이라고 결론을 지었다. 비록 요한복음이 꾸란에서 부인된 제목인 하나님의 아들로서의 예수에 초점을 두어 많은 문제들을 야기함에도 불구하고 한 벵골인이 일본어로 된 이 복음을 읽음으로 믿음으로 인도되었다.

영적 문제들에 있어서 교제의 바람(여섯째)은 북아프리카 아랍인에게 그리스도가 어떻게 마음을 변화시켰고 그리고 결과적으로 기독교인들이 어떻게 서로 사랑했는지를 보여 준다. 기독교인들은 **두려움으로부터**(일곱째) 그리고 **외로움으로부터 자유**(여덟째)로울 수 있었는데 이는 그리스도께서 그들을 떠나지 않을 것이라 믿었고 그들에게 사랑하는 기독교인들이 있었으며 그들의 미래가 보장되었다고 생각했기 때문이다.

악마로부터의 구속(아홉째)은 이교도적 실천행위들이 무슬림들의 민속적 표현들의 부분인 곳에서 끼친 중대한 영향이었다. 북부 나이지리아에서 한 원주민 주술사(malam)는 기독교 믿음을 주시하는 한 남자에 대항하여 주술(sorcery)을 썼다. 그 남자는 한동안 광기를 지녔고 그의 아내들(그의 딸들의 남편들과 함께)은 그를 떠났다. 그는 그리스도께서 오셔서 그의 삶 가운데 있는 두 악한 영들의 처소를 점거하시도록 요청하였고 그는 구속받았다.

3. 어떤 거대한 운동들에서 하나님께서 사용하시고 있는 것

무슬림들 가운데 그리스도께로의 거대한 운동들은 수많은 다른 형태들을 취하였는데 일부는 기독교인의 정체로 일부는 무슬림 공동체 내에서 그리스도를 따르는 내부자 운동들로 이웃들에게 예수를 따르도록 인도할 수 있었다. 나는 많은 동료들과 오랜 해에 걸쳐서 남아시아에서 한 상황을 연구해 왔는데 이를 여기에 묘사하려고 한다.

1) 팽창의 수단

팽창의 대로들은 흔히 교회 성장학과 동일시되는 것들이었다.

① 가족과 친구들의 관계망. 신자들이 새로운 마을에 초점을 두었을 때 그 마을에 있는 가족 혹은 친구들을 둔 사람들을 보냈다. 만일 그들이 마을에 들어가면서 조사를 받게 된다면 그들은 아는 사람의 손님이라고 대답할 수 있었다.
② 지도자들과 담화하기. 목표가 단지 개인적인 결정들보다는 지도자에게 초점을 두었다. 한 운동을 촉진하도록 하나님에 의해 사용되면서 결정을 하는 사람으로 말이다.
③ 자비의 사역들. 자연재해들은 변화를 통해 발달을 꾀하는 새로운 전인적인 사역들을 마련한 경우들이었다.
④ 소속을 촉진한 일자리들. 디젤 엔지니어링이나 어업에 필요한 기술을 가졌거나 획득한 사람들은 내부자들이 될 수 있었다. 이에 반해 다른 이들은 마음속의 숨은 동기를 가지고 거기에 있고자 하였다.
⑤ 사역을 지원하기 위한 구조들. 어장과 채소농장 등은 사역, 지원 그리고 개인 훈련을 위한 구조들을 제공하였다.

⑥ 계획되지 않은 기회들. 한 거대한 그룹이 신자들을 공격하러 올 때 이에 대한 대책으로 신자들 리더들 중 세 명은 이슬람 부흥 운동가 그룹 모임에 참석해야 한다는 결론에 도달했다. 신자들은 무슬림 부흥가 지도자들과 예수께로 인도하는 선지자들에 대해 나누면서 "당신이 말하는 것이 진실이나 그것은 공개적으로 말할 때가 아니라 단지 조용히 말할 때이다."라는 응답을 가졌다. 결과적으로 신자들 중의 한 사람은 이 그룹에서 지역지도자로 만들어졌다.

2) 메시지

확장의 메시지는 여러 창조적인 방도들로 제시된 경전을 포함하였다.

① 그들은 전통적인 무슬림들이 오로지 한 책만 사용한 데 반하여 꾸란 샤리프(Qur'an Sharif)는 네 개의 거룩한 책들(그들이 사용한 그 책에 속하는 모든)에 대해 말한 것을 주목하였다.
② 그들은 인질 샤리프(Injil Sharif; 거룩한 복음서)를 시작으로 후에는 무슬림과 친근한 번역으로 전체 성경을 사용하였다.
③ 그들은 무슬림과 친근한 용어들로 꾸란의 양식에 따라 시라 알마시(Sirat al-Masih; 그리스도의 일대기)를 사용하였다.
④ 그들은 오디오 카세트와 기억된 성경이 구전 사회에서 폭넓게 있어 왔기에 이를 사용하였다.
⑤ 중보자가 절실히 필요함을 느꼈으며 무함마드가 하나였다는 일상 무슬림의 믿음 때문에, 그들은 꾸란이 무함마드를 중보자로 이름 짓지 않고 단지 중보할 수 있는 알라에 의해 인증된 한 유일한 사람으로 예시하였다.(19:87; 20:109; 53:26). 그리고서는

하나님께서 이사(Isa; 예수)를 인정하였고(마 3:17; 막 1:11; 눅 3:22) 예수가 유일한 중보자라는 것도 인정하였다(딤전 2:15)는 것이 인질 샤리프에 어떻게 진술되었는지를 그들이 보여 주었다.

3) 상황화

수많은 요소들이 그들의 상황화의 형태들에 영향을 미쳤다.

① 여러 마을들에 일하였던 부부들 중에 무슬림 배경을 지닌 한 두 부부만이 종교적이라고 여겨졌다.

② 유대인들과/혹은 기독교인들이 처음으로 꾸란의 기술적이고 종교적 용어들을 사용하였고 이슬람의 다섯 기둥들의 모든 형태들을 사용했다는(무함마드와 메카의 관련사항은 제외하고) 깨우침은 그들이 무슬림 형태들을 제외한 성경적 내용을 사용하는 예전을 발달시키도록 격려하였다.

③ 거의 모두가 모스크 바깥에서 무슬림 형태의 예전을 사용하는 것을 중단하였다. 그 이유는 a)그들이 의식적 기도들에서 사용하는 아랍어보다는 차라리 국가 언어를 사용한다고 특별히 주목하여 법정 소송을 하는 것을 포함한 핍박 때문이다. b) 그 바깥의 예전 행각이 그들을 공동체로부터 떠나게 했기 때문이다.

④ 조용히 모스크를 출석하면서 "무함마드는 알라의 사도이다."라는 구절을 "예수는 하나님의 말씀(혹은 사도)이다."라는 성경적이고 꾸란적인 어떤 것으로 대치하였다.

⑤ 기도에의 부름을 주지 않았는데 그 이유는 그들을 무함마드는 알라의 사도였다고 공적으로 선포하도록 할 우려가 있었기 때문이다.

⑥ 이전에 모스크에 가지 않은 사람들은 새롭게 나가지 않았다. 다른 이들은 금요일만, 혹은 두 축제들(Ids)만 참여하는 경향을 띠었다.

⑦ 기도는 여전히 한 사람의 손바닥을 위로 향하여 올리는 무슬림의 스타일로 하였다.

⑧ 수피 상황에 있는 사람들은 하나님의 이름들을 낭송/챈트(dhikr)를 수피 형식으로 계속 하였고 거기에 예수의 이름들을 낭송/챈트하는 것을 더하였다.

⑨ 그 스타일들과 보통 성경을 읽는 것, 토의, 그리고 기도를 포함하는 예배의 시간들에 꽤 많은 변동이 있었다.

4) 정체성

어떻게 그들이 자신들의 정체성을 표현하였고 다른 사람들은 그들을 어떻게 보았는지 결정하도록 질문하였다.

① 그들은 자신들을 "무슬림들," "참 무슬림들," "완전해진 무슬림들," "예수를 따르는 무슬림 추종자들," "신자들"(Mu'min -무슬림과 기독교인 둘 다 사용한 용어인), 그리고 그들이 대다수가 되었을 때 "크리스천들"이라고 스스로 불렀다.

② 전통적인 무슬림들은 그들에게 "무슬림들"(전통적인 무슬림들이 그들을 그렇게 부른다면) 혹은 "크리스천들"이라고 불렀다.

③ 전통적인 크리스천들은 그들을 크게 눈치채지 못하였다.

그리스도를 따르는 사람들을 위한 "무슬림"([알라께] 복종하는 사람)이란 용어와 "이슬람"([알라께] 복종하는 것)이란 용어의 사용에 대한 약간의 지원은, 꾸란의 맥락에서 알라께 복종하는 모든 사람들(예를 들어, 3:19-20, 85)에 대해 언급하는 용어에 있다.

5) 관계들

어떤 질문들은 전통적인 크리스천들과 전통적인 무슬림들 사이의 집회들(jama'ats) 간에 관계들을 결정하기 위해 시도되었다.

① 집회들 간의 관계들은 다음의 사실에 의해 지원되었다.

> 가. 복음은 가족과 친구들의 망을 통해 퍼졌다.
> 나. 그들은 자주 이 망들 내에서 결혼했다.
> 다. 그들은 필요 시 서로 도왔다.
> 라. 그들은 다른 사람들이 늘 그들을 받아 주리라는 것을 알았다.
> 마. 이렇게 만드는 것에 '조직체'가 될 것이나 현재 정치체제와 스타일에 있어서 다양성을 고려할 만하였다.

② 전통적인 기독교인들을 향한 태도는 포함하기를,

> 가. "그들은 똑같은 믿음의 형제들이다."
> 나. "만일에 우리가 그들의 전통들을 따른다면, 우리는 우리 자신의 사람들과 일할 수 없다."
> 다. "그들은 금지된(haram) 음식을 먹는다."
> 라. "우리는 그들의 행동, 옷, 그리고 음식의 이유로 그들을 좋아하지 않는다."
> 마. "우리는 그들을 100% 사랑해야 하나 우리의 문화에 있어서 우리는 분리되어 머물러야 한다."

③ 전통적인 무슬림들을 향한 태도는 포함하기를,

가. "우리는 문화 내에 머물러야 한다."

나. "우리는 모스크에 출석하고, 일부는 금요일에만, 일부는 축제들에만 참여한다."

다. "우리는 모스크에 가는데 공동체, 사회 그리고 가족에 머무르기 위해 간다. 그것은 텔레비전이 있는 버스에 타 있는 것과 같다. 한 사람은 리모트 컨트롤을 갖고 있다. 만일에 당신이 버스를 탄다면 그 채널을 보아야만 한다."

위의 연구들을 통하여 분명해지는 것은 하나님의 손은 무슬림들을 다양한 방도들로 그분 자신에게 끌어당기고 있다는 것이다. 우리를 향한 도전은 어디에 어떻게 그분의 손이 일하셔서 우리의 손이 이 '최악의 시대'에 우리가 보고 있는 무슬림들을 거둬들이는 그분의 손과 동역할 수 있는지 아는 것이다.

3장

세계관의 변화

Paul G. Hiebert

근년에는 무슬림들에게 행한 기독교 사역들이 중심 단계로 이동하였고 무슬림 공동체들 속에서 깊은 인격적인 만남들은 중요한 선교학적 질문들을 제기하였다. 이들 중의 하나는 무슬림들이 예수 그리스도를 따르는 자들이 될 때의 회심의 성격을 다루는 것이었다. 이에 포함된 여러 차원들을 보면 이론이 단순하지 않다. 여기에서 우리는 '세계관의 변화'라 부르는 하나를 조사해 볼 것이다. 이 세계관은 광범위하여 보이지 않고 조사하기도 어렵기 때문에 자주 소홀히 다룬 차원이기 때문이다.

두 성경적 예들이 우리에게 세계관의 회심을 이해하는 데 도움을 준다. 그 첫째는 사도행전 1장 6절,7절에 발견되는데 거기에는 제자들이 예수께 지금 하나님의 나라를 지상에 설립하실 것인지를 물었던 곳이 나온다. 그동안 그리스도의 하나님 왕국에 대한 많은 가르침에도 불구하고 제자들은 아직 예수가 로마인을 몰아내고 예루살렘으로부터 통치할 지상의 왕국을 찾고 있었다. 한참 이후에야 기독교인들은 그리스도의 통치가 지상을 침공하고 영광 가운데 그분이 다시 올 때 눈에 보이게 명백히 드러나게 될 영적 왕국이라는 것을 이해하게 되었다.

두 번째 세계관의 추이는 사도행전 10장 9절에서 33절까지 베드로에 의해 경험되었다. 그때까지 복음은 단지 유대인에게 그리고 유대교로 전향했던 자들에게 선포되었다. 지금 베드로는 성령에 의해 이방인인 고넬료에게 가라고 이끌림을 받았다. 고넬료의 집에서의 만남에서 베드로는 세 가지의 심오한 교훈들을 배웠다. 첫째로, 베드로는 하나님께서는 유대인의 하나님이라고 믿었던 것이다. 그는 하나님께서 모든 사람의 하나님이라는 깨달음을 떠난 것이다. 둘째로, 베드로와 제자들이 행한 방식이 기독교라고 그는 생각한 것이다. 그는 기독교가 다른 사회문화적인 상황에서 다른 방식들로 행해질 수 있다는 것을 알게 되었다. 셋째로, 베드로는 유대인으로서 참으로 거기에 있지 않아야 한다는 것을 확실히 하면서 외부자로서 온 것이다. 그는 이방인 회심자들이 그의 형제와 자매라는 것을 배우고 그도 그들 중의 하나라는 것을 깨달았다.

1. 세계관과 회심

세계관에 관한 회심을 살펴보기 전에 '회심'과 '세계관'이 무엇을 의미하는지를 조사해 볼 필요가 있다.

1) 회심

회심을 거론할 때 회심이란 그들 삶의 주님으로서 예수 그리스도 안에서 우리를 잉태하셔서 우리에게 자신을 나타내신 하나님을 따르는 자들이 되기 위해 다른 길들로부터 돌아서는 사람들을 말한다. 이 회심은 반대쪽으로 방향을 바꿈이고 새로운 방향으로 움직임이다. 이 돌아섬은 갑작스럽게 혹은 천천히 될 수 있다. 인간으로 우리는 늘 언제 그것이 일어날지 모른다. 마음을 보시는 하나님만이 안다. 우리의 소명은 사람들이 그리스도를 따르도록 그리고 그분의 제자들이 되도록 그들을 초청하는 것이다. 더욱이 한 번 사람들이 그리스도에게로 돌아서면 우리는 하나님의 사랑 안에서 그리고 거룩 안에서 진리를 아는 것에 자라도록 그들을 격려해 줌이 필요하다.

회심은 많은 변화들을 포함한다. 사회적인 레벨에서 회심은 그들의 가족들, 친구들 그리고 공동체와 다른 기독교인들에게 관련한 사람들이 도중에 변화되는 것을 포함한다. 심리학적 레벨에서 그것은 그들 자신에 대하여 보고 느끼는 그리고 그들의 새로운 믿음들을 그들의 개인적인 삶에 통합하는 새로운 방도들을 포함한다. 문화적인 레벨에서 그것은 이 세상에서의 삶의 새로운 방도를 포함한다. 이것은 문화의 세 차원들 모두에 영향을 미친다. 인식론적 레벨에서 그것은 실재를 보는 새로운 방도이다. 영향 면에서, 혹은 느끼는 레벨에서 그것은 새로운 사랑과 기쁨을 가져온다. 평가 혹은 도덕적 레벨에서 그것은 의와 죄에 대한 새로운 이해로 인도하고 거룩해지고자 하는 바람으로 인도한다. 이 문화적 회심의 핵심은 세계관의 변화이다.

2) 세계관

무슬림 회심자들을 조사하는 데 사용할 두 번째 개념은 세계관이다. 세계관을 이해하기 위해서, 세계관의 한 부분인 문화의 개념을 첫째로 조사할 필요가 있다. 문화란 배워진 믿음들, 느낌들 그리고 사람들 그룹에 의해 나눠지고 행동, 표식들 그리고 산유물의 형태들의 수단에 의해 표현된 더 혹은 덜 통합된 시스템들을 의미한다. 문화는 우리가 살고 자연과 인간창조에 의해 형성된 매일의 세계들이다.

문화들은 서로 다른 레벨들을 갖는다. 표면적으로 우리는 사람들의 행동을 보고 그들이 말하는 것을 듣는다. 그러나 이면적으로는 이들은 행동과, 그들이 사용하는 언어학상의 그리고 다른 표식들을 지시하는 패턴들이다. 인간은 주변 세계에 대한 사고와 행동 과정을 선택하는 정신적인 지도들을 창조하는 능력이 있어 독특하다. 바깥세계를 반영한 이 정신세계들을 건설하는 능력은 상징들을 창조하는 능력에 기초한다. 하나의 상징은 한 개인이나 사람들 그룹의 마음에 있어서 그 밖의 어떤 것을 나타내는 것이다. 예를 들면, 우리는 진짜 나무들을 보고 그것들에 대해 정신적 이미지를 갖는다. 말해진 단어 나무로 그것들을 대표한다. 그 후 우리가 그 단어 나무를 들을 때 우리가 본 진짜 나무들의 정신적 이미지들을 상기한다. 상징들은 다른 인간들에 의해 경험될 수 있는 외부 실재들에 대한 생각들에 연결되어 있기 때문에 우리는 그들과 우리의 생각들을 커뮤니케이션할 수 있다.

각 문화는 그것의 상징적인 세계를 다른 방도들로 조직한다. 예를 들면, 영어로 우리는 무지개를 여섯 색으로 말한다. 그러나 남인도의 텔루구어(Telugu)를 사용하는 사람들은 두 종류만을 사용한다: 뜨거운 그리고 차가운 색깔들. 우리는 보이는 대로 많은 색깔들을 보지만 그 차이들을 주목시키기 위해 형용사를 사용한다.

문화에서 우리는 우리의 생각들을 조직하는 믿음의 체계들을 창조하는 표식들을 사용한다. 서구에서 이 시스템들은 약, 물리학, 차 정비, 요리, 어린이 양육 그리고 신학에 대한 믿음을 포함한다. 믿음 시스템들은 우리가 생각하고 토의하는 것들에 관한 것이다. 그들은 인간 삶을 위하여 필수적이다. 이면적 상징들과 믿음에 관한 상징들은 세계가 함께 할 수 있는 방도에 대한 기본적인 가설들이다. 이들은 사물들과 카테고리들의 성격에 대해 그리고 실재의 통일성 있는 이해를 형성하기 위해 그들이 사용하는 논리에 관하여 사람들이 허락해 주는 것들이다. 이 가설들이 함께하여 실재를 찾는 하나의 방도인 '세계관'을 형성한다.

세계관은 실재의 성격에 대해 인식의 가설들을 만든다. 서구에서 이들은 원자들, 바이러스들 그리고 중력의 실재를 포함한다. 아라비아에서 그들은 악령(jinn), 축복(baraka) 그리고 흉안(Evil eye)을 포함한다. 현대인들은 시간을 해(years), 날(days) 그리고 분(minutes)과 같이 통일된 간격들로 나눠질 수 있는 시작으로부터 끝까지 곧장 곧은 선으로 본다. 그것은 그 자체가 반복되는 것은 아니다. 그러나 다른 문화들은 시간을 여름과 겨울, 낮과 밤과 같이 결코 끝나지 않고 반복, 순환하는 것으로 본다.

세계관은 미와 스타일 밑에 깔려 있는 그리고 일반적으로 그들 자신과 삶에 대하여 그들이 느끼는 방도와 마찬가지로 음악, 예술, 옷 그리고 음식에 사람들의 경험들에 영향을 미친 영향적인 가설들이다. 예를 들면, 소승(Theravada) 불교에 의해 영향을 받은 문화에서 삶은 고통과 동일시되는 것이다. 대조적으로 2차 세계대전 이후에 미국에서 많은 사람들은 낙천주의적이었고 심한 일과 계획 짬에 의해서 그들의 행복과 안락한 삶을 성취할 수 있었다고 믿었다.

또한 세계관은 옳고 그름의 성격을 고려하는 평가적인 가설들을 갖는다. 예를 들어 북아메리카인들에게 정직은, 심지어 그들의 감정들을 상하게 할지라도 일이 처해진 그 상황 그대로를 사람들에게 말하는 것이다. 그러나 다른 나라들에서 사람은 다른 사람들에게 그들이 듣기를 원하는 것을 말해야 한다. 왜냐하면 그들이 그 사실들을 아는 것보다는 용기를 얻도록 하는 것이 더 중요하기 때문이다.

이 가설들이 함께 취해져서 사람들에게 세계로부터 감각을 만드는 세계를 바라보는 방도를 제공하는데 이 세계관은 그들에게 세계를 이해하도록 하고 그들의 이해가 옳다고 확신을 주는 것이다. 따라서 우리와 동의하지 않는 사람들은 틀리지 않다. 그들은 미치지 않았고 실재와 접촉이 없는 것이 아니다. 만일 우리의 세계관이 흔들리면 우리는 깊게 방해받는다. 왜냐하면 세계는 더 이상 우리에게 감각을 만들지 않기 때문이다.

세계관은 방대하게 암시적이다. 유리컵들과 같이 그들은 우리 주변의 세계를 우리가 어떻게 바라보아야 하는지를 형성한다. 그들은 우리가 더불어 보는(with) 것이지 우리가 바라보는(at) 것이 아니다. 유리컵과 같이 그것은 우리가 우리 자신의 세계관을 보기는 어렵다; 따라서 다른 사람들은 종종 그것을 우리가 보는 것보다 더 잘 본다.

세계관은 여러 중요한 기능들을 다룬다. 인식적인 레벨에서 세계관은 우리의 믿음에 대해 합리적인 변명을 주고 그들을 실재의 단일화된 견해로 다소간 통합해 준다. 감정의 레벨에서 그것은 우리에게 감정적인 안전을 제공한다. 평가적인 레벨에서는 우리의 가장 깊은 문화적 표준들을 유용하게 한다. 간략히 말하자면, 우리의 세계관은 우리의 기본적인 실재의 설명도이고 우리의 삶들을 살아가기 위해 사용하는 설명도이다. 마지막으로 우리의 세계관은 문화적인 변화에 대한 우리의 응답들을 추적한다. 우리는 끊임없이 우리의 사회 안에서 그리고 산물 없는 곳에서 나오는 새로운 아이디어, 행동 그리고 산물들과 부딪히게 된다. 그것은 또한 그들이 우리의 종합적인 문화적 패턴으로 어울리도록 우리가 채용한 것들을 재해석하도록 돕는다.

세계관은 시간이 지나가면서 변한다. 새로운 아이디어들은 우리의 근본적인 가설들에 도전을 줄 수 있고 우리의 믿음에 있어서 내부의 일관성이 없으면 긴장들을 창조한다. 스트레스를 줄이기 위해서는 우리의 가설들을 약간 수정하거나 없애야 한다. 그 결과는 우리 자신들이 더 이상 깨달을 수 없는 점진적인 세계관의 변화에 이른다. 때때로 우리의 세계관은 우리 세계의 감각을 더 이상 만들 수 없다. 만일 또 다른, 더 적당한 세계관이 우리에게 제시된다면 우리는 과거의 것을 거절하고 새 것을 채택할 것이다. 예를 들면, 무슬림들은 그들의 질문들에 대해 그들의 오래된 종교가 대답하는 것보다 기독교가 더 좋은 대답들을 제공한다고 결정할 것이다. 그와 같은 세계관 추이들은 우리가 회심과 변화

(transformation)라 부르는 것의 심장에 있는 것들이다.

3) 상황화

회심하는 세계관을 바라보기 전에 복음과 의사소통하는 인간의 사회적, 문화적 그리고 역사적인 상황들 간에 관계를 살펴보는 것이 필요하다. 우리의 시초의 생각은 복음을 인간 상황들로부터 분리시키는 것이다. 우리는 그것을 상황들과 동떨어진 어떤 것으로 보는데 이는 듣는 사람들의 문화와 역사에 의해 영향받지 않은 메시지이다. 복음이 신의 계시라는 것이 진실이므로 한 감각으로는 불변하는 것이지만, 반면에 그것은 그들의 언어, 문화 그리고 인간들이 이해할 세계관의 면에서 의사소통되어야만 하는 것이다.

미래에 대해 생각하면서 우리는 사람들의 문화적 시스템들에서 복음을 전달하는 것이 필요하다고 깨닫지만 급진적인 변화의 필요에 있어서 그들의 옛날 문화를 악으로 보는 경향이 있다. 우리가 기독교인이기에 다른 문화에서의 회심자들이 그들의 신학, 예배형태들, 교회학 그리고 삶의 방식이 우리와 같이 될 것이라고 가정한다. 그러나 그때 기독교는 외국 종교로 보이게 되고, 옛 종교적 방식들은 사라지는 것 같이 보이지만 사실상 지하로 들어가서 비밀리에 실천된다.

우리는 다른 문화들을 깊게 공부하면서 그들 안에 좋은 것을 보기 시작하고 급진적이고 비판적이지 않은 복음의 상황화를 요청하기 시작한다. 또한 우리 자신의 기독교의 형식은 문화적으로 매여 있고 자주 비성경적이라는 것을 깨닫는다. 그 결과는 절대성을 손실하는 신학적인 상대주의이고 교회에서는 연합의 결여를 빚는다.

우리가 다른 문화권에 있는 교회들과 관계하면서 복음이 외부로부터 우리 모두에게 온 것을 보게 되고, 우리의 신학들과 교회론들이 우리의 주어진 상황에서 복음을 이해하기 위해 시도하는 것들임을 알게 된다. 신적인 계시에는 절대적이고 우주적인 것들이 있고 이들은 그들의 모든 상황에 처한 모든 인간에게 말한다. 우리는 또한 하나님의 계시가 특별히 역사적이고 사회문화적인 상황들에 살았던 인간을 통해 인간에게 주어졌다는 것을 깨닫는다.

간략하게, 우리는 인간 상황들에 주어졌으나 하나님의 말씀이 우리에게 전달되는 신적인 계시로서 성경의 진리를 인정한다. 우리는 복음과 여하한 인간문화를 동일시하지 말아야 하지만 또한 그것을 사람들이 듣고 믿도록 인간 문화적인 형태들에서 전달하여야 한다. 복음은 단순히 진실로 받아들여야 하는 정보가 아니다. 그것은 예수 그리스도 안에서 그 자신을 계시하시는 하나님을 따르라는 부름이다. 대부분의 추종자들에게 이것은 그들의 믿음과 실천들뿐만 아니라 그들의 세계관들의 변화를 의미한다.

2. 회심하는 세계관들

문화적 레벨에서의 회심은 세 차원 즉 믿음들, 감정들 그리고 심판들을 모두 포함한다. 거기에는 어떤 약소한 예수에 관한 지식과 그를 따르고자 하는 바람이 있어야 한다. 이들은 그를 따르기 위한 결정으로 인도하여야 한다. 회심은 단순히 그리스도의 정통적인 지식을 보유하거나 그분의 사랑이 아니라 그분을 따르도록 선택하는 것이다. 흔한 회심은 최소한의 지식 혹은 심지어는 바람과 결정이지만 주의 깊은 훈련을 통해 이들이 성숙해질 수 있다.

완전해지기까지 회심은 문화의 모든 레벨들을 포함해야 한다. 외부인으로서 누가 예수의 추종자들이 되었는지 말하는 사람들을 볼 때 우리는 먼저 그들의 행위를 보는 경향이 있다. 그들이 기독교인들과의 교제를 즐기는가? 그들이 성경을 공부하고 예배에 참여하는가? 간략히 말하면, 그들이 기독교인과 같이 행동하는가? 변화된 행위는 회심의 진행과정에서 중요한데 그 이유는 그것이 내적인 변화의 표식이기 때문이고 그 변화의 세계를 증거하는 것이기 때문이다. 그러나 행위는 또한 왜곡될 수 있다. 사람들은 기독교인들과 같이 행동하지만 그들의 충절의 근본적인 변화는 경험하지 않은 것이다. 혹은 사람들이 예수 그리스도를 통하여 하나님께로 진실로 돌아왔을 수도 있으나 그들 행위에 대한 우리의 평가는 한쪽으로 치우친다.

또 다른 단계에서 우리는 자주 관례들에 있어서 변화를 찾는다. 예수의 새로운 추종자들이 기꺼이 세례를 받고 주님의 만찬에 참여하려고 하는가? 관례들은 우리의 가장 깊은 믿음체계, 느낌들 그리고 가치들을 표현할 때 경험한 시간이고, 관례들에 참여하는 것은 심지어 내적인 변화에 공적인 증거이다. 그러나 사람들은 잘못된 이유들 때문에 관례들에 참여할 수 있다. 그들은 개종하는 혹은 선교사의 총애를 구하는 한 공동체의 부분으로 남기를 원할 수도 있다.

행위와 관례들을 강조하는 것은 믿음체계들의 회심이다. 예수의 새로운 추종자들이 그들의 새로운 믿음을 기본적이고 단순한 용어들로 표현할 수 있을까? 그들이 그리스도의 주되심, 성경들의 권위를 신성한 계시로 인정하는가? 그리고 하나님의 구원에 대하여 성경이 요청하는 것을 인정하는가? 여기에 우리는 길거나 짧은 리스트를 만들 수 있으나 우리는 그 찾는 자들이 진실로 믿는 것이 무엇인지를 알아낼 수 있다. 게다가 사람들은 그들의 내적인 존재에 있어서 회심을 진실로 경험함 없이 공적으로 그들의 믿음을 인정할 수 있다. 우리는 그들의 믿음체계들이 예수의 추종자들이 될 때 완전하다고 가정할 수 없다.

그것의 가장 깊은 단계에 있어서 완전하고 계속되는 회심이라면 세계관들을 변화시켜야 한다. 한 사람이 전적으로 더 높은 단계들에서 '크리스천'이 되는 것은 가능하고 여전히 부수적인 기독교인 세계관을 보유한다. 이것은 사도행전에 시몬의 경우(행 8:9–24)이다. 그는 회심하였고 세례를 받았으나 여전히 그의 옛 이상한 세계관-그것의 공식을 이해한 마술사들에 의해 사고, 배우고 그리고 제압되어야 할 능력-의 면에서 하나님의 능력의 현현을 보았다. 그는 베드로를 초월적인 마술사로 보았다. 베드로는 그를 꾸짖었고 그는 뉘우쳤다. 그는 믿음체계들에 있어서의 변화뿐만 아니라 그의 세계관에서의 변화도 경험해야 했다.

우리는 그들의 성경과의 만남과 그들의 세계관에 빠지게 하는 도전들에 씨름하는 대로 믿음에로 나아오는 사람들을 어떻게 도울 수 있을까? 이것은 새 신자들에게나 성경적인 세계관에 의해서보다는 그들의 현대적인 세계관들에 의해 더 자주 형성된 선교사들에게나 시간이 걸리고 인내를 요하는 평생의 과정이다.

1) 현상학

첫 단계는 새로운 신자들이 그들의 지역 문화와 세계관을 현상학적으로 공부하는 것을 돕는 것이다.[7] 여기에 지역 교회지도자들과 선교사는 교회 생활에서 일어나는 문제들과 연루된 전통적인 믿음체계들과 실천들을 모으고 분석하는 일에 회중을 인도한다. 그리고 그 발견들에 판단을 통하지 않는 것이 중요하다. 만일에 지도자들이 통례의 믿음체계들과 실천들을 비평한다면 사람들은 비난받는 것에 대한 두려움 때문에 그들에 대해 이야기하지 않을 것이다.

조숙한 판단들은 자주 믿는 사람들이 직면하는 투쟁들보다는 차라리 믿음체계들의 정통성에 초점을 맞춘다. 그 결과는 그들이 믿기로 기대되는 것과 단순히 바꿀 수 없는 그들의 옛 믿음체계들과 실천들 사이에 신자들의 마음에 결정되지 않은 채로 남아 있는 깊은 인식이 있는 불협화음이다. 옛 방식들은 의식적으로 새 신자들 자신에 의해 혹은 무의

---

7) 간단한 의미로 현상학이란 "사람들이 생각하는 것이 계속되는 것"이다. 존재론(형이상학)은 "실재하는 것이 계속되는 것"이고 특히 하나님에 의해 보이는 그대로이다.

미해지는 새로운 방식들에 의해 취급되고 소유되어야 한다. 더욱이 옛 방식들이 적합하게 취급되지 않기 때문에 그들은 자주 지하로 간다.

2) 형이상학

세계관을 바꾸는 데 있어서 두 번째 단계는 새 신자들이 바로 가까이에 직면한 질문과 관련된 성경을 공부하도록 돕고, 새로운 성경적인 이해의 빛에서 그들 자신의 과거 믿음체계들을 평가하도록 돕는 것이며, 실재를 찾는 새롭고 더 성경적인 방도들을 형성하도록 돕는 것이다. 복음은 사실로서 전달되고 받아들여져야 하는 단순한 정보가 아니다. 그것은 응답하는 사람들에게 주어진 하나의 초대이다. 진행과정에서 지도자들이 만들어져야 한다고 생각하는 변화들에 대해 확신이 들기에 충분하지 않다. 그들은 개인적인 확신을 나눌 수 있고 지도자를 임명할 수 있으나 사람들이 과거 세계관을 평가하는 것에 최종적인 결정들을 내리도록 허락해 주어야 한다. 만일 지도자들이 결정을 내린다면 그들은 그 결정들을 강요하는 경찰관들이 되어야 한다. 만일 사람들이 공동으로 결정을 내린다면 거기에 더 책임이 있고 거절하는 습관들이 지하로 숨겨질 가능성이 적어질 것이다.

새로운 진리의 조명 안에서 자신의 문화와 세계관을 평가하는 것에 사람들을 가담시키는 것은 그들의 힘을 끌어당긴다. 그들은 과거 문화를 선교사보다 더 잘 알고, 일단 성경의 지도사항을 갖고 있으면 그것을 비평하는데도 더 나은 입장에 있다. 더욱이 그들을 가담시키는 것은 자신의 삶에 영적인 가르침을 적용하는 법을 가르침으로써 영적으로 성장하도록 돕는 것이다.

선교사는 문화 바깥으로부터 자신의 세계관을 연구하는 것이 중요한데 이는 그들이 성경을 공부할 때 이 세계관을 사용하기 때문이며 그들의 해석이 성경보다는 자주 자기 문화에 의해 더 형성되기 때문이다.

기독교 공동체는 과거 세계관 가정들에 다른 방도들로 응답할 수 있다. 많은 이들이 비성경적인 것을 유지하고 다른 사람들은 기독교인에게 적합하지 않으므로 이 세계관을 거절한다. 그와 같은 거절의 이유들은 차이를 거의 보지 못하는 외부인들은 분명히 모른다. 그러나 감추어진 의미들과 그들의 과거 믿음체계들의 친밀함을 아는 사람들에게는 분명하다. 한편으로, 어떤 입장들에서는 선교사가 사람들이 간과해 온 질문들을 제기할 수 있다. 왜냐하면 그들이 지적될 때까지는 자신의 과거 세계관 가정들을 분명히 보는 데 실패할 수 있기 때문이다. 새로운 기독교인들은 과거의 가정들을 기타 기독교인 공동체로부터 이끌어진 것으로 대치할 것이다. 그리고 역사적이고 국제적인 교회와 연합할 것이다.

무엇이 우리를 타락하도록 이끄는 데에서 이 비판적인 상황화의 과정을 점검하는 데 돕는가? 첫째, 진행은 성경을 진지하게 신의 계시와 삶과 믿음의 규율로 취한다. 둘째, 그것은 하나님의 인도하심으로 열린 모든 신자들의 삶에 성령의 사역을 깨닫는다. 셋째, 교회는 성경의 개인적인 해석들에 반대하여 점검하면서 해석학적인 공동체로 행동한다. 이 해석의 공동체로서 교회의 집합적인 성격은 모든 문화에 있어서 신자들의 지역적 모임들뿐만 아니라 세계 곳곳의 그리고 모든 세대의 교회에 또한 확장된다. 해석학적인 공동체에 있어서 지도자들의 역할은 공동체에 있어서 그들 자신에 의해 결정을 하도록 강요하는 것이 아니라 모든 멤버들을 공부와 결정을 하는 데 참여시키기 위해 동원하는 것이다. 그 지도자들은 진행과정의 어떤 일면에서 전문기술을 갖고 있으나 그 공동체의 다른 멤버들은 삶의 다른 영역들에서 행한다.

3) 선교학

세계관 변화에서 마지막 단계는 새로운 신자들이 그들의 믿음으로부터 야기되는 선택들을 한 대로 살아가도록 돕는 것이다. 잦은 도전들은 그들이 위기의 결정들을 직면할 때 새로운 믿음체계들에 대해 그들로 하여금 생각하도록 압력을 가하면서 발생한다. 그와 같은 상황들은 즉각적인 결정과 응답을 요청한다. 이들은 또한 손에 문제의 근저가 있는 세계관 이슈들에 관해 여러 번 깊게 반영되도록, 그리고 기독교 공동체의 비슷한 상황들에 대한 응답에 관하여 기독교 공동체에서 오랜 기간 동안의 토의를 북돋우도록 사용하는 것이 중요하다.

이 세 단계에서 우리는 사람들이 있는 위치에서 그들 세계관의 주의 깊은 제자화 과정을 통해 그리스도 안에서 성숙하도록 그들을 이끌어야 한다. 이것은 오랜 진행의 과정이기에 우리는 인내하고 고무되어야 하며 천천히 판단하고 빨리 약함과 비틀거림을 찾아내야 한다. 사람들은 한 세계관으로부터 다른 세계관으로 단시일에 뛰어넘을 수 없다. 거기에는 급격한 세계관이 변화하는 시간들이 있으나 대부분의 세계관 변화는 핵심 세계관 주제들을 생각하고 재생각하는 과정들이다. 사람들은 그들이 가지고 있는 세계관들로 시작한다. 시간이 지남에 따라 그것들을 검사하고 변화할 필요를 가진다. 더욱이 그것은 개인의 세계관들이 회심하는 데 중요할 뿐만 아니라 공동체에 의해 공유된 세계관이 변화되는 데에 중요하다.

3. 세계관들과 무슬림 사역들

무슬림 사역들에 포함된 많은 세계관 이슈들이 있다. 이것은 나라에서 나라로, 종교적 공동체에서 종교적 공동체로 다양하다. 현 토의들은 자주 세계관 변화들에 관해 접촉하는데 특별히 정통 이슬람에 관련된 것들이다. 이는 마치 하나님의 성격, 예수의 성격, 인간의 하나님과의 관계형성에의 성격, 십자가와 구원의 성격 그리고 영원한 운명의 성격이다. 또한 민속 이슬람의 세계관 가정들을 조사하는 것이 필요한데 이는 마치 영들, 꿈들, 축복, 악령 그리고 흉안에 대한 그들의 믿음체계들에 관한 것이다. 이 믿음에 속하는 세계관들의 조직적인 분석은 우리가 씨름하는 많은 이슈들을 이해하도록 도움을 준다.

무슬림 사역들에 있어서 위기의 이슈들로 논쟁할 때 우리가 가져온 세계관 가정들을 조사할 필요가 있는데 이는 마치 한 신자가 되는 것을 의미하는 것이며, 신자들이 어떻게 서로 간에 연관이 되고 그들 주변 사회와 관련되는지에 관한 것이다. 따라서 '전인적 사역들,' '영적 전쟁,' '사람들의 운동들,' 그리고 '하나님의 왕국'과 같은 이슈들이 속해 있는 우리의 가정들을 조사해 볼 필요가 있다.

마지막으로, 새로운 사회와 문화적인 맥락들에서 복음의 메시지와 능력을 잃지 않고 그것을 구체적으로 표현하는 것을 구할 필요가 있다. 만일에 복음을 과하게 상황화한다면 그것을 잃게 될 것이다. 반대로 만일 복음을 과소 상황화한다면 복음 전달에 실패할 것이고 그것을 외국의 상황들에 붙잡히도록 만들 것이며 이러한 행동으로 인해 그것을 또한 잃을 것이다. 따라서 무슬림들 가운데에 효과적인 장기간 사역들은 개인적이고 사회적인 차원에서 예수 그리스도의 제자들이 되는 것에 주의를 기울이는 것뿐만 아니라 개인적인 신자들로서 발행하는 그리고 전 교회들이 기독교인의 믿음으로 자라도록 하는 문화적이고 세계관의 변화들을 필요로 한다.

4장

거울을 통하여 보는 회심:
무슬림들과 회심의 다양한 양상들

David Greenlee and Rick Love

"여태껏 내가 알아온 여성 중에 가장 사악한 여성이 지금 내게 가
장 가까운 친구이다."

　남동아시아의 마을에서 사역하고 있는 한 부부는 큰 대가를 치러
왔다. 이들 부부의 생활은 검소했고 건강 문제들은 빈번히 발생했다.
그리고 그들의 자녀들은 다른 나라에 있는 기숙학교에 다녔다. 그러
나 그 선교사 아내가 간결하게 무슬림 마을의 한 마술사 여성의 변화
된(transformed) 삶을 묘사하는 것을 들어 보면 그것이 가치 있는 이
유를 알게 된다.

　예수를 새롭게 따르게 된 이 여성은 기본적인 성경학교과정도 마치
지 않았다. 아마 그녀는 성경을 읽을 수도 없을 것이다. 그녀는 결코 '진
보'가 없었고 '죄인이 하는 기도'도 없었다. 그녀는 외국어로 만들어진 예

수 영화를 본 듯하나 결코 모국어로 출판된 성경이나 기독교에 관한 영화 혹은 자료들은 보지 않았을 것이다.

표면에 나타나 보이는 것만으로 이 여성은 마을의 한 평범한 사람으로 과거처럼 거칠거나 두려워하지 않고 상냥한 미소를 띤 모습으로 사업에 임하는 모습이 상상된다. 이 여성을 아는 마을 사람들은 그녀가 확실히 변화된 것을 인식하나 그녀가 교회를 나가거나(이 마을에는 사실 교회가 없지만) 성경을 읽기 시작했거나 혹은 다른 '종교적' 행위를 나타냈기 때문이 아니다. 그러나 막달리 마리아와 같이 사랑스런 이 여성은 예수가 그녀를 구원하셨고 그녀는 그분을 전심으로 사랑한다는 것을 안다.

반면에 한 유럽의 도시에서는 이란인 이민자가 매 주일 기독교 교회의 시설들로 모인다. 그들은 국제적인 영어 회중과 겹치지만 그들의 모국어로 드려지는 분리된 예배시간에서 교제, 예배 그리고 가르침을 즐긴다. 이 그룹의 일부는 전문 직업인들; 지도자는 의학박사; 대부분은 피난민들이다. 이들의 자녀들은 공공학교들에 나가고 십대들 중의 일부는 그들이 탄생하면서 가진 이슬람 이름을 서구 혹은 기독인의 것으로 바꾸는 것에 대해 토의한다.

비록 이들이 무슬림 배경의 신자들이라도 그리스도를 따르는 이 사람들은 공개적으로 세례를 받고 교회에 나가는 기독교인들이기에 우리가 그들을 "MBB"(Muslim Background Believer: 무슬림배경신자들)로 언급하면 혼동이 일 것이다. 도회지 주변의 사람들은 그들이 중동에서 온 사람임에 대해 의심할 여지가 없으나 외양에서 나타나 보이는 것을 떠나서 이들은 확실히 기독교인들이다.

1. 단순하지 않은 묘사들

우리가 무슬림들이 어떻게 그리스도 안의 믿음으로 나아오는가를 고려할 때 단순하고 보편적인 묘사로는 표현하기 어렵다. 이 두 이야기들은 세계의 12억 무슬림들 가운데에서 우리가 믿을 수 없는 다양성이 있다는 것을 예시한다. 그리고 어떻게 일부가 예수 그리스도 안의 믿음으로 나아오게 되었는지 그리고 어떻게 그들이 믿음을 영위하며 살아가고 있는지에 대해 다양하게 응답한다.

클리퍼드 거츠(Clifford Geertz)는 그의 고전 작품에 인도네시아와 모로코의 이슬람에 관해 "그들의 가장 분명한 유사성은 그들의 종교적 동맹이다. 그러나 그것은 또한 문화적으로 말하자면 가장 분명한 비유사성… 그들은 둘 다 메카를 향해 마음을 기울이나 무슬림 세계의 정반대의 것들에는 정반대 방향으로 절한다."라고 관찰한다.[8]

이 다양성을 깨닫는 것에 실패하면 예수 그리스도에의 믿음에 돌아오는 것을 포함하여 무슬림들을 이해하려고 노력하는 사람들 사이에 오해와 불필요한 불일치를 이끌 수 있다. 우리는 상황화에 대한 토의에 관해 너무 자주 서로 간에 과거를 이야기하는데 이는 우리가 깨닫기를 실패하거나 적어도 다른 각자의 상황들에 익숙하지 못하기 때문이다. 더 나아가서 혼동은 우리 믿음의 실천에 있어서 다른 문화들과 성경이 표준적으로 그리고 보편적으로 규정하는 것과의 사이에 수용할 만한 변화 간의 영역들의 위치를 넘어서 일어난다.

우리의 믿음을 묘사하기 위해 우리가 사용하는 말은 예수 그리스도를 따르는 사람들에게 혼동과 논쟁으로 이끌 수 있다. 기독교인은 그것의 의미를 첫 세기 안디옥(행 11:26)에 개최된 의미로 실행할 수도 있다. 그러나 이는 오늘날 많은 주위 환경에 있어서 예수 그리스도를 믿고 따

---

8) Clifford Geertz, Islam Observed: Religious Development in Morocco and Indonesia(Chicago: University of Chicago Press, 1971), 4. "Antipodes"는 지구 정반대의 끝들을 논한다.

르는 것보다는 의회, 문화 그리고 인종주의의 이슈들에 더 관련된 말이다. 개종 그리고 이와 관련된 단어들도 많은 사람들이 더 사용하기 좋아한 묘사적인 어구인 '무슬림 배경 신자들'에 기인한 것이다. 더군다나 무슬림들이 기독교로 개종하는 생각은 그들의 문화적인 유산의 거절과 서구문화와 기독교 전통들의 수용을 내포하는데 그 중에 많은 것이 비성경적이고 필요하게 성경을 적대시하는 것이다. 이 개종의 오해는 성경이 가르치는 것도 아니고 우리가 의사 전달해야 하는 것도 아니다.

2. 회심의 국면들 탐구하기

회심의 개념은 많은 면에 있어서 문제를 가지고 있어 복잡하다. 이 부분에서 우리가 제안하는 일곱 렌즈들은 그리스도 안의 믿음으로 나아오는 것이 의미하는 바를 우리가 이해하도록 도우며 일곱 세트의 질문이나 분석양식은 우리의 연구와 회고에 안내를 돕는다. 이들은 심리학, 행동, 사회학, 문화, 영적 전쟁, 인간 의사 전달자 그리고 하나님의 역할의 렌즈들이다. 이 렌즈들 중에 어느 것도 우리에게 완전한 그림을 보여 주지는 않는다. 그러나 각각은 우리가 회심을 다른 관점들로부터 연구할 때 걸러지거나 간과된 면들을 강조한다. 범주들에서 어떤 부분적인 중복을 인식하지만 우리의 관심은 그 카테고리들을 그 같이 방어하려고 하는 것이 아니라 우리가 올리는 이슈들의 중요성에 초점을 두는 것이다.

1) 심리학적인 렌즈들

우리가 그리스도를 효과적으로 전하기 위해서는 회심의 심리적인 차원들을 이해해야 한다. 엥겔지수(Engel Scale)[9]와 비고 소가드(Viggo

---

9) James F. Engel and H. Wilbert Norton, What's Gone Wrong with the

Sogaard)[10]에 의한 두 차원의 발달은 하나님에 대해 아무것도 모르는 사람이 하나님의 참 지식에 이끌리도록 하는 단계적인 진행을 묘사한다. 이 지수들은 회심이 단순히 위기가 아니라 하나의 과정이라는 사실을 강조한다. 그 과정이 그리스도에게로 돌아오는 절정으로서의 많은 보고로, 한 사건으로 인도하는 동안에 그것은 보통 개인이 회심하면서의 생각의 점진적 변화를 포함한다.

회심의 심리적인 차원은 복음에 있어서 함축적이다. 일신론자적인 사도들의 회심은 그들이 예수와 살았던 그리고 서로 교통하였던 것과 같이 점차적으로 발생한 것이다. 첫째, 그들은 예수를 단지 명령으로 마귀를 내쫓는 권위 있는 선생으로 이해했다(막 1:27). 다음, 그들은 예수를 병을 다스리는 권위를 지닌 사람으로서 치유자로 보았다(막 2:1-12). 그리고선, 그들은 예수가 창조를 다스린 권위를 지녔다는 사실과 씨름을 하였다. "이분은 누구신가? 심지어 바람과 파도도 그를 순종하네!"(막 4:4). 마지막으로, 상당한 시간 이후에 베드로는 "당신은 그리스도이십니다."라는 유명한 고백을 하였다(막 8:29).

사람들은 하나님, 죄 그리고 구원에 대해 결정적인 사실들을 듣고 이해한 이후에 뉘우치고 복음을 믿는다. 복음의 진수가 불변하는 것인 반면에 우리는 급진적으로 다른 상황들에서 그리스도를 선포한다. 복음의 어떤 차원들은 특별한 상황들에 더 관련이 있고 회심의 진행과정은 회심하고 있는 사람들에 따라 다양하다. 그러므로 우리는 우리가 도달해야 할 사람들을 연구해야 한다. 그래서 그들의 독특한 필요사항들에 말할 수 있고 그들이 특별한 문제들에 역점을 두고 다루기 위해서 말이다.

Harvest?(Grand Rapids: Zondervan, 1975), ⟨www.newwway.org/engel/⟩. 또한 "An Interpersonal Communication Model: The Engel Scale Explained" at ⟨www.gospelcom.net/guide/resources/tellitoften.php⟩을 보라.
10) Viggo Søgaard, Media in Church and Mission: Communicating the Gospel(Pasadena: William Carey Library, 1993). Søgaard's added dimension highlights changed attitude toward God and the gospel.

    심리학의 연구를 기독교인 회심에 연결시키게 되면 충돌과 위험의 잠재성을 가지는데 이 위험성은 우리가 종교적인 실재를 단지 심리학적인 이론의 용어 면에서 설명하기 위해 찾는 것이다. 폴 비츠(Paul Vitz)는 "깊이 적그리스도이며 참으로 대부분의 종교들에 적대적인"[11] "종교로서의 심리학"의 힘에 초점을 맞춘다. 심리학은 사람들을 이해하고 그들의 필요들을 이해하도록 우리를 돕는다. 하지만 우리가 그것을 오용하게 되면 속임과 통제의 도구로 사용하게 될 수도 있다.

    심리학은 심지어 사람들이 어떻게 그리스도 안의 믿음에 이르러 성장하는지 고려하게 하며 중대한 통찰을 부여한다. 예를 들면, 무슬림들이 그리스도 안의 믿음으로 다가오는 데에 하나님께서 사용하시는 꿈들에 관해 기독교인 집단들에서 많이 보고되었다. 그와 같이 신적인 간섭의 보고들에서 희귀한 것은 구스타브 그룬바움(Gustave von Grunebaum)[12]같은 기독교인 작가가 주의 깊게 사건들을 분석하고 학자들의 도움이 될 만한 작품과 교신하는 것이다. 꿈들은 복잡한 신학적 현상들인데 근원으로서 하나님을 깨닫고, 겸손의 공감은 순서에 있어서 폭넓은 주장들 이전에 있는데 그분이 어떻게 일하시는 중인지를 분석함에 있다.

    또한 우리의 수치와 죄책의 감각은 심리학과 연결된다. 성령이 어떻게 우리에게 하나님의 표준에 도달하지 못하여 타락한 것을 알도록 하는가? 하니스 위허(Hannes Wiher)는 학문에 이끌려 많은 해를 기니(Guinea)에 있는 무슬림들 안에서 사역하면서 보내면서 그는 수치와 죄책 오리엔테이션들의 분석에 기초한 양심에 도움이 되는 이해를 발달시켰다. 심리학적인 이론의 우수한 선교학적인 적용을 만들면서 그는 토

---

11) Paul C. Vitz, Psychology as Religion: The Cult of Self-Worship(Grand Rapids: Eerdmans, 1977, 1986), 10.
12) Gustave Edmund von Grunebaum, "The Cultural Function of the Dream as Illustrated by Classical Islam," in The Dream and Human Societies, ed. Gustave Edmund von Grunebaum and Roger Caillois(Berkeley: University of California Press, 1966), 3-21.

착의 양심, 선교사의 양심 그리고 성경적인 기준들 사이에 계속성과 비계속성에 초점을 맞춘다. 예를 들어, 위허는 진술하기를,

모든 양심의 내용은 시초의 관련 초점이 되기 위한 하나님의 기준들에 충분히 가깝다(롬 2:1-16). 그러므로 시초의 전도에 선교사는 본래의 양심, 특히 성경에 일치하는 양심의 일면에 관련된 죄에 관해 말해야 한다… 다른 지역들은 전도로 접근하지 말고 단지 회심 이후에 가르침과 상담으로 접근해야 한다. 이 가르침과 상담은 선교사들에게는 큰 관심거리이지만 토착민들은 거기에 관심이 거의 없다. 그러므로 메시지는 청중에게 오해를 초래하고 선교사의 문화를 받아들이도록 요청된다. 사람들은 거절할 수 있는데 그 이유는 회심이 그들의 '익숙하고 성공적이고 좋은' 문화로부터 외계의, 아마도 심지어는 비도덕적인 문화에까지 이끄는 것이기 때문이다. 혹은 사람들은 그것이 더 좋아 보이는 또 다른 문화에의 회심이기에 정확히 회심하는 것을 선택할 수도 있다. 회심은 이 경우에 확신에 근거하지 않을 수 있고 기회주의적일 수 있다. 토착적 양심을 회피하는 회심은 피상적인 순응 혹은 상호관계를 고려하지 않고 구획을 나눈 순응주의로 이끌 수 있는데 이것이 혼합주의이다. 선교사는 새로운 문화를 오해함으로 영구적인 경찰관의 역할을 취할 우려가 있다.[13]

2) 행위적인 렌즈들

성경적으로, 회심이란 용어는 무수한 단어들 위의 중심에 둔다. Epistrepho(돌아섬)과 metanoia(뉘우침)는 회심을 묘사하기 위해 가장 흔히 사용되는 두 용어이다. 성경은 회심에 대해 사악함으로부터 돌

---

13) Hannes Wiher, Shame and Guilt: A Key to Cross-Cultural Ministry(Bonn: Edition IWG, Mission Academics, Band 10, Verlag für Kultur und Wissenschaft, 2003), 367. 이 인용은 Robert Priest, "Missionary Elenctics: Conscience and Culture," Missiology XXII: 291-306로부터 한 것이다.

아서는 것으로(딤후 2:19), 우상들로부터 하나님께로 돌아오는 것(살전 1:9)이라 말하거나, 혹은 어둠으로부터 빛으로 돌아서고 사탄의 지배로부터 하나님께로(행 26:18) 돌아서는 것을 말한다. 이와 같이 회심은 대부분 근본적으로 '돌아섬'에 관한 것이다. 그것은 마음의 수준 변화를 말하고 그리스도 주변의 삶의 재 오리엔테이션을 말한다.

남동아시아에 있는 무슬림 가운데 서구 기독교인들과 아시아 무슬림들 질문들에서 갈등하는 것들에 관해 언급한 기독교인 증거를 경험한 관찰자는 종교적인 서약에 대하여 묻는다. 서구 신학자는 믿음, 하나님의 성격 그리고 대속에 관해 질문들을 한다. 만일에 그 올바른 대답들이 주어진다면 서구인은, "글쎄, 이 사람들은 신학적으로 복음적이나 그들은 웃기게 먹는 습관들과 기도하기 위해 이상한 자세들을 취한다."라고 말할 것이다. 그런 와중에, 배교에 관련하여 그리고 너무 많이 Isa al Masih에 대해 이야기하여, 지역 종교지도자들은 똑같은 주제들을 테스트한다. 그들은 "그들이 우리의 공동체에서 태어나서 올바른 방도로 기도하고, 금식을 지키고, 돼지고기를 먹지 않는다. 그들은 무슬림들이어야 한다."라고 결론을 짓는다.

물론 다이어트와 행위의 질문은 새롭지 않다. 예루살렘 공의회에서도 재기되었지만, 앤드류 월스(Andrew Walls)는 "바울 서신들의 전 연속들(whole stretches)은 불필요했을 것이다… 그러나 바울은 새로운 기독교인 생활방식을 직시하는데 이는 신자들이 저녁식탁에서 이방인들과 연합하는 곳이며, 그리스도의 말함을 아마도 이방인 친구와의 식탁의 상황에서 기독교인으로서의 행동, 생각하고 말하는 것의 적용에 직면해야 하는 곳이다."라고 지적한다.[14]

우리가 그와 같은 행위의 질문들에 직면함 같이 우리는 폴 히버트

---

14) Andrew Walls, "Converts or Proselytes? The Crisis over Conversion in the Early Church," International Bulletin of Missionary Research(January 2004): 2-6.

(Paul Hiebert)가 "제한된 무대의 기독교"(bounded set Christianity)[15]라고 용어를 정의한 것의 위험을 피해야 한다. 너무 자주 우리는 잘못되게 심중의 방향–예수에 중심을 두거나 다른 신들에 방향을 돌린–을 찾지 않고 행위의 표준들에 맞추는 것에 초점을 둔다. 역 진술의 위험은 우리가 행위를 무시하고 그리스도의 추종자를 신학적인 퀴즈에 대답하여 규정짓는 것이다. 이는 마치 소위 복음적인 사람들과 일반 민중 간의 사회적인 행위에 있어서 중대한 차이가 없음을 보여 준다. 미국에서 표를 던지는 것과 같이 말이다.

외부인들로서 우리는 새로운 신자들이 변화해야 한다는 행위와 실천들을 결정하는 가장 최상의 위치가 아니다. 우리는 과도하게 우리가 이해하지 않는 실천에 대해 관심을 쏟거나 혹은 지나치게 관대한데 그 이유는 죄스러운 배경과 의미를 인식하는 데 실패하기 때문이다. 문화적으로 내부자들은 사랑하는 이들, 잘 정보를 갖춘 외부 기독교인들의 지혜에, 그리고 교회의 역사적인 목소리에 귀를 기울여야 하지만 그러나 일반적으로 그들은 현 행위의 의미의 복잡성을 평가하고 여하한 변화들을 형성하도록 이끄는 역할을 하여야 한다.

갈라디아인 논쟁에서와 같이 변화된 행위 혹은 법을 지키는 것은 어떤 사람을 그리스도의 추종자가 되도록 만드는 것이 아니다. 그러나 회심의 진행은 행위에 있어서 변화를 포함한다. 기독교인이 되기 위해서가 아니라 내가 성령에 의해 가능했던 그리스도 안에 있는 사람이기에, 나는 단지 돌판들에 혹은 한 책에 쓰여진 것이 아니라 나의 마음에 새겨진(렘 31:33) '법'을 지킨다. 그리스도의 추종자들이라고 규정지어야 하는 행위의 보편적인 것들은 바울의 육체의 공적들과 성령의 열매들(갈 5장)–전자는 독특한 행위들이고 후자는 성격과 마음의 자질들–에 관한 해설에 발견된다.

---

15) Paul Hiebert, Anthropological Reflections on Missiological Issues(Grand Rapids: Baker, 1994), chap. 6.

3) 사회학적인 렌즈들

성경은 개인들의 그리고 그룹들의 회심에 대해 묘사한다. 신약 성경에서 확장된 가족들의 세례들은 그리스-로마 문화의 공동체 방향의 성격을 더 강조한다(행 10:44-48; 16:15, 34; 18:8). 첫 세기 지중해 문화와 비슷하게 대부분의 무슬림들은 개인으로 결정을 내리지 않고 그룹으로 결정을 내렸다. 무슬림들 가운데의 사역에서 보통 개인주의에 의해 특징지어진 문화로부터 온 서구인들은 하비 콘(Harvie Conn)의 현명한 조언을 주의해야 한다.

> 회심의 필수적인 부분으로서 그리스도와의 인격적인 관계형성을 위해 필요한 것이 계속 강조된다. 그러나 또한 인식되어야 할 것이 있는데 세계의 문화들에서 그와 같은 인격적인 교제들은 그룹으로부터 추출되어 격리된 '개인' 결정에 의해 늘 들어가는 것이 아니라 더 자주 다중 인격적, 하부그룹 판단들에 의해서이다. '인격적'은 '개인적'과 필적할 수 없다.[16]

이것이 제안하기는 단지 격리된 개인들보다는 차라리 자연적인 사회적 네트워크들을 통하여 그룹별로 있는 사람들을 전도하는 것이 현명하다는 것이다. 우리는 전도행위에 전 가족과 친구들의 무리들을 접촉하는 것을 고려해야 한다. 우리는 왜 믿음으로 나아온 사람들 중에 가장 나이든 형제들이 거의 보이지 않는지, 그리고 우리는 어떻게 영향력 있는 남성들과 여성들에게 열매를 맺을 수 있는지 물어 보아야 한다. 언제든지 가능한 대로 우리의 목표가 그룹들에 미쳐서 궁극적으로는 새로운 교회들의 설립으로 인도해야 한다. 이것은 특별히 격리된 개인의 개종이 모진 도편 추방이나 심지어 죽음에 이를 수 있는 곳에 있는 무슬

---

16) Harvie M. Conn, "The Muslim Convert and His Culture," in The Gospel and Islam, ed. Don McCurry(MARC: Monrovia, CA, 1979), 103-104.

림들 사이에서 중요하다.

이 책의 최종 장은 운동들에 초점을 두고 다양한 이슬람 환경들에서 그리스도 안의 믿음으로 나아오는 그룹의 양상들을 지적한다. 김요한의 논문은 아시아 마을 상황을 묘사하고 특별히 그리스도 안의 믿음에 집합적으로 돌아온 사회적인 그룹들이 존재하는 집단들을 묘사하는 데에 통찰적이다.

4) 문화적 렌즈들

초대 교회의 첫 거대한 위기는 개종과 문화 간의 관계에 있었다(행 15장). 유대인 신자들은 하나님의 신비에 대한 충만을 이해함 없이(엡 3:6) 그들 자신의 종교적 문화를 새로운 이방인 신자들에게 강요하고자 하였다. 그들은 이방인들이 할례를 받기를 원하였고 율법(토라, Torah)을 따르기를 원했다. 그러나 예루살렘 교회에 사도들과 장로들은 이 외부적인 개종의 시각을 거절하였다.

에베소인들과 갈라디아인들에게 바울의 메시지와 예루살렘공의회(행 15장)의 결론들은 그리스도에게의 개종이 다른 문화를 위해 한 문화를 버림을 요구하는 것이 아니라는 것을 지지한다. 이방인 신자들은 구원받기 위해 유대인 문화를 채용할 필요가 없었다. 예루살렘공의회에 의해 내려진 그 결정은 우리의 개종과 문화 사이의 관계의 이해에 근본적인 것으로 남는다.

우리는 마태복음 23장 15절, "화 있을진저 외식하는 서기관들과 바리새인들이여 너희는 교인 한 사람을 얻기 위하여 바다와 육지를 두루 다니다가 생기면 너희보다 배나 더 지옥 자식이 되게 하는도다"에 기록된 예수의 빛 안에서 사도행전 15장을 해석할 때 예루살렘공의회에 의해 미쳐진 결정의 급진적인 성격을 더 잘 이해할 수 있다.

일부 유대인들은 그리스도께서 오시기 전에 활발하게 선교를 하였다. 그들은 선교사 사역들의 열매를 묘사하는 데 두 용어들을 사용하였다. 하나님을 경외하는 사람들(God-fearers)은 야훼를 예배한 이방인들로 그분의 윤리적인 가르침들을 따랐으나 할례는 받지 않았다. 대조적으로 유대교로 개종한 사람들(proselytes)은 야훼를 믿었을 뿐만 아니라, 고통스러운 할례의 의식을 포함하여 유대인들의 문화를 받아들인 이방인들이었다.[17]

예루살렘공의회의 결정은 이방인 신자들이 유대인 개종자들(pros-elytes)과 같지 않다는 것을 확실히 하였다. 대신에 그들은 그리스도에게로의 이방인 회심자들(converts)이었다. 월스는 무슬림들 가운데 사역에 종사한 사람들을 위한 현명한 지침인 사도행전 15장에서 빈틈없는 선교학적인 연역법을 끌어낸다.

> 개종시키는 것과 회심하는 것 사이의 구분은 기독교 선교에 절대적으로 필요하다. 그것은 초대 교회의 첫 위기에 예시되었던 선교의 기원으로부터 유래한다. 후기 교회에는 많은 이단들이 오가는 것으로 보였으나 그 이단들 중에서 가장 초기의 것은 훨씬 끈덕졌다. '유대교화하는' 경향의 요소는 우리 자신의 종교적 문화, 우리 자신의 율법과 할례를 주장하였던 그 고집이었다. 신약에 예시된 대로 기독교인 회심은 오래된 어떤 것-사도적 교회가 채택할 수 있었으나 버리기로 결정한 개종시키는 모델로 되돌아가는 움직임-에 대해 새로운 어떤 것으로 대신하려고 하는 것이 아니다.[18]

무슬림들 가운데의 사역 환경에서, 다른 문화에서 온 외부인이 예배와 증거에 참여하는 것이 막대하게 필요하다. 문화적인 내부인들이나

---

17) Karl Georg Kuhn, Theological Dictionary of the New Testament, Vol. VI, trans. and ed. by Geoffrey W. Bromiley(Grand Rapids: Eerdmans, 1975), 727-44; 그리고 Ulrich Becker, New International Dictionary of New Testament Theology, Vol. 1, ed. by Colin Brown(Grand Rapids: Zondervan, 1986), 359-62.
18) Walls, "Converts or Proselytes?" 6.

거리를 둔 지역에서 종사하는 선교사들은 우리의 열매가 풍성히 열리도록 하는 데 도울 수 있는 원칙들이 있는가? 문화적인 조화의 개념 즉 중대한 중복, 접촉 혹은 어울림의 아이디어는 가치 있는 것인가? 그러나 우리가 마시는 우유같이 동질적으로 하나의 물질로 섞인 것을 마시는 것은 아니다.

메신저의 문화와 메시지의 수용자와 관련하여 루이스 람보(Lewis Rambo)는 "문화적인 접촉의 상황에서 문화적인 시스템들이 더 일치하면 회심이 더 발생할 것 같다. 더 부조화하면 덜 회심이 일어날 것 같다."라고 기록한다.[19]

데이빗 브리트(David Britt)는 이 이슈의 또 다른 일면을 "조화는 또한 우리 대부분이 같은 진가를 나누는 다른 사람들에게 매력적이라고 추정하는 점에서 동질성과 비슷하다. 그러나 조화는 동질성과 다른데 이는 단체의 특성을 언급할 뿐만 아니라 단체와 그것의 공동체 상호 간의 관계를 언급한다."라고 표현한다.[20]

북아프리카 상황에서 믿음으로 나아온 사람들의 연구들은, 유럽 상황[21]에서 북아프리카인들 사이에 확인된 '문화적 가치들의 조화'의 원칙을, "사람들은 그들 자신의 문화적인 가치들이, 증거하는 기독교인 공동체의 문화적 가치들과 그리고 복음전달의 수단들과 중대하게 조화될 때 더 믿음에로 나아오는 것 같다."라고 제안한다.[22]

이슬람의 많은 피상적인 실천행위들[23]을 유지하는 사람들의 내부

19) Lewis R. Rambo, Understanding Religious Conversion(New Haven, CT: Yale University Press, 1993), 42.
20) David Britt, "From Homogeneity to Congruence: A Church-Community Model," Urban Mission 8, no. 3(January 1991): 27-41.
21) Gabriël Jansen, "Reaching Moroccans in Amsterdam(the Netherlands) with the Gospel," (master's thesis, Tyndale Theological Seminary, Bad Hoevedorp, the Netherlands, 2000), 130.
22) David Greenlee, "Christian Conversion from Islam: Social, Cultural, Communication, and Supernatural Factors in the Process of Conversion and Faithful Church Participation," PhD diss., (Trinity International University, Deerfield, IL, 1996).
23) Herbert E. Hoefer, Churchless Christianity (Pasadena: William Carey Library, 1991, 2001) 에 기록된 것과 같이, 혹은 힌두.

자 운동들에 관해 언급할 때 이는 예수 그리스도를 따르는 추종자들의 조화하는 공동체들로 묘사될 수 있다. 우리는 자주 '상황화된' 접근들처럼 남동아시아에 있는 어떤 운동들을 언급한다. 반면에 본 장의 시작에 언급된 이란인들을 묘사하는 혹은 북아프리카의 커바일 베르베르(Kabyle Berber) 운동을 묘사하는 용어는 피한다. 한 가지 의미에 있어서 이 모든 운동들은 상황화되지만 그 상황들은 다르다. 그래서 믿는 공동체의 삶에 있어서 성취는 다르며 성장에 대한 한 가지 이유는 문화적인 가치들의 조화의 원칙이 각 상황에서 성취되었다는 점에 있다.

한편, 우리는 어떤 운동들이 다른 것들보다 더 상황화되었다고 말할 수 있는데 왜냐하면 그들은 예수 그리스도 안의 믿음을 표현하고 예수 그리스도의 예배를 표현하기 위해 바깥 문화적인 형태들을 빌리지 않기 때문이다. 접근의 적합성은 공동체의 만족과 변화, 즉 만족하고 안심하고자 바라는 수준에 의해 가리켜질 수 있는데 이는 남동아시아의 많은 무슬림들 가운데 있을 만한 경우와 같이, 혹은 위기에서 변화를 찾는다. 마치 압박자들처럼 다른 무슬림들을 보는 어떤 중동의 비아랍 소수민들과 같이 말이다.[24]

5) 영적 전쟁의 렌즈들

성경은 또한 회심을 영적 전쟁의 의미에서 하나의 거대한 해방으로 묘사한다. 유일한 참된, 삼위일체의 하나님께서는 영적인 존재들과 인간들(물론 육체와 영을 가진)을 창조하셨다. 우리 인간들은 협동적으로 우리가 살고 있는 사회인 생명력 없는 세계 시스템을 형성한다. 우리 자신의 죄 된 인간 본성, 세계의 시스템, 그리고 악의 영적인 세력들은 모두 하나님을 대항하는 반역에 있다. 인간의 죄 된 성향은 개인

---

24) Joshua Massey, "God's Amazing Diversity in Drawing Muslims to Christ," International Journal of Frontier Missions 17, no. 1(spring 2000): 3-14를 보라.

과 관계가 없는 비인격적인 '이 세상의 방식들'과 개인적인 '공중 왕국의 통치자'와 그를 섬기는 영적 존재들에 의해 강화되고 활기가 더해진다(엡 2:1-3). 회심의 한 양상은 이러한 성경적이고 우주적인 진리들의 세계관 수준을 인식하는 것을 포함하며 또 다른 것은 그들을 효과적으로 다루는 것과 관련된다.

회심되는 것은 어둠의 영역에서 구조되는 것이며 그리스도의 왕국으로 이동하는 것이다(골 1:13). 그것은 인간의 영을 포함하며 "우리의 씨름은 혈과 육을 상대하는 것이 아니요 통치자들과 권세들과 이 어둠의 세상 주관자들과 하늘에 있는 악의 영들을 상대함이라"(엡 6:12)와 같이 우리의 투쟁의 부분이다. 바울의 소명은 어둠으로부터 빛으로 그리고 사탄의 영역으로부터 하나님께로 사람들을 향하게 하는 것이었다(행 26:18).

이 렌즈들은 특별히 무슬림 사역과 관련된다. 왜냐하면 마술행위들에 참여하는 무슬림들의 3/4보다도 더 많은 수가 이에 해당되기 때문이다.[25] 본서에 따르는 여러 장들이 하나님의 능력을 예시하는 치유, 귀신물리기 혹은 초자연적인 명시를 포함한 회심의 경우들을 문서로 증명하며 예수 그리스도 안의 믿음에로 무슬림들을 이끄는 회심의 경우들을 증명한다.

어떤 경우들에 있어서는 한 사람으로서 막달라 마리아(눅 8:2)와 같이 그리스도 안의 믿음 안에 오거나 자라기 위해 극복해야 할 공공연한 마귀의 영향들이 있다. 다른 시대에 악의 개인적인 능력들은 덜 현존하고 그것은 가끔 현혹시키나 더 자주 우리가 반대해야 할 속임수의 미묘한 빛의 징후(고후 11:13-15)이다. 우리에게 익숙한 상황이지만, 새로운 무슬림 배경 신자들 가운데 여호와의 증인의 영향은 마귀의 구조의 이슈들보다도 더 영속적인 문제이다. 하나님의 사람들 가운데 슬그머니

---

25) 자세한 논의에 대해서는 Rick Love, Muslims, Magic and the Kingdom of God(Pasadena: William Carey Library, 2000)을 보라.

떠나는 그리고 "그들을 사신 주님"(벧후 2:1)을 비밀리에 부인하는 거짓 선생들(유 1:4)은 마술사 시몬(행 8:9-24)과 노예 소녀에게 점을 치는 빌립보인(행 16:16)보다 덜 악마적이지 않다(요일 2:22).

비록 우리가 이 갈등을 감내해야 할지라도 예수는 광야 시험으로부터 그의 십자가형, 장례, 부활, 승천, 그리고 영화(골 2:15; 엡 1:20-22; 고전 15:1-8)에 이르기까지 그 전투를 이겨 내었다(요일 3:8). 예수께서는 그의 재림(살후 2:8; 계 19:19-21; 20:7-10) 시에 사탄과 그의 동맹들이 영구적으로 정복될 때 승리를 완성할 것이다.

6) 인간 전달자 렌즈들

의사전달 이론에 관한 수많은 본문들은 확인하기를, 복음의 인간 전령(messenger)들은 회심 진행과정에 지극히 중요한 역할을 한다. 비록 여러 매체를 선택한다 할지라도 우리는 그리스도의 죽음과 부활의 기쁜 소식을 전파하는 그리고 불신자들이 회개하고 복음을 믿도록 은혜롭고 적합하게 설득하기 위해 인간 전령을 찾는다. 세례 요한, 예수, 베드로 그리고 바울 모두는 그들의 전파에 회개를 가르친다(막 1:4, 15; 행 2:38; 3:19; 20:21; 26:20). 더욱이 교회는 "죄의 회개와 용서… 모든 족속에게"(눅 24:47; 비고: 행 17:30)를 전파하도록 위임받은 것이다.

복음을 전달하는 수단과 회심으로의 부름을 만드는 수단은 지극히 중요한 것이다. 알맞은 언어에 알맞은 매체의 선택은 알맞은 때에 제시되었고 우리의 메시지가 이해되는 가능성을 증가시킬 수 있는 다른 매체와의 협력 작용으로 사용되었다. 그러나 누구든 그리스도 안의 믿음에로 나아올지는 보증할 수 없다. 소가드(Viggo Sogaard)[26]와 같은 작가들은 의견이 다른 청중들이 어떻게 회심의 진행과정에서 다른 단계들에 있는 매체에 다양한 방도들로 응답하는지를 이해하도록 돕는다.

26) Søgaard, Media in Church and Mission.

'복음을 이야기하는' 것에 관한 새로운 강조와 '구전 학습자들'의 세계 대부분의 인구의 필요사항들에 민감함은 기독교인 증거자에게 전달 이론에서 오랫동안 필요로 했던 적용들이다.

　새로운 신자에 의한 전달은 또한 회심의 계속되는 진행의 한 중요한 일면이다. 스미스(Donald Smith)는 더 깊은 헌신을 촉진하기 위해 새로운 믿음체계를 전달하는 것의 중요성을 시사한다. 그는 이것이 공중 증거가 계속되는 그리스도에의 헌신을 발달시킴에 있어서 가르치는 것보다 훨씬 더 중요하다는 것을 발견하였다.

> 믿음체계는 그것이 감정들과 관계들에 포함되도록 허용함으로 그것이 전달될 때 강화된다. 새로운 믿음체계를 전달하는 데 실패하면 그것에 대한 헌신을 약하게 할 것이다. 감정적이고 관계적인 열중이 부족하면 그 믿음체계는 점점 관련이 없어지고 결국에는 포기될 것이다. 한편으로, 의사전달에 활동적인 참여는 태도의 변화와 새로운 믿음체계들의 수용으로 이끌 수 있다.[27]

　중대한 종교적인 자유가 주어진 환경에서 스미스는 브라질과 필리핀과 같이 보통 사회적으로 법적으로 그리고 문화적으로 최근 회심자가 공적으로 그리스도 안의 믿음을 고백하는 것이 용납될 수 있는 것인지에 대해 언급한다. 공적인 간증은 사회적인 도편추방이나 심지어는 무슬림들에 의해 경험된 죽음의 수준까지는 아니라도 어떤 조소를 가져올 수 있다.

　스미스의 발견이 어떻게 이슬람의 환경에 적용될 수 있을까? 지혜는 보통 그리스도 안의 믿음에로 나아온 무슬림들이 공적인 증거에 구별되어야 하는 것을 제시하는 반면에 스미스의 의사전달이론은 새로운

---

27) Donald Smith, Creating Understanding(Grand Rapids: Zondervan, 1992), 142-43.

신자의 목소리를 말로 나타내지 않음으로써 초래된 계속적인 회심 진행의 부식을 설명한다. 그들의 믿음이 알려지도록 적합한 용기(courage)를 발견한 사람들은 증가된 어려움들을 직면할 수 있으나 그들은 자주 더 큰 자유와 그리스도에게로의 헌신을 발견한다.

7) 신성의 렌즈들, 하나님의 역할을 인식하기

선교학자들로서 우리는 다른 사람들의 회심에 있어서 우리 기독교인들이 해야 할 역할에 초점을 정확히 둔다. 우리는 끊임없이 어떻게 더 효과적으로 복음을 나눌 수 있는지를 평가한다. 비록 우리가 인간 행위와 응답의 렌즈들을 통해 회심을 살펴봄으로써 효과적이고 생생한 통찰력을 얻는다 할지라도 우리는 또한 하나님이 스스로 어떻게 일하고 계신지를 살펴보는 것을 확실히 해야 한다.

우리는 죄로 죽은(엡 2:1-3) 사람들에게 복음을 전파한다. 이로 통해 하나님의 영은 사람들을 생명으로 가져온다. 이것은 '신생'(regeneration) 혹은 '중생'(rebirth)(딛 3:5) 혹은 더 평이하게 '다시 태어난' 상태(요 3:1-8)로서 묘사된 회심에 있어서 하나님의 부분이다. 도날드 블레쉬(Donald Bloesch)의 말에 따르면 회심은 "인간의 삶 안으로 거룩한 은혜의 유입을 나타내는데 이는 영적인 죽음으로부터 영원한 삶으로의 부활… 회심은 표식이나 우리의 칭의의 조건은 아니다. 그의 독점적인 원천은 자유롭고 무조건적인 하나님의 은혜"이다.[28]

우리는 회심이 궁극적으로 신성의 행위, 초자연적인 그리고 이러한 감각에서 삼위일체의 동시적인 사역(딛 3:4-7)이라는 것을 지지한다. 유대인으로서 예루살렘에 있는 신자들은 베드로의 첫 이방인 회심자들의 보고 ―"하나님께서 이방인에게도 생명 얻는 회개를 주셨도다"(

---

28) Donald G. Bloesch, "Conversion," in Evangelical Dictionary of Theology, ed. Walter A. Elwell (Carlisle, UK: Paternoster, and Grand Rapids: Baker Books, 1994).

행 11:18후)를 들었을 때 이에 응답하였다. 누가의 리디아의 회심에 관한 묘사는 회심에 있어서 하나님의 은혜로운 시발점의 우선권을 또한 강조한다(행 16:14).

진행절차로서 보이는 회심은 똑같이 하나님에 의해 인도되고 가능하게 된 신성한 절차이다. 아버지께서 우리를 끌어당김이 없이는(요 6:44) 예수께 나아오는 것은 불가능하다. 처음으로 믿음에 나아왔을 때, "우리가 다 수건을 벗은 얼굴로 거울을 보는 것 같이 주의 영광을 보매 그와 같은 형상으로 변화하여 영광에서 영광에 이르니 곧 주의 영으로 말미암음이니라"(고후 3:18).

3. 무슬림 가운데에서 사역을 위한 암시

이 각각의 일곱 렌즈들을 살펴보는 동안에 얻어진 통찰들은 우리의 회심의 선교학에 기여한다. 그것들은 우리가 강조하는 원칙들, 즉 성경에 묘사되고 우리의 사역에서 관찰된 바와 같이 사람들이 어떻게 그리스도에게로 나아오는지에 대한 이해를 전체에 통합하도록 돕는다.

그러나 선교학은 단지 이론이 아니다. 그것은 적용을 중시한다. 차라리 우리 자신들이 이 장의 통찰들을 더 깊게 예증하고 적용하는 것보다도 이 일곱 렌즈들의 일부 혹은 모두를 당신이나 저자가 사용하는 것과 같이 높아진 당신의 비전과 함께 이 책의 나머지를 읽도록 당신을 초대한다. 우리는 이 '바라보는 유리'가 참 남성들, 여성들, 청년 그리고 예수 그리스도 안의 믿음으로 나아오는 어린이들에 의해 경험되고 살아온 당신의 회심의 이해를 확실하게 하도록 도울 것이다.

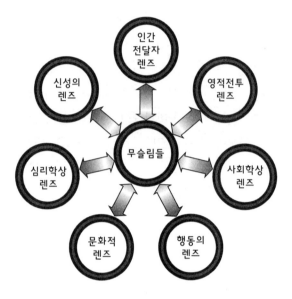

도식 4.1 일곱가지의 렌즈를 통해 보는 개종

5장

5장
무슬림이 예수 안의 믿음으로
나아오는 과정에서 성경의 역할

David E. Maranz

　본 장에서 나의 관심은 구체적으로 무슬림 믿음체계에 전념하다가 예수 안의 믿음으로 나아오고, 예수를 통하여 하나님과 지극히 의식 있고 생생한 교제로 귀의하는 과정에 끼친 성경의 역할에 있다. 그 과정은 갑작스럽게 닥치는 위기나 연장된 갈등의 절정으로 이어질 수 있으나 결과적으로는 예수 그리스도를 인격적 구세주로 지각하여 받아들이고 삶이 성별(聖別)되어 그분의 사역에 이른다.[29]

　거의 모든 자료들은 첫 개인 간증들로 대부분 인터넷 사이트들에서 얻은 것이고[30] 일부는 내 개인적인 접촉을 통해서 얻은 것인데 여기에는 인터넷상에 그리스도 안의 믿음으로 나아온 무슬림들의 수백의

---

29) The International Standard Bible Encyclopedia, 1956, s.v. "conversion."
30) 이 글에 사용된 간증들의 출처들은 다음의 웹사이트 주소들이다: 〈www.answeringislam.org〉, 〈www.arabicbible.com〉, 〈www.exmuslim.com〉, 〈www.the-good-way.com〉, 그리고 〈www.thegoodnews.org〉.

간증들이 있다. 이는 검색에서 사용된 〈성경과 무슬림들〉, 〈무슬림들이 이슬람을 떠나다〉, 〈그리스도를 향한 무슬림들〉, 〈무슬림 간증들〉, 그리고 〈전(前)무슬림 간증들〉과 같은 범주이다. 인터넷에서의 간증들은 그 사이트의 신빙성을 기반으로 하여 주로 선택되었는데 이들로부터 자서전적인 설명들은 회심의 진행과정의 참 의미를 주기에 충분히 구체적인 것으로 선택되었다. 120개의 간증들은 남성과 여성 둘 다 재검토된 것이다.

　나의 발견들의 전반부에는 특유한 점들을 예증하도록 간증의 실례들을 제공할 것이며 후반부에는 개략적인 요소들만 목록에 실을 것이다. 다음은 하나님께서 무슬림들에게 성경을 납득하도록 하는 방도들에 관한 개관이다. 이것은 자신 안에 믿음으로 납득하도록 성경을 사용하신 것이다. 이에 대하여 로버트 브라우(Robert Brow)는 "무슬림들이 실제로 성경을 읽게 될 때 폭넓고 강한 흥미를 돋우는 그림을 성경이 제시하는 것을 발견한다. 사람들이 스스로 성경을 읽도록 하는 것은 우리에게 높은 우선순위이다."[31]라고 말한다.

1. 성경의 전환 역할

　우리는 성경이 무슬림에게 예수 안의 믿음을 갖도록 영향을 준 다양한 방도들을 개인 간증들을 통하여 나타나는 대로 조사할 것이다. 그리고 발췌들은 비슷한 유형들로 정돈될 것이다.

---

31) J. Dudley Woodberry and Russell G. Shubin, "Muslims Tell: Why I Chose Jesus," Mission Frontiers(March 2001)은 다음의 사이트에 인용되었다: 〈www. brow.on.ca/Articles/MuslimCh.htm〉.

1) 성경을 읽거나 듣도록 이끈 환경들

거기에는 환경들과 동기부여들(다음 섹션에 의논된) 간에 어떤 중복이 있는데, 그러나 그 차이들은 독립된 고려사항을 정당화하는 데 충분하다.

① **삶의 문제.** 하나님께서는 무슬림들을 이끄시는 과정에서 마치 그분이 개인적으로 어디에나 있는 것처럼 자주 어려운 삶의 환경들을 사용하신다. 개인적인 문제들은 진실을 추구하기 위해 무슬림들을 이끈 간증들에 일반적으로 인용된다. 사우디에 의한 한 예는,

내게 처해진 환경들은 매우 어렵게 되었는데… 성경을 정직한 방도로 읽은 한 해 후에, 나는 지금 내게 일어난 것을 이해합니다. 나는 하나님, 참되신 하나님, 주 예수 그리스도께로 나의 길을 발견하였습니다.

② **꿈들을 통해 시작되다.** 많은 사람들이 믿음으로 나아오는 데 단지 중대한 꿈만이 아니라 꿈들이나 불가사의한 결과를 중요한 것으로 자세히 얘기한다. 우리는 또한 초자연적인 현시들을 포함하는 환상들에 대한 간증들을 발견한다. 반면에 개인은 의식적이고, 기적이나 초자연적인 사건을 언급하는 표적들을 꿈들이나 비전들로부터 분리시킨다.

이전 무슬림들은 하나님이 믿음으로 그들을 구원하시기 위해 이끄는 동안에 때때로 여러 번 그들의 삶에 직접적으로 개입하셨다는 것을 믿는다. 두 복합의 꿈들에 관해 수단으로부터의 한 예는 3년으로 나눠졌다.

어느 날 밤 M.은 꿈을 꾸었는데 그 꿈속에서 한 나그네를 보았다. 그 나그네는 M.에게 말하기를 그는 3년 동안 다른 도시에 가야 한다고 하였

다. 어느 날 밤 그 3년의 끝이 가까워졌을 때, M.은 또 다른 나그네가 그에게 다가오는 또 다른 꿈을 꾸었는데 그에게 시편 51편을 연 큰 책을 보여 주었다. 그러나 그는 그 아래 본문을 읽을 수 없었다.(시편 51편을 들으면서) M.은 이 하나님을 즉각적으로 따르기를 원했고 그의 구원에 대해 더 알기를 원했다.

③ **이슬람이나 꾸란에 대한 의심들.** 간증들은 자주 그들의 종교에서 발견되는 문제들에 관해, 마치 어떤 무슬림들에 의해 전파된 의식들과 폭력과 같은, 혹은 심지어 무슬림 문서에 발견된 역사적인 설명들과 같은 문제들에 대해, 무슬림 마음들에 일어나는 의심들을 묘사한다.

이슬람에서 나 자신의 믿음은 공허한 격식차림과 숨기지 않은 위선적 행위, 즉 내가 사회적이고 제도적인 생활의 모든 일면을 시각적으로 증거한 것에 의해 심하게 테스트되었다. 나는 마지막으로 하나님께 부르짖었다. "만일 당신이 존재한다면, 당신 자신을 내게 보여 주세요. 당신 자신을 증명해 주세요." (알제리 여성)

④ **우연의 사건들.** 거기에는 영적인 대답들을 찾아온 것으로 보이지 않으나 성경에 인도되고 있는 많은 무슬림들의 예가 있다. 아래는 모로코로부터의 한 예이다.

고등학교에서 남자친구는 예수 그리스도에 대해 내게 말해 주었고 요한복음서를 내게 읽도록 주었지요. 나는 매우 의심스러워하며 주저하였으나 그 소년에 대한 고상한 감정으로 비밀리에 그것을 읽기 시작했답니다.

⑤ **독특한 환경들.** 무슬림 회심들로 이끌어 온 대부분의 환경들은 독특하고, 개인적이고, 사랑의 하나님에 의해 정해진(made-to-order)

것이다. 한 예는 한 이집트인이 이슬람을 위하여 전도하기 위해 미국에서 펜팔을 시작한 것이고, 또 다른 예는 세네갈 출신의 한 상인 선원이 아이보리코스트의 아비장(Abidjan)에서 파손된 배에서 빠져 나온 것이었다.

> 우리의 선박을 수리하는 사람이 일하는 동안에, 이 시간 동안에 나는 아이보리인을 만났는데 그가 처음으로 그리스도에 대해 내게 말해 주었어요. (내게 귀를 기울이며) 그는 꾸란에 대해 말하면서 또한 성경을 내가 알기를 원했지요.

2) 무슬림들에게 성경을 읽도록 한 동기부여들

일부 무슬림들은 그들이 진리를 추구해 왔고 예수 안에서 그것을 찾았기 때문에 예수께로 온다. 동기부여적인 척도에서 정반대의 끝에 예수는 영적인 동기부여의 부족으로 보이는 것이나 영적 문제들에 무관심하게 보이는 것에도 그 자신을 알리신다.

① **진리를 추구함.** 많은 사람들이 진리를 오랫동안 추구해 온 것을 증언하고 일부는 어린 시절부터 그렇게 해 온 것을 증언한다. 한 팔레스타인 사람은 한 예를 제공하기를,

> '진리'에 대한 결정을 하기 위해 서약하면서, 나중에 나는 꾸란과 성경 사이의 자세한 사항들을 비교하면서 수많은 밤들을 새워야 했습니다. 연구 기간 동안에 이렇게 기도했지요.
> "하나님, 나는 당신의 뜻을 내 삶 속에서 행하기를 원합니다. 나는 당신의 사랑을 갈구하며 '진리'의 이름으로 요청합니다. 아멘!"

② **공격에 착수하고 논박하거나 기독교에 반대함.** 일부 사람들에게는 열의(motivations)에 있어서 언행이 일치하지 않는다. 하지만 하나님은 심지어 순결하지 않은 동기들도 예수 안의 믿음으로 무슬림들을 데려오는 데 사용하신다. 터키 여성이 그녀 자신의 성경을 공부하는 잘못된 동기들에 대해 간증한다.

> 만일 당신이 어떤 것에 대항하여 싸우려고 한다면, 당신은 그것을 잘 알 필요가 있습니다. 그래서 내가 나의 크리스천 친구들에게 성경을 내게 주라고 요청하였지요. 내가 모순들과 불일치들을 찾으려고 한다는 것을 알면서 그것을 읽기 시작했는데 기적이 일어났어요! 매일 말씀들이 점점 더 나의 마음에 평화를 가져오고 내 삶을 위해 소망을 가져왔지요.

③ **내부 갈등이나 영적인 공허를 줄이기 위한 시도들.** 영적인 혹은 가족의 소란은 무슬림들에게 성경에서 위안이나 평화를 찾도록 인도하였다. 한 이집트인은 관련하기를,

> 주님은 내가 잠자지 않거나 휴식 없는 대로 나를 한밤중에 깨우셨지요. 내부의 갈등이 정점에 이르렀을 때 나는 끊임없이 성경에 손을 뻗쳤고 그것을 임의로 닥치는 대로 열었지요.

④ **비영적이거나 피상적인 동기부여들.** 동기부여들은 거기에 회심자들이 있는 만큼 많이 있을 수 있다. 하지만 하나님은 비영적인 동기들에서도 영적인 결과들을 가져오실 수 있다. 방글라데시로부터의 한 예는,

> 예수에 관한 한 책은… 벵골에서… 나를 매료한 이유는 호화로운 표지 때문이었습니다. 나는 한 권을 샀지요.

⑤ **예수 혹은 성경의 주장들.** 무슬림들이 예수의 주장들에 대해 듣거나 읽는 것은 그들로 하여금 성경을 직접 방문함으로써 더 찾아낼 수 있도록 고무할 수 있다.

그 질문이 내 마음에 와 닿았습니다. 사람이 그리스도의 이 특별한 주장을 신뢰할 수 있을까? 나는 첫 장소에서 결론짓기를, 그리스도는 무슬림들에 의해 죄 없고 영광스러운 것으로 받아들여졌지요. 예수께 적용된 묘사들을… 이 생각에 있어서, 나는 무아경의 경지에 빠져들었습니다. (아프간인이 예수의 주장들과 투쟁하면서)

⑥ **꿈에 복종하거나 따름.** 사우디아라비아에서 한 남성이 기록하기를,

어느 날 밤 나는 지옥으로 떨어지고 있는 잔혹한 꿈을 꾸었지요. 갑자기 어느 날 예수께서 내게 나타나서 말씀하시기를, "아들아, 나는 길이요, 진리요 그리고 생명이니라. 그리고 만일 네가 나를 따르려 한다면, 나는 네가 보아온 지옥으로부터 너를 구원할 것이니라." 그래서 나는 내가 그동안 보아온 그리고 기독교인들의 거룩한 책들 중의 하나-내가 지금 성경이라고 알고 있는-를 가진, 이 예수에 대해 내게 조언을 줄 수 있는 기독교인을 찾기 시작하였지요.

⑦ **이슬람, 무함마드, 혹은 꾸란에 대한 의심들.** 소말리 신자로부터,

나는 무함마드의 알라를 믿었지요. 그리고선 이슬람의 신빙성을 의심하기 시작했는데 한 친구를 통하여 나는 기독교를 깨달았고 두 종교들을 비교하기 시작했지요. 이 남성은 또한 내게 성경을 주었고 나는 그것을 읽기 시작했습니다.

3) 성경 대 꾸란의 역할

많은 사람들이 꾸란 그 자체가 성경을 탐구하는 데에 혹은 꾸란에 쓰여진 적은 양보다도 더 많은 것을 발견하도록 흥미를 일깨웠다고 간증하였다.

① **꾸란의 절들이 예수께로 혹은 성경으로 인도함.** 가끔 꾸란에 기록된 것이 그/그녀를 이슬람으로부터 바깥으로 내몰아치면서 무슬림들에게 혐오감을 준다. 수많은 꾸란의 절들이 결국에 예수 안의 믿음으로 이끈 한 영향으로 반복되어 낭송된다. 하나님께서는 꾸란에서 스스로 한 증거자로 남아 있다. 한 이라크인이 자세히 나열하기를,

> 꾸란을 읽음을 통하여 나는 우리의 주님 예수 그리스도의 위대함과 유일성을 발견하였습니다. 그 당일에 나는 성경책을 황급히 가져왔지요. 그것을 읽기 시작했어요. 그것 안에서 나는 우리의 주님 예수의 말씀들이 인간의 말들이 될 수 없다는 것을 느꼈습니다. 이는 아무도 혹은 어느 선지자도 감히 그가 길이요, 진리요, 생명이라고 말할 수 없는 것이지요.

한 아프간인은 꾸란에서 그가 발견한 것에 자포자기한 이후에 무함마드의 전통집들(하디스)로 관심을 돌렸는데 그것은 그의 구원을 획득하는 데 소망이 없다는 더 큰 느낌을 가져왔다.

> 이 절망적이고 우울하게 된 마음의 상태에서 나는 거룩한 인질을 읽기 시작하였고 나의 관찰들에서 여느 가능한 흠들을 고치게 되었지요. 내가 거룩한 인질을 열었을 때 나의 눈길은 "수고하고 무거운 짐 진 모든 자들아 다 내게로 오라 내가 너희를 쉬게 하리라"(마 11:28)는 말씀에 쏠리고… 이는 나 같은 죄인에게 진정으로 최상의 복음의 선포였습니다. 이 생명을 주

는 절은 내게 엄청난 효과를 끼쳤지요.

② 기독교인들이나 성경의 진단을 받고 정당화되는 꾸란의 진술들.
이집트로부터,

무함마드 자신은 꾸란에서 하나님(알라)에 의해 강요되기를, 책의 사람들(
유대교도와 기독교도)이 꾸란(10:95)을 의심하는지 주의하여 보라고 재촉
받았지요. 나의 삶에 있어서 첫 번째로 나는 "왜"라고 묻기 시작하게 되
었고 부여되어 내가 취한 모든 것에 이의를 제기하였지요.

③ 꾸란에 대해 의심들로 이끈 꾸란과 성경의 비교들. 말레이시아
로부터,

나는 이슬람 안에 학식 있고 헌신된 무슬림들에게 예수 그리스도에 대해 그
리고 기독교인 가르침들에 대해 물음으로써 올바른 대답들을 얻으려고 노력
하였습니다. 둘을 비교하고 나서 어떤 대답들을 얻었는데 이는 1예수 그리
스도가 실제로 꾸란과 인질에 있는 그분임을 말입니다. 나는 이전의 자기
확신에 대해 의심들을 갖기 시작했습니다.

이 요소들 이외에도, 성경이 많은 간증들에서 나타난 일반화와 유
형들로부터 끌어내어진, 무슬림에게 영향을 준 여러 방도들의 대요를
열거한다.

4) 성경의 충격과 영향, 혹은 성경에의 반응

① 하나님 음성의 사랑은 특별히 의미 있거나 확신을 주신다.
② 성경은 즉각적인 반응을 가져왔다.

③ 특정한 성경 구절들이 특유의 필요사항이나 매우 개인적인 것을 말한다.
④ 성경은 깨달음을 주고 있었다.
⑤ 용서의 확신 혹은 구원의 확신은 주요한 영향이었다.
⑥ 성경을 읽음은 이슬람이나 꾸란에 대해 의심들이나 불신을 제기하였다.
⑦ 꾸란을 읽거나 다른 무슬림 출처들을 읽는 것은 이슬람에 대한 의심들을 선동하였다.

5) 특별히 중요성이 있었던 성경의 절들이나 가르침

① 거룩과 의는 거대한 호소를 하였다.
② 선지자 예수는 특별한 관심사였다.
③ 하나님을 아는 것에 대한 시도는 주요한 힘이었다.
④ 성경의 권위와 능력은 확신을 주고 있었다.

6) 성경이나 기독교인 믿음을 향하여 회심 직전의 태도

① 원래 그들은 거의 혹은 성경의 지식이 아예 없었다.
② 그들은 기독교인 믿음에 반대되었다.
③ 그들은 성경이 알라의 고대 계시였다고 믿었다.
④ 그들은 꾸란에서 기록된 것을 통해 예수를 단지 알게 되었다.

2. 성경들보다도 초기 회심자들에게 다른 영향을 준 것

비록 성경의 영향이 지극히 중요할지라도 그것은 기독교인 믿음으로 이끄는 데에 다른 요소들과 연결되어 있다.

1) 성경과 대비하여 꿈들이나 다른 초자연적인 사건들의 역할

① 예수가 나타나거나 말한 곳에 대한 꿈들.(성경에서 암시하고 있는)
② 지시들을 주는 꿈들.(성경에서 암시하고 있는)
③ 표적들.(꿈들 없이 초자연적인 사건들)
④ 치유를 함유하고 있는 꿈들.(성경에 암시하고 있는)
⑤ 대화를 함유하고 있는 꿈들.
⑥ 환상들.(성경에서 암시하고 있는, 의식하고 있는 동안의 초자연적인 양상들)
⑦ 확신을 가져온 꿈들.

2) 성경이나 다른 수단을 사용하는, 기독교인 증거자의 역할

① 성경은 하나의 선물이었다.
② 성경과 기독교 문서 판매.
③ 무슬림들은 성경을 얻는 데에 솔선하였다.
④ 성경을 듣거나 읽는 것은 중대하거나 결정적이었다.
⑤ 비 구두(nonverbal) 증거가 중요하였다.
⑥ 성경읽기 사건들, 논쟁들, 혹은 경쟁들이 믿음으로 이끌었다.
⑦ 성경공부를 통한 증거.
⑧ 성경의 직접적인 사용으로부터 벗어난 증거.

3) 무슬림이면서도 표현된 개인적이거나 영적인 동경이나 관심들

① 하나님/알라와의 근접을 바람.

② 진리를 추구함.

③ 죄를 인식하고 구속받기를 원함.

④ 기독교인 믿음에로 인도하는 배움을 위한 내적인 바람.

⑤ 가득 채워지기를 필요로 하는 공허감.

4) 경험해 온 이슬람에 대한 문제들, 질문들, 혹은 의심들

① 이슬람 주장들을 시험하기 위한 무슬림들의 거절은 문제였다.

② 이해하지 않은(특히 아랍어) 언어의 사용은 문제였다.

3. 기독교인 믿음에로 이끈 성경의 역할들

마지막으로, 하나님께서는 그리스도 안의 믿음에로 나오는 사람들의 다양한 관심들에 호소하는 과정에서 성경을 사용하셨고 여러 방도로 성경에 접근하도록 제공하셨다.

1) 성경에 저항 혹은 문제들에 대해 시초의 의심들

① 아버지로서의 하나님에 대한 기독교인의 개념.

② 기독교인 문제들의 고려에 대한 무슬림의 반론들.

2) 어떻게 성경이 접근되었는지에 대해

① 성경 통신 과정.

② 성경으로부터의 절들을 포함한 기독교인이나 세속의 책들.

③ 성경의 절들을 포함하는 달력들.

④ 성경 선물.

⑤ 성경낭독을 들음.

⑥ 인터넷.

⑦ 라디오에 귀를 기울이거나 귓결에 들음.

⑧ 인쇄되지 않은 매체.(라디오, 비디오, 테이프, CD, DVD, 텔레비전 등)

⑨ 주요 언어로 읽음.

⑩ 지방어(소수인)로 읽음.

⑪ 초대받아 성경을 공부함.

3) 사용된 성경번역의 언어

　그들이 사용한 성경의 언어를 거의 언급하지 않았다. 결과적으로 빠진 증거로부터 교훈이나 결론들이 도출될 수 없었다.

4. 선교학적 암시들

　나는 적어도 33개의 다른 국가들에서 태어난 전(前) 무슬림들에 의해 쓰인 간증들을 조사하였다. 정확한 계산은 가능하지 않은데 이는 안전의 이유들 때문에 이름들과 태어난 나라들이 자주 빠지거나 지역으로만 기입되었기 때문이다. 길이에 있어서 종이에 반 장 넘게, 단지 두 사람만이 성경이나 신약 성경(Injil), 꾸란과 성경의 비교, 혹은 비슷한 인용들의 중요성에 대한 언급들을 포함하지 않았다. 대부분에 있어서, 성경이나 성경의 어떤 절들의 역할이 회심의 중심이었다. 그런데 어떻게 그것이 딴 방법으로도 가능했을까? 우리는 여기에서 성경에 있는 회심들이 중요하고 그리고 성경이 아닌 다른 것들에서도 회심이 가능하다고 생각하는가?

한 가지 의미에서 이 주제의 조사는 불필요하다. 하나님의 말씀을 통하는 것 이외에는 믿음에 이르는 방도가 없다. 성경은 우리에게 "믿음은 들음에서 나며 들음은 그리스도의 말씀으로 말미암았느니라"(롬 10:17)고 기록한다. 듣는 것(혹은 읽는 것) 없이 구원의 메시지가 있을 수 없다. 비록 성경이 기초적일지라도 그들에게 이것을 보급시키는 데에는, 하나의 꿈이 무슬림을 자극하여 하나님의 주권 아래 진리로 이끄는 것부터, 일반 서적에 성경의 절을 포함시키거나, 성경읽기 대회를 조직하거나, 다른 셀 수 없는 여러 방도들에 이르기까지 여러 방도들이 있다.

꿈들, 환상들 그리고/혹은 경이들은 자주 관심의 주제이기에 나는 그들의 사건들을 조사하였다. 대략 100명의 회심자들 중에서 22명이 환상들이나 꿈들을 가진 것으로 나타났다.

1) 어떻게 하나님이 성경을 사용하셔서 무슬림들을 믿음으로 데려오는 지에 대한 조사는 복음전도 정책을 예리하게 하는 데 도움을 준다.

첫째, 그것은 무슬림과의 관계형성에서 가능하면 빨리 그들에게 성경을 가리키도록 우리를 격려한다. 이는 성경의 메시지가 무슬림들에게 그것의 진리에 대해 파악하게 하고 확신을 시키기 때문이다.

그로부터 발하여 성경이 그것을 읽고 듣는 무슬림의 마음에 가장 잘 말할 언어로 표현될 필요가 있다. 이는 기독교가 이슬람보다도 거대한 장점을 가지고 있는 영역으로 우리의 신성한 경전이 그것을 받아들이는 사람들의 언어로 표현될 수 있다. 심지어 아랍권이 아닌 사람들에게의 이슬람의 아랍어 원전 사용은 많은 간증들에 있어서 중요한 요소이다.

이와 같이 잘된 성경의 번역들은 하나님께서 그분 자신에게 무슬림들을 데려오는 데 사용하실 예리한 도구들이다. 좋은 번역은 문화와

각 특별한 언어의 화자들의 언어에 민감한 반면에 원전에 충실한 것을
의미한다.

2) 문화적인 민감도

건강한 주의를 기울이는 것은 현재 전도, 성경번역 그리고 복음제시
에 있어서 문화적 요소들에 주어진다. 매우 효과적인 시리아인 크리스
천 마즈하르 말루히(Mazhar Mallouhi)의 삶과 사역에 관한 최근의 기
사(記事)에서 문화적인 요소들이 분명히 입증되었다:

크리스틴 말루히(Christine Mallouhi)는 지금 그의 시간과 에너지의 대
부분을, 무슬림들이 존경할 수 있는 방도들로 기독교 성경을 제시하기 위
해 일하는 데에 보낸다. 문화적으로 중동과 같이 성경을 제시함으로써 말
루히는 전례 없는 접근과 하나님의 말씀에 대한 수용을 얻어 왔다. 최근 이
지역의 기독교인들이 매우 적은 한 북아프리카 나라에서 열린 아랍어로 쓰
인 책 박람회에서 『누가복음의 동양적 독서』(An Oriental Reading of
the Gospel of Luke)는 베스트셀러였다. (이 책은 말루히의 인도로 준비
되었는데 성경구절을 포함하고 "성경을 무슬림을 초점으로 하여 만든 주
석으로 효과적으로 설명하고 그리스도를 중동인이었던 것으로 나타낸다.")
그것을 읽은 후에 한 무슬림 교수가 "이것은 우리가 우리 자신의 문화와
관련된 중동인의 뿌리들을 가진 그리스도를 보아온 첫 번째이네요! 역사적
으로, 우리는 기독교를 단지 서부 식민주의자들의 강요된 시각을 통하여 받
아들여 왔잖아요. 그러나 우리는 우리 이슬람학부에 속한 모든 사람과 학생
이 이것을 읽기를 원합니다." 라고 언급하였다. 그 이후로 그의 대학교에서
이것을 교과서로 요구하게 되었다.[32]

32) Paul-Gordon Chandler, "Mazhar Mallouhi: Gandhi's Living Christian
Legacy in the Muslim World," International Bulletin of Missionary Research
27, no. 2(April 2003): 54-59.

이는 훌륭하고 분명히 성경적이다. 지금까지 이 조사에서 사용된 많은 간증들을 읽는 동안에 나는 때때로 성경이 유용하다는 것 이전에 문화적인, 언어적인, 그리고 다른 장벽들에도 불구하고 성령을 통하여, 하나님이 직접 그리고 강하게 성경을 통하여 말씀하시는 사실에 인상을 받았다. 문화적인 요소들의 문제, 게다가 문화적인 장벽들에도 불구하고 하나님께서는 일하신다. 그럼에도 불구하고 우리는 우리의 처분에 있어서 현재 도구들로 인식하기 위해 그동안 가져온 장벽들이 가능한 대로 더 낮아지도록 노력해야 한다.

재검토된 중대한 수의 간증들은 어떻게 그들이 집을 떠나 있는 동안에 긍정적으로 기독교인들이 되도록 영향을 미쳤는지와 연관된다. 비록 특유하게 쓰는 사람들이 거의 없을 지라도 그들이 무슬림 나라로부터 나와서 있는 동안에 예수의 주장들을 고려할 자유를 가졌는데 이는 의심 없이 그들이 믿음으로 나아오는 데에 중요한 요소였다. 그들이 서구에 있는 동안에 예수 안의 믿음으로 이끈 개방적인 기독교인들과 성경을 매우 자주 접하게 되었다.

우리는 높은 우선순위를 우리의 무슬림 친구들에도 맞추고 있으며 다른 특유의 방도들이 무엇이든 간에 우리는 우리의 믿음을 나누는 데 종사하고 있다.

6장

기독교인이 이슬람에 접근하는 과정에서 변화들에 대한 신학적 암시들

Jim Tebbe

좋은 신학이 늘 좋은 선교를 낳는 것은 아니다. 그러나 신학이 없거나 나쁜 신학은 확실히 나쁜 선교를 낳을 것이다. 무슬림 사역이 좋은 선교가 되도록 돕기 위해 이슬람과 기독교의 역사에 있어서 신학적 일면에 관해 나는 회고하고자 한다.

1987년에 장로교 제네바출판사는 계시의 성격을 명확히 하였다.

하나님에 대해 믿는 사람들은 그들이 계시라고 이해하는 것과 직접적으로 관련된다. 기독교와 이슬람에서 하나님의 자기계시 말씀은 계시의 형식과 내용이다. 왜냐하면 무슬림들은 그 말씀이 꾸란이라고 한다면 기독교인들에게는 예수 그리스도이기 때문이다. [33]

---
33) Byron L. Haines and Frank L. Cooley, eds., Christians and Muslims

1995년에 IV(InterVarsity)에 의해 출판된 한 책은 이와 똑같은 비유를 사용하였다.

> 기독교인들이 예수가 기독교인들에게 의미 있는 만큼 꾸란은 무슬림들에게 의미가 있다는 것을 깨닫는 것은 필수적이다. 기독교에서 예수의 역할과 이슬람에서 무함마드의 역할 간에, 혹은 기독교에서 성경의 위치와 이슬람에서 꾸란의 위치 간에 직접적인 비교를 하는 것은 실수하는 것이다.[34]

그리스도를 꾸란에 비교하는 것은(성경을 꾸란과 비교하고 예수를 무함마드에 비교하는 것과 정반대로) 이슬람과 기독교의 역사에 있어서 60년도 채 안 된 현상으로 신학적으로 늦은 감이 있지만 이제는 폭넓게 수용되었다. 이는 가장 최근에 복음주의자들 사이에서 흔히 이루어지는 것으로서 문화적인 이해와 세계관뿐만 아니라 신학적인 이해에 있어 하나의 패러다임 이동을 의미한다.

왜 이 변화가 최근에 발생했는가? 더 장기간의 신학적 연루들/결과들이 있는가? 이 글은 두 질문들을 분리하여 탐구한다.

1. 시대에 걸쳐 기독교인들이 이슬람과 관련하여 어떻게 변화해 왔는지를 이해하기 위한 모델들

다른 이들은 세기들에 걸쳐 변화해 온 이슬람과 기독교가 왜 맞물려 왔는지의 성격을 분석하였다. 안 루드빈(Arne Rudvin)과 윌프레드 스미스(Wilfred Cantwell Smith)는 비록 다른 관점들이지만 기독교인

Together: An Exploration by Presbyterians(Philadelphia: Geneva Press, 1987), 102.
34) Colin Chapman, Cross and Crescent: Responding to the Challenge of Islam(Leicester, UK: Inter-Varsity, 1995), 76. 원문에 강조점.

과 무슬림의 만남의 진행에 있어서 거의 비슷하게 접근한다.

Bishop Arne Rudvin	Wilfred Cantwell Smith
이슬람과 기독교 간의 공동 반박	이교/성경 변조 비난들
대결	다른 믿음들의 멤버들로서 이슬람과 기독교의 인식
대화	"아직 대답되지 않은 한 질문"

의심할 여지없이 변화들은 일어났고 여하한 변화의 분석도 모델들에서 가장 잘 이해될 수 있다. 나는 루드빈의 카테고리들과 스미스의 범주들과 다른 방도를 제안하고 싶다. 무슬림들과 삼인(Temple Gairdner, Kenneth Cragg, Wilfred Cantwell Smith)의 대화에 의해 특징지어지는 대로 전근대적인, 현대적인 그리고 포스트모던(20세기 모더니즘을 부정하는) 접근의 모델 말이다.

1) 전근대적인 것으로부터 현대적인 것까지

'전근대적인 것'(premodernity)이란 용어는 하나님이 말씀하시고 보여 주신 계시된 진실을 믿는 믿음으로 광범위하게 기초한 지식에 접근하는 것을 의미하는데 이는 진실의 기초받침들(현대적인 것)로서 경험주의와 이성으로 이끄는 회의적인 질문에 대해 반대한다.

가이드너는 무슬림세계(카이로)에서 주목받은 기독교인 선교사이다. 가이드너가 선교지로 '부름' 받은 것은 Oxford Inter-Collegiate Christian Union(OICCU)에 열성적으로 참여하면서였다. 당시 그는 개인지출을 피하고 어디서든 선교에 주어지는 금전을 가능한 기도와 전도에 사용하였다. 그리고 그는 검소한 삶의 방식을 가진 그룹에서 그의 열심 있는 헌신에 주목받았다. OICCU에 속한 그의 삶은 긍정적이었으며 열심은 동기를 마련했는데 이 동기는 나중에 지혜에 의해 단련될 수 있다는 것을 그는 깨달았다.

> 모든 '논쟁'(debate)이나 '대화'(dialogue)는 구원할 의도로 행해진 것이지 노골적으로 꾸짖기 위한 것이 아니었다. 무익하게 비교하거나 과묵하게 담화(converse)한 것도 아니었다. [35)]

'현대적인 것'이란 의미는 18세기 계몽으로부터 일어났으나 19세기에서 21세기까지 표현을 계속적으로 찾는 현대사상과 삶의 근원적인 가정들을 의미한다. 도덕성과 진실은 더 이상 성경에 이해된 대로 하나님의 특성과 같은 전통적인 개념들에 뿌리가 없다. 차라리 거기에는 이성과 '우주적인 이상'에 관한 강조가 있다.

가이드너 이후(35년 이후) 크랙은 옥스퍼드에 있었던 똑같은 운동에 대학 대표로 대학전체의 전도에 활동적으로 참가하였다. 하지만 크랙의 사역 동기는 나중에 그의 대학시절의 것과 다르고 결과적으로 가이드너의 것과 달랐다. 크랙은 그의 사명을 너무 '무슬림에게'라고 말하기보다는 그리스도와 신약 성경에 관련하여 이슬람 자체의 용어에 관해 보여 줌으로 이슬람의 마음(mind)에 말하는 것으로 보게 되었다. 대조적으로 가이드너는 그의 삶 말미까지 그의 사역을 무슬림들이 그들의 회심을 의도하는 것에 두었다.

주어진 비슷한 배경들, 동기부여 그리고 임무들은 크랙보다 50년 더 이전에 있었던 것으로 거기에는 가이드너가 할 수 있었던 여러 방도들이 있었다. 1/2세기까지 그들은 분리되었는데 그들은 중대하게 규준에서 벗어난 입장들을 가졌다. 가이드너는 광범위하게 믿음의 이슈들에 관한 전근대적인 조망을 주장한 반면에, 크랙의 공헌은 현대적인 것에

---

35) Kenneth Cragg, "Temple Gairdner's Legacy," International Bulletin of Missionary Research 5 (1981): 165.

의해 무겁게 영향받은 그의 믿음과 세계관의 종합을 통하여 이뤄졌다. 크랙은 하나님의 자리에서 이성을 보는 의미로 보면 현대주의자가 아니다. 그러나 현대적인 것의 영향은 그가 찾는 기독교와 이슬람 사이에 공통적인 근거에서 찾을 수 있다.

비록 가이드너가 이슬람에 대해서 배우는 자였다 할지라도 그는 크랙과 같이 이슬람과 꾸란으로부터 배우는 자로서의 소명을 보인 것은 아니었다. 가이드너는 성경을 권위 있는 성서로서 무비판적으로 받아들인 사람으로 남아 있다. 그의 접근은 성경을 통하여 전달된 대로 제안적인 진실에 계속 의존한 것으로 보아 전근대적이었다고 볼 수 있다.

비록 여러 해 동안 가이드너의 이슬람에 대한 부드러운 자세에도 불구하고 그가 크랙이 한 것과 똑같은 방도로 꾸란을 받아들였다는 증거는 없다. 가이드너에게 꾸란은 단지 오류로 해석될 수 있는 비기독교인 시스템의 부분으로 남아 있다. 한편 크랙은 믿음들 간에 공통점을 찾았고 현대적인 것의 특성으로서 그 공통점에 대한 합리적인 논쟁을 지으려고 노력했다.

현대적인 것의 사고방식은 문화의 나머지뿐만 아니라 기독교에도 영향을 주었고 그것을 믿음 질문들에 조화시킬 수 있는 어떤 사람을 필요로 하였다. 이러한 이유에 대해서 크랙의 초기 저서 『첨탑의 초청』(The Call of the Minaret, 1956)은 복음주의자들을 포함한 기독교 선교세계에 의해 너무 잘 수용되었고 환영을 받았다. 그러나 그것은 기독교인의 믿음 자세에서 이슬람을 동정적으로 이해하는 것 이상의 것이었다. 그것은 크랙의 후기 작품들에서 더 명확하게 된 우주적, 통상 진리를 탐구하는 현대적인 것에 의해 영향을 받은 철학적 변화의 시작을 나타냈다.

2) 현대적인 것으로부터 포스트모던한 것(Postmodernity)까지

우리가 '포스트모더니티'(postmodernity)란 용어를 쓸 때 그 의미는 일상 가치들로부터 개인화된(작은 문화적인 그룹모임들 혹은 개인적인)-다른 것보다 더 이상 '가치'가 없는 각각의-문화들/믿음체계들까지 이동해 나간 것을 말한다. 포스트모더니티의 성과 중 하나는 현대적인 것과 더불어 온 것에 순응하기 위한 압력이 사라진 것이다. 그것의 위치에 있어서는 이른 세대들에 있어서 좀 별난 것으로 간주되어 온 것에 접하는 차이들을 수용하는 것이다. 포스트모더니티는 현대적인 것에 대한 반동이고 흔한 세계적 가치들이 성취될 수 있다는 미경험의 가설이다.

스미스는 캐나다에서 '해외선교 학생자원운동'(Student Volunteer Movement for Foreign Missions)에 활동적이었다. 그는 또한 그의 소속인 장로교회를 통하여 선교사로서 파키스탄(당시에는 인도)의 라호레(Lahore)에 나갔다. 스미스는 캐나다의 맥길대학교의 이슬람학대학원(Graduate Institute of Islamic Studies)을 1951년에 설립하여 15년간 이끌었다. 그는 거기에서 하버드로 옮겨서 세계 종교학의 교수가 되었고 또한 세계종교연구소(Center for the Study of World Religions)의 디렉터가 되었다.

비록 스미스의 배경이 가이드너와 크랙의 것과 비교될 수 있는 많은 방도들이 있을 지라도 그가 착수한 지주는 그들의 어느 것과도 판이하게 다르다. 식민주의 사고방식은 즈웰머와 가이드너의 이슬람에의 전근대적 접근들에 분명히 보인다. 우리는 크랙의 작품들이 어떻게 현대적인 것에 의해 영향받았는지를 보았다. 비슷하게 포스트모더니티는 분명히 스미스의 나중 작품과 동일함을 증명할 수 있다.

스미스는 이해를 위한 공통 입장을 찾기보다는, 그에게 중요한 것은 실제로 믿음에 대하여 어떤 것을 말하는 축적적 전통들일 뿐인, 믿음을 능가하는 신념체계(faith-transcending belief systems)이다. "종교적 세계의 중앙에 기독교가 더 이상 있지 않고 각 종교는 신성에 있어서 부분적인 시각을 가지고 있는 것으로 인식될 수 있는 것이다."[36]

---

36) Edward J. Hughes, Wilfred Cantwell Smith: A Theology for the World

스미스는 '세계 신학'에로의 그의 운동에서 합리적인 공통입장을 탐구하는 것을 포기하였다. 그는 익살맞거나 불손하지는 않지만 심지어 더 주목하며 "서구인이 동시에 기독교인과 무슬림이 될 수 있는 유일한 길은 힌두의 편이 되는 것이다."라고 말하였다.[37]

무슬림과 기독교인 비평가 모두 크랙에게 기독교를 이슬람 안에서 재해석하도록 책임을 지운다. 본질에 있어서 이것은 크랙의 세계관에서 보인 현대적인 것에 반대하는 논쟁이다. 그러나 역으로 거기에는 크랙이 가져오는 스미스에 반대하는 논쟁도 있다. 스미스에 따르면 거기에는 기독교인이나 혹은 어느 비무슬림에 의해 이슬람을 바깥에서 소유하거나 해석하는 것이 있을 수 없다. 크랙은 분명히 다른 믿음을 가진 사람들이 비평의 권리를 갖고 있고 심지어는 작가의 경전들과 믿음의 전통들을 '소유'한다고 주장한다. 즉 이 부분에서 크랙이 스미스에 대항하여 가져오는 비평은 본질상 포스트모더니티의 거절이다.

경전(Scripture)이 아닌 계시(Revelation)는 크랙에게는 논쟁점이다. 스미스에게 있어서는 논쟁점도 아니고 둘 다 핵심에 있어서 개인적 믿음을 세계의 신학에 둔다. 크랙이 행하는 꾸란에 관한 주의 깊은 연구의 종류는 만일 우리가 스미스의 위치를 취할 때 쓸모없게 될 것이다. 유사하게 크랙의 기독교인 기본들을 보유하는 데에 기하는 노력과 그들 중의 많은 것을 이슬람의 한 형태로 혹은 또 다른 형태로 보는 것에 대한 노력은 스미스에 의해 종교적 제국주의와 다를 바 없는 것으로 해석될 수 있다.

3) 요약

가이드너에게는 서구의 현대적인 것으로 지배하게 되는 시도로 해

(London: SCM, 1986), 194-95.
37) Wilfred Cantwell Smith, Faith and Belief (Princeton: Princeton University Press, 1979), 247.

석될 수 있었던 약간의 신학적인 운동이 있다. 하지만 세계에 대한 그의 시각은 폭넓게 전근대적으로 남아 있고 동시에 매우 성경적으로 남아 있다. 끝까지 그는 무슬림이 기독교인이 되는 열정을 가진 것이다.

크랙의 기독교인 집단들에서의 인기는 기독교에 충실하게 남기 위한 그의 시도를 증가시켰으나 동시에 이슬람과 같은 사상의 양자택일 시스템과 공통 입장을 찾음으로써 현대적인 것과 조화를 꾀하였다.

스미스는 많은 유용한 통찰력과 함께 믿음의 질문들에 현대적인 접근을 하는 데 부족한 점들이 있음을 경고한다. 그러나 그가 포스트모더니즘의 일면들을 수용함으로 많은 기독교인들이 무슬림들에게 현대적인 것을 받아들이도록 주의를 끄는 데 어려움을 겪을 것이다.

2. 어떻게 이슬람에의 접근에 변화들이 기독교 복음적인 신학에 영향을 미칠 수 있었을까?

앞으로 벌어질 대화를 위해 공통 입장이 있어야 한다. 19세기에 기독교와 이슬람 간의 만남의 성격은 공통 입장을 찾을 필요가 없던 때였다. 그리고 그리스도와 꾸란과의 비교가 수용될 만한 신학적 틀이 고려되지 않았다. 책끼리의 비교보다는 계시 대 계시의 비교가 논박과 대결의 단계들에서 지금 없는 다른 신앙에 열려 있다고 추정한다. 20세기 이전에 무슬림 믿음 체계의 그 논리적 시종일관성은 유용한 것으로 인식되지 않았다.

이 변화는 두 믿음 간에 변화된 세계관과 계시들의 이중 렌즈들을 통하여 보여야 할 비교를 위한 문이 열려진 성경보다는, 차라리 그리스도 안에 주로 가주되어지는 대로 계시를 보는 것의 이전 개혁 신학으로 돌아가는 운동과 쌍방을 이룬다.

1) 계시에 관한 그리스도인 이해에 있어서 변화들

로마 가톨릭 신학자 르네이 라투렐레(René Latourelle)는 기록하기를 초대교부의 시대에 계시는 성경이 증거를 주는, 주로 그리스도 안에 가려진 것으로 기록한다. 그리고 그것은 중세에 이르러서야 변화하기 시작했다. 라투렐레는 주요한 변화들을 토마스 아퀴나스(Thomas Aquinas)의 업적으로 돌린다. 판넨베르크(Pannenberg)는 이를 지지하는데 이 변화는 개혁신학의 주축이었다고 기록한다.[38]

이 요지에 관한 현대의 예증은, 문서적인 증거가 있는 변화의 고백들을 통하여 된 미국장로교회이다. 1643년의 웨스터민스터 신앙고백은 "그 시대의 정통신학을 특성화한 성경의 권위에 대한 과장된 관심"을 반영하였다.[39] 그것은 예수에 대한 표현을 하는 것에 결코 익숙하지 않았으나 여러 번 하나님의 말씀으로서 기독교 성경을 언급하였다. "기록된 하나님의 말씀과 같이 성경의 권위 있는 정경[40]"의 위치는 교회 이외에 기독교 성경의 권위에 대한 개혁의 관심이 증가했다.

정통 장로교파는 즈웸머와 가이드너의 시기에 기독교 성경과 적합하게 어울리도록 비슷한 위치를 유지하였다. 워필드(B. Warfield, 1851-1921)는 프린스턴신학대학원에서 지도하는 역할로서 웨스트민스트 고백서와 비슷한 위치를 정식으로 보유하였다.

> 깨달아야 할 중요한 것은 성경 자신이 성경을 대표하여 나타내는 것인데
> 단지 여기와 저기 계시들의 기록-'하나님의 말씀들'을 포함하는 것으로

38) René Latourelle, SJ, Theology of Revelation, Vol. 1(New York: Alba House, 1966), 148, 171-72. Wolfhart Pannenberg, Systematic Theology, Vol. 1, trans. Geoffrey W. Bromiley(Grand Rapids: Eerdmans, 1991), 217-19.
39) Edward A. Dowey Jr., A Commentary on the Confession of 1967 and an Introduction to "The Book of Confessions" (Philadelphia: Westminster, 1968), 239.
40) Benjamin Breckinridge Warfield, The Inspiration and Authority of the Bible, ed. Samuel G. Craig (Philadelphia: Presbyterian and Reformed, 1948), 101.

서가 아니라 그들 자신으로서 그들의 모든 범주에, 한 계시, 하나님으로부터 은혜로운 지시들의 권위적인 몸체인; 혹은 그들 홀로로부터, 하나님이 주신 모든 계시들이 현존하는-차라리 그들의 '율법'의 부분들에서, 인간에게 접근할 수 있는 오직 하나님의 계시 즉 하나님으로부터 권위적인 지시로서이다.[41]

이것은 1967년의 장로교회 고백과 대조된다. 이 관점에 따르면 그리스도는 하나님의 최고 계시이다. 기독교 성경은 그것을 증거한다. 비록 이 개념이 초기에 장로교회에서 많은 복음주의자들에 의해 거절되었고 민중의 신학들의 넓은 범주로 즉각적으로 합동된다 할지라도 오늘날 그것은 폭넓게 수용되어 왔다.

이슬람에 연루되어 온 사람들에게 있어서 중대한 것은 1967년의 그 고백에 유기적으로 관련된 이 구분에 대한 필요였는데 이는 더 즉각적으로 분명해졌다. 계시를 보는 시각의 힌트는 일반적으로 꾸란 논쟁점들과 맞붙어 고투하는 즈웨머와 가이드너의 저작들에서 분리될 수 없는 성경보다는 차라리 그리스도의 위격에 숨겨져 있었다. 이것은 워필드의 시절에 여전히 있었다. 하지만 그들의 힌트들은 카를 바르트(Karl Barth)의 계시의 신학을 내다본다. 개신교파 주요 흐름으로 그리스도 안에서 주로 감추어진 하나님 계시의 이 관점을 움직이는 것에 대해 크게 책임이 있었던 사람이 바르트였다.

2) 이슬람과의 기독교인 계약에 대한 두 잠재적인 책임들

꾸란과 그리스도의 비교는 무슬림들이 그들의 꾸란을 어떻게 보는지에 대해 기독교의 이해에 도움을 주었다. 그리고 하나님의 초월적 계시로서 성육화는 기독교인의 믿음에 대해 무슬림들이 이해하도록 도

---

41) Ibid.

울 수 있다. 그것은 기독교인들이 분명히 말하도록 돕는 유용한 역할로 그리고 계시의 성격을 더 잘 이해하도록 섬긴다. 그러나 거기에는 적어도 이 비교에 두 잠재적인 의무들이 있다. 그들은 성경적 이슈들의 책임을 회피하는 모험이 있고 우리의 신학으로부터 대속을 제외하는 것이 있다.

① 성경적 이슈들을 바라봄.

기독교에서 크게 나눠지는 것들 중의 하나는 기독교 성경들의 성격과 기독교 믿음에서의 그들의 위치이다. 개혁은 교회에게 믿음과 실천을 위한 권위적인 기초인 성경으로 돌아가라고 요구했다. Sola Scriptura(오직 성경)은 논쟁할 수 있게 마틴 루터의 five solas에 잘 알려져 있다. 그것은 그가 제안했으나 기독교인들 가운데 나누는 초점이 계속 된 신학적인 통찰에서 가장 근본적인 것을 나타낸다. 이슬람과 결부하는 것은 기독교에서 계시의 성격을 이해함으로 신학적인 새로운 통찰을 위한 씨를 심은 것이다. 그러나 성경의 성격에 대해 똑같이 한 것은 아니다. 성경에 있어서 신학적인 질문들을 옆으로 비끼기 위해 이슬람과 계약을 맺는 사람들 사이에 한 경향을 창조한 것을 사람이 논쟁할 수 있었다.

그 논쟁점은 다음과 같다.

바깥인에게 성경의 기독교 교리는 알라에 의해 명령된 꾸란의 고상한 주장에 비교할 때 열의가 없는 것처럼 보인다. 죠이너(R.C. Zaehner)는 다음 질문으로서 구세계에 도전을 주었다. "왜 이슬람이 아닌가?" 기독교와 타 종교들에서 똑같이 있는 복잡성은 꾸란의 절들에서 상대적으로 간단한 계시의 성격에 대하여 그가 인식하는 것에 관한 논쟁에 기초하여 말이다. "꾸란이 무엇인가에 대해 어떠한 논쟁도 결코 있을 수 없다. 그리고서는 한 번 알라가 분명히 역사의 온전한 빛 가운데서 말하였다. 꾸란에서의 그의 계시는 어떤 감각을 만든다. 그리고 꾸란과 같이 신학으로부터 자유롭고 그 것조차도 사람들을 단순하게 단순한 감각을 만든다." 42)

계시된 하나님의 말씀으로서 성경의 위치는 계시로서 그리스도께 뛰어들 때 쉽게 간과될 수 있다. 성경의 개신교 교리가 참으로 오늘날의 이슈들에 관한 신학의 필요에 있을 때 기독교가 이슬람과 계약을 하는 것은 지극히 중요한 이 질문을 간과하는 위험에 있다. 이슬람과 맞물리면서 계시에 관한 강조는 기독교 성경 안으로 새로운 신학적인 통찰들을 위한 필요를 조명하기보다는 차라리 감추는 것이다. 한 사람은 이슬람과의 맞물림이 성경의 특성을 신학적으로 우리가 이해하는 데 도전을 줄 촉매제일 수 있다. 대신에 그 이슈는 하나님의 계시로서 그리스도께 이동하기 위해 우리가 서두는 중에 무시된다.

② 대속을 제외함.

무슬림이 그들의 꾸란을 보는 방법과 비슷하게 계시로서 예수 그리스도에 대한 기본적인 이해를 무슬림과 의사소통함에 있어서 그리스도의 위격과 사역을 감소시키는 모험을 한다. 왕으로(신성함으로서의 예수) 그리고 제사장으로(대속)의 역할들은 모두 너무 쉽게 간과될 수 있다. 계시로서 그리스도의 주제에 관한 크랙의 신학은 어떻게 이런 일이 일어날 수 있는지를 보여 주는 하나의 실례일 뿐이다.43)

크랙에게 중요한 것은 선지자의 위격을 통하여 선지자직과 계시가 오는 방식이다. 그것은 성경의 예언들이 허위이거나 부정확한 것이 아니라 실제적으로 교정자가 아니면 차라리 그들은 높게 해석된다. 메시아

---

42) R. C. Zaehner, "Why Not Islam?" in Religious Studies 11(1975): 177.
43) 크랙에 있어서 대속에 관하여 그리고 선지자로 대제사장으로 왕으로의 그리스도에 관한 더 완전한 취급에 대해서는 Jim Tebbe, "Christian Scriptures in Muslim Culture in the Work of Kenneth Cragg"(A thesis submitted for the degree of Doctor of Philosophy, Department of Religious Studies, St. John's College, Nottingham, Open University, August, 1997) 243-51을 보라.

가 실현될 수 있었는데 이는 "예수가 단지 모든 기준에서 첫째로 다시 고쳐 적음에 의하여 유일한 메시야였기 때문이다."[44] 그것은 말이나 진술이 아니라 계시의 열쇠인 위격이다. 기독교와 이슬람 사이에는 다른 진술들도 있으나 선지자 직의 영역에서 기초를 공유한다.

우리가 크랙에 관해 현대적인 것의 영향을 볼 수 있는 것은 단언들이다. 전통적인 신교도들은 거의 신약 성경에 관한 크랙의 고도 접근과 그것의 해석 관점과 거의 마찰하지 않는다. 그럼에도 불구하고 크랙의 접근은 끊임없이 계시의 성격으로 되돌아가는 단순한 신학적인 한 가닥의 줄에 대해 심도 깊은 그의 강조에서 전통적으로부터 갈리는 것이다. "그리스도에 대한 기독교인의 이해가 계시의 기독교인의 이해라는 것은 지나치게 강조될 수 없다."[45] 그것은 주로 크랙이 기독론을 짓는다는 선지자 직의 단순한 실오라기에 관한 것이다. "기독교 신학은 선지자 직으로부터 기독론을 읽는다고 우리는 말할 수 있는데 그 이유는 기독론에 실마리가 있는 대로 그것은 고통에 있어서 선지자 직을 보았기 때문이다."[46]

크랙의 고통받는 선지자 직으로서의 계시에 대한 강조는 거의 배척의 지점까지 가는 기독교신학 안에 있는 그리스도의 다른 일면들을 표시한다. 크랙에 있어서 예수의 제사장다운 정체성은 본질적으로 선지자의 역할과 연결되어 왔다. "제사장직은 인간 역사 안에 있는 하나님의 행위였다. 고통은 그것 안에 선천적으로 타고났다. 고통은 대속적으로 취해질 수 있었고 선지자 직과 그것이 수반한 모든 것은 그분의 나뉘어 지심이라는 것을 아시는 하나님 자신과 알맞게 연합하는 것이다."[47]

대속으로서의 십자가에 이르는 구약 제사의 계속성은 크랙이 실제

44) Albert Kenneth Cragg, The Lively Credentials of God (London: Darton, Longman and Todd, 1995), 72.
45) Albert Kenneth Cragg, The Call of the Minaret(Maryknoll, NY: Orbis, 1985), 289.
46) Albert Kenneth Cragg, Returning to Mount Hira': Islam in Contemporary Themes(London: Bellew Publishing, 1994), 72.
47) Ibid.

적으로 거절하는 해석이다. 대신에 그는 그 연결을 내적이고 우주적인 믿음에 배타적인 인종적인 정체성으로부터 벗어난 이스라엘로 불렀던 고통받는 선지자들에게 잇는 끈으로 본다. 그는 "성전 지성소를 부양한 양 우리들로부터 [예수]를 묘사하기 위해 빌린 성체봉헌의 은유"로서 대리적인 대속의 개념을 그들 자신에게 쉽게 제공한 신약 성경 참고구절들을 설명한다. 이러므로 그것은 "죄에 대한 희생과 무죄성의 똑같은 숙어에서 그에 관해 말하기 위한 제자들을 위한 본능적인 직감이었다."[48]

크랙에 따르면 예수의 제사장 역할은 시각적으로 그의 진실된 선지자적인 역할로부터 분간할 수 없다. 악의 행군을 멈추기 위해 이 여러 고통은 예수의 추종자들인 참 신자들에 의해 가정되어야 한다. 대리로 고통을 받는 제사장직은 기독교와 이슬람 그리고 구약 성경 사이에 계속성을 제공하고 그것의 완전성에 있어서 십자가 위의 예수 안에 보인다. 이것은 강한 전통적인 기독교인의 예수의 제사장에 관한 이해를 줄이는 효과를 지니고 크랙에 대한 대속의 전통적인 이해의 위치를 취하게 되었다.

3) 요약

계시를 계시와 비교하는 유추나 모델에 반해 그리스도를 꾸란에 비교하는 것이 유용한 만큼 그것은 또한 잠정적인 함정이다. 그리스도는 인간에게 하나님의 완전한 계시를 더한다. 그는 우리의 삶(왕)은 물론 우주의 주님이시고, 그는 십자가 위(제사장)에 우리 죄들을 대신한 값을 치렀다. 예수께서 고통을 치른 것으로 충분하지 않다. 그가 십자가 위에서 죽고 그 죽음으로부터 부활하신 것은 비평적으로 중요하다. 크랙의 기록은 하나님의 계시보다는 더(혹은 덜) 그리스도의 사역이 어디에 보

---

48) Albert Kenneth Cragg, What Decided Christianity(Worthing, UK: Churchman, 1989), 35.

이는지 그리스도의 꾸란에의 연민이 어떻게 한 위치에로 인도할 수 있는지에 대한 한 예일 뿐이다. 복음적인 것을 포함하여 오늘날 이슬람에 많은 신학적인 접근들은 대속의 배타성에 성육신화를 강조한다.

이 비교를 사용하는 데는 두 번째 잠재적인 책임이 있다. 우리는 우리 자신의 성경에 대해 중요한 질문들에 관해 윤을 내도록 유혹된다. 영감이 무엇이고 그것의 의미하는 바는 무엇인가? 거기에는 강하고 긍정적인 주장들이 있는데 이들은 하나님이 우리 자신의 문화들, 즉 우리의 무슬림 친구들에게 그리스도와 꾸란의 비교에 대해 우리가 너무 재빨리 대답하려고 서둘 때 간과될 수 있는 것과 같은 다양성 내에서 그리고 이 다양성을 통하여 우리에게 의사소통하는 것에 대해 꾸란에 대조적으로 나타난다.

FROM
THE
STRAIGHT
PATH
TO THE
NARROW
WAY

2부

믿음으로 나아오는 경험 이해

7장

하나님의 방식들로부터 배움

Jean-Marie Gaudeul

본 글은 두 자료들로부터 도출한 것인데 첫째는 여성들이 어떻게 그리스도 안의 믿음으로 나아오게 되었는지를 설명하는 개인적인 사유들의 조사이다. 이 조사가 한 책으로 엮어졌는데 본서는 수많은 무슬림들을 그리스도에게로 인도한 사상의 행렬들을 분간하기 위해 노력한 글의 모임이다.[49] 둘째는 나의 선교회의 집합적인 경험으로 거의 150년간 무슬림들 사이에서 일해 온 것이다.

첫 번째 나의 생각은 하나님과의 참되고 생명력 있는 만남을 위하여 사람들을 인도하시는 하나님의 방도들에 대한 경이감에 관한 것이다. 하나님께서 그분의 유순하심과 사랑을 수백 만 사람들에게 나타내심으로 우리는 다양하고도 특별한 개인적 경험을 음미하며 성지를 밟고

---

49) J. M. Gaudeul, Called from Islam to Christ: Why Muslims become Christians (London: Monarch Books, 1999).

있다. 각 사람의 양심은 주님이 그분의 자녀들을 만나시고 이들을 그분 자신에게 끌어당기는 곳인 거룩한 성전이다.

우리는 사람들이 보통 우리에게 잘 알려진 수단들, 즉 성경, 양서들 그리고 자선사업을 통하여 그리스도께로 인도되는 것이라는 것을 발견한다. 그러나 하나님께서 분명히 교회 직원이나 기독교 메시지와 혹은 전혀 상관없는 사건들(좋거나 나쁘거나 간에), 환경들 혹은 교훈들을 통해 사람들을 인도하는 것처럼 보일 때 우리는 어리둥절하고 놀란다.

아무것도 우리를 그리스도 예수 안에서 나타내진 하나님의 사랑으로부터 떨어지게 할 수 없다(롬 8:39). 그리고 하나님을 사랑하는 자들에게는 모든 것이 선을 위해 일하여진다(롬 8:28). 비록 우리가 확실히 열려진 마음을 갖고 있다 할지라도 많은 사람들이 이슬람에 속한 교리들, 의식들 그리고 믿음을 통해 그리스도께 인도된 것을 발견하고 놀랄 것이며 어떤 경우에는 이론상으로 기독교의 메시지와 모순되는 것을 본다. 이것은 설명을 필요로 한다.

1. 다섯 보편적인 패턴들

새로운 기독교인이 된 사람들의 간증을 들으며 이해하려고 노력하는 중에 나를 매료한 것은 비록 각 사람이 하나의 다른 길을 따랐을 지라도 그들 각자는 그들 가운데 유사한 점이 있었다는 것이다. 점차적으로 수많은 일반적인 형태들은 마치 이 사람들이 다른 '가족들'에 속한 것처럼 출현하였다.

- 어떤 이는 **그리스도의 사람과 만남을 통해** 믿음으로 나아왔다.
- 다른 이들은 **진실**과 확실성에 대하여 목말라함으로 다가왔거나 신자들의 **공동체**를 찾았다.

- 수많은 사람들은 **용서**와 대속의 경험을 찾았다.
- 많은 사람들이 기도를 통하여 **하나님과의** 개인적인 **만남**에 대한 갈망에 의해 이끌렸다.

이 '가족들'은 각 다른 사람에게 배타적이 아니었다. 이 모든 요소들은 그리스도 안의 믿음의 모든 근거가 있는 경험들에서 발견될 수 있는데 무엇이 다른지는 종합적인 그림에 있어서 특별한 요소의 확실성의 정도였다. 어떤 사람은 그들의 주의를 이 아이디어들 중의 하나에 집중하였고 다른 이들은 그들의 마음을 또 다른 주제에 두는 데에 집중하였다. 무슨 '가족'이건 그들의 그리스도에게로의 길은 이슬람의 시각으로부터 시작되었고, 이슬람의 믿음과 삶의 일부인 어떤 요소들은 하나님에 의해 '그들의 길에 그들을 보내도록' 사용되었다. 자신의 점진적인 변화를 그들이 증거하는 대로 장래에 신자들이 되는 이 '가족들'의 각각을 살펴보자.

1) 그리스도의 인격에 의해 이끌려진

그리스도 안의 믿음으로 나아오는 많은 무슬림들이 그들의 영적인 여행을 꾸란에서 예수를 묘사하는 길과 함께 시작하였다. 꾸란에서 예수는 단순히 한 선지자로 제시되는데 그 이유는 유일하신 알라 대신에 기독교인들이 두 신들을 둠으로 예수와 그의 어머니를 영화롭게 하는 것을 허용하지 않기 때문이다. 동시에 꾸란은 예수에게 알라의 말씀 그리고 알라로부터 오는 영과 같은 신비스러운 이름들을 준다. 다른 절들은 그의 제사장적 경력의 끝에 알라에게 그의 '고귀함'을 주장한다. 이럼으로써 분명히 십자가 위에서 그의 죽음의 실재에 의심을 던진다.

무슬림 신비주의자들은 예수를 완벽히 가난을 설파하고 사람들에게 알라를 찾으라고 촉구하는 방랑하는 수도승으로서 '신성의 봉인'으로 제시한다. 정통에 대해 열심인 그리고 기독교인 이웃들의 영향으로부터 신자를 보호하기 위해 근심하는 무슬림 신학자들은, 예수가 유일한 선지자였고 그의 사명은 유대인들에게 제한되었다고 하는 반면에 무함마드는 꾸란 메시지의 우수성과 함께 전 세계에 보내졌다고 주장한다. 무슬림 논쟁주의자들은 때때로 예수를 제시하는 복음들로 놀리면서 논박의 적그리스도 문서의 몸체를 지어온 것이다.

진실은 남아 있으나 많은 무슬림들은 예수를 이상하게 매혹시키는 인물로 발견한다. 기독교로 회심하는 네 무슬림들 중에 한 명은 예수가 그의 혹은 그녀의 종교적인 진보를 가한 예수의 역할에 대하여 말하였는데 예수는 그들의 흥미를 끌었고 그들을 매혹시켰고 그들에게 매우 직접적인 방도로 말하였다고 한다. 결정적인 단계는 한 사람이 비록 예수를 단지 선지자로 여긴다 할지라도 이 예수에 대해 말하는 것을 멈추고 예수에게 말하기 시작할 때 취해진다. 한 사람의 아이디어는 매우 명료하지 않을 수도 있지만 예수는 매우 참 인간으로, 선생으로, 친구로, 그리고 귀담아 들어 주고 도와주는 어떤 사람으로 만날 수 있다.

이것이 우리를 놀라게 할 수는 없는데 이는 예수가 아이디어들의 세트가 아니기 때문이다. 예수는 그를 따르고 사랑했던 그리고 천천히 그의 불가사의한 정체성을 인식하게 된 그의 제자들과 함께 한 것처럼 예수는 살아 계시고 사람들을 그 자신에게 이끌었다. 그리고 우리는 똑같은 길을 따르는 많은 무슬림 신자들을 안다.

2) 진실과 확실성에 대한 목마름에 의한 이끌림

더 좋게 혹은 나쁘게 이슬람은 단순한 교리들과 강한 확신들의 종교로 평판을 가진다. 이슬람의 적들은 광신주의의 이슬람을 고발하려고 이 특성들을 사용하지만 이슬람의 방어자들은 그들 안에 이슬람이 순수한 사유의 그리고 분명한 진리의 종교라는 증거가 있다고 본다. 이슬람으로부터 많은 회심자들이 열정적인 바람에 대해 증거하기를 그들의 가족 내에서 혹은 고전적인 무슬림 교육의 과정에서 하나님이 사람들에게 계시하신 진리를 알도록 이 열정적인 바람을 그들이 받았다는 것이다.

그렇다면 진리를 추구하는 과정에서 결과적으로 얻는 열매로서 그리스도 안의 믿음을 설명하는 무슬림들의 실질적인 수에 대해 우리는 무엇을 말해야 하는가? 왜 그들은 이 '빛을 내는' 이슬람으로 만족하지 못하는가?

오늘날 이슬람이 논쟁과 폭력으로 인해 찢어진 것은 누구나 아는 공공연한 지식이다. 그들 종교의 해석들에 있어서 갈등은 그들 가운데 무슬림들을 나누고 있다. 모든 면에서 사람들은 '참 이슬람'의 이름 안에 싸우지만 일부는 의심들을 가지고 대답을 계속 찾는데 이는 갈등하는 당파들이 제안하는 것으로 보이지 않는다. 이슬람에 시작된 그들의 진리에 대한 갈증은 결국에 그리스도께로 그들을 인도한다.

3) 공동체를 바라봄

이슬람이 형제애의 그리고 평등의 이상을 제안하는 것은 확실히 맞다. 꾸란은 옛날 아랍 부족의 믿음의 끈을 "신자들은 오로지 형제들이다"(49:10)라는 믿음에 기초한 결속으로 대치하기를 바란다.

무슬림 전통은 이 비전을 펼친다. 신자들은 빗살들처럼 똑같다. 아랍인은 비아랍인보다 월등하지 않고 흑인은 붉은 사람보다 월등하지 않다. 개인들은 단지 그들 신앙심의 등급이 다를 뿐이다.

이상(理想)은 분명하지만 무슬림 사회의 실제적인 조직은 남성과 여성 사이에, 노예들과 자유인 사이에, 무슬림과 비무슬림 사이에 제도화된 불공평을 만들어 낸다.[50] 더 깊이 들어가면 실제에 있어서 기

50) 이 주제에 대해서는 R. Levy, The Social Structure of Islam(Cambridge:

독교인들도 그러하듯이 무슬림 신자들은 그들의 이상(理想)에 불충실해 왔다.

어떤 무슬림들은 심오하게 그들의 공동체 경험에 불만족해한다. 이는 그 이상(理想)의 어떤 면에 혹은 이 이상을 실천으로 옮기는 데 실패했기 때문이다. 이슬람 교육은 알라에 대한 믿음의 표현이고 그분께 마땅히 행해야 하는 예배의 표현인 한 사회의 이상을 주입시킨다. 자연스럽게 종교적인 열망은 종교적인 차원에서 완전한 표현을 찾을 수 있는 이상적인 공동체를 추구하는 형태를 자주 취한다.

현 시대에 많은 사람들은 그들의 공동체가 이상과 부합되지 않는 것을 인식하므로 다른 공동체들에서의 상황이 무엇인지를 보기 위해 그들의 눈을 더 넓은 세계로 돌린다. 공동체가 필요한 그들을 기독교 그룹으로 인도할 수 있다. 그 만남이 약하고 늘 행복하지는 않겠지만 많은 경우에 있어서 꽤 자주 기독교인 가족이 그리스도의 현존을 '세속의 그릇들'을 통하여 보여 주게 한다.

충격적이지만 공동체가 그들의 여행의 출발점으로서 어떻게 중요하든지 간에 새로 온 많은 사람들에게는 예수의 매혹적인 개성이 비교할 수 없을 정도로 공동체보다 훨씬 더 중요하게 여겨진다. 교회는 단지 예수의 사람들로서 의미를 가진다. 여기에 다시, 그리스도는 이슬람 교육이 일으킨 필요를 채운다.

4) 용서를 찾는 것

이슬람의 심장은 알라의 존재와 위엄의 분명하고 신랄한 확언이다. 꾸란에 제시된 알라는 자비롭고도 인정이 많으며 늘 용서하고 인내하고 관대하다.[51]

Cambridge University Press, 1927, 1965)을 보라.
51) 여기에서는 이슬람에서 알라(God)를 묘사하는데 사용되어진 이름들 중의 일부만을 번역: rahmân, rahîm, ghafûr, ghaffâr, afûw, halîm, karîm.

동시에, 이슬람의 알라는 공정하다. 그는 모든 곳에 존재하며 모든 것을 보고 안다. 그는 인간이 모두 그 앞에 나타나 보여야 할 심판주이며 모든 인간의 행동들의 정확한 기록을 보유한다. 이슬람의 알라는 또한 보복하는 신이다.[52]

이 엄격한 이름에 무슬림 신학이 거절하는 알라의 개념은 구속주와 구세주에 대한 것이다. 각 인간은 책임이 있고 심판주에게 가장 작은 행동들에 대해 계산되어야 하는데, "선한 의지의 티끌을 행한 그는 그것을 볼 것이고 그와 같이 악의 티끌을 행하는 분이다"(99:7-8). 심판의 결과는 낙원 혹은 지옥일 것인데 꾸란에서는 좀 자세히 이들 각각을 묘사한다.

그러므로 꾸란의 기본적인 메시지는 죽음 이후에 엄격한 비례를 이루는 보상과 형벌의 확신을 갖고 덕행이 있는 삶으로 개종하도록 부르는 것이다. 이는 알라의 자비가 그의 필수적인 정의를 해칠 수 없으며 거룩한 용서는 단지 거룩한 정의가 만족되고 죄들이 보상될 때 주어진다는 것이다.

기독교도 또한 '정의'와 '자비'를 사용하지만 완전히 다른 비율로 사용한다. 하나님은 성령의 힘을 그/그녀의 약함 속에 부음으로 죄인을 치료하고 변화시키는 공 없이 얻은 용서를 제공한다. 우리는 여기에서 요한복음 8장에 묘사된 예수와 간음한 여성 사이의 만남을 기억한다.

꾸란에 포함된 약속들과 위협들은 죄의 각각에서 교육하고 섬세한 양심, 일상의 삶의 죄들에 대한 민감성을 형성하는 경향을 띠는데 이는 차례대로 아무도 만족시킬 수 없는 완전을 열망하도록 이끌 수 있다. 다른 무슬림들에 대해 그것은 완전을 위한 필요보다는 용서하는 구세주를 찾는 그들에게 보낸 개인적인 죄의 경험에 있다.

이는 이슬람 환경에서 자라면서 왜 구원을 추구할 필요성을 느끼는지에 대한 두 개의 주 이유들인데 그들의 종교에서 그것을 찾다가 실패

---

52) 성호(divine names)를 사용하는데 특별히 adl, wâsi, basîr, samî, alîm, hakam, muhsî, muntaqim와 같은 용어들이다.

하여 다른 곳에서 찾게 되는 것이다. 여기에서 예수와의 만남은 그들에게 마지막으로 평화를 가져온다.

5) 하나님에 대한 갈망

무슬림 공동체의 창설자인 선지자 무함마드의 종교적인 경험이 이슬람의 중심에 있다는 것을 너무 자주 강조해도 지나치지 않다. 6세기 아라비아의 이교배경에서 태어나서 양육받은 그는 당시 환경에서 이교제사들에 의해 흐려진 진리를 추구하며 구하였다. 그에 따르면 야망, 이윤, 그리고 우상들의 허상의 목표 위에 세계의 모든 소동을 초월하여 유일하고 참된 그리고 모든 만물의 창조주인 알라가 존재한다.

부정적인 견지에서는 꾸란은 무함마드에 의해 알라의 발견을 형성하였다고 이해한다. 모든 다른 것은 거절되어야만 했는데 이는 거짓 신들, 우상들, 인간이 만든 신들을 가리킨다. 모든 것 위에 가장 높은 알라는 동등하거나 경쟁하거나 부속됨이 없고 하늘에서나 땅에서나 그와 비교될 수 있는 아무것도 없다. 기독교 성경의 구약과 신약은 비슷한 표현들로 가득 차 있다. 하나님의 위대성을 가져오기 위해서는 사람은 창조물의 작은 부분을 주장하며 그의 위대성과 초월성을 표현하기 위해서는 그분이 우리의 한정되고 우발적인 조건의 한계들 내에 포함될 수 없다는 것을 사람은 주장하는 것이다.

나중에 이슬람 신학자들은 알라가 전반적으로 다른, 즉 그분은 급진적으로 알려지지 않아야 할 분으로 선언하였다. 그들이 표현하는 하나님(알라)은 그 자신을 계시하지 않고 단지 그의 뜻과 명령들을 꾸란에 나타낸다. 그가 가장 높은 분이므로 무한정으로 그의 창조물을 초월하며 그의 위엄을 향하여 불경의 행동일 수 있는 그와의 여하한 밀접한 관계의 시도를 초월한다. 그러므로 기도에서나 삶에 있어서 알라와의 합일의 질문이 있을 수 없는 것이다.

꾸란에서 무함마드는 "선지자의 인장"으로 표현된다. 신학자들은 이 이미지로부터 결론짓기를 무함마드의 가르침이 그의 선지자적인 전임자들의 것을 확인하였을 뿐만 아니라 또한 그가 최후의 선지자로서 그 시리즈의 끝이었다는 것이다. 이는 여하한 나중의 신자들이 신의 계시를 경험한다는 것은 있을 수 없는 생각이다. 왜냐하면 이는 그를 최후의 선지자보다도 더 나중의 선지자로 만들 것이기 때문이다.

많은 무슬림들에게 처음 이 가르침은 알라의 위엄에 대한 감각을 조성하고 그분과 더 가까워지고자 하는 바람의 감각을 불러일으킨다. 동시에 많은 사람들은 이 자비로운 알라를 만나기를 바라는 마음을 경험한다. 우리가 알기로는 무슬림 신비주의자들은 알라와의 연합의 분명한 경험으로 인도하는 영성을 개발시켰다. 이 이상이 공인되었을 때 그것은 핍박을 가져왔는데 이 수피들 중의 일부는 사형에 처해졌다. 그들 중에 922년의 할라즈(Mansûr al-Hallâj)가 있다. 그 다음 세기들 동안의 저술들은 정통 이슬람의 구역 안에 수피 신비주의자들을 포함하기 위한 시도를 하였는데 이를 위해 그들은 알라를 직접 만나려고 하는 타는 열정을 부득이 제어할 수밖에 없었고 형식적인 기도에 그들 자신들을 감수해야만 했다. 이날까지 이슬람 정통과 신비주의 간에 갈등이 풀어지지 않고 그들 간에 수많은 지역에서 대치들이 있다.

이 갈등은 사실 모든 무슬림 신자의 마음에 반영되어 있다. 그것은 알라를 향한 사랑과 그분에게 마땅히 행해야 할 경외 사이의 변증적인 하나의 긴장이다. 동시에 한정된 종교적인 훈련 혹은 특정한 환경들은 어떤 무슬림들로 하여금 그들이 불가능한 상황—알라와의 개인적인 만남을 위하여 억누를 수 없는 바람과 그런 여하한 만남에 대한 공적인 금지사항을 따르고자 하는 충성스러운 바람 사이에 찢어진—에 처해 있다고 느끼는 감정을 가져올 수 있다.

그러므로 어떤 무슬림들이 기독교 안에서 두 열망 간에 화해를 찾는 것은 놀라운 것이 아니다. 그들은 기독교가 이슬람이 불러일으킨 열망들을 이행하는 것을 발견한다. 여러 방도에 있어서 하나님과의 만남을 경험하러 나오는데 하나님을 그들의 열망에 응답하는 분으로 이 세계에 개입하여 그의 관심을 여러 사람들에게 나타내고, 그의 아버지의 사랑을 사람들에게 나타내며 그리고 그들의 기도들을 들으시는 분으로 말이다.

이 무슬림들이 성지순례길에 내몰린 것은 기도에 목말랐기 때문이다. 그들이 발견한 것은 어느 다른 곳에서도 발견할 수 없었던 것이 아닌가 하고 우리가 묻는다면 그들의 대답은 단순하다: 모든 사람에 관심이 있고 그 자신 안에 알려지고 사랑받기를 바라시는 하나님; 누구나 아들이나 딸과 같이 말할 수 있는 아버지이신 하나님으로 말이다. 그들은 구속과 마지막으로 하나님과의 대화의 말들을 이해하고 대답을 바랄 수 있는 큰 기쁨을 발견하였다.

예수께서 그분 자신에게 남겨놓은 기도(마 6:9상, "그러므로 너희는 이렇게 기도하라…")에서 반영되듯이 모든 사람은 기독교 전통의 중심에 그들을 두는 똑같은 근본적인 경험을 갖는다.

2. 가능한 결론들

나는 이 관찰들에서 이 세상을 향한 하나님의 계획들에 있어서 더 나은 돌봄에 대한 수많은 암시들을 제안한다.

1) 교리적인 논쟁들

이슬람과 기독교가 수많은 논쟁점들에 관해 교리들을 제안하면서 서로를 압박해 온 것은 사실이다. 14세기보다 더 오래된 논쟁에 걸쳐 양측 종교의 신학자들은 그들 자신의 종교의 진실과 다른 종교에서 제시된 오류를 설명한 수많은 책들을 냈다.

그 논쟁들에서 취급된 주제들을 목록에 싣자면, "하나님의 유일성과 삼위일체" "그리스도의 위격과 구제를 베푸는 선교"(우리가 은혜에 의해서 혹은 율법의 실천에 의해서 구원받았는가?) "그의 죽음과 부활" "경전(성경 혹은 꾸란)의 확실성" "의식들과 실천들" 그리고 마지막으로 "공동체들 그리고 그들의 삶의 방도"이다. 이 모든 논점들은 필수적이고 깔개 아래로 떨쳐버릴 수 없는 것이다.

사람들이 논쟁에 빠질 때 그들은 다른 모든 것을 잊어버리고 무엇이든 비용이 드는 대로 잘못된 것을 증명하는 업무에 초점을 두는 경향이 있다. 그들은 종교의 의미를 한 공동체가 다른 공동체에 대해 승리하는 것으로 봄으로 정작 하나님을 향하는 것을 잊어버릴 위험에 처하는 것이다. 메타노이아(metanoia: 뉘우침의 의미에서 conversion)와 이슬람(복종의 의미에서 submission)의 정의가 그것이 아닌가? 이것은 왜 신비주의자들—기독교인과 무슬림—이 논쟁에 빠지는 것을 피하는 이유이다.

나 자신의 경험으로 보건데 논쟁하고 말다툼하는 것은 사람들의 마음과 생각들을 동원하고 완고하게 하며 그들의 내적인 상태에 하나님의 음성에 귀 기울이는 것을 방해하는 것이다.

2) 영적 경험

위에서 본 대로 하나님께서는 사람들을 그들 자신의 종교적인 배경을 포함한 모든 종류의 수단들을 통하여 그리스도 안의 믿음으로 인도하는 것처럼 보인다. 교리적인 차이든 무엇이건 간에 그분의 사랑에 항복하는 태도를 불러일으킬 수 있는 어떤 것을 사용하심으로 사람들을 부르시고 그들을 그분 자신에게 이끄시는 것이다.

우리는 많은 기독교인들의 증거를 들으면서 이슬람의 요소들이, 즉 하나님의 위엄에 대한 감각, 그분을 신뢰하는 감정 그리고 그분의 뜻에 복종하도록 불러일으키는 잠재적 가능성을 포함하는 한도 내에서는 하나님의 은혜에 의해 사용된 것처럼 보일 수 있지만 기독교의 교리들과 대조되는 가르침들을 보유할 수 있다는 것을 발견한다. 이것은 우리가 복음서들에서 발견하는 대로 예수의 접근에도 부합된다. 그의 가르침은 교리들이나 의식들을 다루지 않고 각 사람이 진리 안에서 하나님의 현존에 얼굴을 맞대는 길을 다룬다.

"너는 기도할 때에 네 골방에 들어가 문을 닫고 은밀한 중에 계신 네 아버지께 기도하라 은밀한 중에 보시는 네 아버지께서 갚으시리라"(마 6:6).

"나더러 주여 주여 하는 자마다 다 천국에 들어갈 것이 아니요 다만 하늘에 계신 내 아버지의 뜻대로 행하는 자라야 들어가리라"(마 7:21).

내가 확신하기로는 이러한 방도로 하나님께 양도하는 사람은 누구든지 하나님의 사랑하는 아들의 이미지 안에서 점잖게 형성될 것이며 교리적인 차이들로 인한 경계들을 가로질러 그분께 이끌려 갈 것이다.

3) 공통적인 증거

이 믿음은 나의 사역의 또 다른 접근으로 인도한다. 내가 만나는 사람들은 무슬림들이거나 다른 종교적인 확신을 지닌 사람들일 수 있다. 기독교인으로서 나의 임무는 그들과 논쟁하는 것이 아니라 "오직 성령이 너희에게 임하시면 너희가 권능을 받고 예루살렘과 온 유대와 사마리아와 땅 끝까지 이르러 내 증인이 되리라 하시니라"(행 1:8)에 기록된 것과 같이 증거하는 것이어야 한다.

증인은 단지 경험한 것들에 관해 이야기할 수 있다. 선생들은 아이디어들과 교리들을 개발하고 증인들은 이 아이디어들과 교리들의 영향력에 대해 그들의 삶, 즉 영적 경험에서 말한다. 삼위일체 교리에 대해 논쟁하는 대신에 우리는 "우리 안에 살아계시는 그리스도"(갈 2:20)

가 사실이라는 것을 증거할 수 있다. 그리고 그의 영을 통하여 우리 안에서 한 양자의 영, 우리가 '아바, 아버지!'라고 부르짖음을 통하여(롬 8:15) 우리가 하나님의 자녀임을 증거한다. 우리의 증거는 하나님의 삼위일체와 접촉하여 우리 안에 거하시는 영의 경험에 대한 것이다. 경험은 근거가 없다고 주장할 수 없다. 그것은 사실의 영역에 속하기 때문이다. 모든 기독교 교리들은 영적인 경험으로부터 나오며 영적인 경험으로 인도하는 것이다.

영적 증거의 수준에 초점을 두면서 우리의 친구들 안에 또 다른 영적인 경험을 분간하도록 이끌어지며 그들에게 그 경험을 우리와 나누도록 요청할 수 있다. 만일 그들이 무슬림이라면 이슬람은 영적 경험의 견해의 관점으로부터 볼 수 있다. 그 경험 안에서 그들은 하나님을 더 잘 사랑하도록 그들을 이끈 무엇을 발견하였는가?

그들의 경험의 어떤 차원들은 우리를 하나님께 더 깊은 방도로 양도하도록 도울 수 있고 역으로 하나님께로 더 깊은 양도는 우리에게 더 깊은 차원의 경험을 하도록 도울 것이다. 비록 우리의 그분에 대한 생각들이 서로 다르다 할지라도 신학적인 논쟁에서 적이 아니라 나란히 똑같은 사랑하는 주님 앞에 서 있는 것을 발견한다.

사람들이 우리와 동일한 종류의 만남에 부름을 받았다는 것을 느끼도록 하나님과의 즐겁고 사랑스러운 관계에 초점을 두어야 한다. 만일 우리가 이슬람에 속한 것들에 대해 말해야 한다면 우리의 관심은 하나님의 영이 그들의 영들에게 말씀하시고 그들의 영을 더 깊게 끌어당기도록 하여 하나님께로 더 진실하고 깊은 양도로 이끄는 것에 강조점을 두어야 한다.

신약 성경 말씀에 "회심" 즉 메타노이아(metanoia)란 말은 우리가 완전한 진리에 이를 때까지 하나님께서 우리 각자를 인도하시고 지도하시도록 허용해 드리는 것으로 문자적으로는 우리의 말과 행위에 있어서 하나님께로 깊이 돌아옴의 종류를 의미한다.

그리스도를 믿는 믿음으로 나아오는 사람들은 메타노이아 (metanoia)의 기후 안에서 그분께 이끌려 왔다. 그것은 세례 요한이 사막에서 전파하였을 때와 같은데, 예수께서 그의 사역을 시작하였을 때 "회개하고 복음을 믿으라!"(막 1:15)고 말씀하셨다. 오늘날 만나는 많은 실례들로부터 우리가 판단할 수 있는 대로 그것은 여전히 진실이다.

모든 인간을 그 자신에게 이끄시는 분인 하나님을 찬양하라. 그분은 모든 것, 즉 우리의 죄들, 우리의 힘들 그리고 약함을 사용하신다. 이러한 그분을 우리는 신뢰하지 않는가!

8장
새로운 삶을 찾아서:[a]
기독교인들과 무슬림들의 개종 동기들

Andreas Maurer

19세기와 20세기 동안 이슬람과 기독교 양측은 세계적으로 그들의 추종자들을 증가시켰다. 결과적으로 기독교인과 무슬림들은 매일 세계 거의 모든 구석에서 서로 만나고 있다. 그리고 기독교인과 무슬림들 서로의 믿음에 대한 인식 또한 폭넓게 증가했다. 기독교와 이슬람의 흔한 일면은 신자들이 활동적으로 다른 사람들을 그들 믿음의 신봉자들이 되도록 초대한다는 것이다. 이 초대하는 태도의 기초는 그들의 경전에서 찾을 수 있다.

> "수고하고 무거운 짐 진 자들아 다 내게로 오라 내가 너희를 쉬게 하리라" (마 11:28).

---

53) 본래 이 글은 Missionalia, the Journal of the Southern African Missio-logical Society, 30, no. 2 (August 2002)에 실린 논문의 편집본인데 허락을 받고 사용하였다.

"지혜와 훌륭한 훈계를 주시는 너희 주님의 길을 따르도록 구하고, 저들을 가장 좋은 방법으로 설득하라"(꾸란 16:125).

많은 기독교인들과 무슬림들은 여러 가지 이유로 그들 자신의 믿음에 불만족하고 환멸을 느끼며 그들의 영적 필요사항을 채우기 위해 그리고 새로운 삶을 추구하기 위해 다른 방도의 믿음을 찾는다. 여러 이유들로 사람들은 그들의 충절을 기독교에서 이슬람으로 그리고 이슬람에서 기독교로 흔히 바꾸게 되었다.

나는 개인적으로 아프리카와 유럽의 많은 사람들의 충절이 변하는 것을 목격해 왔다. 예를 들어 2000년 취리히(Zürich)에서 무슬림들이 비공식적이었지만 그들의 믿음을 매력적인 방도로 제시한 공공 사건이 있었다. 유럽의 많은 사람들에게 이슬람의 계시가 설명되었고 이에 대한 문서가 판매되었으며 동양 음식이 무료로 주어졌다. 거기에는 이미 이슬람으로 개종한 스위스 사람들도 있었고 많은 사람들이 이슬람을 매력적인 종교인 것으로 발견하였으나 여태 그 종교를 정식으로 받아들이는 결정을 하지 못한 사람들도 있었다. 이 사람들의 대부분은 그들이 기독교인의 환경에서 자랐고 이전에 기독교인이었다고 고백하였다.

한편 나는 자신의 일생을 무슬림으로 보내었으나 최근에 기독교로 개종한 이슬람국가에서 온 사업자를 만나게 되었다. 그는 비밀리에 그의 언어로 된 성경을 입수하고 읽었다고 하였다. 그가 유럽을 여행하고 교회들을 방문하며 기독교인들에게 말하였듯이 기독교인이 되는 것이 그에게 옳은 것임이 분명해졌다고 한다. 핍박의 이유들로 그가 기독교인으로서 고국으로 돌아갈 수는 없으나 그는 개종의 값을 치룰 준비가 되어 있었다. 그의 가족을 떠나고 사업을 뒤로하고 유럽에서 새로운 삶을 출발한 것으로 말이다. 사업자였던 그는 고국에서 이슬람에 환멸을 느끼고 있는 많은 사람들을 안다고 지적하였다.

오늘날 더 많은 사건들이 기독교와 이슬람 간의 개종의 사실을 조사하는 데 당대의 관련을 보여 준다. 새로운 출판물들 중의 무수한 수가 이 제목의 중요성을 시사하는데 이들 중의 예로 고들의 Called from Islam to Christ("이슬람에서 기독교로 부름받음")[54] 그리고 알세인(J. Al-Sain)의 "나는 하나님을 발견하였네: 진리를 추구하는 한 여성"(Ich Kämpfte für Allah: Eine Frau auf der Such nach der Wahrheit)을 들 수 있다.[55]

기독교인과 이슬람 공동체들은 양 방향에서 서로 종교의 변화에 대해 어떻게 반응하고 있는가? 나의 경험에서 교회 실천과 기독교인의 선교학 둘 다 개종은 엄격히 종교적 동기로서 보통 한쪽 기독교를 향해서만 유효한 것으로 이해되었다.[56] 나는 이와 같은 견해는 선교학적으로 기독교인과 무슬림 간의 관계의 맥락에서 부적합하다고 강력히 주장하는 바이다. 개종은 양쪽에서 다 이뤄져야 하고 동기(動機)들의 조합에 기초해야 하는 것을 인정해야 한다. 우리는 믿음의 공동체들 간에 이해와 존경을 드높이기 위해 개종에 대한 완전한 선교학적 이해가 필요하다.

1. 종교적이고 문화적인 다원적 사회에서 개종의 심리학

세계적으로 종교 다원주의는 하나의 부정할 수 없는 사실인데 기독교 교회에도 새로운 도전을 제기한다. 카우오바(Kauuova)는 주목하기를, "비기독교 종교들이 선교와 전도의 목표들로 보이는 곳의 전체 활동에서 그들은 지금 '동반자들'(partners)이다. 그들은 공중 활동무대에

---

54) Jean-Marie Gaudeul, Called from Islam to Christ: Why Muslims become Christians(London: Monarch Books, 1999).
55) J. Al-Sain, Ich Kämpfte für Allah: Eine Frau auf der Such nach der Wahrheit(Wuppertal: Brockhaus, 2000).
56) 나의 학위논문 2장: "In Search of a New Life: Conversion Motives of Christians and Muslims" (Pretoria, South Africa: UNISA, 1999)에 있는 개종에 관한 여러 선교학적 접근들의 대요를 말한다.

서 '주주들'(shareholders)이다."[57] 그러므로 새로운 종교들에 관한 기독교 신학이 필요하다. 크리징거(Kritzinger)는 이와 똑같은 의향을 다음과 같이 강조한다.

우리는 다른 종교들을 선교사 운동들로 보기 시작해야 한다. 종교들에 관한 기독교 신학들이 내적으로 기독교 선교사 범위에서 발달했다는 사실은 다른 믿음들이 단지 '목표집단들'(target groups)로만 보인 결과를 자주 가져왔다… 우리가 지금 기독교 선교학에서 필요로 하는 것은 다른 종교들의 선교를 분석하는 것이다…어떻게 왜 그들이 성장하고 있는지를 이해할 수 있기 위해서 말이다. [58]

이러한 견지에서 교회들은 개종에 관한 적합한 선교학적 이해가 필요하다. 이슬람에 관련하여 그것은 교회들에게 더 무슬림들을 이해하고 그들에 대해 존경하도록 돕는 것이다. 그것은 또한 이슬람으로 개종하는 기독교인들에 대한 이해와 이슬람이 왜 성장하고 있는지 그 이유에 대한 이해를 증진시킬 것이다. 이 이해를 얻어 내는 데에 대한 중요성은 크리징거에 의해 다음과 같이 조명되어진다.

종교들에 대한 이 질문에 달려들지 않는 기독교 신학이라면 펼쳐지는 새로운 사회와 관련이 없게 될 것이다. 니콜슨(Nicolson, 1991:81)은 만일 종교적 그룹들이 종교적 다원주의를 수용할 수 없다면 그들은 '민주주의의 설립에 관련이 없을 것'이라 말한다. [59]

기독교인들은 타종교들을 동등하게 수용하고 종교 간의 대화에 들

---

57) W. Kauuova, Religious Pluralism: A Challenge to the Church in Southern Africa(Pochefstroom, South Africa: North-West University, 1997), i.
58) J. N. J. Kritzinger, "A Contextual Christian Theology of Religions," Missionalia 19(1991): 217ff.
59) Ibid., 227. Kritzinger refers to Ron Nicolson, "Religious Pluralism and the New South Africa: Dove of Peace or a Dead Duck?" Journal for the Study of Religion. Vol. 4(No.1, March), 67-82.

어감으로 그들의 선교사 열의를 포기해야 한다는 것과 더 이상 '진실한 기독교인들'이 아닐 것이라고 하는 두려움의 정서에 빠지는 것에 나는 동의하지 않는다. 크리징거가 이 점에 대해 강조하여 말하기를,

> 이것은 믿음의 내용(학자의 용어로 fides quae)이 타종교와의 대화에 관련되지 않은 것으로 간주되는 것이며… 대화는 모든 참여자들에 의해 단호하게(오만하지 않게) 개최된 헌신(commitments)의 조우이다. 그러므로 이것은 신학적 상대주의의 자세를 수용하기 위한 초청이 아니며 새로운 '세계 종교'를 창조하는 것도 아니라 다른 믿음들을 지닌 사람들에 관련하여 오만에 대한 결별을 말하는 것이다.[60]

보쉬(Bosch)에 따르면 대화와 선교는 둘 다 마음(minds)보다는 차라리 가슴(hearts)의 모임으로만 이해될 수 있다고 하였다. 그는 정직한 대화를 찾는 자를 제안하는 것이다.[61] 이 전체의 이슈는 기독교인을 궁지로 내몬다. 우리는 어떻게 대화적인 것 간에 긴장을 유지할 것인가? 보쉬는 "우리는 여기에 불가사의를 다루고 있으며" 기독교인들이 이 긴장을 수용할 필요가 있다고 진술한다.

기독교인들은 그러므로 개종을 단지 한 방도로서만이 아니라 두 방도의 운동으로 볼 필요가 있다. 크리징거는 한 단계 더 깊게 들어간다.

> 배교에 관한 신학은 기독교 신학에서 빠뜨릴 수 없는 부분이다. 이것은 한 방향에서 두 방향으로 종교 신학의 변화를 이행하는 것이다… [A] 종교에 대한 기독교 신학은 기독교를 선교사 믿음으로만 이해할 것이 아니라 다른 현대의 종교들에 의해 전해지고 논의된 믿음의 존재로서도 이해

---

60) Ibid., 228. Kritzinger's arguments are based on two publications of the World Conference on Religion and Peace in South Africa(WCRPSA 1988; 1991).
61) David J. Bosch, Transforming Mission: Paradigm Shifts in Theology of Mission(New York: Orbis, 1991), 483-88.

기독교와 이슬람 간에 개종은 양쪽의 방향들에서 모두 일어나지만 기독교 교회 내에서는 여러 방향들로 일어난다. 여러 가능한 개종의 형태들을 분명히 하기위한 시도에서 도해 8.1은 기독교와 이슬람에 특별히 관련한 개종의 형태들을 나열한다.

이 개종의 각 형태들이 흥미롭고 연구하기에 중대하지만, 이 글에서 초점을 두는 것은 P1과 P9("전통 추이") 개종 운동들에 관한 것이다.

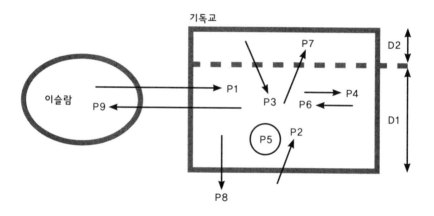

도식 8.1 개종의 유형들

요점:

P1 = 이슬람으로부터 기독교로 개종하고 있는 사람(교회들이 가장 흔히 어떻게 개종을 이해할까). 람보(Rambo)[63]는 이를 "전통 변이"

---

62) Kritzinger, "Contextual Christian Theology," 225.
63) 이 도식과 관련된 람보에 관한 언급은 L. R. Rambo, Understanding Religious Conversion(New Haven, CT: Yale University, 1993), 13-14로부터 발췌한 것이다.

라고 부른다.

P2 = 비종교적인 배경으로부터 기독교로 개종하고 있는 사람. 람보는 이를 "동맹"이라 칭한다. 이와 같은 개종자들은 "첫 세대 기독교인들"[64]이라 불릴 수 있다.

P3 = 기독교 내의 한 교단에서 다른 교단으로 개종하는 사람(D2에서 D1으로). 람보는 이를 "제도상의 전이"라고 부른다.[65] 그것은 또한 "교단적인 전환"이라고도 부른다.

P4 = 기독교의 같은 교단 내에서 더 깊은 영성까지 개종하는 사람(D1). 람보는 이를 "강화"라고 부른다.

P5 = 실제 개종의 경험이 없는 사람. 보통 "형식적인 기독교인"이라 불린다. 이는 기독교 전통에서 "태어나서 자란" 사람이다.

P6 = 기독교 내 똑같은 교단에서 개종하는 사람으로 부정적인 영적 성장을 가진 사람이다. P6는 기독교 믿음으로부터 잠정적인 개종이고 P4 운동에 반대된다. 이 운동은 자주 "타락하는" 자로 호칭이 붙는다.

P7 = 교단 D1으로부터 기독교 내 D2로 개종하는 사람(P7은 P3의 반대 방향에 있다.): 람보에 따르면 "제도적인 전이"라고 불린다.

---

64) Charles H. Kraft, Christianity in Culture: A Study in Dynamic Biblical Theologizing in Cross-Cultural Perspective(New York: Orbis, 1979), 329.
65) Cf. Walter Conn, Christian Conversion: A Developmental Interpretation of Autonomy and Surrender(New York: Paulist Press, 1986), 7.

P8 = 기독교로부터 비기독교 환경으로 개종하는 사람. 이 개종의 형태는 "배교" 혹은 "변절"이라고 람보는 명명한다.

P9 = 기독교로부터 이슬람으로 개종하는 사람. 람보의 용어에 따르면 이것은 또한 "전통 전이"이다.(P1을 보라.)

2. 분석적인 그리드(grid): 다섯 개종의 동기들

인간행동의 동기부여에 대한 질문들은 오랫동안 선교사 사회에서 제기되었다. 사회적인 과학자들은 회심 동기들을 어떻게 세분화할까에 대해 다른 추천들을 공표하였다. 예를 들어 람보는 회심 동기들의 여섯 범주들을 구분하기 위해 로플랜드(John Lofland)와 스카노드(Skonovd)의 제안들[66]을 거론한다.

- 지적인: 종교적이거나 영적인 논쟁점들에 대해 지식을 찾는 사람.
- 신비적인: 다소(Tarsus)에서의 사울의 경우처럼 통찰의 갑작스럽고도 충격적인(traumatic) 격발.
- 실험적인: 종교적 옵션들의 활동적인 탐구.
- 감정적인: 회심 진행과정에서 중요한 요소로서 개인 간의 유대들.
- 부흥가적인: 개인들은 감정적으로 자극되고 새로운 행동들과 믿음들은 군중 일치를 사용함으로써 가해진 압력들에 의해 증진.

---

66) J. Lofland and N. Skonovd, "Conversion Motifs," Journal for the Scientific Study of Religion 20 (1981): 373-385.

- 위압적인: 참여하고 일치하며 고백할 개인에 가해진 압력의 다른 수준들.[67]

각 범주화는 기본적으로 고려할 모델로서 유용하다. 그러나 그것은 각 특유의 상황에 적용될 필요가 있다.

이러한 연구의 맥락에서 나는 다섯 가지의 회심 동기들을 살펴보았다. 이 다섯 동기들의 분석적 그리드는 회심의 선교학과 심리학에 관한 책들을 읽으면서 세우게 된 것이다.[68]

1) 종교적인

이 동기는 가끔 회심을 위한 '지적인' 동기로 불린다. 그것은 회심을 위한 '참된' 동기로 전통적으로 부르는 동기이다.[69] 종교적/지성적인 동기의 이해는 문서, 텔레비전, 강의들 그리고 다른 매체를 통하여 종교적이거나 영적인 이슈들에 대한 지식을 개인이 활발하게 찾는 것이다. 나의 연구에 있어서 그것은 한 개인이 활발하게 기독교인의 지식이나 이슬람의 믿음을 얻는 것이다.

인터뷰에 응한 어떤 회심자들은 그들의 원래 믿음의 경험에 문제 혹은 '위기'가 있었기 때문에 기독교 혹은 이슬람에 대해 종교적인 지식을 찾고 있었다. 주어진 주 이유는 가르침이나 의식들을 이해할 수 없는 것이었다. 이 일면은 회심이 '밀어대듯 치는' 것처럼 묘사될 수 있다. 그와

---

67) Rambo, Understanding Religious Conversion, 14ff.
68) 나의 학위논문 2장, 3장: "In Search of a New Life: Conversion Motives of Christians and Muslims," 36–132쪽을 읽어라. 그리고 나의 인터뷰에서 발견한 것들과의 대화는 5장과 6장 157–203쪽을 보라. 나는 이 동기들 다섯 가지 모두 똑같이 중요하다고 여기고 그들을 편벽되지 않게 나의 연구에 다루었다. 그러나 그들이 즉 배열된 순서는 중요하지 않다.
69) G. J. Van Butselaar, "Christian Conversion in Rwanda: The Motivations," International Bulletin of Missionary Research 5 (1981): 111–113. 바첼라(Van Butselaar)는 이를 회심을 위한 "영적인" 동기라 하는데 람보의 "지적인" 동기에 관한 서술(Understanding Religious Conversion, 14)과 매우 흡사하다.

같은 사람들이 더 이상 그들의 믿음의 가르침들을 이해하거나 동의할 수 없으므로 그 믿음을 떠나서 다른 종교를 탐구하도록 '밀어낸' 느낌을 가지는 것이다. 새로운 종교가 '더 좋고 이해할 만한' 것으로 경험되었으므로 그것을 수용하도록 끌림을 받는다. 그러므로 이 종교적인 동기에 있어서 사람은 자주 밀침과 끌어당김의 차원을 경험한다.

2) 신비적인

람보와 로빈스는 이 동기를 논한다.[70] 람보에 따르면 신비적인 회심 경험은 "비전, 목소리들 혹은 다른 과학적으로 알 수 없는 경험들로 야기된 일반적으로 통찰의 갑작스럽고도 충격적인 격발이다." 한 "과학적으로 알 수 없는" 경험은 보통 과학적으로나 이성적으로 쉽게 설명될 수 없는 경험으로 묘사된다.[71] 성경에 있는 신비적인 경험의 면에서 최초 전형적인 회심은 흔히 다마스커스로 가는 길에 다소의 사울 행위로 귀결된다(행 9장). 종교적인 용어에 있어서 그것은 영적인 거룩한 힘에 의해 직접적인 간섭을 받는 것으로 이해된다. 제임스(William James)에 의해 묘사된 회심 이야기들에서 신비적인 요소가 중심 역할을 한다.[72] 크로에거(J.H. Kroeger)는 이와 같은 회심을 일컬어 "인간의 이해를 넘는 방도들에서 일하시는" 성령이라 하였다.[73]

'초자연적'이란 용어 또한 가끔 이 맥락에서 사용된다. 코위(Cowie)는 이 용어를 "자연적이거나 심리학적인 법들에 의해 설명될 수 없고" 차라리 "영들의 세계"에서 원래의 원인을 가진 것으로 이해될 수 있다고

---

70) Rambo, Understanding Religious Conversion, 15; 비고) Lofland and Skonovd, "Conversion Motifs."
71) A. P. Cowie, ed., Oxford Advanced Learner's Dictionary, 4th ed.,(Oxford: Oxford University Press, 1989), 896.
72) William James, The Varieties of Religious Experience(New York: Viking Press, 1902).
73) J. H. Kroeger, "Naming the Conversion We Seek," Missiology 3(1996): 371.

했다.[74] 만일에 사람들이 초자연적인 경험들에 대해 말한다면 그들은 보통 중대한 꿈, 비전 혹은 감명을 언급한다. 그것은 보통 갑작스럽고 예기치 못한 비범한 해프닝이나 사건이다. 감정적인 각성의 수준은 가끔 황홀경, 경이, 사랑 혹은 심지어 두려움까지 포함하여 극도로 높다. 라쉬크(Raschke)는 '계시'란 용어를 이 맥락에서 논하고 "교화나 깜짝 놀라게 하는 발표"라고 정의를 내린다.[75] 그러므로 계시는 개인이 받는 비범한 발표이다. 이 비범한 통찰은 개인에게 쉽게 취해지지는 않겠으나 종교에서의 변화와 같이 한 방향에서 한 발자국 내딛게 한다.

나이지리아의 바주인들(Bajju)에 대한 맥키니(McKinney)의 회심에 관한 연구에서 그녀는 꿈과 비전들의 중요한 역할에 초점을 두었다.[76] 꿈과 비전들은 회심을 입문하도록 돕거나 회심한 사실을 확증하는 데 도움을 준다.

어떤 심리학자들은 비전들을 "과학적으로 이해할 수 없는" 경험들로 이해하려고 시도했다. "퍼싱거(Persinger)는 비전을 중대한 신비적인 혹은 과학적으로 이해할 수 없는 종교적인 상태들을 경험해 온 평범한 사람들이 "아주 작은 것 붙잡기"(예를 들어 대뇌 변연계의 근소한 비정상의 전기적인 방전, 신비적 경험을 떠받치기 위한 충분한 감정적인 두뇌)로 묘사하는 것이라 한다."[77]

"간질, 신비적 경험 그리고 회심"에 대한 부분에서 브라운(Warren Brown)과 케타노(C. Caetano)는 종교적 회심의 두 신경조직 인식모델들 사이를 구분한다. a) 기능부전의 두뇌에 그들의 근원을 가진 비정상적인 경험의 결과로서 보이는 회심; 그리고 b) 그것의 내용과 인식된 중

---

74) Cowie, Oxford Advanced Learner's Dictionary, 1291.
75) C. Raschke, "Revelation and Conversion: A Semantic Appraisal," Anglican Theological Review 60 (1978): 425.
76) C. V. McKinney, "Conversion to Christianity: A Bajju Case Study," Missiology 22: 149.
77) Warren S. Brown and C. Caetano, "Conversion, Cognition, and Neuropsychology," in Handbook of Conversion, ed. H. N. Malony and S. Southard (Birmingham, AL: Religious Education Press, 1992), 152.

요성에 있어서만 다른 정신적 활동으로부터 달리하는 비정상적인 정신적인 활동의 연장으로서 보이는 회심이다.[78]

각주에서 그들은 세 번째 가능성을 언급하는데 이는 "회심이 완전히 하나의 초자연적인 사건이며 신경조직인식 시스템들의 바깥에서 일어나는 것"이다. 본 연구에서 나는 인터뷰에 응한 자들에 의해 보고된 신비적인 경험들의 근원을 찾지 않았다. 나는 신비적 경험이 신경조직인식시스템 내부로부터 혹은 바깥에서 오는 것인지를 결정하려고 노력하는 것을 피하였다. 비록 내가 '기능부전의 두뇌'의 결과로서 이 경험들을 간주하지 않더라도 그와 같은 경험이 정말 일어났는지를 비평적으로 평가하는 것이 나의 목표는 아니었다. 만일 응답자가 그와 같은 사건을 보고한다면 나는 그것이 그 사람을 위한 한 실재라고 수용한다.

3) 애정적인

로플랜드(Lofland)와 스타크(Stark)는 본래의 회심 동기를 확인하였다.[79] 그것은 개인과 개인 간의 유대를 회심 진행에서 결정적인 요소로 강조한다. 한 개인은 사랑받거나 양육받고 다른 사람이나 그룹에 의해 인정받음으로 애정을 경험한다. 바첼라(Van Butselaar)는 이것을 "개인적인 동기"라 부르고 "개인 상호간의 관계형성들의 부산물"로 묘사한다.[80] 개인 상호간의 유대들은 폭넓게 "원기회복을 위한 근본적인 보조"를 제공하는 것으로 보인다.[81] 나의 인터뷰들에서 이 회심 동기는 한 개인이 기본적으로 그/그녀의 종교적인 활동들에 감복된 애정의 형태로 나타난다. 그와 같은 사람은 친구이든 친척이든 똑같은 성이나 반대의

78) Ibid. 149-52.
79) J. Lofland and R. Stark, "Becoming a World Saver: A Theory of Conversion to a Deviant Perspective," American Sociological Review 30(1965): 862-875.
80) Van Butselaar, "Christian Conversion in Rwanda," 113.
81) Thomas Robbins, Cults, Converts and Charisma: The Sociology of New Religious Movements (London: Sage Publications, 1988), 69.

성이든 상관없이 말이다.

이러한 묘사와 같이 애정적인 동기는 회심자가 새로운 종교를 받아들이도록 끌어당김으로 하나의 긍정적인 '끌어당기는'(pull) 요소로서 해석된다. 하지만 애정적인 동기는 또한 부정적인 '밀어내는'(push) 역할을 할 수 있다. 부정적 애정의 요소는 한 특정 개인의 삶에 위기를 만들어 내고 회심 과정으로 그/그녀를 내밀어 낼 수 있는 가족 구성원의 죽음이나 이혼 등과 같이 자주 충격적인 상처를 주는 사건들이다. 그러므로 한 회심자는 애정적인 '내밀거나' 혹은 '끌어당기는' 경험에 기인한 회심으로 들어갈 수 있다.

4) 사회정치적인

람보는 이 동기를 언급하지 않는다. 바첼라는 이것을 "사회적인 동기"라고 부르는데[82] 그/그녀의 사회정치적인 그룹 이내에 개인의 구실을 하는 것과 관련된다. 이 범주에서 개인은 사회정치적인 이유들로 그/그녀의 종교적인 충절을 바꾸는 동기가 된다. 내가 인터뷰를 하는 가운데 이 동기를 공고히 다루었는데 많은 회심자들의 사회정치적인 상황이 다른 종교를 받아들이게 한 이유로 언급하였다. 인종차별의 시기에 남아공화국에서의 정치적인 기후는 많은 흑인들에게 다른 종교를 찾도록 '내밀어 낸' 것인데 그들에게 통치정부는 '백인 기독교인 압제자들'로서 경험된 것이다.

크리징거는 "기독교는 백인들의 종교"라는 슬로건을 해석하기를 "흑인 의식의 분위기가 그것의 뿌리를 찾고 있는 것"이라 보며, 인종주의의 실재가 "많은 백인들의 마음에 기독교 믿음의 부정적인 이미지를 심는" 책임이 있었고 이는 "이슬람은 아프리카의 종교라고 하는 관심이 증대되도록 하는" 결과를 낳았다고 말한다. 남아공의 아프리카 사람들은 예

---

82) Van Butselaar, "Christian Conversion in Rwanda," 112.

수를 인종주의의 작가로 보기 시작하였고 사람들 간의 벽을 나누는 것을 허물어뜨리기 위해 돌아가신 분으로 보지 않았다. 무슬림들은 이 상황을 이점으로 취하고 이슬람을 "평등한 권리들과 정의에 기초한 종교"로서 증진시킨 것이다.[83] 오늘날 남아공에는 많은 흑인 무슬림들이 있는데 거의 그들 모두가 기독교 배경으로부터 나아오고 있다.

5) 물질적인

람보는 이 동기를 언급하지 않고 바첼라는 이것을 포함하는데[84] 다양한 회심자들이 언급한 바와 같이 이것은 특별히 나의 연구에서 중요하다. 그들의 몫을 어떻게든 증진시킬 수 있다면 종교적인 충절을 바꿀 수 있다는 절망적인 상황에서 그들 자신을 발견하는 많은 가난한 사람들이 있다. 마슬로(Maslow)는 이를 인간의 가장 필요사항들 중의 하나인 "생리적인 필요"라고 부른다.[85] 이 동기는 종종 '불순한' 개종 동기로서 비판받았다.

이 회심 동기에 음식, 의류, 주택 등과 같은 혜택을 바라는 바람이 포함되었다. 나는 또한 고용의 제안이나 학생들에게 장학금 등 개종을 위한 물질적인 동기화도 보았다. 가난은 간혹 종교를 바꾸도록 이끄는 개종의 진행과정으로 개인을 '밀어넣는'(pushes) 위기를 만들어낸다.

---

83) J. N. J. Kritzinger, "Islam as Rival of the Gospel in Africa," Missionalia 8(1980): 95.
84) Van Butselaar, "Christian Conversion in Rwanda," 113. 바첼라의 연구와 나의 연구 간에 비슷한 점들은 둘 다 아프리카(각각 르완다와 남아공화국)에서 행해진 사실에 기인한다.
85) A.H. Maslow, Motivation and Personality (New York: Harper & Row, 1970), 17.

3. 개종 동기들의 분석

나는 연구과정에서 스무 명의 개종자들과 인터뷰하였는데 그들은 각각 기독교로부터 이슬람으로 개종한 열 명과 이슬람으로부터 기독교로 개종한 열 명이었다. 이 이야기들은 내가 다룬 동기들 중 2~4개의 요인들이 각 개종 진행과정에 역할을 담당하였다는 것을 보여 준다.

인터뷰들에 나타나는 것은 한 가지 이상의 동기가 개종의 진행과정으로 작용되었을 때 보통 한 동기로 시작하였으나 그 후로는 다른 동기들로 이동하였는데 특별히 물질적인 동기가 진행을 일으켰을 때에는 종종 이 시초의 동기를 뒷전에 남겨 두었다. 다른 경우들에는 원래의 동기가 진행과정 전반에 걸쳐 중요한 요소로 지속되었다. 그리고 개종 동기의 다양한 다른 조합들 혹은 배열들이 발견되었다.[86]

1) 종교적인

연구결과는 20명의 설문응답자들 중에 개종진행과정에서 역동적으로 이 동기를 경험한 사람이 18명이었다. 개종자들은 새로운 믿음의 지식을 얻고 그것을 옛것과 비교하였다. 만일에 새로운 믿음이 그들보다 우세하게 나타났다면 그것을 받아들이도록 하는 데 동기화되었다. 개종자들에 의해 기독교에 언급된 그 주요한 이슈는 기독교인들 가운데 온정 못지않게 예수를 통하여 성경에 나타난 사랑이었다. 개종자들은 또한 그들이 이전에 경험해 보지 못한 '희망과 확신'을 발견하였다. 이러한 경우들에 이슬람은 의식적인 실천사항들과 남아공의 대부분의 사람들이 이해하지 못한 아랍어로 발언하는 의미 없는 종교로 인식되었다. 대조적으로는 개종자들이 예수와의 '살아 있는 교제'와 성령으로부터 인

---

86) 나의 분석적인 그리드(grid)로 스무 가지 경우의 개종 이야기를 분석한 나의 학위 논문 5장과 6장의 조합을 논함. "In Search of a New Life," 157-203을 보라.

도하심을 갖는 데 그들의 기쁨을 표현하였다.

한편으로는, 수많은 개종자들이 이슬람을 받아들였는데 그 이유는 그들이 말하기를, 기독교인들은 실천적이지 않았고 보통 인간 이성에 반대한다고 하였다. 그들은 기독교인의 믿음을 삼위일체와 그리스도의 성육신처럼 비이성적으로 가득한 것으로 이해하였다. 대조적으로 그들은 이슬람을 교화된 남성 혹은 여성을 위한 유일한 실용 옵션으로 나타난 현대과학의 습득물에 순응케 해 주는 것으로 이해하였다.

2) 신비적인

이슬람으로 개종한 열 명의 개종자들 중 아홉 명이 이 동기를 언급한 반면에 기독교로 개종한 열 명의 개종자들 중에서 여섯 명이 초자연적인 경험이 그들의 개종 결정에 기여하였다고 말하였다. 이 개종자들 중 여섯 모두는 이 초자연적인 만남이 그들의 개종 과정의 끝 무렵에 벌어졌다고 강조하였고 그것은 그들에게 기독교로 헌신을 하게 하는 데 확신을 가져다준 '마지막 지푸라기'였다고 강조하였다. 개종자들은 직접적인 방도로 하나님께서 말씀하셨다는 확신을 갖고 있었다.

3) 애정적인

스무 명의 개종자들 중에 열여덟 명이 그들의 개종에 있어서 동기적인 요소로서 이것을 언급하였다. 가정할 수 있는 것으로는 왜 사람들이 개종하는지에 대한 이유가(양쪽의 방향들에서) 그들에게 새로운 종교에 대해 지적 확신이 있었던 것이 아니라 "친구가 그들에게 그 길을 보여 주었기" 때문이라 하였다.[87] 결혼은 그 사람의 배우자 종교를 받아들

---

87) Cf. L. Poston, "Becoming a Muslim in the Christian West: A Profile of Conversion to a Minority Religion," Institute of Muslim Minority Affairs 12 (1991), 159-69.

이는 결과를 낳았다. 무슬림 공동체에서 비무슬림 배우자는 보통 이슬람으로 개종할 것으로 기대되었다.

4) 사회정치적인

기독교에서 이슬람으로 개종한 열 명 중에서 다섯은 남아공의 사회정치적인 상황이 그들에게 이슬람으로 개종하게 한 이유라고 말했다.[88] 이 사실은 람보의 가설을 확증한다. "위기 속에 있는 토착인의 문화들은 안정적인 사회들보다 더 잠재적인 개종자들을 가질 것이다."[89] 이와 같이 개종은 개종자들이 태어나고 자란 종교와 사회를 거슬러서 반감의 행동이 된다. 그것은 모든 고통적인 기억과 함께 그들의 과거로부터의 끊김이다.

5) 물질적인

이 동기는 다섯 개종의 이야기들에 나타난다. 만일 사람들이 그들의 기본적인 필요사항들이 실현될 수 있다고 본다면 자주 그들의 종교를 바꿀 준비가 되어 있다. 심각한 생리적인 필요들을 가진 사람들은 개종에 대하여 자주 높은 가능성을 보인다. 이 범주에 해당하는 사람들은 일자리가 없거나 젊은 사람들로 공부하고 싶으나 돈이 없고, 난민들이며 최근 이민자들이다. 남아공에 많은 가난한 사람들은 음식이나 직업을 얻기 위해 최근에 무슬림이 되었다.

---

88) 흑인공동체들에게 만연한 고통을 초래한 남아공화국의 인종차별제도는 기독교 신학의 수단으로 정당화되었다. 이것은 많은 흑인 기독교인에게 기독교에 환멸을 느끼게 하였고 이 결과로 일부는 이슬람으로 개종하였다.
89) Rambo, Understanding Religious Conversion, 41.

다른 출현하는 양상들

- 개종자들이 그들이 새로이 발견한 믿음을 증거하고자 자주 강한 열망을 품는다.
- 많은 개종자들이 반대와 핍박을 참아야 한다. 기독교로 개종한 다섯 무슬림 개종자들이 이슬람으로 개종한 단 한 사람의 개종자와 비교될 정도로 핍박에 직면한다.
- 헌신의 의식이 과거의 삶을 최종적으로 그치고 새로운 믿음을 품는 공적 고백으로 보이는 것이다.

6) 결론

이러한 경험을 통해 얻게 된 발견은 개종의 전개과정이 보통 여러 동기들에 의해 유도된다는 점이다. 각 개인은 개종의 움직임에 역할을 하는 여러 다른 필요사항들을 지니고 있기에 '순수한' 그리고 '불순한' 개종 동기들을 구분한다는 것은 문젯거리가 될 수 있다. 건전한 신학적인 문화인류학은 인간을 영적인 용어들 내에서만 보지 않고 특수한 경제적인, 문화적인, 종교적인 그리고 정치적인 맥락에 놓여 있는 하나의 전 인간으로 보는 것이다. 새로운 종교의 참 요구들의 기초에 오직 근거하여 만들어져야 할 새로운 종교적인 공동체에 개종에 관하여 하나의 결정을 기대할 수 없다.

콘(Conn)은 관찰하기를, "개종 문은 양쪽 두 길에서 흔들거린다."[90] 나는 성경이 두 방도의 움직임을 포함하는 개종의 시각을 지지한다고 믿는다. 기독교 용어에서 한 사람이 기독교로 돌아선다면 이 사람을 '개종자'로 선언할 만한 논쟁이 없다. 만일 그/그녀가 기독교로부터 타종교

---

90) Walter Conn, Christian Conversion: A Developmental Interpretation of Autonomy and Surrender (New York: Paulist Press, 1986) 7.

로 돌아선다면 '개종자'로 선언될 수 있겠는가? 이와 같은 경우에는 '배교한'이란 용어를 성경이 사용한다. 나는 개종의 정의에 있어서 더 전인적인 시각을 채택하여 양 방향을 포함하는 것이 선교학적으로 더 의미가 있을 것이라고 제안한다.

구약에서 배교는 특별한 상황(예를 들어 출 32:8)에서 '돌아서는' 혹은 '하나님께 불순종'하는 것으로 묘사된다. 성경에서 가르치기를 그것은 낙원에서 아담과 이브의 범죄로 시작한다. 하나님은 급진적인 방도들(예를 들어 창 3장; 출 21:17; 32:10, 35)로 배교의 죄들을 취급하신다. 신약 성경에서 배교는 교회에 계속적인 위험으로 나타나고 거기에는 그것에 반대하여 반복되는 경고들(비고: 살후 2:3; 딤전 4:1-3; 벧후 3:16-17)이 있다.

예수께서는 배교자들을 향해 구약 성경에서 자주 있는 것 같은 죽음의 형벌을 사용하시기보다는 다른 태도를 취하신 것으로 보인다. 그와 같은 해석은 요한복음 6장 60절,71절에 기록되어 있는데 거기에는 많은 제자들이 예수의 가르침을 이해할 수 없었기 때문에 그분을 버렸다. 위에 사용된 범주들의 면에서 인간은 이것을 부정적이거나 '밀어내는' 요소에 의해 지배된 '종교적' 개종 동기로서 묘사할 수 있다. 예수의 반응은 그분이 제자들을 잃어버리는 것에 대한 두려움에 있었던 것이 아니라 그들에게 스스로 마음들을 결정할 여유를 주었기에 그들은 사실 떠날 자유가 있었던 것이다. 예수께서는 그가 "부유한 젊은 통치자"를 만났을 때 똑같은 태도를 나타내었는데 거기에는 예수께서 그를 사랑하였다고 나타낸다(막 10:21).

기독교인으로서 우리는 예수의 이러한 태도를 닮도록 도전받는다. 우리가 속한 믿음으로부터 돌아서는 과정에 있는 사람들에게 진실한 사랑을 보여 주는 것은 그들이 머물도록 하는 모든 위압으로부터 자유롭게 한다. 우리의 종교적 공동체에 대한 개종의 이해는 그 공동체로부터 벗어나서 보게 되는 개종의 이해와 직결된다.

4. 상황적 교회 실습을 위한 암시들

이 연구에서 제안된 개종의 신학은 자주 소홀히 다뤄온 두 차원들을 강조한다. 인간 개인의 총체성과 개종의 양 방향인데 이것은 두 결과들을 갖는다. 위에서 토의된 모든 개종 동기들은 여하한 특수한 개종진행에서 유효한 부분을 원활하게 함으로 수용될 필요가 있다. 그리고 선교학은 연합하는 사람들 못지않게 떠나는 사람들에게 많은 주의를 기울여 주어야 한다.

이 개종의 이해는 실제적으로 수많은 암시들을 갖는다. 첫째, 그것은 한 사람이 그와 같은 움직임을 갖도록 하는 데 밀어냄과 끌어당김의 동기들이 다양하다는 것을 인정하면서 공동체에 연합하는 새로운 개종자들을 돌보고 적당한 측정들을 취하기 위해 믿음의 공동체를 격려한다. 둘째로, 믿음의 공동체는 다른 믿음으로 개종하기를 바라는 사람들에게 특별한 돌봄이 필요하다.

개종자들을 더 의미 깊게 인도하기 위해 아래와 같이 실제적인 단계들이 기독교 믿음의 공동체에 추천된다.

- 각 믿음의 공동체 내에 다른 믿음으로부터 새로운 개종자들을 환영하기 위해 훈련된 멤버들로 구성된 작은 특수화된 그룹이 있어야 한다.[91]
- 이 그룹은 개종자들에게 진짜 관심과 돌봄을 보여 주어야 하고 그들을 새로운 믿음과 그것의 종교적인 실천들에 관한 깊은 연구로 이끌어야 한다.
- 마땅히 취해져야 할 과정에 개종자는 이 작은 그룹을 통하여 보

---

91) 이 작은 그룹은 개종에 대한 전인적인 이해의 맥락에서 역할을 해야 한다. 예를 들어 사람들의 종교적인 충절이 바뀌도록 움직이는 그 모든 필요들과 동기화 요인들을 진지하게 받아들이고 기독교를 향해 나아오거나 기독교로부터 떠나는 개종자들에게 돌봄을 제공해야 한다.

다 큰 믿음의 공동체에 소개되어야 한다.

- 만일에 개종자가 미혼이면 그/그녀는 새로운 믿음의 공동체의 가족으로 '수용'되어야 한다.
- 이 안내들을 적용함으로써, 믿음의 공동체는 유기체의 방도에서 그들의 그룹에서 새로운 개종자들의 영적이고 사회적인 필요들을 돌아보아야 한다.

추가로 이 작은 그룹은 또한 똑같이 사랑하는 태도로, 이슬람과 같이, 기독교로부터 또 다른 종교로 떠나는 사람들을 상담하고 돌보기 위해 훈련되어야 한다. 첫째로, 이것은 개종하기 이전에 그들의 기독교 믿음을 회고하고 그들을 격려하기 위해 노력하는 것을 의미한다. 한 개인이 여전히 또 다른 믿음으로 개종하기를 원한다면 그 그룹은 그 바람에 민감하게 반응하여 심지어는 그/그녀에게 그것을 철저히 조사하여 도와주어야 한다.[92] 마지막으로, 그 사람이 또 다른 믿음으로 개종할 때 교회는 그/그녀를 평화와 기독교인의 사랑 안에 있도록 해 줘야 한다.

---

92) 많은 기독교인들은 믿음의 공동체를 떠나기를 원하는 사람들을 돕는 일이 너무 아득하다고 말할 것이다. 한 사람을 도울 때 내가 의미하는 바는 다른 종교에 대한 문서를 그에게 제공하거나 다른 종교에 속한 사람들을 그와 같이 방문하기 위해 동반하거나 그들로 결정을 하기 전에 정보를 갖도록 해 주는 것 등이다. 사실상 이 진행과정을 통해 양측에 모두 유익할 거라고 나는 말하고 싶다. 내 경험에서 돌봄과 사랑의 태도를 나타냄으로써 어떤 사람들은 그 상황을 재고려하였고 다른 믿음으로 개종하지 않았다. 이것은 또한 개종 "C7"의 삶의 경우라 본다. Maurer, "In Search of a New Life," 174–75를 보라. 여기에 한 기독교인이 그녀가 이슬람을 향해 결정을 취하기 전에 두 믿음에 대해 면밀한 조사를 하도록 도왔다.

9장

북아프리카 여성들과 개종:
여성 경험과 믿음의 특성들

Evelyne A. Reisacher

이슬람 배경의 북아프리카 여성들이 예수의 가르침을 따르기로 결정할 때 그들은 여성으로서 특수하다고 느껴지는 문제들에 봉착한다. 본 장에서는 여성들의 개종을 똑같은 사회문화적인 맥락에서 남성들의 것과 비교하여 여성들이 개종을 어떻게 이해하는지를 탐구하였다.

열다섯 명의 북아프리카 여성들과 인터뷰한 내용에서 여러 공통된 주제들이 나타났는데 이는 이 여성들의 대부분이 경험하거나 느낀 것을 나타낸다. 이 발견들은 프랑스에서 20년간 북아프리카 기독교인 공동체와 더불어 살았던 나의 삶의 맥락과 공명(共鳴)하에 이루어진 관찰이다.

1. 방법론

여성 개종에서 특유하였던 것을 확인하기 위해 나는 프랑스에서, 모로코에서, 알제리에서 혹은 튀니지에서 기독교인들이 된 15명의 북아프리카 여성들과 인터뷰하였다. 인터뷰들은 처음에 언급한 두 개 혹은 세 개의 문제들을 분별하기 위해 행해졌는데 반 시간에서 한 시간 이상을 넘지 않았다.

나는 여러 해에 걸쳐 이 모든 여성들과 자주 만나며 서로 대화를 나누었다. 그러나 이번에는 내가 그들과 여성 개종의 특이성들을 처음 토의했는데 인터뷰들은 얼굴을 서로 대면하여 행하거나 혹은 전화로 이뤄졌다.

인터뷰 항목은 다음과 같다.

- 당신의 문화에서 당신의 개종과 남성들의 개종 사이에 존재하는 차이는 무엇이라고 생각합니까?
- 만일 당신 대신에 당신 형제가 개종했다면 무엇이 달랐을까요?
- 당신이 전형적으로 여성이라는 사실에 관련하여 당신의 개종 경험을 묘사해 주시겠습니까?
- 만일 당신이 한 기독교인 사역자를 상담하고자 한다면 여성의 개종들에 특별한 어떤 것을 그/그녀에게 말해 줄 수 있겠습니까?
- 무슬림 여성들이 기독교를 알기를 기피하고 스스로 보호하고자 할 때 그들은 무엇을 염두에 두는 것입니까?

북아프리카 여성들이 감정(鑑定)한 여러 문제들은 어느 것이 더 중요한지와 상관없는 무작위의 순서로 나열된 금후에 관한 문제인데 앞으로의 연구에는 이 문제들을 정렬시킬 필요가 있다. 내가 인터뷰한 여성들에 대해 북아프리카 남성들의 반응을 찾아내는 데에도 호기심은 있었으나 나의 일정상 두 남성들과만 인터뷰할 수 있었다. 여성들이 그들에 대해 말한 것에 대해 남성들의 관점을 독자가 볼 수 있도록 그들의 코멘트를 포함한다.

사실 한정된 수의 인터뷰로 그들의 생각을 일반화시킬 수는 없으나 더 깊은 면밀한 조사를 위한 수많은 문제들의 윤곽을 그리는 데 도움이 될 것이다. 단지 북아프리카 여성들을 다루기 때문에 어떠한 결론도 세계의 다른 여성들을 위해 결론을 낼 수 없는 것도 사실이다.

2. 거부의 두려움

여성들은 개종 이후에 가족이나 친척에 의해 거부당하는 것에 대한 두려움을 언급하였다. 예를 들어 말리카(Malika)는 가족에게 여러 주간을 가정에 머물도록 강요받았으며 결과적으로는 자신의 직업을 잃었다. 그녀의 부모는 그녀의 마음을 바꾸고 이슬람으로 돌아오도록 그녀에게 기회를 주고자 하였다. 그들은 그녀에게 알라를 거부하는 것은 무서운 것이라 하며 결과적으로 그녀에게 일어날 수 있는 무시무시한 것을 말하였다. 부모가 두려워한 것은 그녀가 이슬람을 떠나 기독교인이 된 것이고 그녀의 죽음 이후에 그녀가 지옥에 간다는 것이었다. 가족 식구들은 지옥으로부터 그녀를 구원하기 위해 무슬림 공동체 내로 되돌아오도록 할 의무가 있는 것으로 느낀 것이다.

아이차(Aicha)는 그녀의 가족 혹은 예수 안에서의 새로운 믿음 중에 하나를 선택하도록 가족의 요청을 받았다. 그녀는 여러 해 동안 가족으로부터 이간되었으나 그 이후로 재연결되었다. 그녀가 개종한 이후에 이 육신적인 분리를 대처하는 것이 쉽지 않았는데 이는 그녀가 가족으로부터 끊어지면서 사회적으로나 공동의 지원과 같은 종류를 제공한 어떤 그룹이나 공동체도 찾지 못했기 때문이다. 그녀는 집을 떠난 이후에 여러 날 동안 거리에서 잠을 자며 어떤 사람과도 유대를 갖지 못하였고 이 장소 저 장소로 방랑하였다. 그녀의 가족은 그녀에 대해 걱정하고 슬퍼했으나 그녀가 이슬람의 가르침을 포기함의 결과로서 오게 될 알라의 심판을 인식하도록 하는 수단으로 거부한 것이다.

가족들에게 거부되지 않은 케이라(Kheira)와 주비다(Zoubida)는 어떤 나쁜 것이 그들에게 여전히 나타날까봐 두려워하였다. 예를 들어 가족이 그들을 북아프리카로 보내거나 무슬림과 결혼시킬 우려에 대해 말이다. 파티마(Fatima)는 내게 묻기를, "당신은 나중에 무엇이 일어날까 두려워서 개종을 피했나요? 아니면? 나는 개종했고 부모님께서 나에게 무슨 말을 할지 의아해하였지요. '그들이 나를 모임들에 가지 못하도록 금지하고 나를 무슬림에게 결혼시키지 않을까?' 내가 개종하는 것을 그분들이 허락하지 않을 거라고 나는 극심히 두려워하였는데 그 이유는 소녀들이 소년들과 똑같은 자유를 갖고 있지 않기 때문이었죠."

디아밀라(Djamila)는 내게 말하기를, "나는 도망쳤어요. 아무 말 없이 집을 나갔지요. 나는 전화를 받거나 교회에 갈 수 없어서 차라리 집을 나가는 것을 선택한 거죠. 오늘 나는 부모님을 용서합니다. 그분들은 프랑스와의 전쟁 기간에 그리고 이민 기간에 고통을 겪었지요. 이것은 왜 그분들이 그와 같이 반응하고 내가 개종하였을 때 저항하신 이유를 설명하는 것이죠." 디아밀라는 지금에 와서 그녀가 개종하면서 집을 떠나게 되고 가족으로부터 떠난 결정을 후회한다.

여러 여성들이 언급한 바와 같이 이슬람을 떠나 기독교인의 믿음들을 받아들이는 죄는 용서받지 못할 것이라고 가족은 두려워하는 것이다. 한 여성은 꾸란 4장 48절 "정녕코 알라께서는 어떤 사신이라도 알라께 연관시키는 것을 용서하지 아니하시나, 원하시는 자라면 아무리 모자라는 자일지라도 용서하시노라. 또한, 누구든 사신을 알라와 함께 하도록 하는 자는 진정 커다란 죄를 범한 것이니라."[93]을 인용하였고 또 다른 여성은 꾸란 9장 2절 "너희가 알라의 계획을 막을 수 없으며 알라께서 믿지 아니하는 자들을 굴복시킬 것임을 알라."[94]를 인용하였다. 그녀의 결정이 가족을 이러한 수치심을 느끼도록 초래했다고 느낀 것이다.

　여성들은 가족으로부터의 거절을 남성들보다 그들에게 더 극복하기 어려운 것으로 의식하였다. 개종은 고통스럽게 이 여성들을 가장 사랑한 사람들로부터 이간하였고, 그들의 자녀를 영원히 잃어버리게 될까봐 두려워하는 부모들에게도 고통스러운 경험이다.

3. 한층 더한 활력

　인터뷰 대상자들 대부분은 그들이 남성들보다 더 쾌활하다고 진술하였다. 여성들에게 개종하는 것이 더 어려울지라도 그들은 새로운 믿음 안에서 인내할 힘을 더 필요로 하였다. 조흐라(Zohra)는 말하기를, "만일에 여성이 기독교 내에 계속 머물기를 원한다면 그녀는 강인해야 하며 흐름에 맞부딪쳐 가야 합니다. 나는 기독교인의 교제에 있어서 계속적으로 머무는 대부분의 여성이 새로운 믿음을 위해 싸우는 것을 두려워하지 않는 것을 주시합니다." 파딜라(Fadila)는 동의하기를, "거기에는 부인들에 대한 많은 압력들이 있으나 우리는 쉽게 포기하지 않습니다." 자이카(Zakia)는 견실한 표현으로 말하기를, "여성들은 예수를 따르기를 선택할 때 그분을 끝까지 따를 것입니다!" 주비다(Zoubida)는 더하기를, "남성들은 그들이 한 서약들을 늘 따르지 않아요. 그들은 선택하는 데 여성들보다 더 자유를 가지며 개종의 순간에도 그렇게 많은 압박을 받지 않습니다. 어떤 남성들은 기독교인들이 되기 위해 많은 값

93) A. Yusuf Ali, The Holy Qur'an: Text, Translation and Commentary (Islamic Foundation, 1975).
94) Ibid.

을 치러야 할 가치가 그들에게 없기에 개종 이후에 이슬람으로 돌아옵니다." 자이카는 더하기를, "여성들은 개종 이전에 그렇게 많은 장애들을 뛰어넘었기에 이슬람으로 돌아오기를 원하지 않고 예수 그리스도를 선택하여 따르기로 한 그 길에 머물지요. 여성들은 어머니의 마음을 갖고 있지요. 그들은 더 민감하고 남성들보다 주님의 직무에 더 헌신되어 있고 주님께 더 민감하지요."

왜 이 여성들은 남성들보다 개종에 관하여 더 활력이 있다고 생각했을까? 나는 수년 동안 그리스도인으로 지내온 여성들과만 인터뷰하였지만 도중에 기독교를 포기한 여성들은 아마 다르게 대답했을 것이다.

북아프리카인 남성들과 인터뷰하는 중에 첫 번째 사람은 여성들이 기독교를 연구하는 데에 더 마음을 기울이는 것에 동의하였으나 이 여성들이 더 큰 사회적인 그리고 가족의 압제를 직면함에 따라 더 큰 활력이 필요하였다고 하였다. 하미드(Hamid)는 남성과 여성이 똑같은 정도의 어려움을 갖는다고 말하였으나 야스미나(Yasmina)가 여성들이 더 친척들과 확대가족 그리고 사회로부터 저항을 경험하기에 이를 극복한 이후에 여성들이 더 활력을 갖게 되었고 그들의 믿음도 계속하게 된다고 말하자 결국에는 이를 동의하였다.

개종 후에 활력을 찾는 것이 특별히 여성에게만 일어나는 특징인가? 나는 엄청난 어려움들 가운데서도 위대한 힘을 보여 준 북아프리카 남성들과 여성들을 만났다. 그러나 여성 개종의 특수성에 대해 물었을 때 열다섯 명의 여성들 가운데 아홉이 더 큰 활력을 찾았다고 말했다. 따라서 그들이 왜 그렇게 느끼는지 그리고 사역에 대한 실제적인 적용들을 남성들과 여성들 양쪽에 더 깊은 조사를 해 볼 가치가 있다.

4. 여성들을 바라보는 예수의 시각

여성들은 예수께 매료되었는데 그 이유는 예수께서 복음서들에서 여성들을 다룬 그대로 여성들에게 와 닿았기 때문이다. 남녀동등에 정의를 내린 것은 아니지만 예수 그리스도께서 그들을 남성들과 동등하다고 여겼기에 예수께 이끌린 것이다.

몇 명의 여성들은 예수 안에서 여성으로서 그들의 정체성을 나누었다. 그들은 이것을 남성의 개종과 다른 주요한 차이로 생각하였다. 야스미나는 말하기를, "나를 어루만진 그 첫 번째는 예수께서 나를 여성으로 받아들인 것입니다. 이것이 나를 변화시킨 것이지요. 예수께서 나를 받아들인 사실은 가장 큰 선물이었습니다. 그분은 나를 나 그대로 한 여성으로 사랑해주신 것이지요. 이것이 나의 신분을 한 여성으로 더 쉽게 받아들이도록 한 것이었어요."

자이카는 그녀 그대로를 받아들이는 것이 더 쉬웠다고 말하기를, "예수께서는 나 자신을 표현할 기회를 주셨고 내가 되기를 원했던 대로 해 주신 것입니다. 거기에는 이전과 큰 차이가 있어요. 지금 나는 자유롭게 생각하고 신자로서 기독교인으로서 자유하며 살고 있으니까요!" 이 여성은 예수께서 그들을 중요하게 보고 그들을 존경한다고 말하고 있는 것이다.

남성 정보제공자 중의 한 사람인 알리(Ali)는 더하기를, "여성들은 교육과 직업 분야에서 남성들보다 덜 특권을 가지며 복종적이지요. 하지만 이 여성들은 그리스도 안에서는 남성도 여성도 없으나 모두 그 안에서 하나라는 성경의 절을 읽을 때 더 자유를 느낍니다." 여성들은 남성과 여성의 개종 사이에 차이들을 설명하기 위해 신학을 거론하지 않았다. 단 이 여성들이 남성과 비교되는 매우 독특한 방도로 그들의 삶을 어루만지신 예수에 대해 거론했을 때를 제외하고 말이다.

5. 여성의 사회적 지위

여성들은 무슬림 맥락에서 기독교인 여성의 삶으로서 그들의 태도가 어떠해야 하는지 그리고 그것이 남성들보다 더 어렵다는 것을 발견한다. 알리는 설명하기를, "여성들은 자주 무슬림 종교의 대표들로 보입니다. 그러므로 그들이 기독교로 개종하는 것은 한층 더 어렵지요. 여성들은 또한 가족을 구체화하지요. 그들은 자녀를 양육하며, 남성들이 공적인 영역을 상징화하는 반면에 여성들은 사적인 영역을 상징화하지요. 여성들이 기독교인이 되는 것은 한층 더 어렵습니다. 종교는 문화와 가족 둘 다이며 여성들이 개종할 때 그들은 가족과 문화에 거슬러 가는 것이지요."

파티마(Fatima)는 말하기를, "사회적으로 상황은 남성들과 여성들 간에 다릅니다. 개종 이전에 여성들은 역할들과 책임들의 면에서 다르게 규정을 지음으로 그녀들에게 문제는 어떻게 개종이 이 역할들과 책임들에 악영향을 미칠까 하는 것입니다. 나는 우리가 개종하는 것이 더 쉽거나 쉽지 않다고 말하는 것을 믿지 않습니다. 그러나 개종 이후에 오는 것은 남성과 여성들 사이에 다르게 경험되어지는 것이지요." 한 정보제공자에 따르면 무슬림가족과 사회적인 구조는 종 이후에 독립적으로 선택을 하는 기회들을 덜 준다는 것을 시사해 주고 있다.

인터뷰에 응한 사람들은 개종이 사회에서의 그들의 신분에 악영향을 미칠까 두려워하였다. 조흐라는 말하기를, "소녀들이 하는 모든 것은 가족에게 더 수치를 가져옵니다." 말리카는 "나는 어떤 것이 파괴되고 있다고 두려워하였지요. 그러나 어느 지경까지 그것이 파괴될 것인지는 몰랐습니다."라고 그녀의 개종에 대해 언급하였다.

알리는 여성들이 개종하기를 두려워하였다는 데에 동의하였는데 그 이유는 다른 사람들이 말한 것에 대해 두려워하였기 때문이다. 하미드는 남성들은 다른 사람들이 그들의 개종에 대해 말하는 것에 대해 여성들보다 덜 두려워한다는 것에 대해 뒷받침하여 강조하였다. 그는 "여성들은 그들의 결정에 대해 모든 사람이 행복한 것을 확인하기를 원하고, 만일 가족 내의 사람들이 반응할 것이라는 것을 안다면 그들은 그 결정을 취하는 것에 두려워할 것입니다. 그들은 모든 사람이 그들이 하는 것에 동의하기를 원하지요."라고 주장한다.

내가 인터뷰한 한 정보제공자는 남성과 여성들의 역할들이 잘 규정된 전통적인 맥락에서 온다고 하였다. 여성의 지위는 무슬림세계에서 획일적이지 않고 복종하도록 만들며 남녀 관계들이 이 여성들이 사는 곳의 맥락에서 이해되어야 한다고 하면서 다른 여성들은 그 복종이 문제가 되지 않는 것이라고 말하였다.

6. 남성 보호자

정보제공자의 대부분이 말하기를, 만일 여성들이 그들의 선택을 동의하지 않는 남편이나 아버지에게 복종해야 했다면 이러한 이유로 개종하는 것이 더 어렵다고 말했다. 어떤 무슬림 지역에서는 여성들이 남성 보호자(wali)를 필요로 하는데 이는 여행하거나 공중에 나가 있는 것과 같이 어떠한 임무들을 수행하도록 책임을 지는 부분에서이다. 어떤 이슬람법학교들에 따르면 보호자들은 여성이 결혼하기를 원할 때 그녀 대신에 그들이 말을 하고 수많은 결정들을 할 것이다.[95] 그 보호자는 보통 그녀의 아버지이거나 아저씨, 형제, 혹은 여성의 가족과 가까운 남성이다. 왈리의 역할이 진부하여 쓸모없다고 고려되는 지역들도 무슬림세계에 있지만 그 외의 다른 지역은 그렇지 않다. 우리의 인터뷰에 응한 사람들의 경우에 대부분은 개종과 같은 한 결정에 있어서 셀 수 없을 정

---

95) Maudoodi, Maulana Abul A'ala, The Laws of Marriage and Divorce in Islam, 2nd ed.(Safa, Kuwait: Islamic Book Publishers, 1987).

도로 가족과 사회적인 암시들이 있는데 보호자의 반작용에 대해 관심을 가질 필요가 있다는 것이다.

내가 인터뷰한 여성들은 개종 이전에 보호자의 충고를 요구하지는 않았지만 연상의 가족 구성원들의 찬동에 거슬리는 것이 어려웠다고 말하였다. 여러 언급된 사람들은 그들의 아버지와 형제의 반작용에 대해 관심을 두었는데 야스미나는 말하기를, "나의 형제들은 융통성이 있어서 나는 그것에 대해 주님께 감사하였지요. 그들은 강압적이지 않고 융통성이 있었는데 그 이유는 종교가 그들의 우선순위가 아니었기 때문이죠. 만일 그들이 종교를 중요시했다면 그것은 또 다른 이야기가 되었을 것입니다."

여성들은 또한 보호자의 반작용에 대해 걱정하며 그가 그들의 선택을 축복하지 않았을 때 뭔가 빠진 느낌을 가졌다. 그들은 가족의 찬동과 보조 없이 홀로 개종의 결정을 내리는 것을 좋아하지 않았다. 내가 만난 모든 여성들은 규칙적으로 그들의 가족을 위해 기도하고 부모들과 기타 가족 식구들이 기독교인들이 되어 가족의 보조를 느낄 수 있게 되기를 갈망하였다.

인터뷰에 응한 북아프리카 여성들은 개종 이전에, 보이지 않는 왈리의 역할을 통하여 받은 비전이나 꿈에 대해 나누었다. 파딜라, 바야(Baya), 와르다(Warda), 야스미나(Yasmina) 그리고 말리카는 꿈이나 비전의 형태로 하나님으로부터의 초인적인 확인을 받아 예수를 따르는 자들이 되었다. 파리다는 말하기를, 꿈을 꾸었는데 예수께서 그녀에게 그를 따르라고 말하였다고 하며 천사가 그녀에게 나타나서 예수를 받아들이는 올바른 결정을 하도록 말하였다는 것이다. 바야는 예수를 그녀의 삶에 용감히 받아들이기 오래 이전부터 기다렸고 마침내 밝은 빛을 본 이후로 그리고 예수를 따르라고 그녀 옆에서 말하는 음성을 들은 이후로 결정을 내렸다고 한다.

7. 결혼시킴

여성들 중의 둘은 홀로 살고 셋은 이혼하였고 나머지는 결혼하였는데 파우지아(Fawzia)에 따르면 결혼한 여성들은 개종하는 데 더 많은 제한들을 갖고 있다. 그들이 결혼하지 않은 여성들보다 공동체의 이유로 기독교인이 되기가 더 어렵다. 자키아(Zakia)는 자신의 경험을 회상하면서 덧붙이기를, 개종 이후에 무슬림 남성과 결혼하는 것은 매우 어려운데 그 이유는 아내가 그녀의 남편에게 복종해야 하기 때문이었다. 하미드에 따르면, 미혼 여성이 어리고 아직 부모의 권한 아래에 살고 있다면 그들은 가족 내에서 거의 책임을 지지 않는다. 따라서 이들에게는 삶이 덜 복잡하다. 하지만 만일 그 여성의 남편이 기독교인이라면 결혼하지 않는 것보다 나은 것이라고 하였다. 조흐라는 똑같은 견해를 나누었는데 여성들이 홀로 머물지 않는 것이 중요하고 개종자들이 남편을 찾는 데에 도움을 입어야 하는 것도 중요하다고 말하였다.

결혼에 관한 더 심도 깊은 의견들은 자녀 양육에 초점을 두었다. 파리다는 여성이 좋은 무슬림으로서 자녀들을 양육해야 하는데 개종하면 그렇지 않을 것에 대해 남편이 두려워할 것이라 생각한다. 남편과 이혼한 케이는 개종하였기 때문에 다음과 같이 말한다.

"당신은 여성(아내)들이 무엇이 되기를 원하는지 알고 그렇게 할 수 있도록 그들에게 자유를 줄 필요가 있습니다. 그들은 학대받지 않아야 합니다. 개종은 그들에게 한 선택사항이어야 하고 믿기를 원하는 것을 그들이 선택할 자유가 주어져야 합니다."

주비다는 북아프리카 여성들은 자녀들에게 무슬림 가치들을 전수하기를 기대받고 있고, 만일에 이 여성들이 기독교인들이 된다면 이러한 전수가 있을 수 없을 것이라고 설명하였다. 그녀에 따르면, 소년들은 이와 똑같은 책임을 갖지 않고 있어 결과적으로 덜 책임이 있다고 하며 계속 말하기를, "만일 소년들이 모스크에 한동안 나가지 않는다면 사람들은 말할 것입니다. ‘상관없어. 아마 나중에 나갈거야.’ 하지만 기혼 여성들은 이슬람에 의거하여 자녀양육을 하도록 기대되기 때문에 ‘영적으로 게으름’을 피울 틈이 없을 것입니다.”

케이라는 무슬림 가정에서 어린이들을 기독교인들로 양육하는 문제에 관하여 나누었다.

“나의 자매는 두 소년을 둔 신자입니다. 나보다 그녀에게 더 고된 일이지요. 나는 소녀 아이들을 두고 있어 내 부모가 강하게 반대하지 않지요. 그녀의 아들들은 지금 라마단 기간에 금식하고 있거든요!”

파티마는 “어머니가 딸들을 무슬림으로 양육해야 하는 책임이 여성 개종자들을 더 어렵게 하는 것인데요.”라고 말했다.

8. 나의 어머니

어머니들은 여성들의 진술들에서 중요한 자리를 차지한다. 야스미나는 말하기를, “나는 어머니가 무슨 말을 할까 매우 두려웠어요. 어머니 외에는 아무도 문제가 되지 않았지요! 나는 물론 내가 기독교인이 되었을 때 행복했습니다. 나는 기쁨으로 압도되었으나 나의 어머니에게 해야 할 것을 생각하면 고통스러웠지요. 그분은 나의 긍정적인 변화에 대해 기뻐했으나 동시에 나의 결정에 대해서는 전적으로 반대하셨지요. 나는 그 결과들에 대해 두려워하였고 어떻게 어머니가 그것을 대처할 것인가에 대해 두려웠던 겁니다.”

말리카는 설명하기를, “나의 어머니는 내가 잘못된 어떤 것을 행했거나 부정하게 조종되었다고 생각하셨지요. 나는 그녀가 나를 이해하지 못하였기에 걱정되었고 이것이 나를 슬프게 한 것입니다.” 디아밀라는 개종 이전에 주저하였는데 그 이유는 어머니를 마주 대하고 싶지 않았기 때문이었다. 그녀는 어머니에게 결코 말하지 않기로 결정했다. 그녀는 여러 해 동안 결정을 하지 못한 채 모임을 참석해 왔는데 늘 어머니가 미리 눈치를 채고 반응하여 그것으로 점유를 당하였다. 한 번은 미팅 중에 그녀가 갑자기 눈물을 쏟으며 말하길 예수를 영접하였으나 아직도 그녀의 어머니에게 말하지 않고 있다고 했다.

부모들에 대해 마땅히 행해야 할 존경은 개종 이전 소녀들의 회고에서 더 강하게 나타난다. 주비다는 말하기를, "나의 가족과 문제가 있습니다. 그들을 어떻게 대해야 하는지요? 우리의 문화에서는 부모들에 대해 큰 존경을 갖습니다. 여성들로서 우리는 남성들보다 기회들을 만들기가 어렵습니다. 남성들은 그들 스스로에게 똑같은 질문들을 묻지 않는데 이는 개종 이전에 그들은 자유자이고 이것은 또한 개종 이후에도 틀림없기 때문이지요."

야스미나는 남성들이 어머니의 반작용에 대해 덜 걱정한다고 강조한다. "그들은 또한 어머니에 대해 생각하지만 똑같은 방도로가 아니지요. 그들은 이 분야에 있어서 덜 민감하다는 것을 보여 줍니다."

조흐라는 말하기를, "소녀로서 저는 개종한 사실을 감췄습니다. 제게 우선은 어머니이고 첫 번째 소중한 분도 어머니였기 때문이었지요." 한 정보제공자가 하디스를 인용하면서 똑같은 개념을 강조한다. 한 남자가 묻기를, "오 알라의 사도시여, 내게 좋은 배필로 누가 가장 적합한지요?" 사도는 "너의 어머니이니라."고 대답하였고, 그 남자가 "다음은 누구인지요?"라고 또 물었을 때 사도는 똑같은 대답으로 "너의 어머니이니라." 하였다. 그가 다시 "그 다음은 그럼 누구인지요?"라고 물었을 때 사도는 "너의 아버지이니라."하고 대답을 주었다.[96]

---

96) Sahih Bukhari, Hadith 4692 of Mishkat al-Musabih.

9. 감정들

감정들에 관한 쟁점은 네 개의 인터뷰에서 나타났다. 여성들은 그들의 감정에 와 닿음으로 기독교를 수용하기가 더 쉽다는 것을 강력히 주장하였다. 그들은 감성의 중요성을 강조하였고 만일 남성들도 감정이 와닿는다면 예수를 영접하기에 더 열려 있을 것이라고 말하였다.

야스미나는 말하기를, "나는 개인적으로 남성들이 여성들보다 확신하는 데 더 어렵다고 믿습니다. 예를 들어 내 가정에서 소년들은 예수를 받아들이는 데에 힘든 시간을 갖지요. 그들은 너무 많이 생각하고 마음으로 말들은 하지만 하나님의 말씀을 발견하기를 원하거나 그것을 이해하기를 원하지는 않습니다." 것을 이부연하기를, "나의 동생들은 기독교를 진지하게 조사하기를 원하지 않습니다. 하나님께서는 그분의 말씀을 찾는 사람들의 마음을 어루만지시지요. 나의 동생들은 머리로 너무 많이 생각하고 가슴에는 예수가 누구인지 발견하기를 원하지 않습니다."

알리는 여성들이 남성들보다 더 감정적이어서 기독교에 개종하는 경향이 더 많다고 말했다. 그는 보태어 말하기를, "남성들은 너무 많이 생각하고 추론하지요. 남성들은 집요하게 행하고 감정으로 듣기를 원치 않기 때문에 복음의 메시지를 받아들이려고 하지 않습니다. 여성들은 더 열려 있는 데 반해 남성들은 사랑의 메시지로 어루만져지는 것을 원치 않지요."

10. 공중의 영역

많은 경우들에서 개종에 영향을 끼친 요소로서, 여성들이 남성들보다 머무는 반경에 더 제한을 느낀다는 것이다.

파리다는 공중 공간에 접근하는 이슈는 개종에 있어서 중요하다고 말한다. 많은 여성들은 남성들이 접근하는 영역들에 접근하지 않으려고 한다. 여성들이 나가지 않을 때 남성들은 어떤 설명도 하지 않고 쉽게 집을 나가는 반면에(예를 들면, 다른 신자들을 만나는 것) 집안에 있는 모든 사람은 여성이 어디에 가는지 알기를 원한다. 어린 소녀들은 보통 그들의 자매, 어머니 혹은 가족의 다른 사람과 같이 나간다. 그러므로 집을 떠난다는 것, 특별히 일요일 아침에 교회 모임들에 참여한다는 것은 어렵게 보이는 것이다.

야스미나는 주장하기를, "소녀들은 남자들처럼 쉽게 나갈 수 없어요. 그것이 개종하는 데 걸림돌이었지요." 그녀의 설명에 따르면 영적으로 성장할 수 있기 위해서 부모의 집을 벗어나기로 결정했다고 설명했다. 그럼에도 불구하고 그녀는 홀로 되어 혼자 무엇을 한다는 것을 예측한 것은 아니었다. 그러나 그녀가 집을 나감으로 인해 집에 머물면서 쉽게 피하였던 어려움들을 새로 만들게 된 것이다.

소라야는 소년들은 더 소녀들보다 자유를 가지고 있다고 말하면서 "소녀들은 자유롭게 움직일 수 없습니다. 나의 남편이 기독교인이 될 때 모든 것은 그에게 쉬웠고 받아들여졌지요. 하지만 소녀로서 그것은 집을 떠나기가 수치스럽고… 개종은 그녀에게 최악의 것입니다. 소녀는 완전히 거절되었습니다. 나는 가족을 잃는 것을 두려워하였습니다. 그것은 왜 내가 집을 떠나지 않았는지에 대한 이유이죠. 나는 거절받는 것이 두려웠던 것입니다."

파우지아는 말하기를, "우리의 문화에서 소녀들이 개종하는 것은 더 복잡합니다. 그들은 가정에 머물러야 하고 만일 그들이 개종한다면 그 가정은 심지어 악화될 것입니다. 개종의 절정에 말입니다." 조흐라는 소년들은 매일의 삶에서 더 자유를 갖는다고 하며 말하기를, "내 형제는 신자가 될 때 위협받지 않았는데 나는 우리 부모님의 고국에 되돌려질 것이라는 위협을 받았지요. 내 형제는 내가 개종한 이후에 매일 나를 따라다녔고 내가 기독교인이라는 것을 발견했을 때 그는 나를 붙잡았지요. 그리고 어머니는 나를 더 이상 그분의 딸이 아니라고 말하였지요."

말리카의 말에 따르면, 여성들은 기독교인들과 관계형성을 발달시킬 가능성이 거의 없는데 그녀가 기독교인들과 주고받을 수 있는 유일한 장소는 학교에 있다고 하였다. 그 시간 이외에는 그녀의 어머니는 그녀가 무슬림 친구들과 같이 있기를 확실히 하려고 했으며 그녀의 가족의 아들들은 딸들보다 기독교인들을 만날 기회들을 더 가졌다고 하였다.

11. 결론

본 연구를 통해 나는 북아프리카 여성들이 말하는 아래의 아홉 가지 쟁점들은 그들의 여성의 지위에 특별한 것으로 간주하게 된다.

- 거부의 두려움
- 한층 더한 탄력
- 여성들을 바라보는 예수의 시각
- 여성의 사회적 지위
- 남성 보호자
- 결혼시킴
- 나의 어머니
- 감정들
- 공중 영역

이 주제들은 중요한 순서대로 나열된 것이 아니다. 여성들이 이 논쟁점들을 어떻게 등급 짓는가에 대해서는 더 깊은 연구가 필요하다.

이 연구를 통해 수많은 결론들이 도출될 수 있다. 여성들은 신학적인 분야에서보다는 사회적인 분야에서 더 성의 차이를 인식한다. 그것은 사회적으로 주고받는 것에 대한 범주인데 거기에는 개종과 관련하여 주요 분할들이 있다. 나는 여기에서 어떻게 무슬림들이 종교적인 활동들을 나누는지에 대해 평행선을 그려 본다. 그들은 알라의 예배를 묘사하기 위해 이바다('ibadat)의 단어를 사용하며 무아말라(mu'amalat)의 단어는 신자들의 사회적인 교류(interaction)를 의미한다. 이 여성들은 기독교에서 하나님을 예배하는 방도에서는 성의 특수한 차이가 거의 없는 것으로 표현하였으나 사회적으로 관계된 면에서는 수많은 어려움들이 있다. 여성들은 그들의 관계형성에 의해 선제 제압되었다. 그들은 새로운 관계형성들에 의해 관심을 많이 쏟는 것이 아니다. 이는 개종 이전에 그들이 가졌던 사람들, 특히 가족 구성원들과 함께하는 사람들을 어떻게 대해야 하는 지에 관련된 것이다.

예배에서 여성들은 유일한 시간으로 예수에 대해 이야기하는데 그분이 남자들의 삶을 어떻게 어루만졌는지를 비교하면서 여성들에게 그분이 중요하다는 것을 나눈다.

여성들은 예수와 연결될 수 있다. 나는 이 여성들을 개인적으로 많은 해 동안 알고 지내 왔다. 이들의 개종은 진짜이고 예수와의 관계형성은 의미가 있다. 이 여성들은 예수를 따르고자 자신들의 바람에 대한 분명한 진술을 하였다. 여성들은 공동체에 관련하기보다는 하나님과 관계하여 거의 어려움들이 없는 것처럼 보인다.

이 여성들에게 가장 문제가 되는 관계형성은 가까운 친척들이다. 이는 여성들로서 그들에게 특별한 문제의 논쟁점이다. 그들은 친척에게 진정한 관심을 보여 주고 개종이 그들과의 관계에 어떤 영향을 줄까에 대해 관여한다. 이슬람은 말하기를 가족은 무슬림 사회의 핵심이라 한다. 북아프리카 여성들은 그들의 결정이 이 중심 단위에 영향을 미침으로 또한 사회에 영향을 미칠 것이라고 깨닫는다.

또한 여성들은 문화인류학적인 질문들에 의해 선제 제압을 당한다. 여성들은 자신들이 누구이며 왜 자신이 기독교를 받아들였는지를 이해하기를 원한다. 여성들은 자신들의 행위들을 남성들과 비교함으로써 설명하려고 노력한다. 남성들은 덜 감정적이나 동시에 덜 활력적이다. 남성들은 사회에서 또 다른 지위와 역할을 갖는다. 정보제공자들은 또한 여성의 가치들을 필요적으로 포용하지 않는 사회에서 살아가는 기독교인 여성들 같이, 여성들의 역할들을 정의하는 데에 어려움을 표현한다. 여성들은 기독교인들로서 자신의 정체성을 찾는다. 여성들은 회고하고 남성들보다 더 어렵게 보이는, 자신의 사회에서 어떻게 예수를 따를 수 있을 것인가에 관한 질문을 하는 것이다.

북아프리카 여성들은 개종으로 인해 애정의 유대들이 변화되어 어떻게 깊게 상처를 입었는지 느낀다. 북아프리카 여성들은 그들의 가족과 가까이 되고자 하는 바람과 거절된 느낌의 고통을 표현한다. 그들은 가족이 그 결정에 대처하는 데 쉽지 않다는 것을 이해한다. 그들은 할 수만 있다면 많은 사람이 일들을 다르게 처리할 것이다.

이 연구를 하는 동안에 나를 당혹하게 한 것이 있다. 나는 이 여성들을 잘 안다. 그리고 그들이 예수를 따라야 하는 것이 기쁨이라는 것도 안다. 나는 이 여성들의 열의, 헌신 그리고 여러 해에 걸쳐 그들이 하나님과 깊은 유대를 해 온 것을 목도해 왔다. 그러나 나는 이 여성들이 더한 어려움들, 관심 그리고 기쁨보다는 울적한 마음을 갖고 있다는 것을 발견하였다. 아마 이 여성들은 자발적으로 깊은 관심을 나누기 위해 자신감을 가질 정도로 나를 충분히 잘 알았을 것이다. 어떤 사람에게는 그들에게 덜 가까이 오도록 또 다른 기분을 나타냈을 것이거나 혹은 아마 그들이 언급한 문제의 논쟁점들은 아직 풀리지 않고 고통스럽게 남아 있다.

여성들 대부분은 전통적이고 문화적이며 사회문제의 배경에서 왔다. 그러나 이들의 견해들이 모든 무슬림 여성들의 견해들을 반영하지 않는다. 일부 젊은 여성들은 이 여성들이 너무 구식이라고 말할 수도 있다. 다른 이들은 그들이 통용하고 있는 개혁의 풍조에 너무 영향을 받앉다고 말할 것이다.

이 연구는 단지 15명 여성의 인터뷰를 다룬 것임을 기억하는 것이 중요하다. 그러나 내가 아랍세계와 무슬림세계의 다른 지역들에서 수백 명의 여성들을 만나오면서 이 15명의 북아프리카 여성들이 표현한 것과 비슷한 점들을 주목하였다. 물론 이 관찰들이 조직적으로 분석된 것은 아니다. 각 상황은, 남성들과 대비하여 개종이 여성들의 삶에 어떻게 영향을 미치는가 하는 이 부분에 모든 요소들을 고려하면서 더 깊은 연구를 필요로 한다.

10장
예수를 경험함:
남아시아 여성들에 대한 숙고

Mary McVicker

인도의 무슬림 여인들은[97] 회심할 때 예수를 실제적이며 사실적으로 경험하는 과정을 가진다. 1966년 파키스탄의 와(Wah)라는 마을에 학식과 명망을 갖춘 가정의 부유한 여인은 자신이 이해하기 힘든 특이한 체험을 한다.

나는 대개 꿈을 꾸지 않는데 그날 밤은 달랐습니다. 꿈을 꾸었는데, 그것은 너무도 생생하여 다음 날 아침에 잠에서 깨어나도 현실처럼 느껴졌습니

---

97) Oxford American Dictionary and Language Guide에 따르면 experiences(경험)를 "an event regarded as affecting one(an unpleasant experience) 영향을 주는 어떤 것으로 간주되는 사건(불쾌한 경험)," 혹은 "the fact or process of being so affected(learned by experience) 매우 영향받는 사실이나 과정(경험에 의해 배운)"으로 정의하지만, 내가 참여하고 듣고 관계하고 관찰한 남아시아 무슬림 여성들을 통해, 나는 또 다른 관점을 발견한다. 경험은, 필요, 감정, 감각, 방황, 의문, 갈망들과 관계하며 인간의 매일 삶 가운데 및 인간의 존재 가장 중심에 있다. 그것은, 가슴, 마음, 영과 같은 무언의 세계에 답을 준다. 경험은 속사람으로 깊이 흘러 들어가 그들의 주체성과 정체성을 확정시키며 그들을 더 깊은 이해의 깊이로 확장시킨다.

다. 그 꿈은 이렇습니다.

나는 예수로 알려진 한 사람과 저녁 식사를 같이 하고 있었습니다. 그는 이틀 동안 내 집에서 머물렀습니다. 예수께선 나의 맞은 편 식탁에 앉으셨고 함께 식사를 할 때 평안과 기쁨이 가득했습니다. 그런데 꿈의 배경이 갑자기 바뀌어, 나는 다른 한 남자와 산꼭대기 위에 서 있었습니다. 그는 가운을 걸치고 샌들을 신고 있었습니다. 신기하게도, 나는 그의 이름이 세례 요한인 것을 이미 알고 있었고 그 이름은 내게 생소하게 느껴졌습니다. 나는 세례 요한에게, 얼마 전 예수를 만났고 그분은 이틀 동안 나의 손님으로 머무셨다는 것을 얘기하였습니다. 그러나, "지금은 어디론가 가버리셨어요. 어디서 그분을 만날 수 있을까요? 그분을 꼭 찾아야 합니다. 혹시, 세례 요한 당신께서는 저를 그분께 인도해 주실 수 있나요?" 라고 물어보았습니다.

위의 꿈은, 이 꿈에 대한 응답을 찾기 위해 베굼 벨기스(Begum Belquis)를 한 기독교인 가정으로 인도한다. 무슬림도 예수를 압니다만, 세례 요한은 누구입니까? 그 가정의 부인이 집에 있는 것을 보고, 그 꿈에 대해 얘기했다. "이상하게도, 그 꿈에 대해 얘기할 때 나는 목소리를 억제하지 못했어요. 내가 그녀에게 얘기할 때, 마치 산 위에서 있었던 동일한 감격을 느꼈지요."[98]

믿는다는 것은 무슬림 여인들에게 삶에서 느껴지는 것이며 진리가 현실의 삶, 미래의 안전에서 의미하는 실재(reality)와 결합하는 것이다 (육적, 영적, 사회적). 인도의 마하라슈트라라(Maharashtra)에서 사는 타라눔(Taranum) 여인은 결혼한 지 수년이 지난 후에도 아이를 가지지 못하자 절박한 심정이 되었다. 가족의 전 재산을 들인 모든 시도, 의

---

98) Bilquis Sheikh, I Dared to Call Him Father(Pune, India: Word of Life Publications, 1980, and Lincoln, VA: Chosen Books, 1978), 35, 41.

사를 구하고 갖은 치료를 하였지만 소용이 없었다. 그러던 중 그는 기도할 때 응답하시는 예수를 조시(Miss Joshi)에 의해 듣게 됐다. 시어머니는 당혹해 했지만, 타라눔은 예수께 기도드리기로 마음먹었다. 그녀는 "만일 예수께서 기도에 응답하신다는 것이 사실이면, 그는 내게 아이를 주실 수 있을 것이다."라고 생각했다. 그리고 그 후, 두 달이 채 안 되어 타라눔은 임신하였다. 마침내 건강한 아기가 태어났고 그녀는 예수께서 기도에 응답하셨음을 알게 됐다. 그 후, 그녀는 세 명의 아이를 더 낳았으며 가족은 탐탁지 않게 여겼지만 이런 축복을 주신 주님을 따라가기 원했다.

남아시아 무슬림들에게 아이를 낳는 것보다 중요한 일은 없다. 애를 낳을 수 없다는 것은 당사자뿐만 아니라 그의 가족들도 당해야 하는 수치였다. 타라눔에게 여성으로서의 가장 중요한 역할인 아이를 가지지 못한다는 문제가 사라지자, 가족과 이웃들이 가졌던 비난의 눈초리는 이제 아이를 어떻게 키워야 한다는 충고로 바뀌었다. 또한, 자신과 가족의 노후가 이 아이로 인해 보장받게 되었다. 무엇보다 그녀는, 자식들에게 알라 앞에서 하나님의 길을 가르치는 충성스런 어머니로의 의무를 다하게 됐다.

인도 대통령 A.P.J. 압둘 칼람(Abdul Kalam)은 어머니와의 관계와 경험을 특징지운 친밀성을 묘사한다.

나의 어머니

파도 치는 바다, 금빛 모래, 순례자의 믿음,
람스와람(Rameswaram) 모스크의 거리, 이 모든 것은 하나로 모아집니다,
나의 어머니!
당신은 나에게 하늘의 돌보는 딸로 다가왔습니다.

나는 삶이 힘들고 어렵던 전쟁과 같은 그날들을 기억합니다.

해 돋기 몇 시간 전에 사원 근처의 성스런 선생님들에게 수업을 받기 위해

걸었던 수십 리의 길들.

또다시, 해 뜬 후 몇 시간 동안 아랍어 학교로 가기 위해,

철도 길로 가기 위해 모래언덕을 올랐고,

사원 도시의 시민들에게 신문을 수집하고 돌리며 걸었던 수십 리의 길들.

저녁시간의 노동과 밤의 공부.

어린 소년의 이 모든 고통을,

어머니 당신은 능력자인 그분의 은혜를 구하며

하루 다섯 번 무릎 꿇는 기도와 함께,

경건의 힘으로 바꾸어 주셨습니다.

독실한 당신의 경건함은 자녀들의 힘이 되었고,

가장 필요로 하는 자에게 항상 최선의 것을 베푸셨습니다.

당신께서는 항상 주셨고 또한 그분 안의 믿음으로 주셨습니다.

저는 아직도 열 살 때의 일을 기억합니다,

내 형과 누나들의 부러움을 사며 당신의 무릎을 베고 잘 때를.

보름달이 뜬 날이었습니다, 당신만이 알고 있는 나의 세계!

어머니! 나의 어머니!

무릎 위로 떨어지는 눈물로 일어난 한밤중에,

나의 어머니 당신은 당신 자식의 고통을 알았습니다.

당신의 치유하는 부드러운 손은 아픔을 없애 주었고

당신의 사랑, 당신의 돌봄, 당신의 믿음은 나에게 힘이 되어

그분의 힘으로 두려움 없이 세상을 맞이할 수 있게 하였습니다.

나의 어머니, 세상 끝날에 우리는 다시 만날 것입니다!99)

---

99) A. P. Press(J.Abdul Kalam,Wings of Fire:An Autobiography(Hyderabad: Universities Press (India) Private Limited, 1999), p. v.

인도의 또 다른 도시적 환경에서, 뭄타즈(Mumtaz)는 사회사업가인 메리(Mary)와 친분을 갖게 되었다. 그들은 자신들의 문제를 함께 나누고 기도하며 서로의 집을 방문하였다. 2년 동안 뭄타즈는 메리와 그녀의 남편이 어떻게 서로 관계하는지 보게 되었다. 뭄타즈는 메리에게, "당신의 집에 가는 것은 모스크에 가는 것 같아요… 저는 당신의 집에서 큰 평안을 느껴요."라고 말했다.

인간은 변화를 위해 얼마나 많이 신적 존재와의 관계 속에서 의존적인가? 예수를 경험한다는 것은 남아시아에서 무슬림 여성들을 회심하게 하는 주요 요인이다. 이런 경험을 통해, 하나님께선 여성들에게 의미 있고 적합한 방법으로 자신을 계시하는 것은 아닌가?[100]

1. 정보의 전달

대부분 복음전도자들은 무슬림에게 접근하는 방법으로 메시지를 우선한다. 즉, 복음의 진리를 정확히 전달하는 데 비중을 둔다. 일반적으로 이 접근은 전통적인 의사전달 이론에 근거한다. 전달자는 암호화된(encoding) 메시지를 특정 채널을 통해 전달하며 수신자는 그 메시지를 해독한다(decoding).[101] 이 모델에 따라 메시지는 콘텐트, 전달, 수신과 같은 정보 전달 체계로 순환한다.

여성을 포함한 무슬림 사이의 전도 전략들은 타문화적이고, 수신자 중심의 뛰어난 접근 방법들로 형성된다. 연대기적 성경 얘기[102] 및 귀납

---

100) 성경에서 많은 여성들이 예수를 만났다. 여성들은 치유와 해방(막 5:25-34; 눅 4:38-39; 13:10-13) 그리고 기적(눅 7:12-17; 요 2:1-11; 11:30-45)의 체험을 통해서, 예수의 제자들처럼(눅 8:1-3) 용납과 용서(눅 7:36-50; 요4:1-42; 8:1-11)의 경험에서, 비극적인 사건 가운데 하나님을 알아감(요 11:17-29)으로 예수를 경험했다.
101) 이 영향력 있는 이론의 시초는, 미국 벨 전화 회사 고용인들에 의해 완전하고 정확하게 전화 라인을 통해 메시지를 전달하고자 하는 노력으로, Claude E. Shannon과 W. Weaver가 쓴 The Mathematical Theory of Communication(Urbana: University of Illinois Press, 1949) 글에서 발견된다.
102) J. O. Terry, God and Woman: A Handbook with 40 Story Lessons[each

적 성경공부[103]를 포함하는, 자원적 도구들은 남아시아 무슬림 여인들을 주 안의 믿음과 성숙으로 인도하는 방법들을 제공한다. 스토리와 연관된 테마의 사용이 수신자의 이해를 추구하는 반면에, 스토리의 접근 혹은 전달은 지식적인 영역에 남아 있게 된다.[104]

2. 메시지가 여성에게 영향을 주는가?

여성의 경우에, 남아시아 무슬림들의 많은 수가 회심하게 되는 두 영역에서 아직 남성과 같이 예수 그리스도의 제자가 될 준비가 안 된 모습을 본다. 종종 복음은 남성들에 의해 들려지며, 비록 예외는 있다 해도, 친척 사이에서 이성보다는 동성인 서로의 관계를 통해 전달된다.

인도 대륙에서 여성에 대한 통념은, 어렸을 때는 아버지, 젊었을 때는 남편, 나이 들어서는 자식의 그늘에서 있어야 한다는 마누(Manu)의 견해[105]에서 잘 나타난다. 마하트마 간디는 여성에 대한 압제적인 세계관과 이에 연관된 미신을 극복하기 위해 쉬지 않고 노력했다. 그는 여성의 존재를 믿었다. 국가를 건설하는 여성들의 가치관, 교육, 능력. 남아

---

volume] in Chronological Order for Storying the Good News to a Primarily Oral Culture: Muslim Womens Worldview, Vols.1,2(Chennai, India: Mission Educational Books, 2002).

103) A. H., Producing Mature Fruit(Makati City, Philippines: CSM Publishing, 1999).

104) 이야기가 왜 효과적인가? 이야기의 상황과 세기 속으로 들어가면 펼쳐진 얘기의 풍성함을 경험하며, 얘기의 의미가 드러나기 시작하고 뇌리에 머물러 장면이 반복하여 재연된다. 이야기를 전달하는 과정과 방법에서 우리는 그 이야기의 체험 자체보다 메시지와 지성적인 과정(이야기가 내포하는 사실, 논리, 논쟁)에 치중하게 되는 유혹에 빠지기 쉽다. 그러나 이야기 자체의 체험은 여성들이 진리를 알아가기 위한 핵심적인 과정이다. 이야기의 체험으로 여성들을 끌어들일 때, 그들의 마음 문은 열린다. "이야기는, 발견을 통해 능동적으로 배우고자 하는 우리의 필요를 충족시킨다." —Mirian Adeney, Daughters of Islam: Building Bridges with Muslim Women (Downers Grove: Inter Varsity Press, 2002), 151.

105) Girija Khanna and Mariamma A. Varghese, Indian Women Today (New Delhi; Vikas Publishing House, 1978), 2. 마누(Manu)는 Smrita 시기(200 BC-200 AD)에 사회 법률과 규제들을 통해 인도 여성들의 미래 지위에 영향을 준 입법가이다. 그는 여성의 위치를 수호하고 가족구조를 보존하기 위해 여성의 자유를 옹호했다.

시아인, 특히 무슬림 여인들이 "집과 가정 중심이고 대개 남편에 순종하며 가정의 화목과 복지를 위해 자신을 희생하는 것은 아까워하지 않지만, 가정에서 그들의 영향력은 지대하다. 어떤 원칙적인 면에 부닥치면, 남편에게 영감을 불어 넣는 근원이 된다. 여기에 인도 여성의 근본적인 힘이 있다."[106] 이러한 장점을 가진 남아시아의 무슬림 여성들은 그들의 가정과 공동체를 믿음으로 인도하는 주된 역할을 감당할 수 있다.

문제는 무슬림 여성과의 접촉(connect)이다. 남아시아 무슬림 여인들은 삶의 행위를 통해 서로 의사소통하고 배운다. 여성들은 피부에 와 닿는 필요가 채워지기를 갈망한다. 논리를 통해 정보가 전달되고 확신되는 것보다, 무슬림 여인들은 경험 중심이며 사랑과 영적 능력(spiritual power)을 추구한다.[107] 지식적인 접근만 가지고는 여성들의 삶에 변화를 가져올 수 없다. 그들에게는 관계가 바탕이 된 인간 및 신과의 경험적 접촉이 필요하다.

3. 다감각(multisensory) 의사소통

남아시아 여인들에게 복음을 전하기 힘든 이유를 이해하려면, 무슬림 여인들의 의사소통 및 배움의 스타일을 알아야 한다. 그들은 대부분 논리보다는 경험과 관계를 통해 배우는 '구어 의사소통자'(oral communicator)들이다. 그들은 말하고자 하는 내용을 사건들과 연관하여 정리하고 전달한다. 사람들과의 관계 속에서 정보를 얻고 배운다. 구어

---

106) Khanna and Varghese, Indian Women, 50.
107) 한 예로 "Piranima's healing room(피라니마의 치유 방)"을 들 수 있는데, 이것은 암마(Amma)란 한 여성에 의해 하이데라바드의 오스마니아(Osmania)대학교 캠퍼스 거주지에서 운영되고 있다.(피라니마는 수피 종교 지도자(murshid 혹은 pir)와 결혼한 여성에게 수여되는 존경의 호칭이다.) 환자들은 암마의 놀라운 "사랑과 영적 능력(muhabbat and shakti)"에 대해 듣고 온다. Joyce Flueckiger, "Storytelling in the Rhetoric of a Muslim Female Healer in South India," The Bulletin of the Henry Martyn Institute of Islamic Studies 13;1,2(1944), 57, 59.

의사소통자들은 아름다운 시와 민요를 잘 짓는다. 구어 의사소통자들은 반복함으로 내용을 기억한다.[108]

영국 인류학자 루스 피네간(Ruth Finnegan)은 의사소통을 역동적, 활동적 과정의 복합 모드를 통해 이루어지는 인간 상호 간의 전달로 개념화한다.[109] 인간은 여러 영역-5 감각기: 몸동작, 제스처, 공간, 시간, 감정, 물품-을 통해 활동적 상호 전달을 하며, 이 과정을 다감각 의사소통이라 부른다.

남아시아 무슬림 여성들에게 이런 활동적 수단들은 메시지 이해의 중요한 실마리가 될 뿐 아니라 내적 의미를 결정짓는 매우 중요한 요소다.[110] 베굼 벨기즈는 삼일 후 두 번째 꿈을 꾸었는데 이 꿈에 대한 의문을 갖고, 결국 기독교인 미첼(Mitchells) 가족을 방문해 물어보게 된다.

> 내가 방에 있을 때, 향수 상인이 나를 만나기 위해 기다리고 있다고 하녀가 일러 주었습니다. 그때는 마침 파키스탄에서 수입한 향수가 거의 떨어졌을 때였습니다. 애호하는 향수가 떨어질까 봐 매우 걱정하고 있었지요. 그래서 꿈이지만 반갑게 하녀에게 지시하여 향수 상인이 안으로 들어와 물품을 보여 주게 하였습니다.
>
> 그는 집집마다 다니면서 물건을 파는 옛날 어머니 시절의 향수 상인 모습으

---

108) A. H., "Discipleship of Muslim Background Believers through Chronological Bible Storying," in Ministry to Muslim Women: Longing to Call Them Sisters, Fran Love and Jeleta Eckheart, eds (Pasadena: William Carey Library, 2000), 149.

109) Finnegan, Communicating: The Multiple Modes of Human Interconnection (London: Routledge, 2002), pp. xvi, 6. Finnegan의 이론적 접근 "the active dimension of human interconnectedness"은 신체적 의사소통의 선구자인 Ray L. Birdwhistell의 의사소통 개념에 의존한다: see the International Encyclopedia of the Social Sciences, Vol. 3, D.L. Sills, ed., s.v. "Communication"(New York: Macmillan and Free Press, 1968), 25, 26.

110) Kathleen Nicholls, Asian Arts and Christian Hope(New Delhi: Select Books, 1983), and Miriam Adeney, Daughters of Islam은 기독교인이 어떻게 다감각(multisensory) 환경을 조성하여 의사소통할 수 있는가에 대한 모델을 제시한다. 예를 들어, Nicholls는 인도대륙 전체에 즐겨 읽히는 우르두(Urdu) 시에서 구속적인 요소들을 발견한다. 그리고 Adeney는 기독교인 예술가와 작가들이 복음을 전하기 위해 그들의 재능을 사용할 것을 권면한다.

로 옷을 입고 있었습니다. 그는 검은 코드를 입고 손가방 안에 물품을 담고 있었습니다. 그는 손가방을 열어 황금 단지를 꺼냈습니다. 뚜껑을 열고 내게 내밀었습니다. 나는 그것을 보고 놀라 숨이 막히는 듯 했습니다. 그 향수는 액체 크리스털 같이 빛났습니다. 상인이 단지를 받치고 있을 때 나는 손가락으로 만져 보려 하였습니다.

그는 "안 됩니다."라고 말했습니다. 그리고는 황금 단지를 나의 침대 옆 테이블 위에 갖다 놓았습니다. 그는 "이 향기는 세계에 번져 나갈 것입니다."라고 말했습니다.

아침에 일어났지만 그 꿈은 내 기억 속에 생생했습니다. 해는 창문을 통해 비취고 나는 그 아름다운 향수의 냄새를 아직 맡을 수 있었습니다. 향기로운 냄새가 방안을 가득 채운 것 같았습니다. 나는 일어나 침대 옆 테이블을 혹시나 하는 마음에서 바라보았습니다. 마치 거기에 황금 단지가 있을 것처럼. 그런데 그곳에는 단지 대신, 성경책이 놓여 있는 것이 아닙니까![111]

베굼 벨기스는 미첼 집에서 나와 자신의 집으로 차를 운전하며, "이 향기는 나에게 두 번째의 경험이야. 전에 뜰에서 맡았던 향기도 동일한 것이었어."라고 회상했다. 예수께서 깨달음을 주시자, 그녀에게 영혼의 변화가 일어나기 시작했다. 집으로 돌아오자마자, 요한복음서를 읽었다. "만일 요한이 예수를 가리키는 하나님으로부터의 사인이라면 이와 동일하게 나에게도 예수를 가리키고 있는 것은 아닌가?" 그녀는 이러한 생각을 마음 한편에 접어놓았는데, 그 다음날 미첼 부인에게 고린도후서 2장 14절을 읽어 보라는 메모를 전달받았다. 그는 반복해서 그 구절을 읽어 보았다.

예수를 아는 지식이 이 향기로운 향수처럼 전파될 것입니다! 꿈에서 그 상인이 향료가 담긴 황금 단지를 내 침대 옆 테이블에 놓고는 이 향기가 세

---

111) Sheikh, I Dared to Call Him Father, 36-37.

상에 전파될 것이라고 말했습니다. 그 다음날 나는 그 향수가 놓였던 똑같은 곳에서 성경책을 발견했습니다. 이 모든 것의 의미는 너무도 명백합니다.[112)

4. 여성들이 예수를 경험한다는 것

"알라는 여인의 삶에 가깝게 있지도 않고, 실재적이지도 않고(not real), 생명력도 없으며, 실제적이지도 않다.(not practical) 그는 사랑해야 하는 존재가 아니라 순종해야 하는 관념적 대상이다. 무슬림 여인들은 알라와의 친밀감을 생각하지 못한다."[113)

하지만, 이곳이 하나님께서 개입하심으로 남아시아 여인들이 예수와의 경험을 발견하게 되는 장소이다!

지난 3년 동안 뭄타즈는 새로운 믿음으로 엄청난 어려움을 겪었다. 남편은 그녀를 계속해서 심하게 학대하고 괴롭혔다. 그녀는 하나님뿐만 아니라 기독교인 친구인 메리도 자신을 잊어버렸다고 생각했다. 그녀는 모든 희망을 잃고 주저앉아 하나님께 간절히 자신의 사정을 아뢰었다. 그때 문 두드리는 소리가 들렸다. 메리가 온 것이다.(그날 메리는 갑작스런 일로 도시에 오게 되었고, 가서 뭄타즈를 방문해야 한다는 강한 내적 충동을 느꼈다. 이 충동을 그녀는 도저히 떨쳐 버릴 수 없었다고 한다.) 절대 절명의 그 순간, 뭄타즈는 자신의 기도를 들으시는 하나님을 경험할 수 있었다.

---

112) Ibid., 44-45.
113) Phil Parshall and Julie Parshall, Lifting the Veil: The World of Muslim Women (Waynesboro, GA: Gabriel Publishing, 2002), 226.

5. 육체적 현시

무슬림 여인들은 그들의 아픔과 고통을 해결해 줄 초월적 존재를 찾는다: "자녀의 병, 불임, 자녀의 결혼, 잘못 행동하거나 게으른 자녀, 결혼생활의 학대, 사업 실패, 그 외의 가족 문제."[114]

종종 무슬림 여성들은 물질적, 경제적 혹은 정서적 절망의 순간에 예수의 육체적 현시를 통해 믿음으로 나아온다.[115] 네팔에 사는 세브넴은 한 젊은이로부터 주님께 나아온 한 사람에 관한 이야기를 듣게 되었다. 이 이야기는 세브넴과 그녀의 딸의 마음을 사로잡았고, 특히 그의 딸은 깊은 감명을 받았다. 그러나 세브넴에겐 그녀가 알아온 이슬람을 따라 외곬의 길로 가야 한다는 마음에는 변함이 없었다. 그녀의 딸이 하즈라트 이사 알 메시히(Hazrat Isa al-Masih)를 따라가기 시작한 후 얼마 되지 않아, 세브넴은 극심한 위통으로 괴로워하게 되었다. 그녀의 딸이 하즈라트 이사 알 메시히 이름으로 그녀의 병을 위해 기도하자, 그 고통은 씻은 듯이 사라졌다. 세브넴은 하나님께서 그의 몸을 돌보셨다는 것을 알았다. 그동안 그를 감쌌던 모든 고통으로부터 해방되었던 것이다. 치유, 공급, 기적을 통해 예수께서는 그녀와 그녀 가족의 삶에서 절실한 필요의 영역들을 만지셨고, 이런 것들은 예수에 대한 그녀의 이해를 확고히 했다.

---

114) Flueckiger, "Storytelling," 63.
115) 육체적인 현시를 통해 예수를 만난 남아시아 무슬림 여성들의 대부분은 덜 교육받고 경제적으로 어려운 계층이다. 그들에게는, 부적의 사용, 성소 혹은 피라니마의 치유 방처럼 유사한 영적 힘의 장소 방문 및 민속 종교적 행위들을 통해, 초월적인 힘에 의존하는 것에 익숙하다: see Paul G. Hibert, R. Daniel Shaw, and Tite Tienou, Understanding Folk Religion: A Christian Response to Popular Beliefs and Practices(Grand Rapids; Baker, 1999). 그러므로 무슬림 여성들이 매일의 삶에서 예수의 실재를 경험하고 하나님의 능력을 아는 것은 더욱 중요하다.

6. 경험에 의한 지식

남아시아 무슬림 여인들의 복음에 대해 논의할 때, 지식만으로는 충분하지 않다.[116] 하나님 말씀을 들었을 때, 환상처럼 초월적 계시나 예수의 임재처럼 실제 체험이 결합하여, 하나님의 일하심을 경험하며 성경적 진리를 확신한다.

베굼 빌기즈 경우처럼, 파리다(Farida)로 불리는 한 시아 여성은 성령께서 그녀의 마음속에 계심함을 주심으로 예수를 직면하게 되었다. 파리다는 목사를 비롯한 여러 종교 지도자들과 이슬람과 기독교에 대해 토론하였지만, 그들의 무지함에 실망하였다. 그렇지만 하루는, Dr. 링컨(Lincoln)과 밤늦도록 믿음과 교리에 대해 얘기했다. 닥터 링컨과 파리다는 함께 기도하며 금식했다. 그는 의사로서 예수를 따라가는 것이 어떤 것인지 모델이 되어 주었다. 이런 모든 요소들이 파리다가 믿음을 갖는 데에 기여했지만, 결정적인 열쇠는 초월적인 경험에서 왔다. 한 환상에서 파리다는 한 제사장이 자기에게 다가오는 것을 보았다.(그녀는 그 제사장을 링컨이 묘사했던 분이라 믿었다.) 초월적 존재와의 물리적인 연결은 매우 생생하여 예수의 권위를 확신하게 하였다. 하나님께선 파리다에게 자신의 말씀을 확증하신 것이다. 그 환상은 파리다에게 확신을 주었다. 말씀 연구는 그녀의 감각과 정서를 통해 경험으로 실제화되었다.

---

116) 자신의 체험과 연합한, 지식과 학습을 통해 예수와 만나는 남아시아 무슬림 여성의 수가 늘어나고 있다. 진리가 그들에게 전해지나(분명한 복음 전달과 관계를 통해 재차 도전받는다), 여성들이 복음을 이해하고 받아들이게 되는 것은 다감각 체험(multisensory experience)에 의해서이다. 이 여성들은 주로 교육받은 가정 출신으로 중, 상 계층 가족의 배경을 갖고 있다.

7. 행동의 경험

믿는 자들과 교제하며 그들이 다른 사람들에게 어떻게 행동하는지에 대한 경험은 무슬림 여인들이 믿음으로 나아오는 여정에 있어 중요한 영향을 미치게 된다. 다른 사람에 대한 존경과 돌봄의 표현 안에서, 하나님과 사람들 앞에서 모범적인 삶을 살며, 함께 기도하며, 실제적인 도움이 되어 믿음의 본이 되는 크리스천 여인들은 개인 성격의 변화를 가져오게 하고 하나님의 성품을 이해하게 하는 결과를 갖게 한다.

뭄타즈는 메리와 그녀의 가족들을 관찰하며 믿음으로 살아가는 법을 배웠다. "나는 당신이 자식들과 어떻게 관계하는지 그 방식을 보았습니다. 내 남편은 나에게 '메리에게 가서 배워, 그녀처럼 될 수 있도록 하라.'고 말하기조차 합니다."

그녀는 깊이 생각하며, "만일 내가 그랬다면, 나의 아이들도 당신 아이들처럼 되었을 것입니다."라고 말했습니다.

유사한 반응이 타라눔이 사는 마을에도 일어났습니다. 그녀는 기독교인들이 종종 길거리에서 전도지를 나누어 주었던 것을 기억했습니다.

"그들은 예수에 대해 얘기하였지만, 조시(Joshi)는 우리들에게 예수의 사랑을 보여 주었습니다."

필름을 통해 예수의 성품을 보는 것도 동일한 효과를 보여 줍니다. 동부의 빈민 공동체에서, 여성들은 예수 영화를 통해 예수의 자비로움과 그의 삶에 이끌렸습니다. 남자들도 비록 자신들이 직접적으로 관심을 보이진 않았지만, "그 필름을 다시 봅시다."라고 여성들에게 말했습니다. 그들은 예수의 기적들에 깊은 인상을 받았습니다.

예수에 대한 가시적이고 인식적인 경험이 여성들의 사회적, 경제적, 교육적 배경에 따라 다양한 경향으로 나타나지만, 행동의 경험은 대부분 여성들에게 하나님과의 관계 안에서 성장하기 위한 중요한 역할을 보여 줍니다.

8. 사회적 역동성(social dynamics)

공동체 경험 속에 일어나는 사회적인 역동성은 무슬림 여성의 삶을 형성한다. 그리고 다감각 의사전달은 그들에게 소속감을 준다. 소속감, 정체감, 안전감을 갖게 도와주는 것은 그들이 믿음으로 나아오게 하는 좋은 초청장이 된다. 다행히도, 벨굼 벨기즈는 그녀가 믿게 됨으로 공유하게 된 소속감을 통해 믿음이 강해졌다.

그녀가 가진 근본적인 의문들은 성경을 깊이 묵상하고 규칙적으로 주일날 하나님의 사람들과 함께 찬양할 때 사라졌다. 그녀는 찬양을 하며 기뻐하고 눈물 흘렸다.

"그러나 나는 예수가 누구이고 그가 마지막 날까지 내가 그에게 위탁한 것을 지킬 줄을 확신합니다."

특히, "나는 어떻게 성령께서 일하는지 알지 못합니다. 사람에게 죄를 일깨워 주고 말씀을 통해 예수를 계시하며, 그 안의 믿음을 갖게 하는지…."

벨굼 벨기즈는 3년 동안 거의 매일 우리 집과 그녀의 집을 오고 가 시간을 함께 보냈다. 나는 그녀의 선생으로 불림을 받지 않기 원한다. 우리는 그리스도에게 함께 배워가는 하나님 안의 자매들이다.[117]

---

117) 베굼 벨기즈의 친한 친구인 Mrs. Mitchell에 의해 상세히 설명됨.

9. 관계

　인도에서, 샤히다 라티프(Shahida Lateef)는 무슬림 여성들의 사회적 위치에 영향을 미치는 세 가지 요소에 주목한다. "인도 사람이라는 것, 무슬림이라는 것, 그리고 여성이라는 것."[118] 이 역할들이 거부된다는 기분은—남아시아 무슬림 여인들에게 종종 일어나는—여성들이 터치, 시각적인 묘사, 더움과 차가움의 감각, 그들이 느끼고 기억하는 노래와 이야기 혹은 힘의 시위(manifestation)를 포함한 다감각 의사소통에 반응하는 이유이다. 그들의 갈증은 예수를 종적, 횡적 관계로 경험할 때 사라진다.

　다카 도시의 한 여성은 관계의 힘을 이렇게 증거한다.

> 나의 주된 일은 듣는 것입니다. 이것은 그들의 마음을 얻을 수 있는 최고의 방법입니다. 이 여성들은 가난하며 아무도 이들과 함께 시간을 보내려 하지 않았습니다. 그들은 글을 모르기 때문에 기도를 먼저 가르치는 것이 가장 좋습니다. 그렇게 그들은 아버지와 살아 있는 관계를 맺었습니다. 조금만 가르쳐 주면 그들은 스스로 알아서 합니다. 데이지는 매우 성숙하였고, 아버지의 사랑으로 사람들을 사랑하였습니다. 성장이나 변화는, 양심의 일깨움을 비롯하여 지속적이며 급격한 성품변화에서 분명히 나타납니다. 우리가 집중해야 할 가장 중요한 영역은 가르치는 사람이 하나님과 사람들 앞에서 하나의 모델이 되는 경건한 능력의 삶을 사는 것임을 명심해야 합니다. 사랑이 그 열쇠입니다.

　관계는 시간과 경험을 통해 발전된다. 그 과정 중에 다감각 의사소통은 교제를 만들어 간다.

---

118) Shahida Lateef, Muslim Women in India, Political and Private Realities; 1890s-1980s(New Delhi; Kali for Women, 1990), 3.

10. 성장과 양육 안에서 경험

예수를 경험한다는 것은 그를 따라가는 남아시아 무슬림 여성들에게 살아 숨 쉬는 것이며 참여하는 믿음이다. 예수께서는 존재의 모든 감각과 영역에서 실재적이어야 한다. 믿음의 연륜에 찬 한 여성은, "무슬림 배경의 신자들은 과학적 신앙이 아닌 관습(ritual)에 의존해 살아간다. 예수 그리스도를 통한 하나님의 구원 약속에 대한 확신은 단순한 신학적인 이해가 아니다."라고 말한다.

신학과 스토리가 중요할지라도 무슬림 여성이 믿음으로 나아오기 위해서는 참여와 경험이 필수적이다.[119] 가치 있고 실재적인 것은 행동으로 보여야 한다.

남아시아 무슬림 여성들은 삶의 적용을 통해 믿음을 갖게 된다. 이슬람은 모든 삶을 포함한다. 만일 한 여인이 예수를 따르고자 한다면 그의 실재를 경험하는 통로를 비롯해 믿음으로 사는 방법을 알 수 있는 도구가 필요하다. 남아시아에서 무슬림 여성이 믿음으로 나아오기 위해서는, 믿음은 실제적이고 삶에 적용이 되어야 하며 예수와 역동적인 경험을 수반해야 한다.[120]

---

119) Mrs. Mitchell이 2001년 나에게 쓴 편지에 따르면, "몇 년 동안 우리 가족은 병원 북쪽에 있는 히말라야 산으로 소풍을 가기 원했습니다. 하나님께선 그곳에서 유목민들을 만나게 하셨고, 25-30명의 사람들에게 찬양을 통해 마음 문을 여시고 복음을 나누게 하셨습니다. 그때 한 청년학생이 내가 부른 노래는 이슬람 신앙과 어긋난다고 말하며 나에게 도전하였는데, 그 씨족 여 가장은 그에게 이렇게 말하며 조용히 하게 했습니다. '만일 그 말들이 노래의 가사라면 그도 그것을 어떻게 할 수 없다.' 나는 후에 그들의 역사가 노래를 통해 구전으로 전해 내려오고 노래 자체에 권위가 있다는 것을 알게 됐습니다. 그러므로 노래는 복음을 단지 말과 얘기로 전달하는 것보다 더 효과적인 수단입니다. 많은 사람들이 가르쳐 준 노래를 자동적으로 외웠고, 우리들이 다시 돌아왔을 때 새로운 노래를 배우기 원했습니다!"
120) 한 예는 Sister Nikos의 경우인데, 그녀는 여성들이 매일 흔히 볼 수 있는 집안 물건들을 사용하여 믿음을 가진 여성들이 믿음을 쉽게 경험하게 할 뿐만 아니라 그 믿음을 다른 사람과 쉽게 나눌 수 있게 했다. 그녀는 삶속의 물건들의 중요성을 설명했다. "a) 사탕(인도의)은 우정의 표식이며 하나님을 찬양할 때 사용된다. b) 붉은 장미는 관능적이 아닌, 일반적인 사랑을 말해 준다. 그러므로 이것은 자식에 대한 어머니의 사랑을 나타낸다. 한 송이 장미꽃은 무슬림들의 결혼식이나 다른 종교적 축하행사에 사용된다. 사탕과 장미는 하나님의 우정과 사랑을 나타낸다. c) 무슬림은 대개 포도주를 마시지 않는다. 나는 그들에게 기독교인에게 있어 포도주는 죄를 덮으시고 사해 주시는 예수 그리스도의 피 흘리심을 상징하는 것이라고 설명했다. 장미 향

11장
장애가 다리가 되어:
아프리카인들이 믿음으로 나아오는 단계에 관한 설명

Christel Eric

무슬림 구도자가 메시야께 헌신하고자 할 때, 다섯 가지 장애에 직면하게 된다.(종교적, 사회적, 경제적, 심리적, 영적 묶임) 이 모든 장애들의 이면에는 아래와 같은 두려움이 있다.

- 알지 못하는 결과에 대한 두려움: 가족과 공동체를 혼란시킴.
- 가족, 남편, 친한 친구들에게 소외되는 두려움.
- 자식, 가정, 그 외 안정을 잃어버리는 두려움.
- 재정 지원이 단절되는 두려움.(수업료, 교육, 식대)
- 핍박과 고통, 저주, 흉안(Evil eye), 알라의 진노조차 두려움의

수는 뿌려질 때, 죄에서 깨끗함을 받는 것을 상징한다. d) 무슬림의 삶과 예배에 있어 무교병은 정결한 삶을 의미한다.(순수, 무결점, 의로움) 기독교인에게 이것은 예수 그리스도가 죄 없는 육신으로 우리를 위해 돌아가심을 말해 준다." Nikos Ministries Newsletter(Birmingham, UK;2001)에서 인용.

요인이 됨.

아프리카에서 23년의 사역을 통해 접촉점을 만들고, 우정을 형성하고, 신뢰를 쌓아가고, 삶을 나누며 마음을 얻는 것은, 이들의 장애 극복에 도움이 됨을 배울 수 있었다. 하나님께서는 겉보기에 힘든 상황과 위협을 복음을 전하기 위한 교량과 디딤돌로 전환하실 수 있다.

자신의 종교에 대한 회의와 실망, 순수한 삶 및 하나님과 진실된 관계로의 열망, 기독교인 의 삶에 대한 도전, 혹은 코란에서 그들 자신이 발견하는 사실들에 대한 당혹감은, 예수를 영접하고 그와 동행하는 삶을 살기 전에 겪어야 하는 중요하고도 필수적인 고통이다. 내가 알아온 사람들에 관한 다음 예들은 하나님께서 어떻게 가족 문제들을 통하여 일하셨는지 보여 준다.(재정적 어려움, 갑작스런 실직, 전쟁으로 인한 이주 혹은 정치적 불안정, 삶 속에서의 절망, 용서와 용납의 필요, 바람직한 결혼생활을 향한 갈망, 진실된 남편, 순종적인 자녀, 응답받는 기도의 체험, 꿈과 환상, 기독교의 사랑과 모범적 삶.)

1. 복음을 위한 우정 관계의 형성

쉐나즈(Shenas)는 두 아이와 좋은 집에서 살면서 근사한 차를 몰고 많은 친구들을 가진 성공적인 사업가였다. 그러나 그녀의 마음은 외롭고 누구에게도 이해받지 못한다고 느꼈다. 소유하고 있는 물질과 술로는 그녀의 깊은 슬픔과 우울함을 달래지 못했다. 흔들리는 결혼 생활이 힘들어 자살까지 생각할 정도로 고통을 받았다. 그녀는 모스크에 다니며 기도하고 아가 칸(Aga Khan) 앞에서 자신을 돌아보며, 더 열심히 종교 생활에 몰두하려 했다. 삶의 해답을 찾아 그녀는 심리학, 철학 그리고 뉴에이지에 관심을 가졌지만 아무 소용이 없었다.

기독교인 친구가 그녀를 계속해서 식사에 초대했지만 거절했다. 하루는 그 친구가 문 앞에 나타나 용기 있게 말했다. "나는 사탄이 너의 삶을 망치게 하는 것을 보고만 있을 수 없다! 함께 얘기하자!" 쉐나즈는 매우 놀랐고, 그 친구와 함께 기도하기로 했다. 그녀는 그 친구의 간절한 기도를 들으며, 그의 짐이 벗어지고 마음이 사랑과 평안으로 채워지는 것을 느꼈다. 그녀는 웃고 동시에 울었다. 그녀에게 모든 것은 달라져 보였다. 그녀는 새 사람이 되어 집으로 돌아갔다. 집에 도착했을 때, 남편은 집을 나서고 있었다. 석양에 비친 남편은 전과는 다른, 잘생긴 남자로 보였고 그녀는 그에게 큰 미소를 지으며 인사했다. 갑작스런 그녀의 친절함을 보며 남편은 부인이 자신을 놀리는 것이 아닌가 하며 의심하기도 했다.

쉐나즈는 성서를 읽기 위해 방으로 갔다. 그녀에게는 성경이 없었으므로 대신 꾸란을 폈다. 그의 눈길은 마리암 수라(Surah Maryam)에 머물게 됐고, 그 구절은 마리아가 아버지 없이 임신하는 장면이었다. 예수에 대한, "내가 죽는 그날 평안이 있을 것이며 내가 부활하는 그날 평안이 있을 것이다."라는 구절을 읽게 되었다. 그녀는 무슬림으로 자신이 믿어 온 것과는 달리, 예수께서 다시 살아나신 것을 알았다. 이 예수는 누구이며 그가 한 일은 무엇인가? 그가 정말로 "길이요 진리요 생명인가?" 쉐나즈는 헌신된 무슬림이었다. 그가 만일 예수를 따른다면 주위 사람들은 어떻게 얘기할 것인가? 그녀는 매우 큰 사회적 장애에 봉착하게 됐다.

그녀는 기도하기 위해 모스크에 계속해서 다녔다. 예수께 기도드리면서 한 음성을 듣게 되었다. "너는 왜 이곳에 왔는가? 나는 여기에 있지 않다."(이 말은 듣자 그녀는 즉시 모스크 방문을 중지하였다.) 그녀는 하나님께서 그가 기독교인이 되기를 원하신다는 것을 깨닫게 되었다. 성경을 더 읽으며 그녀는 그리스도 안에서의 새로운 삶에 대해 많은 이해를 할 수 있었다.

그녀에게 일어난 변화는 매우 강력해서, 하루는 그녀의 남편이 "당신을 변하게 한 것이 무엇이든, 나도 역시 그것을 원해!"라고 말했다. 곧이어, 그녀의 두 아이들도 부모의 본보기를 따라가게 되었다-이렇게 가족 모두가 예수를 따르는 것은 극히 드문 경우이며 기적이었다.

그녀의 믿음의 단계들을 정리한다면,

① 쉐나즈는 불행했고 깊은 슬픔과 공허함을 경험했다.
② 알라는 멀리 있어 그녀의 기도에 응답하지 않는 것으로 보였다. 종교적인 열심은 오히려 실망만 증가시킬 뿐이었다.
③ 그녀의 기독교인 친구는 가족, 친척, 부족이 아님에도 불구하고 그녀에게 진실된 관심을 보여 주었다.
④ 그 기독교인이 기도해 준 후 그녀가 경험한 해방과 변화는 하나님으로부터 온 것이라고 인정하였다.
⑤ 예수에 대한 꾸란의 가르침은 그녀를 깜짝 놀라게 했다. 예수는 죽은 후 다시 살아나셨다. 무슬림들은 그녀를 속였는가? 그녀는 자신의 종교에 대해 의심하기 시작했다.
⑥ 그녀는 성경을 가지고 신앙 서적을 읽었으며, 예수께서 그녀의 죄를 위해 돌아가셨음을 이해했다.
⑦ 그녀가 예수의 음성을 들은 후, 옛날 삶과 새로운 삶을 함께 병행할 수 없다는 것을 깨닫게 되었다. 하나를 선택해야 했다.
⑧ 그녀는 예수를 그의 삶에 받아들였고, 그녀의 죄가 씻기는 용서의 체험을 하였으며 영원한 삶의 약속을 받았다.
⑨ 그녀 삶의 갈등과 변화는 가족에게 살아 있는 증거가 되었다. 그녀는 남편과 아이들을 그리스도께로 인도했다.

그 이후로 쉐나즈는 그녀 자신의 공동체에 복음을 전하기 위해 헌신적이었다.

1) 그녀의 회심을 위한 주된 원인들

- 삶에 대한 절망.
- 알라에 대한 실망.
- 기독교인 친구의 담대한 증거와 그의 간절한 기도.

2. 자신의 종교에 대해 의문을 가진 젊은 하프즈

야신(Yasseen)은 존경받는 상류층의 헌신된 무슬림 가문에서 많은 것을 누리며 성장했다. 유아에서 성인이 되는 의식으로 10살 소년들은 특별 기숙학교(madarasa)에서 이슬람 교육을 받아야 했다. 그들은 젊은 하프즈(Hafiz: 가슴으로 꾸란을 아는 사람)가 되기 위해 2년간 이슬람을 배우고 꾸란의 가르침을 받았다. 12살에 야신은 그 영예를 얻었고 이것은 가족과 친지들의 자랑이었다. 소년에게 하프즈가 되는 것처럼 자랑스러운 일은 없었다.

그러나 이러한 그의 가정에 일대 변환이 일어났다. 그의 삼촌은 수단에서 군대의 높은 위치에 있는 장교였는데 정부가 감시를 위해 파견한 기독교인 수련회에서 삼촌이 기독교인이 된 것이다. 그들은 곧 그에게서 아내와 자녀, 직장을 앗아갔고, 결국은 자유까지 박탈하였다. 그는 3년 이상 투옥되었다. 야신은 이러한 모든 고통을 당하면서도 삼촌이 이슬람으로 돌아오지 않는 이유를 이해하기 힘들었다. 반면에, 이러한 것들이 더욱 그가 새로 발견한 믿음을 따라가도록 결단하게 만들었다.

야신은 삼촌을 좋아했고 그가 잘못되었다는 것을 코란을 통해 납득시키려 노력했다. 그러던 중, 그는 선지자 예수에 대한 의문을 가지게 되었다. 왜 코란은 선지자 예수(Nabi Isa)에 대해 그토록 많이 언급하는가? 그는 성경책을 구하기 위해 이맘을 찾아갔다. 이맘은 그의 의문에 당황하며, 성경은 훼손되어서 보거나 읽을 필요가 없다고 말했다.

야신은 성경이 언제 그렇게 훼손되었는지 알기 원했다— 무함마드 전, 혹은 후. 이맘은 무함마드 이전이라고 가볍게 얘기했다. 야신은 다시 이맘에게 물었다. 그렇다면, 왜 무함마드는 간음하다 붙잡힌 사람에게 어떤 벌이 적혀 있는지 확인하기 위해 토라를 참고했나요? 무함마드가 성경이 훼손된 것을 알았음에도 불구하고 성경의 도움을 받으려 했을까요? 이맘은 당황하여 즉시 훼손은 무함마드 후에 일어났다고 자신의 말을 수정했다.

야신은 더 구체적인 질문을 하였다. 누가 성경을 훼손하였나? 훼손된 성경을 확인할 수 있는 원본은 없을까? 만일 훼손이 무함마드 후의 일이라면 600-700년 원본이 존재했다는 얘긴데 그렇다면 어딘가에 사본이 남아 있을 것이다. 야신은 실망하고 낙담하여 모스크에 가는 것을 중단하였다. 그때 그는 18살이었다.

그러던 중 삼촌의 아들이 뇌성 말라리아에 걸리게 되었다. 삼촌이 그를 병원에 데리고 갔을 때, 마침 모든 의사들이 파업 중이었다. 삼촌의 친구들이 와서 사촌을 위해 기도하자고 제안했다. 야신은 화가 났다. 이 소년은 기독교인의 기도가 아니라 의사가 필요하지 않은가! 그러나 친구들은 계속 권유했고 야신은 그들이 기도할 수 있도록 자리를 비켜 주었다. 그리고 그가 돌아왔을 때, 그 소년은 아무렇지도 않은 듯 편안하게 침대에 앉아 있었고 집에 돌아가기를 원했다. 야신은 도저히 믿을 수 없어, 다음날 아침 의사가 그를 검진할 때까지 돌아가지 않고 남아 있었다. 그는 자신이 목격한 명백한 기적에 마음이 혼란스러웠다.

기독교인 중 한 사람이 야신에게 다가왔다. 그의 미소에 이끌려 야신은 자신의 옆에 앉아 얘기하도록 허락하였다. 연세가 지긋한 그 기독교인은 창조주, 아담과 이브 그리고 그들이 어떻게 하나님을 거역함으로 완전한 관계가 파괴되었는가를 이야기하기 시작했다. 돌연, 그 기독교인은 야신에게 물었다. "아담과 이브는 죄를 몇 번 지었을까?" 그때서야 야신은 처음으로 한 번의 죄가 하나님과 인간 사이를 띄어 놓기에 충분하다는 것을 깨닫게 되었다. '그렇다면 나는 어떤가? 나에게도 희망이 있는가?' 그 기독교인은 밤새도록 성경을 창세기부터 요한계시록까지 연차적으로 나누며, 하나님의 거룩하심뿐만 아니라 예수 그리스도를 구원자로 보내신 사랑하심과 자비로우심을 설명했다. 그의 설명을 들으며, 야신의 죄 의식은 살아났다.

그 기독교인이 요한 계시록 3장 20절을 설명할 때, 야신은 결단해야 한다는 것을 알았다. 그러나 구원은 그에게 너무 쉽게 보였다. 만일 어떤 사람이 야신에게 한 달 금식이 아닌 두 달 금식을 요구하거나 하루에 5번이 아닌 10번을 기도해야 한다면, 그리스도가 그를 위해 한 일을 값없이 받으면 된다는 얘기보다 훨씬 더 받아들이기 쉬웠을 것이다. 그는 평생 종교를 위해 어떤 일을 해야 한다고 배웠다. 종교적 장애는 매우 높은 것처럼 보였다. 둘째로 야신을 사로잡은 어려움은 그의 삼촌이 겪은 고통이었다. 삼촌은 성공적인 삶을 살기 시작했는데, 갑자기 그가 가진 모든 것들, 자유조차도 잃어버려야 했다. 야신은 사회에서 버림받은 자가 되길 원치 않았다. 사회적 장애가 그를 가로 막는 것이었다. 그는 가족 중 독자로서 특별한 위치에 있는데, 왜 이 모든 것을 포기해야 하는가?

그러나 그 기독교인이 이사야 43장 1절 후반절을 읽을 때 하나님의 영이 그를 붙드셨다. 당신을 만드신 주님이 말씀하시길, "너는 두려워하지 말라 내가 너를 구속하였고 내가 너를 지명하여 불렀나니 너는 내 것이라"(사 43:1후). 그 기독교인이 곁에 앉아 이 구절에 야신의 이름을 넣어 읽었을 때, 야신의 저항은 누그러졌고 그는 자신의 삶을 주님께 드렸다.

마침내 야신은 고등학교를 마치게 되었는데, 그는 졸업할 때까지도

은밀한 신자로 살았다. 야신의 어머니가 제일 먼저, 친지들이 모여 삼촌을 비난할 때 그가 삼촌을 을 해서 옹호하는 모습을 보며 예전과 달라진 것을 눈치챘다. 압박이 심해짐으로 야신은 부모 집을 떠나 기독교인 모여와 함께 살며 직장을 구했다. 수년 후 야신은 유럽 여인을 만나 결혼했으며 유럽으로 이주했다. 오늘날 야신은 아랍어를 사용하는 사람들을 대상으로 사역하고 있다.

야신이 회심하게 된 단계를 보면,

① 삼촌이 기독교인이 된 사건과 함께, 핍박에도 불구하고 그의 변함없는 결정과 확신에 그의 마음은 혼란스러웠다.
② 그는 꾸란으로부터 예수에 대한 새로운 발견에 당황했다.
③ 그는 종교 지도자들에게 실망하여 자신의 종교에 대해 의심하기 시작했으며 모스크에 더 이상 다니지 않았다.
④ 조카가 기적적으로 치유된 사건에 놀랐고, 예수께서 기도에 응답하신다는 것을 알게 되었다.
⑤ 그는 선행이 죄로부터 구해 주지 못한다는 것을 깨달았다.
⑥ 하나님께서는 그의 일이 아니라 그 자신에게 관심을 갖고 있다는 것을 깨달았다.

1) 그의 회심을 위한 주요 원인들

- 삼촌의 구원으로 인한 초월적 '충격 요법'.
- 치유의 기적과 응답된 기도.
- 삼촌 친구들의 복음에 대한 깊이 있는 나눔.
- 그리스도의 완전한 대속 사역과는 대조적인, 자력 구원의 불가능함을 깨달음.

3. 종족과 문화의 사슬에 사로잡혀

북아프리카 출신의 사이나(Saina)는 가족의 강요로 15살 때 결혼했고 자신의 동생들을 보살피는 책임을 떠맡게 되었다. 그녀는 강한 결심을 하고 고등학교를 졸업했고, 아기가 젖을 뗀 후에는 대학에 입학하였다. 학교에 다니던 중, 그녀는 이혼을 하였고 다른 나라로 이주하게 되었다. 그녀는 이슬람에 실망하여 이렇게 말하였다. "이슬람 나라에서 태어난다면 결코 여자는 되지 마라!" 그러나 그렇게 말할지라도, 북 수단 사람은 무슬림이어야 하며 그렇지 않으면 살아갈 수 없다는 그녀의 생각은 변함없었다.

기독교인 한 남성이 그녀와 결혼하기 위해 이슬람을 받아들였다. 결혼 생활은 평탄치 않았고, 어린 딸은 그녀를 늘 실망시켰다. 사이나는 남편에게 사랑받고 친구들에게 인정받기를 갈망했다. 우리는 이슬람과 기독교 신앙에 대해 많은 토론을 하였다. 독특하게도, 그녀는 이슬람의 위협적인 행위와 전통들을 들추어 말해 주었다. 내가 그녀에게 복음 안에 있는 소망을 전했을 때 그녀는 보통 이런 말로 결론짓곤 했다. "참 좋은 얘기에요, 그런데 나에게는 해당 안 되네요! 나는 수단사람이니까요!"

하루는 그녀가 남편에 의해 집에서 쫓겨나게 됐다. 나는 그녀를 내 집에서 머물게 했다. 삼일 동안, 그녀는 침대에 파묻혀 울기만 했다. 나는 그녀에게 계속 말을 걸면서, 주변 친구들에게는 전화로 기도를 요청했다. 어느 날 아침 그녀는 "집에 가야겠어요, 더 이상 이렇게 살 수 없어요!"라고 말했다. 두 시간 후, 사이나는 매우 밝고 환한 얼굴로 다시 돌아와 이렇게 말했다. "하나님은 살아 계셔요. 당신이 내게 말한 것은 모두가 진실이었어요. 나는 지금 기독교인이 되기 원해요!" 집으로 돌아가면서 그녀는 이런 기도를 했다고 말했다. "만일 예수 당신께서 살아 계시고 하나님이시라면 오늘 아침 내가 남편과 화해할 수 있도록 도와주세요!" 그리고 집에 도착했을 때, 그녀는 그들 사이에 있었던 일에 대해 용서를 구했다. 그러자, 남편은 그를 향해 돌리고는 자신도 역시 잘못했다며 그녀를 껴안아 주었다고 말했다.

그녀는 쫓겨나기 전 날, 친구에게 전화를 걸어 조언을 구했던 것을 기억했다. 친구는 그에게 "알라는 위대하다.(Allah u-akhbar)"라는 기도를 70번 반복할 것을 권유했다. "700번에 걸쳐 기도했지만 아무 소용 없었어요. 그러나 지금 단 한 번 마음속으로 기도했는데 예수께서는 응답했어요. 그는 살아계신 하나님이에요!"

기도가 응답되는 체험을 통해, 그녀는 예수 그리스도가 하나님이시라는 개인적인 증거를 받았다. 이는 두 가지가 함께 이룬 결과이다. 먼저, 그녀는 하나님의 말씀에 대한 충분한 지식을 통해 기도할 준비가 되어 있었다. 그러나 들은 것을 실행할 믿음이 그녀에게 없었는데, 하나님께선 그녀의 기도에 응답하심으로 자신을 각인시키셨으며 이를 통해 모든 것은 실재적이 되었고 그녀에겐 믿고 싶은 욕구가 생겼다. 이와 같이 그녀는 사회적 장애를 극복하고 예수를 개인적으로 영접할 수 있었다.

그녀의 삶에서의 단계들

① 그녀는 여성의 삶을 지배하는 사회적 통념에 실망하였다.
② 그녀는 무슬림일 수밖에 없다는 변명을 하며 자신의 실망을 덮으려 했다.
③ 그녀는 친구들의 험담에 환멸을 느꼈다.
④ 그녀는 기독교인 개인과 가족의 삶을 부러워했다.
⑤ 삶의 해답을 구하며, 그녀는 꾸란과 성경을 비교했다.
⑥ 가정불화로 인해 집에서 나와, 서로를 향한 기독교인들의 사랑을 목도할 수 있었다.
⑦ 그녀는 하나님을 경험하기 원하며, 기도의 응답과 완전한 용서를 받았다.

1) 그녀의 회심을 위한 주된 원인들

- 그녀는 삶에 적용되는 하나님의 말씀을 들었다.
- 기도에 직접 응답하시는 하나님에 대한 체험은, 그녀가 하나님을 실제적으로 신뢰할 수 있게 하였다.
- 완전한 용서를 확신하고 싶은 그녀의 강한 열망과 기독교인 가족과 함께 생활한 체험은 새로운 삶을 향한 그녀의 열망을 강렬하게 만들었다.

4. 이디오피아에서 온 한 형제와 자매

유숩(Yusuf)은 더 나은 삶을 살기 위해 고향을 떠나 미국으로 가기 원했다. 이웃 나라 피난민 촌에서, 그는 가까운 교회의 온정이 많은 기독교인들을 만났다. 무슬림으로서 자부심을 가진 그는 기독교인들과 신앙에 관해 격렬하게 논쟁하곤 하였다. 그러면서도, '왜 이들은 나의 이러한 모든 질문을 인내로서 받아들이고, 자신들의 집에까지 초청하며 친절히 대해 주는가?'라는 생각을 하였다.

유숩은 외로운 이주자였고 마음은 혼란스러웠으나, 한편으론 생각하며 토론할 많은 시간을 가질 수 있었다. 그의 기독교인 친구들은 계속해서 피난민 촌으로 찾아와 그의 질문들에 답해 주었다. 이것은 유숩에게 깊은 감명을 주었다. 그는 성경 메시지를 생각하고 이를 이슬람과 비교함에 따라, 인류를 위한 예수의 희생은 꾸란의 어떤 것과도 비교될 수 없다는 것을 깨닫게 되었다. 아마도 이곳에 온 이유가 고향에선 도저히 배울 수 없었던 새로운 사실들을 알게 하시려는 하나님의 의도가 아닌가라고 생각했다. 그는 기독교인이 전혀 없는 부족 출신이었다.

갑자기 그의 삶은 미국에 가는 것에서 또 하나의 차원과 다른 관점을 가지게 되었다. 그가 그리스도를 영접할 때, 그리스도의 메신저가 되는 사명도 받게 되었다.

그의 그리스도를 향한 단계들

① 주위 기독교인들의 삶의 방식과 사랑에 영향을 받았다.
② 하나님 말씀을 배울 수 있는 자유로운 환경과 마음 가운데 열망함이 있었다.
③ 하나님의 진리의 말씀을 듣지 못한, 두고 온 가족들에 대한 부담이 있었다.
④ 하나님만이 피난민 처지로 있는 자신의 불행을 바꿀 수 있음을 깨달았다.

유숩은 그리스도를 영접한 후 곧 성경학교에 입학하였다. 유숩은 말씀을 자신의 부족에게 전하기 원했다.

1) 그의 회심을 위한 주요 원인들

- 그는 정든 고향을 떠나 혼란의 상태였다.
- 말씀을 공부할 시간적 여유가 있는 상황에서, 그는 자신의 질문에 결코 인내심을 잃지 않고 응답해 준 사람들을 알게 되었다.
- 하나님께서 자유와 성공을 보장하는 미국으로 가는 것보다 더 중요한 삶의 목적으로 자신을 인도하기 원하신다는 것을 알게 되었다.

5. 유숩의 여동생

유숩은 신앙이 충분히 성장했음을 느끼자마자, 자신의 가족을 방문하였다. 가족 모두는 그의 회심에 심히 화를 내고 부끄럽게 여겼으며, 그를 내쫓았다. 두 번째 방문하였을 때 유숩의 여동생이 가족의 압력으론 그의 마음을 바꾸지 못한다는 것을 알고, 그에게 논리적인 질문을 던져 곤궁에 몰아넣고자 했다. 그는 인내심을 잃지 않고 그녀의 질문을 듣고 답하였다. 그녀는 오히려 자신이 대답할 수 없는 예수에 관한 질문에 직면하게 됐다. 그녀의 오빠, 유숩은 특별히 네 부분을 강조하였다.

① 이슬람과 성경 양쪽에서 예수께서는 아버지 없이 처녀의 몸에서 태어난 유일한 선지자로 언급된다. 그의 출생은 매우 특별하였다.
② 예수께서는 성경과 꾸란에서 죄가 없다고 묘사된다. 꾸란 4장 171절에서 예수는 "거룩한 자(holy)"로 불린다. 알라에 의해, 무함마드는 그의 "잘못"에 대해 용서를 구해야 한다.
③ 비록 예수께서 무함마드처럼 같은 존경과 숭배를 받지 못할지라도, 무슬림들은 예수께서 세상을 심판하러 오실 유일한 선지자로 믿는다.
④ 예수께서는 죽지 않은 유일한 선지자이며, 지금도 살아 계신 유일한 선지자이다. 비록 꾸란에서 십자가에 못 박힌 예수를 부인하지만, 모두는 그가 지금도 천국에 계심을 안다.

이러한 점들은 유숩의 여동생으로 하여금 예수께서 단순한 선지자가 아니라는 사실에 눈을 뜨게 만들었다. 유숩은 예레미야 31장 3절을 읽어 주었다. "옛적에 여호와께서 나에게 나타나사 내가 영원한 사랑으로 너를 사랑하기에 인자함으로 너를 이끌었다 하였노라"(렘 31:3). 이 구절은 하나님께서 그녀에게 특별한 관심을 갖고 있다는 깊은 감동으로 다가왔다. 그녀는 유숩과 처음으로 이런 대화를 나누며 주님을 영접했다. 그녀는 그때 13살의 어린 나이였지만 종교적인 장애를 극복하고 주님을 따라갈 준비가 되었던 것이다.

유숩은 그녀에게 성경책을 선물한 후 그 다음날 떠났다. 그녀는 성경책을 소중히 여겼고 밤마다 이불 속에서 몰래 읽었지만, 결국 아버지에게 발각되었다. 그러나 그녀는 오직 핍박과 굶주림 그리고 세상으로부터 배척받을 때, 기도하며 그리스도와 살아 있는 관계 속으로 들어가는 방법을 배웠다.

그러나 이것은 부모에게는 기막힐 노릇이었다. 아들 하나가 예수를 믿어 집을 나간 것도 모자라 딸마저 이슬람에게 등을 돌린다는 것은 한 지붕 아래에서 용납할 수 없는 일이었다. 가족에게서 이 부끄러움을 없애 버려야 했다. 가장 최선의 방책은 딸을 사우디아리비아로 보내 결혼시키는 것이었다. 그러나 이 사실을 알게 된 유숩은 가족 형제 중 최연장자로서 그녀의 보호자가 될 권리를 요구했다. 이렇게, 그녀는 에티오피아를 떠날 수 있었고 유숩이 사는 이웃 나라에서 학교교육을 계속 받을 수 있게 되었다.

1) 그녀의 회심을 위한 주요 원인들

- 그녀의 명민한 마음과 탐구 정신.
- 세상의 흐름을 쫓지 않고 자신의 확신을 추구함.
- 기독교인의 믿음 안에서 논리적 해답을 발견하고 이슬람 교육에서 알지 못한 주제들에 대해 추론하며 경악한 사실.
- 그리스도의 고유성과 말씀 가운데 나타난 하나님의 위대한 사랑.

후에 나는 그녀에게 물어보았다.

"당신이 다신 부모님을 볼 수 없다는 것을 알면서 부모님이 너를 공항에 내려 주었을 때 기분이 어땠어요?"

그녀는 망설이지 않고 대답했다.

"처음에는 눈물이 좀 났지만 내가 이제 마음껏 성경을 읽을 수 있고 아무도 나를 방해하지 않을 것이라는 사실이 더 기뻤어요!"

6. 어둠에서 그리스도의 빛으로 길을 발견한 커플

파투마(Fatuma)와 그녀의 남편 무사(Musa)는 둘 다 마드라사(madrasa)의 선생이었다. 무사는 책 읽기를 좋아했고 기독교인 이웃들과 책을 교환하여 읽으며 자신의 종교가 옳다는 것을 상대방에게 확신시키려 노력하였다. 무사는 특히 『어둠의 권세로부터 해방』(Delivered from the Powers of Darkness)이란 책에 흥미를 느꼈다. 책을 읽으며, 예수께서는 주술사나 이맘이 하는 것보다 더 큰 능력이 존재한다는 것을 알게 되었다. 그는 그러한 능력을 소유하기 원했다. 무사는 이웃에게 "어떻게 책에 나타난 능력을 가질 수 있는가?"라고 물어보았다. 그의 이웃은 그리스도의 악한 영, 자연, 병 및 죽음을 이기는 절대적 능력자에 대해 설명해 주었다. 무사는 이맘으로서 성경에 대해 교육받았지만, 처음으로 성경의 가르침과 진리를 깨닫게 되었고 주님을 영접하였다.

무사는 기독교인으로 살아갈 방법을 알지 못했으므로, 자신의 결심을 비밀로 했다. 그는 이슬람 선생이 아닌 다른 직업을 갖지 못했다. 그가 알고 있는 아랍어와 이슬람에 대한 지식을 갖고 모스크 밖에서 무엇을 할 수 있을 것인가? 그는 어떤 사람이 될 것인가? 누가 그런 그를 존경하며, 그에게 지금 이맘으로 누리고 있는 높은 위치와 신분을 줄 것인가?

사회적, 심리적 장애들은 그가 회심한 사실을 밝히지 못하게 방해했다.

그가 밟은 단계들

① 그는 기독교인들과 논쟁하기 위한 것일지라도, 기독교인 서적들을 읽는 데에 열려 있었다.

② 그는 공개적인 성경 읽기를 두려워했으므로, 예수에 관해 더 알기 위해 꾸란을 공부했다.

③ 새 믿음에 대해 더 많이 알기 위해 기독교 단체에 편지를 써서 기독교 책들을 요청하였다.

④ 기독교인 이웃과 함께 교회에 가고 싶어 했다. 그러나 그가 실제로 교회로 발을 옮긴 데는 주위 기독교인들의 여러 주 동안의 중보기도가 있었다.

⑤ 큰 사고를 당했다. "내가 죽는다면 나는 어디로 갈 것인가?" "하나님은 나의 소극적인 믿음을 받아들일 것인가?"라는 질문을 진지하게 했다. 하나님께서 그에게 또 한 번의 기회를 주심을 알게 되었다.

⑥ 그가 속한 이슬람 단체에서 이란으로 가서 이슬람 공부를 더 하지 않겠느냐는 제안을 받는다. 그가 이러한 제안에 대해 기독교인 친구와 나누었을 때, 그 친구는 그에게 언제까지 이렇게 두 믿음 사이에서 고민할 것인지, 둘 사이에 어느 쪽을 따를 것인지 선택해야 한다고 도전한다.

⑦ 이따금, 그는 기독교 문서를 보내 준 또 다른 기독교인을 만났다. 결국 그는 한 주인을 따라가기로 결정하고 예수를 따라가는 분명한 헌신을 하게 된다.

1) 그의 회심을 위한 주요 요인

- 더 많은 능력을 소유하고 싶은 욕망이 그를 모든 능력의 근원되신 분께로 인도하였다.

파투마가 그의 남편이 성경을 진리로, 예수를 자신의 구원자로 받아들였다는 것을 깨달았을 때, 이것이 앞으로 야기할 경제적 장애들을 생각하였으므로 몹시 화가 났다. 그들은 어떻게 살 수 있을까? 어디로 가야 하는가? 그 당시 그녀는 첫째 애를 임신하고 있었다. 처음에는 남편을 떠날 생각도 하였으나 남편이 그에게 항상 좋은 사람이었다. 어떻게 그녀는 이혼녀로서 홀로 살아갈 것인가? 남편은 일 년 동안 은밀한 신자로 있었지만 더 이상 그의 믿음을 안에만 담고 있을 수 없었다고 고백했다. 예수 안에서 진리를 발견했다고 확신했고 더 이상 잘못된 신학을 가르치기를 원치 않았다. 그는 마다라사를 사임하게 되었고, 이에 따라 집과 동료와 재정수입을 잃게 되었다. 그 당시 파투마는 무슬림으로 남아 있었지만, 같이 학교를 그만 두었다. 양가 부모들도 그들과의 관계를 완전히 단절하였다.

그러나 한 기독교인 가정이 그 부부를 자신의 집에 머물 수 있도록 배려했다. 파투마는 그 집에 머무는 동안, 그 가정의 삶을 보고 하나님 말씀을 더 공부하며 위안을 느꼈고 복음에 마음을 열었다. 비록 지금 부부가 빈민가의 작은 방을 세로 얻어 살고 있지만, 경제적인 문제들로 근심하지 않는다. 그녀는 기독교인 가정의 '가정부'로서 일을 시작하였고 새 고용주와 기독교인의 교제를 즐기고 있다. 그녀는 하나님께서 그녀의 가정을 돌보실 것을 믿는다.

그녀의 믿음에 단계들

① 그녀는 남편의 무책임한 회심에 화가 났다.
② 그러나 남편에게 다른 불만은 없었다. 남편은 그녀에게 좋은 사람이었다. 단지 그는 발견한 새 믿음에 심취해 있었다.
③ 그녀는 비록 무슬림이었지만 남편을 따라 이슬람 학교를 그만 두었다. 그녀가 기독교인이 되기 전에도 이미 가족에게 핍박을 받았다.
④ 기독교인 가정에 머물며, 그녀가 종교 선생임에도 불구하고 자신에게 구원의 소망이나 확신이 없다는 것을 깨닫게 되었다.
⑤ 그녀는 자신 스스로 그리스도를 영접해야 한다는 것을 배웠다.

2) 그녀의 회심을 위한 주요 원인들

- 남편의 변화된 삶과 그의 새 믿음에 대한 확신.
- 모든 것을 버리고 불확실한 미래지만 그리스도를 따라가겠다는 남편의 의지.
- 기독교인 가정에서 머물며 함께 가족 예배에 참여한 환경.
- 규칙적으로 성경을 공부하며 예수는 그녀가 신뢰할 수 있고 따라가야 하는 길이 되심을 전적으로 확신함.

7. 이야기 전달은 장애의 극복을 도왔다

카디자(Khadija)는 성경공부 모임에 처음으로 참여한 여성 중의 하나다. 매주 토요일 우리는 학교에서 연대기적 성경 이야기 교실을 열었다. 카디자는 많은 질문을 하였다. 그러나 그녀는 결혼한 후 모임에서 멀어졌고, 성경 이야기 교실이 바느질 프로젝트로 전환되었을 때 다시 참여하기 시작했다. 모임의 리더는 그녀의 그리스도에 대한 무관심을 지적했다.

어느 날 이른 아침, 카디자는 우리 집을 방문하여 문 앞에 서서 이런 질문을 하였다. "꾸란과 성경은 둘 다 예수께서 지금 하늘에 있다고 말하는 것이 사실인가요?" 내가 머리를 끄덕이며 응답하는 동안 그녀는 계속 말을 이어갔다. "지난 시간에 우리는 예수께서 하늘에서 우리를 위해 집을 예비하시고 우리를 하나님께로 데려가시기 위해 다시 오실 것이라고 배웠습니다. 무함마드는 아직 메디나에 있는 무덤에 있으며, 지금도 그곳으로 수많은 사람들이 방문을 합니다. 무덤에서 자신의 심판을 기다리는 죽은 사람보다 앞으로 우리의 심판자가 되실, 살아 계신 분을 따라가는 것이 좋겠지요?"

나는 카디자에게 이것을 이해하기 위해 왜 이렇게 오랜 시간이 필요했는지 물어보았다. "나는 예수가 하나님께서 예비하신 유일한 길이라는 것을 믿기 위해 납득할 만한 이유를 찾고 있었어요. 나는 지금 왜 예수께서 '나는 길이요, 진리요 생명이다.'라고 얘기했는지 이해합니다. 예수께서는 자신의 죽음 훨씬 전에 죽을 것을 미리 아셨어요. 이것은 우연히 일어난 일이 아니라 그가 죽음을 통해 우리 죄를 씻어 우리가 하나님께 이를 수 있는 유일한 길이 되게 하시려는 태초부터 있었던 하나님의 계획이었어요. 무함마드에게서는 이러한 것을 발견하지 못합니다. 그는 살다 죽었고 지금은 무덤에 있어요. 아직도 우리는 '그에게 평화가 있기를'이라고 말해야 합니다. 나는 만일 오늘 저녁 죽을지라도 용서받을 수 있고 나를 하늘나라로 인도하실 살아 계신 분을 따라가길 원합니다."

카디자는 정기적으로 성경 이야기 교실에 참여해 왔지만 종교적, 신학적 장애들과 5년 동안 씨름해 왔다. 그녀는 다양한 단계를 통과했는데,

① 그녀는 성경 이야기를 들을 때, 많은 질문을 하며 도전적이었다.

② 그녀는 무슬림 남자와 결혼하였고 한동안 헌신된 무슬림으로 살았다.

③ 자신의 삶과 믿음에 대한 회의를 가졌다.

④ 믿음에 대한 여러 질문들을(의심, 두려움, 도움의 필요) 가짐으로, 결국 얼음과 같은 마음이 녹기 시작했다.

⑤ 수 년 동안 성경 이야기를 들으며 말씀에 대한 그녀의 믿음은 자라났다.

1) 그녀의 회심을 위한 주요 원인들

- 그녀는 지속적으로 말씀을 접하였고 기독교인 친구들의 삶을 보았다.
- 그녀가 여러 해 동안 참여한 성경 이야기 모임(Storytelling Group)은 그녀의 세계관과 종교적 견해에 큰 변화를 주었다. 그녀는 하나님과의 진정한 관계와 종교적 행위, 또는 살아 계신 하나님을 따라가는 것과 죽은 자를 경외하는 것에 대한 차이를 알게 되었다.

8. 만일 내가 집에서 예수 영화를 보여 준다면 어떤 일이 일어날까?

오늘 메디나(Medina)가 모임에 안 왔다. 나는 집에 돌아가는 길에 그녀의 작고 초라한 집을 방문했다. 그녀가 어려운 상황에 있음을 알게 되었다. 메디나의 동생은 오랫동안 병중에 있었다. 사람들은 그녀가 저주를 받았다고 말했다. 메디나는 나에게 "저주가 사람들을 병들게 하고 그로 인해 죽을 수도 있나요?"라고 물어보았다. 나는 "그래요 저주가 큰 결과를 가져올 수 있어요. 그러나 아픈 사람들만 저주를 받은 것은 아니랍니다. 세상 모든 사람들은 저주의 결과로 고통받고 있는데, 이것은 하나님이 인간을 창조했을 당시부터 계속되었어요. 결국 우리가 병들어 죽게 되는 것도 이런 이유입니다."라고 대답했다.

메디나는 잠시 침묵한 후, 몇 달 전 들은 얘기를 남편과 결부시켜 말했다. "그런데 하나님께서는 구원자를 보내어 우리를 저주에서 자유롭게 하신다고 약속하지 않았나요? 제가 어떻게 하면 사람들의 저주에서 내 자신을 보호할 수 있나요?"

내가 예수의 이야기를 다시 반복해서 해 주었을 때, 그녀는 매우 주의 깊게 들었다. 그런데 갑자기 그녀의 반짝이던 눈은 어두워졌다. "나는 이것이 진리인 것을 믿습니다. 내가 주님을 따라 나오게 된다면, 내 아이들은 보호받을 수 있을까요! 내 남편은 어떤 반응을 보일까요? 나는 그가 두려워요."

나는 그녀의 말이 진심이라는 것을 알 수 있었다. 그녀는 재정적으로 남편에게 의존하고 있었다. 그녀의 삶은 시댁식구들과 남편의 학대로 비참했었다. 유일한 그녀의 낙은 우리의 재봉 프로젝트에 참여하는 것이었으며, 이를 통해 과외 수입을 벌고 성경을 통해 소망의 이야기를 배울 수 있었다. 그녀는 경제적, 사회적 장애에 막히고 묶였던 것이다.

몇 주 후, 우리 집 거실은 스물다섯 명 여인네들의 잡담과 웃음소리로 가득 찼다. 그들 중 반 이상은 아직 무슬림이었다. 그들이 친밀함 속에서 웃고 떠들며 기뻐하는 것을 보는 것은 큰 즐거움이었다. 그들과 예수 영화를 함께 보았다. 영화 도중, 나는 그들이 웃고, 울고, 코웃음 치고, 소리를 지르는 것을 들었다. 영화가 끝난 후, 나는 그들에게 영화를 본 소감을 적어 다음 번 모임에 가져오라고 말했다.

메디나는 즉시 자신의 생각을 적었는데, 나를 잠깐 보기 원한다는 메시지도 동시에 남겼다. 그녀는 나에게, 영화를 보면서 자신의 삶에 부닥치는 모든 문제와 어려움을 극복하기 위해서 얼마나 예수가 필요한지 알 수 있었다고 말했다. 그녀는 예수께서 시댁식구들에 대한 원망과 미움을 용서해 주시고 모든 불의에서 자신을 깨끗하게 해 주시기를 원했다.

메디나는 기뻐하며 집으로 돌아갔다. 그녀는 내게서 스와힐리와 아랍어로 쓰인 작은 신약 성경 책자를 받고 좋아했다. 그것을 남편에게 보여 주었는데, 그는 그 성경이 아랍어로 쓰인 것을 보고 "좋은 책인 것 같은데 꾸준히 읽도록 하라."고 말해 주었다. 이러한 남편의 허락에 그녀는 기뻤으며 주님은 그녀를 재봉 프로젝트에서 일하는 다른 여인들을 그리스도께로 인도하는 데 크게 사용하셨다. 그러나 그 기쁨도 잠시뿐, 남편은 그녀를 석유난로로 살해했다. 큰 대가를 지불한 것이다!

그녀의 회심의 단계들

① 삶은 고달팠다. 그녀는 형편없고 포악한 남편과 시댁식구들을 두었다.
② 그녀는 사회적, 경제적 필요를 해결할 도움을 찾고 있었다.
③ 그녀가 바라는 도움은 사람이 해 줄 수 있는 능력밖에 있었다.
④ 일 년 이상 그녀는 성경 이야기 모임에 참여했다.
⑤ 예수는 그녀가 찾던 도움과 해답이라는 마음속에 울리는 메아리를 느꼈다.
⑥ 그녀에겐 공백기가 있었다. 결과가 두려웠고 지불해야 할 대가도 컸다.
⑦ 그리스도의 사랑과 능력을 잘 나타낸 예수영화를 봄으로, 그녀는 어떤 대가를 있을지라도 예수를 따라가야 한다고 결심한다.

1) 그녀의 회심을 위한 주요 원인들

- 남편과 시댁에 대한 두려움은 그녀가 예수 안의 도움과 보호를 찾도록 몰아갔다.
- 성경 이야기 속에서 그녀는 자신이 동일시할 수 있는 많은 예들을 발견했고 자신의 삶을 위한 새로운 희망을 갖게 되었다.

9. 설득보다 사랑을

나는 8년 넘게 성경 이야기 그룹(Storytelling Group)을 인도해 왔다. 이것은 공동체 모두에게 복음을 전할 수 있는 매우 효과적인 접근이다. 이 접근 방법은 전도 대상자나 문맹 혹은 반문맹자가 하나님, 인간의 본성, 죄, 율법 및 하나님과의 화해에 대해 배울 수 있는 기회를 제공한다. 이 방법은 세상 속에 일어나는 이야기들과 은유적 표현들을 사용하며, 남성우월주의, 청결하게 됨, 무슬림 여인으로서의 자존감, 결혼 혹은 자녀 양육과 같은 주제들을 나눈다. 좀 더 교육받은 여인들을 대상으로 한, Al-Kitab Bible Correspondence Course(Al-Kitab 성경 통신과정)는 성경의 가치 및 구원을 위한 하나님의 놀라운 계획을 이해하기 위한 또 하나의 놀라운 도구가 될 수 있다.

나의 주된 관심은, 무슬림 여성들과 젊은이들에게 복음을 전할 때 내가 그 사람을 설득하는 것보다 내가 어떻게 진정으로 그를 사랑할 수 있는가 하는 질문이다.

12장

중앙아시아 무슬림들을 회심으로 이끄는 요소

Hasan Abdulahugli

1991년 중앙아시아에는 구소련연방에서 새 주권 공화국들이 독립하는 변화가 일어났다. 수백만의 무슬림들과 이슬람 종교적 성지의 본거지였던 우리 국가는 점점 더 무슬림의 종교적 관습과 역사적으로 중앙아시아의 이슬람 정체성 안에서 다시 일어나는 복고 운동에 사로잡혔다.

대통령은 농업적 의존성을 탈피한 생산 기반의 시장 경제를 지향하면서도 안정적인 사회주의 기조를 유지하려 노력했다. 동시에 그는 소수지만 활동적인 급진 군사적 세력들을 통제하는 한편, 중앙아시아 고유의 문화를 유지시키고, 온건 이슬람 형태를 보존하며 나라를 이끌려 노력했다.

우리나라가 영적인 면에 새로운 관심을 보이는 것은, 과도기의 경제적 어려움과 사회적 변동에 대한 반대급부 작용에 의해서이다. 공산주의와 정부가 후원한 무신론이 몰락한 뒤 십수 년 동안, 대부분의 일반 무슬림들은 새 열망으로 하나님을 찾았다. 다수는 엄격한 이슬람 신앙을 실천하는 새로운 헌신을 하였다. 어떤 사람들은 더 이전의 전통적인 정령신앙을 회복하고자 했다. 그렇지만 특히 대도시로 이주하여 어려운 삶을 사는 젊은이들과 농촌 빈곤층 사람들 사이에서 복음의 문은 점점 더 열렸다.

이 글의 의도는 중앙아시아 무슬림들의 작지만 점점 더 강하게 그리스도께 오는 전반적인 운동을 평가하고자 하는 것이 아니다. 그러나 좀더, 우리 민족 교회를 개척하는 무슬림 배경의 한 사람으로서 국가 내의 한 지역에서 성장하는 교회에 회심과 성장을 돕는 일차적, 경험적, 실질적 요소들을 논의하고자 한다. 이러한 요소들을 조사함으로 앞으로 이 지역 교회개척을 위한 어떤 결론을 이끌 수 있을 것이다.

1. 꿈

주님을 믿은 지 수년이 지난 1996년 가을, 나는 기술자로 24시간 교대 일을 하였다. 그 일은 매우 힘들었고 며칠 동안 가족을 보지 못하곤 하였다. 동료들에게 믿음을 전하였지만, 그들은 나를 카필(kofir), 즉 이교도라 부르며 경멸하고 무시하였다. 내 마음 깊숙이 주님을 전적으로 섬기는 부르심을 느끼고 있었기 때문에 더욱 갈등하였다. 그러나 우리 가족의 미래가 걱정되었다.

어느 날 밤, 나는 꿈을 꾸었다. 나는 밀을 수확하는 들판의 일꾼들을 보았다. 밀 줄기는 이미 다 자라 수확의 때를 넘긴 상태였다. 하나님께서는 나에게 말씀하셨다. "가서 그들에 가담하라."

그러나 나는 두려웠다. 만일 내가 그 일에 참여한다면 우리 가족에게 큰 위험이 닥칠 것을 알았다. 나는 "내 아이들은 어떻게 합니까?"라며 저항했다. 주님은 나의 눈을 내가 사는 도시를 둘러싸고 있는 산들 중 가장 높은 봉우리로 돌리게 했다. 그 꼭대기 위에 요람이 있었는데, 그 속에서 내 외동아들이 평화롭게 누워 있는 모습이 보였다. 조금이라도 요람이 미끄러지면 아들은 산 위에서 떨어져 죽을 것이기 때문에 나는 무척 두려웠다. 하나님께서 갑자기 명령하시자 그 요람은 공중으로 튕겨 뒤집혀진 후 다시 제자리로 돌아갔다. 나는 내 아들이 죽었다고 여기고 놀라 부르짖었다. 그러나 나는 그가 마치 아무 일도 없었던 것처럼 행복하고 평화롭게 누워 있는 모습을 보았다. 주님은 말씀하시길, "보았느냐? 내가 너의 아이를 돌본단다. 나에겐 너의 가정을 지켜 줄 능력이 있다. 자, 이제 추수할 들판으로 가라."

2. 중앙아시아에서의 교회개척

내가 이 꿈을 말한 이유는, 하나님께서 꿈을 통해 우리들에게 말씀하신다는 것을 말하기 위해서가 아니라, 시작부터 내가 아니라 하나님께서 나를 교회개척자로 부르셨다는 것을 나타내기 위함이다.

내 아내는 나보다 두 달 후인 1994년 믿음을 갖게 됐다. 내가 전도하여, 내 형제들, 어머니, 조카들, 그리고 이웃들이 주님께 돌아왔다. 내 가족이 회심한 후에 우리들은 우리가 알고 있는 같은 종족배경의 다른 사람들에게 복음을 전하였다. 1996년 하나님께선 내 집에서 조그마한 교회 모임을 허락하셨다. 1999년 즈음에, 우리의 가정모임은 성장하여 매주 토요일 지역 러시안 침례교회에서 모임을 갖기 위해 허가를 신청하였다. 그러나 2000년에 우리가 자주 공공연하게 침례를 주는 의식을 가지자, 우리 집 근처의 모스크에서 핍박이 오기 시작하였다. 여자들은 침례를 받고 벌거벗은 채로 수영을 한다는 루머가 전해졌으며, 그들은 나에게 돌을 던지며 위협을 가했다. 우리는 전부 함께 모이는 것보다 가정 교회로 나누어 모이기로 결정하였다.

2001년 우리들은 목사 한 사람에 의해서가 아니라 장로 그룹에 의해 책임을 나누고, 서로 충고하며, 함께 기도하고 가르치며 인도하는 교회의 가치를 깨닫기 시작했다. 나는 "성경적인 장로회"(Biblical Elder-ship)란 존 파이퍼의 짧은 글을 번역하게 되었는데 이 책은 우리에게 많은 도움을 주었다. 2001년 여름, 하나님께선 우리를 통해 최초로 두 명의 장로를 선임하게 하셨고, 또한 그 이듬해인 2002년에 두 명의 장로가 더 선출되었다. 각 장로가 가르치고 설교하며, 새 제자들을 주께로 인도하는 책임을 맡음으로 교회가 영적으로 성장하는 것을 보기 시작했다.

오늘날, 우리 교회는 4개 지역으로 나누어져 100명의 성도들이 비공식적으로 모이고 있다. 교회 성도 수가 증가하고 성숙해짐으로, 두 명의 새 장로 후보들을 뽑았고, 나와 아내는 우리 도시에서 남동쪽 차로 한 시간 거리에 있는 지방 도시에 새로운 교회개척 사역을 계획하였다.

3. 역사적 배경

우리나라는 1991년 구소련 연방에서 독립하였다. 그 후 지난 12년 동안 정부 관료들을 존경하고 그들을 위해 많은 기도를 하였지만, 국민들은 매우 고통을 받았다. 공장들은 문을 닫았다. 국민의 다수가 직장을 구할 수 없었다. 소비에트 시대에 비옥했던 토지는 무분별한 남용으로 노화되었다. 하나님께서 이 모든 고통들을 통해 우리 국민들의 마음을 준비시키신 것으로 보인다.

무신론이 더 이상 우리에게 강요되지 않고, 우리 국민들 사이에 하나님에 대한 관심이 일깨워졌다. 많은 사람들이 좋은 무슬림이 되기 위한 요구—기도, 라마단 금식, 금요 모스크 집회, 코란과 하디스를 읽는−를 삶에 적용시키는 것에 대해 거부 반응을 일으켰다. 소비에트 시대에 잊힌 많은 미신적인 행위들이 살아나, 사람들은 점쟁이를 찾아가며, 무슬림 성자의 무덤에서 동물을 제사로 올리며, 비밀스런 주문과 저주를 배우는 전통적인 신앙으로 돌아갔다. 그러나 대다수의 사람들은 어떤 것(정부, 교육기관, 텔레비전, 물라, 이슬람 선생)도 믿지 않으며 모든 희망을 잃어버린 것처럼 보였다. 하나님께서 유일하며 진정한 희망이 되신 예수 그리스도의 복음을 위해 우리 민족을 준비하신 것이다.

4. 교회 상황

우리 민족의 교회 규모는 정부가 신자들의 상황과 정보를 통제하기 때문에 정확히 통계를 내기는 힘들다. 등록된 교회는 우리 중 단 한 곳에도 없다. 어떤 모임들은 기존의 허가된 러시아 혹은 한국 교단 교회 아래 등록되었다. 다수가 가정교회 형태로 모인다. 내가 알고 있는 한 도시에는 수천 명의 성도들이 비공식적 모임 장소에서 모이고 있고 국가 전체 인구 중 6천 명 정도로 추산된다.

5. 조사 대상 분석

아래의 자료들은 중남부 지역의 약 100명의 기독교인을 대상으로 조사하며 내가 직접 수집한 정보이다. 이들은 다양한 나이 대에 걸쳐 있으며, 남녀 비율이 거의 동일하며, 등록된 혹은 비등록된 모든 교파와 혹은 독립된 교회에 속한 사람들이다. 조사는 과학적이거나 공식적인 방법에 의존하지 않았지만, 내가 개인적으로 인터뷰해서 나온 결과이다. 나의 관찰을 소개한다.

1) 대부분 신자들은 중류 혹은 하류 계층 사람들이다

조사 대상 중 65-70%가 농촌 마을 사람들이거나 도시로 이주해 온 농촌 출신 사람들이다. 85%가 되는 사람들은 거의 교육받지 못했거나 교육적인 배경이 전혀 없는 사람들이다. 60%는 특정 직업이 없으며 대부분 실직 상태이다. 이들은 초대 교회 당시 성도들과 같은 계층들의 사람들로 여겨진다.

> "형제들아 너희를 부르심을 보라 육체를 따라 지혜로운 자가 많지 아니하며 능한 자가 많지 아니하며 문벌 좋은 자가 많지 아니하도다 그러나 하나님께서 세상의 미련한 것들을 택하사 지혜 있는 자들을 부끄럽게 하려 하시고 세상의 약한 것들을 택하사 강한 것들을 부끄럽게 하려 하시며 하나님께서 세상의 천한 것들과 멸시 받는 것들과 없는 것들을 택하사 있는 것들을 폐하려 하시나니 이는 아무 육체도 하나님 앞에서 자랑하지 못하게 하려 하심이라(고전 1:26-29).

2) 대부분 신자들은 나이 든 세대가 아니었다

신자들의 80%는 18세에서 40세 사이 그룹이다. 이들의 다수가 소비에트 시대를 경험했으며 독립한 후의 삶 속에서도 좌절하고 있었다. 또한 70%는 꾸란이나 하디스를 잘 알지 못했고 75%는 이슬람 종교행위의 다섯 기둥을 전혀 실천해 본 적이 없는 사람들이었다.

왜 신자들 사이에 이슬람의 영향이 미약했는가? 우리나라에서는 대부분 무슬림들이 은퇴하기 전(남자는 60세, 여자는 55세)에는 이슬람 신앙에 대해 진지하지 않다. 조사의 대상이 된 신자들 대다수가 이슬람의 종교적 행위에 헌신하는 나이에 도달하지 않았고 이것은 이들이 복음을 받아들이는 데 열린 마음을 가지게 했다고 여긴다.

3) 대부분 신자들은 그들의 믿음에 외부 반대를 경험했다

조사한 신자들의 77%는 핍박을 받았다고 말했다. 반 이상의 사람들은 그들의 믿음 때문에 이웃들과의 관계가 악화되었다.

4) 두 주된 영향들: 기독교인과의 사회적 접촉, 혹은 초월적인 사건

53%의 신자들은 친구나 배우자의 변화된 삶을 통해 믿음을 갖게 되었다고 말한다. 그 다음으로, 41%가 기도의 응답, 기적, 치유의 역사로 인해 확신을 갖고 그리스도를 영접했다고 말한다.

6. 결론

그간 조사 및 8년 동안의 교회개척 경험을 통해 아래의 결론에 도달하였다.

1) 지방의 빈곤함과 거주지 이동이 회심의 주된 요인이다

복음에 열린 사람들은 전통적인 마을에서 경제적인 어려움을 겪었고 가족, 이웃, 모스크와 같은 지역 사회의 압박에서 벗어나 도시로 이주하여 도시에 위치한 기독교인 공동체의 자유와 사랑을 경험하게 된 계기가 되었다.

2) 중앙아시아의 경제적, 정치적 상황은 사람들이 그리스도께로 향하게 만든다

물론, 많은 사람들이 이슬람으로 회귀할지라도 대부분 사람들, 특히 농촌 사람들은 삶에 지쳤다. 낙심하고 희망을 잃은 그들은 기독교인 형제, 자매들의 사랑을 보고 그리스도에 대해 관심을 가지게 된다.

3) 기적과 꿈은, 기독교인을 접촉할 수 없는 환경에서 사람들이 그리스도를 영접하는 데 도움을 주는 것으로 보인다

많은 회심자들이 처음에는 초월적인 경험을 통해 그리스도께 이끌린다. 그 후, 설교, 전도 그리고 친척과 친구들 사이에 기독교인들의 삶을 보고 지속적인 관심을 가진다. 우리는 항상 하나님께서 치유와 기적을 행하실 것을 바란다. 그러나 세상에서 사람들은 사회적 친분 속에서 알고 신뢰하는 사람들의 삶에서 일어나는 변화의 모습을 볼 때, 더 빨리 믿게 되는 것으로 보인다.

4) 핍박은 필요하다

그리스도 안에서 믿음을 가졌을 때 핍박도 함께 시작된다. 신자들이 오랜 핍박의 시간을 지날지라도 결국 이런 것들을 통해 이들의 믿음은 더욱 강해진다. 핍박이 복음을 전하며, 말씀을 가르치고 교회를 세우는 우리의 사역을 중단하게 만들지 말아야 한다. 대신에 우리는 더욱 담대하게 복음을 전하는 데 힘써야 한다.

5) 이슬람 혹은 전통적 종교와 같은 타 종교에서의 종교적 행위들은 진정한 기독교와 비교될 수 없다

무슬림 지도자들과 전통적 종교를 따르는 사람들은, 많은 규칙과 법에 엄격한 순종을 강요한다. 그러나 우리 민족은 이미 구소련 시대부터 임명된 종교지도자들의 잘못된 예들을 보았다. 이 지도자들은 뇌물을 받고, 욕하고, 술을 마시고, 부도덕한 삶을 영유한다. 우리는 이들 종교 지도자들의 공허한 약속에 지쳤다. 그러나 하나님의 사랑과 자비, 형제와 자매간의 사랑을 동반한 복음이 전파되고 신자들의 삶에서 거룩한 예들을 보았을 때, 기독교는 사람들의 마음을 얻는다.

6) 시간은 짧다

사람들은 그리스도께로 나아온다. 그러나 더 많은 사람들이 무슬림으로 되며 이들의 세력은 점점 강해지고 있다. 우리들은 예수 그리스도의 고귀한 이름이 나의 민족 마지막 사람에게까지 선포되기를 갈망한다. 이것을 위해, 우리들은 삶과 제자도, 전도를 통해 그의 사랑을 주위 사람들에게 확장하기를 원한다.

7. 부록 : 조사 데이터

1) 일반 정보

- 나이: 40 이상, 20%; 18-40, 80%.
- 지역: 도시, 35%; 농촌, 65%.
- 성별: 남, 60%; 여, 40%.
- 교육: 고등(고등학교보다 상위 교육), 15%; 중등(고등학교 졸업), 50%; 무교육, 35%.
- 직업: 특정 직업이나 상업, 40%; 무직업이나 무상업, 60%.
- 고용: 종사, 35%; 비 종사, 65%.

2) 가족과 공동체 상황

- 가족 중 신자가 있다: 96%.
- 믿음을 갖기 전 경제적 상황: 양호, 10%; 평균 30%; 빈곤, 60%.
- 신자로서 당신 이웃과의 관계는 어떠한가?: 양호, 20%; 비교적 양호, 13%; 나쁘다, 67%.

3) 이슬람 그리고 다른 종교 행위

- 당신은 어떻게 처음 복음을 듣게 되었나? 친구로부터, 40%; 설교, 17%; 성경, 12%; 친척, 10%.
- 믿음을 갖기 전 코란과 하디스를 알고 있었나? 예, 30%; 아니오, 70%.
- 당신 가족 중 강한 종교적 무슬림인 사람이 있는가? 예, 65%; 아니오, 35%.
- 당신 가족 중 점을 보거나, 마법, 혹은 다른 전통 종교의 행위를 하는 사람이 있는가? 예, 68%; 아니오, 32%.
- 당신이 믿음을 갖기 전 이슬람 신앙의 5기둥을 실천하였는가? 예, 25%; 아니오, 75%.

4) 기독교 믿음에 대한 사전 지식

- 믿음을 갖기 전 신약, 토라, 시편을 알고 있었는가? 예, 18%; 아니오, 82%.

5) 다른 가능한 영향들

- 어떤 사람이 당신이 믿음을 갖게 하기 위해 돈을 주었는가? 아니오, 100%.
- 당신이 꿈을 꾸고 회심하였는가? 예, 15%; 아니오, 85%.
- 어떤 요소가 당신이 믿음을 갖게 하는 데 영향을 주었는가? 친구의 변화된 삶, 22%; 신자들의 다른 삶에 매력을 느껴, 18%; 기도응답, 16%; 남편이나 아내의 변화된 삶, 15%; 기적, 14%; 치유, 11%; 호기심, 4%.

6) 믿음을 갖은 후

- 핍박을 받은 적이 있는가? 예, 77%; 아니오, 23%.
- 침례를 받았는가? 예, 52%; 아니오, 48%.
- 무함마드가 선지자라고 생각하는가? 예, 4%; 아니오, 96%.

13장

파키스탄에서 '믿음으로 나아옴'

Edward Evans

어떤 이슬람 배경을 가진 신자는 이렇게 고백한다. "어머니의 눈물은 아버지의 매질보다 참기 힘들었다." 이러한 배경을 가진 파키스탄 사람들과 여러 해들을 함께 하며, 1998년 파키스탄 신자들의 회심 현상을 연구하기로 하였다.

1. 들어가기 전에

1) 배경 설명

파키스탄은 오랜 역사를 가진 젊은 나라이다. 1947년, 어려움 끝에 고대 인도로부터 독립을 하였다. 세계 최초의 이데올로기 국가로 처음부터 파키스탄은 이슬람을 국가적 견지로 삼았다. 이슬람 인구는 1억 5천만으로 세계에서 두 번째이며 앞으로 10년 후 인도를 앞설 것으로 보인다. 아시아와 중동을 연결하는 십자로에 위치하기 때문에, 파키스탄의 지정학적 중요성은 종종 세계 뉴스의 초점이 된다.

파키스탄은 문화적으로도 아랍과 남아시아 사회의 요소들을 두루 겸비하고 있다. 수세기 동안 지금의 파키스탄 지역에서는 힌두교인이 압도적으로 많이 살고 있었으나, 점차적으로 무슬림 인구가 증가하였다. 이 두 공동체는 20세기까지 평화적인 공존을 하였다. 한편, 1870년대에 들어서며 이후 50년 동안, 푼잡 지역에서 축출 계층의 많은 힌두 종족들이 기독교로 전향하게 된다. 그들은 사회의 최하층 출신들이었고, 지난 수십 년 동안 교육을 통한 신분상승이 어느 정도 이루어졌지만 지금도 천하게 인식되고 있다. 오늘날 파키스탄 전체 인구의 대략 2.3%가 기독교인이며 힌두인은 1.5%, 무슬림은 96%이다.[121]

힌두교에서 회심한 이들과 더불어, 고등 교육을 받은 무슬림 배경의 회심자들이 있는데 비록 그들의 수가 매우 적을지라도 교회에서 지도자로서 중요한 역할을 감당하고 있다. 하지만 이들은 기독교에서 이슬람으로 개종하는 많은 사람들에 비해 상당히 드문 경우이다. 또한 그리스도를 믿지만 신앙을 공개할 수 없는 무슬림들이 있는데, 이들의 수는 파악되지 않는다.

2) 연구 목표

첫째 연구 목표는 파키스탄에서의 이슬람에서 회심하는 현상을 조

---

121) 민족단위의 기독교 부흥(the people movement of Christianity) 역사에 대한 가장 훌륭한 기술서는 Frederick와 Margaret Stock가 쓴 People Movements in the Pubjab(Pasadena: William Carey Library, 1975)이다. 한 세대 전 도시 빈민 기독교인에 대한 사회학적 연구를 위해 Pieter Streefland의 The Sweepers of Slaughterhouse: Conflict and Survival in a Karachi Neighbourhood (The Netherlands: Van Corcum, 1979)를 보라.

사하는 것이다. 회심자들은 성별, 가족 배경에 있어 어떤 형태로 구별
되는가? 회심한 후 그들의 믿음에 어떤 일이 일어나는가? 기독교인으로
그들은 가족에게 어떤 영향을 주는가? 반면에 개인들의 믿음을 바꾸게
하는 요소를 연구하는 것은 내가 지금 다루고자 하는 영역이 아니다.

두 번째 목표는 파키스탄 인이 기독교로 회심하였을 때 그 결정으
로 인해 그들의 가족과 공동체로부터 받는 벌은 어떤 것이 있으며 어떤
정도인지 확인하는 것이다.

세 번째 목표는 파키스탄 인 무슬림들이 배교자들에 대한 태도에
영향을 주는 종교적, 역사적, 사회적 요소들을 조사하는 것이다. 그러
므로 어떤 배교자들은 왜 다른 배교자들에 비해 더 심하게 벌을 받는
지에 대해 잠정적인 결론을 유추하고자 한다.

3) 자료

나는 파키스탄에서 기독교로 회심한 70명의 무슬림들을 대상으로
회심의 예들을 자료로 수집했다. 이 예들은 몇 개의 형태로 구분된다.

① **학문적인 연구.** 내가 알고 있는 한, 파키스탄에서의 회심에 대한
유일한 학문적 연구는 1970년대 핀란드인 선교사 Seppo Syr-
jänen에 의해 이루어졌다.[122] 그가 인터뷰한 36명 중 23명의 경
우가 이 연구와 연관이 있었다.

② **회심자들에 대한 문헌 인용.** 나는 파키스탄인 회심자들에 대한

---

122) Seppo Syrjänen, In search of Meaning and Identity: Conversion to
Christianity in Pakistani Muslim Culture(Helsinki: Finnish Society for
Missiology and Ecumenics, 1987). 추가로(이 연구보다 더 최근 자료), Warren
Larson의 연구 Islam Ideology and Fundamentalism in Pakistan: Climate of
Conversion to Christianity?(Lanham, Maryland University Press of Ameri-
can, 1998)를 참조.

남겨진 기록 혹은 자신들에 의해 직접 작성된 11개 문건을 가지고 있다.(어떤 사람들은 Syrjanen의 인터뷰 대상자와 중복된다.)[123]

③ **일차 대상자.** 개인적으로 알고 있는 17명 개인을 대상으로 했다. 그들이 들려 준 이야기와 평소 내가 관찰하며 알고 있던 그들 주변의 이야기를 참고로 했다.

④ **구전 정보.** 추가적으로 26명의 회심자들에 대한 정보가 그들을 개인적으로 알고 있는 다른 사람들에 의해 제공되었다.

그들의 이야기가 실명으로 이미 공개되지 않은 한, 보안상 각 개인의 이름은 익명으로 거론된다.

모든 개인들은 그들의 신앙이 무슬림 가족들에게도 알려진 상태이며, 1947년과 1998년 사이에 파키스탄에서 기독교로 회심한 파키스탄 시민들이었다. 그들 모두가 가족 중 최초의 기독교인이 된 주요(primary) 회심자들이다. 연구에서 다음과 같은 영역의 사람들은 제외시켰다.

• 남편이나 아버지의 회심을 따라 후에 결신한 2차적 회심자들.
• 자신들의 믿음을 철저히 숨기는 파키스탄인 회심자들.
• 서구에서 기독교로 회심한 파키스탄인 무슬림들.
• 파키스탄에서 회심한 비파키스탄인 무슬림들.

---

123) 예를 들어, Steven Masood, Into The Light(Eastbourne, UK: Kingsway, 1986); Thelma Sangster, The Torn Veil: The Story of Sister Gulshan Esther(Basingstoke, UK: Marshall, Morgan & Scott, 1984); Bilquis Sheikh, I Dared to Call Him Father(Eastbourne, UK: Kingsway, 1978); Ralph Wotton, Jesus, More than a Prophet(Leicester, UK: Inter-Varsity, 1980); Tamur Jan, Ex-Muslims for Christ(Birmingham, UK: The Crossbearers, 1980).

나는 모든 세대와 종족 그룹들을 포함하며, 되도록 대표적인 회심 예들을 선택하려 노력했다.

4) 방법론

회심자 각 개인의 성별, 종족, 가족 배경, 회심 이야기와 환경, 그리고 특별히 무슬림 친척과 이웃들의 반응들에 대한 정보를 얻으려 하였다. 이러한 반응을 살해(가장 높은 위험)에서 중립 반응(가장 낮은 위험)의 정도로 반응의 심각성을 구분하였다. 또한 수년 후, 회심자의 믿음과 그들 가족과의 관계적인 면에서 어떤 결과를 가져왔는지 확인하려 노력하였다.

마지막으로 배교에 대한 이슬람의 원론적인 가르침의 경우 그룹(case group)에서 실제적으로 어떻게 적용되었는지 그 범위를 파키스탄의 종교적, 역사적, 사회적 요소의 관점에서 평가하였다. 체계적인 설문 조사를 토대로 하지 않더라도, 70명의 주요 회심자들을 대상으로 한 이 표본(sample)은 내가 아는 한, 파키스탄에서 가장 광범위하게 실시된 내용이다. 이 연구가 앞으로 다른 사람들에 의해 더욱 발전되기를 바란다.

2. 파키스탄에서 회심 현상

회심자의 성별, 나이 그리고 회심자뿐만 아니라 회심한 가족 혹은 확장된 공동체와의 관계성은 회심을 설명하고 이해하는 데 중요한 요소이다.

1) 개인 혹은 그룹 회심

파키스탄에서는 어느 시기를 막론하고 공동체가 집단적으로 이슬람에서 기독교로 회심한 역사가 없었다. 개인 회심은, 이 연구의 기록된 70건 경우에서 나타나는 바와 같이 거의 변함없는 경로라 할 수 있다.

그러나 이 연구는 처음 믿음의 스텝을 밟는 최초의 가족 회심자에게 의도적으로 초점을 맞추었다. 다수의 경우, 이들의 영향을 받아 가족 구성원들이 그리스도를 영접했다는 것을 잊지 말아야 한다. 이와 같은 이차적인 회심이 비록 소규모로 일어날지라도 그룹 회심으로 간주될 수 있다.

2) 전형적 회심 나이

Syrjänen은 그가 인터뷰한 대상 중 64%가 16에서 25세 나이에 기독교로 회심하였음을 발견하였다. 그리고 내 연구의 통계 59%도 이것에 근사한 수치를 보이며 그의 발견을 확증한다. 대부분 다른 문화권과 같이 파키스탄에서도 이 나이 대의 사람들은 자신의 정체성을 찾고 자신의 뿌리에 대해 의문을 가진다. 더 나이든 사람들은 기존 삶의 방식에 고정되어, 젊은이들보다 불명예스런 일에 더 주의하며, 덜 이상적이고, 변화에 열려 있지 않다.

3) 성별

이 연구의 조사 대상인 70명의 주요 회심자 중에 오직 7명(10%)만이 여성이다. 일반적으로 파키스탄 여성들이 남성들보다 이슬람에서 벗어날 수 있는 첫 번째 가족 구성원이 되기는 힘들다. 심리적으로 그들은 태어나면서부터 교육받은 고정관념 외의 생각을 가지기가 더 어렵고, 개종하는 것을 큰 불명예로 여기는 친척들에게 믿음의 변화를 선언하는 것은 더욱 더 힘든 일이다. 파키스탄 여성들은 가족의 명예 문제에 있어서 남자들보다 더 많이 심한 벌을 받는다.

대조적으로, 여성들의 아버지나 남편이 먼저 회심했을 때 상당한 수의 여인들이 기독교로 회심할 수 있었다. 이 조사에 따르면, 63명 남성 회심자의 영향으로 최소한 20명 여성들이 회심하였다. 내가 조사한 바에 따르면, 부인이 먼저 믿고 후에 그가 남편을 그리스도 안의 믿음으로 인도한 경우는 없었다.

4) 종국적인 결과

회심이 가져온 가족과의 종국적인 관계에 대해, 49명을 대상으로 조사했는데 결과는 다음과 같다.

가족과 종국적 관계	경우의 숫자	%
가족 구성원이 기독교인이 됨.	11	23%
가족과 화해를 하였지만 가족 중 누구도 회심하지 않음.	8	16%
거부도 용납도 아닌 휴전 상태.	16	33%
가족은 계속해서 회심자를 적대적으로 대함.	4	8%
회심자가 이슬람으로 회귀했으나 겉으로만 이슬람을 따라가는 척을 함.	10	20%

장기적으로 보았을 때, 단지 8%의 경우만이 회심자가 가족과의 적대적인 관계로 남아 있었다. 다른 경우들은 관계가 회복되든지 "휴전" 상태를 유지하였다. 이는 오직 특별한 경우에서만 회심자가 가족으로부터 분리될 때 이것이 절대적 상황으로 모든 것을 끝내는 한방의 결정타가 된다는 Syrjänen의 결론을 뒷받침한다.[124]

---

124) Syrjänen, In Search, 177.

이 조사에 따르면, 기독교인으로 자신의 가족에게 영향을 주는 회심자의 비율(23%)이 이슬람으로 다시 돌아가는 숫자(20%)와 거의 비슷하다. 이슬람으로 돌아가는 이들이 정말 마음으로 우러나서 하는 경우는 거의 없다. 외부적으로는 그들이 그렇게 보일 수 있으나(이슬람 신조를 반복하는 정도), 그들의 마음속에는 비밀리에 신자로 남아 있다. 아흐멧이 말한 것처럼, "무거운 마음으로 모스크에 간다."[125] 그러나 어떤 경우에 있어선 한 때 목사였던 라픽(Rafik)과 같이 의도적으로 이슬람으로 돌아간다! 회귀의 이유는 아마도 기독교인 공동체에 대한 실망이나 가족들과 맞섬에 지침, 직업의 필요, 결혼해서 정착하고 싶은 욕구로 인해 마음이 약해진 데에서 비롯될 수 있다.

회심의 종국적인 결과에 관해, 나이를 비교해 보면 젊은 파키스탄 무슬림들이 나이든 세대보다 기독교 공동체에 더 쉽게 들어가지만, 또 동시에 떠나기도 더 쉽게 한다는 것을 보여 준다.

회심 나이	차후 이슬람으로 회귀	차후 친척을 기독교 신앙으로 인도
25 미만	9(이 범위의 32%)	5(이 범위의 18%)
25 이상	1(이 범위의 5%)	5(이 범위의 26%)

기성세대 회심자들, 특히 회심 전에 이미 결혼한 사람들은 꾸준히 믿음을 유지하는 것으로 보인다. 15명의 결혼한 회심자들 중에 단 한 명도 이슬람으로 회귀하지 않았다. 더욱이 거의 반 정도가 나중에 자신들의 아내나 다른 가족 구성원들을 그리스도께로 인도하였다. 일반적으로 그들이 인도한 친척들은 아내거나 여동생이었고 종종 어머니나 남동생이었다. 그러나 나이가 더 든 남성 가족인 경우는 거의 없다. 회심자의 자녀들은 대개 어머니의 선택을 따라간다.

---

125) Ibid., 176.

3. 회심자들이 겪어야 하는 핍박의 범주

범주 A-G는 회심자들이 친척과 이웃으로부터 겪게 되는 핍박의 범주를 분류하기 위해 고안됐다.

범주	핍박의 정도	해당 경우	%
A	살해	4	6
B	생명의 위협	8	11
C	심함	23	33
D	보통	24	34
E	약함	6	9
F	중립	5	7
G	긍정	0	0
	합계	70	100

1) 범주 A: 회심자의 죽음

남성 회심자 60명 중에 단지 1명이 죽임을 당한 반면에 여성 7명 중에 3명이 살해된다는 것은 놀라운 일이다. 이러한 모순은 아래에 더 언급될 것이다.

2) 범주 B: 생명을 위협하는 핍박

회심자의 말에 따르면, 이 범주에 속한 8명의 경우 거의 모두가 한 번은 이러한 삶의 위협을 경험하였다. 이러한 위협은 항상 남성 가족 구성원(e.g., 아버지 혹은 오빠)에 의해 이루어진다. 어떤 경우는 생명이 위태할 정도로 심하게 구타를 당했다.

3) 범주 C: 심한 핍박

전체 조사의 삼 분의 일을 차지하는 이 범주는, 다양한 강제적 형태를 포함한다. 이 범주의 많은 경우가 독신 남성이다. 신앙을 부인하지 않으면, 더 심한 핍박의 위협을 받게 되며 가족에 의해 쫓겨난다. 어떤 경우는 직장을 잃는다. 폭력적은 아니지만 강압적인 방법으로, 가족에서 제외되거나 무슬림 친척과 결혼시키기도 한다. 만일 결혼한 사람이라면 그의 아내와 자식들에게서 적어도 일시적으로 떨어뜨려 놓는다.

4) 범주 D: 보통의 핍박

이 범주도 모든 경우의 삼 분의 일을 차지한다. 회심자는 종종 자신의 가족 구성원들에게 정서적인 압박과 친척 공동체로부터 배척을 당했다고 말한다. 빌기스 쉐이크(bilquis Sheikh)는 자신의 회심으로 숙모가 겪은 가슴 아픈 상처와 자신이 가족 모임에서 배제되었을 때의 비통함을 묘사한다.[126] 또한 회심자들은 이슬람으로 회귀시키려는 시도들에 직면하게 되며 경우에 따라서는 재판에 회부되기도 한다. 몇몇 사람들은 직장을 잃어버렸다.

5) 범주 E: 약한 핍박

이 경우 6명(9%)이 이 범주에 들어간다. 이 범주의 회심자들은 가족이 말로 반대하는 정도의 비교적 약한 핍박을 받는다.

---

126) Sheikh, I Dared, 71, 74, 76, 90.

6) 범주 F: 중립 반응

회심자들의 5명(7%)의 경우에는 자신들의 가족에게서 중립적 반응을 경험한다. 이들 모두가 신디(Sindhis)라는 것을 주목해야 한다.(아래 설명 참조)

7) 범주 G: 긍정적 반응

70명의 회심자 중 누구도 이 범주에 들지 않았다.

전체적으로 보았을 때, 조사 대상의 회심자 중 90% 이상이 배교로 인해 핍박을 받았다. 살해당한 회심자는 실제적으로 드물었지만, 이들 중 반 이상이 자신들의 남자 친척들로부터 생명의 위협을 받았거나 그 정도의 심한 핍박을 경험했다.

4. 파키스탄 회심자들이 받는 중한 처벌에 영향을 주는 요인들

1) 배교에 대한 이슬람 법

메이어(Mayer)는 "이슬람에서 회심을 금하는 전근대적인 샤리아(이슬람법)는 무슬림들의 이에 대한 태도에 아직도 지대한 영향을 미치고 있다."[127]라고 말한다. 파키스탄이 정말 그러한 경우이다.

꾸란의 주석가들은 꾸란에 나오는 배교에 대한 13곳의 내용이 현세에 해당되는지 아니면 후세에 대한 것인지에 대한 견해가 분분하다.[128]

---

127) Ann E. Mayer, Islam and Human Rights: Tradition and Politics(Boulder, CO: Westview Press, 1991), 63.
128) 무슬림 및 비무슬림 저자들의 심층 연구 참조, M. S. el-Awa, Punishment in

일반적으로 하디스에서 이것이 좀 더 분명하게 지적된다. 예를 들어, "자신의 종교를 바꾼 사람은 죽어야 한다."[129] 수니의 네 학파 모두 특별히 배교에 대한 엄격한 처벌을 언급하고 있다. 비록 배교가 신성모독(hadd offence)은 아닐지라도 이슬람 법학자들의 대부분은 일정기간 동안 배교에서 회귀하지 않은 남자 배교자들은 사형에 처해야 한다는 것에 동의한다.[130]

파키스탄에서 가장 우세한 하나피 법학파는 배교자는 불신자와 같은 적이라고 말한다. 이것은 가정의 해체와 재산의 몰수를 의미하며, 또한 일반 대중이 배교자를 그들의 손으로 죽일 수 있는 권한조차 부여한다.[131]

비록 샤리아의 규정이 파키스탄 헌법에서 인정이 안 될지라도, 이슬람 법학자들과 이론가들은 배교에 대한 보수적인 가르침을 계속해서 주장해 왔다. 따라서 배교자의 아내에 관하여 한 Maulana Yousaf는

Islamic Law: a Comparative Study(Indianapolis: American Trust Publication, 1982); Mahmoud Ayoub, "Religious Freedom and the Law of Apostasy in Islam," Islamochristiana Vol. 20(1994): 75-91; W. Heffening, article "Murtadd" in the Encyclopaedia of Islam, Second Edition(Leiden, Netherlands: Brill); Abul 'Ala Mawdudi, The Punishment of the Apostate According to Islamic Law(translation of Murtadd ki Saza Islami Qanun men, by Syed Silas Husain, Canada: publisher not given, c. 1995); A. Yusuf Ali, The Holy Qur'an: Text, Translation and Commentary(Leicester, UK: Islamic Foundation, 1975); T. W. Juynboll, article "Apostasy," in James Hastings, ed., Encylopaedia of Religion and Ethics Vol. 1(Edinburgh, 1967 edition); Mohammad A. Madani, Verdict of Islamic Law on Blasphemy and Apostasy(Lahore, Pakistan: Idara-e-Islamiat, 1994); Abdullahi Ahmed Al-Na'im, "The Islamic Law of Apostasy and Its Modern Applicability," in Religion Vol. 16(1986): 197-221; Rudolph Peters and Gert de Vries, "Apostasy in Islam," Die Welt Des Islams Vol. 17, Nos. 1-4(1976-1977): 1-25; Samuel Zwemer, "The Law of Apostasy," in The Moslem World Vol. 14(1924): 373-91.
129) 이 하디스는 Ibn Abbas에 의해 기록되었고, Bukhari, Nasa'i, al-Tirmidhi, and Abu Daood 전집에서 발견됨: Ayoub, p. 83, El-Awa, p. 52 등에서 인용.
130) Hadd 위반은 이에 대한 형벌이 꾸란에 명시되어 있어 법정에서 다른 처벌을 내릴 수 있는 여지를 남겨 놓지 않는다. 수니 법학교들의 입장을 조사하며, Sidahmad은 배교가 Shafi'is와 Malikis에 의해 hadd로 정의되고 Hanafis와 Hanbalis에 의해 hadd로 취급된다고 결론짓는다: Muhammad A. Sidahmad, The Hudud(Malaysia: Perpustakaan Negara Malayion, 1995), 36-39.
131) Hanafi 법이 인도 대륙에서는 Hidaya로 성문화되었다. Charles Hamilton에 의해 번역(1971 번역, reprinted in New Delhi: Kitab Bhavan, 1985); p. 226ff을 보라.

샤리아가 그 남자와 사는 것을 허락하지 않는다고 확실시했다.[132] 또한 지대한 영향력을 가진 인물인 마우두디(Abul A'la Mawdudi)는 그의 책『배교자의 형벌』에서 사형을 옹호하고 있다. 그는 "사회를 배교자의 독과 같은 악영향으로부터 보호해야 하므로 자비를 갖지 말고 그를 사형시켜 그 자신과 동시에 사회의 불행을 종식시키는 것이 나을 것"이라고 말한다.[133]

배교자에 대한 이러한 태도는 확실히 파키스탄인들에게 영향을 준다. 자기 누이인 라힐라 카난(Rahila Khanan)을 살해한 남자는 "이슬람에서 돌아선 배교자를 처형함으로 종교적 의무를 다했다."라고 선언했다.[134] 비록 실제로 배교자에게 사형이 집행되는 일은 극히 드물지라도 배교자는 사형에 처해야 한다는 견해는 종종 표출된다. 회심자인 아슬람 칸(Aslam Khan)은 이렇게 얘기해 준다. "어떤 무슬림이 이슬람을 떠난 다른 무슬림을 만났을 때 그를 해하고 가능하다면 죽일 수도 있다."[135]

조사 대상 중 많은 수가 샤리아 이론에 따라 어느 정도의 시민적인 권리를 상실했다. 몇몇 회심자는 가족으로부터 내몰림을 당했다. 6명의 경우는 배우자나 다른 친척에 의해 가족이 해체될 위협에 처했다.(이 경우는 실제적으로 드물게 발생한다.) 예상할 수 있는 바와 같이 종교적 가정 배경을 가진 회심자는 더 심한 처벌을 받게 된다.

---

132) Reported in The News, Lahore, Pakistan, August 7, 1998.
133) Mawdudi, Punishment of the Apostate, 49.
134) 이 살인 사건은 1997년에 일어났다. See the U.S. Department of State's Country Reports on Human Rights Practices for 1997 (Washington: U.S. Government Printing Office, 1998), p. 1683.
135) Aslam Khan, or "A/s." Syrjänen, In Search, 167에서 인용.

종교배경	처벌의 정도(강----------------------약)							
	A	B	C	D	E	F	G	Totals
종교적	0	5	10	9	1	0	0	25
보통	0	0	2	5	1	2	0	10
개방	1*	0	2	2	3	3	0	10

*이 경우 회심자를 살해한 사람은 외부인이므로 가족과는 상관이 없다.

2) 식민지 지배의 잔재

현재 파키스탄에 대한 과거 영국 지배는 1840년에부터 시작된다. 이 지배의 잔재는 세 가지 면에서 지금까지 회심자들에 대한 태도에 영향을 주고 있다.

법의 영역에 있어 파키스탄 정부는 거의 변화 없이 영국에 의해 남겨진 법적 행정적 장치를 유지하고 있다. 이것은 1860년 인디안 패널 코드를 포함하는데, 여기에 배교는 불법이 아니라고 명시되어 있다.[136] 이 법은 지금까지 파키스탄에서 실효하고, Tahir Iqbal이란 회심자의 승소에서도 확인되었다. 비록 하급 법원에서 그를 배교로 판결했지만, 상급 법원에서는 이 판결을 번복하였다. 그 대신 그는 꾸란을 모독했다는 죄로 고소되었는데 이는 파키스탄의 종교법에 따르면 사형에 해당한다.[137]

영어 매체 교육 시스템은 관용의 덕을 가르치는데, 이는 아직 파키스탄 상류 계층의 태도에 영향을 준다. 이러한 점에서 좋은 예가 파키스

---

136) 다른 입법에 따르면 영국 정부가, 경우에 따라서 배교에 제한을 두는 반면에 무슬림이 회심할 수 있는 권리를 인정하고 있다. See Muhammad K. Masud, "Apostasy and Judicial Separation in British India," in Islamic Legal Interpretation: Muftis and Their Fatwas, ed. Masud, Merrick, and Power(Cambridge, MA: Harvard University Press, 1996).

137) 판결이 내려지기 전, 1992년 Iqbal은 감옥에서 죽었다— 다른 죄수나 간수에 의해 독살되었음이 거의 확실하다. 그들은 자신들의 손으로 처단한 것이다. See Naeem Shakir, "Fundamentalism, Enforcement of Shariah and Law on Blasphemy in Pakistan," in Al-Mushir Vol. 34, No.4(1992): 120ff.

탄 설립자인 M.A. Jinnah가 말한, "여러분이 어떤 종교, 신분, 신조를 가졌을지라도 이에 대해 정부가 관여할 바가 아니다. 이로 인해 한 공동체와 또 다른 공동체 사이에 차이를 두지 말아야 한다."[138]이다.

신교 선교사들은 비록 식민지 행정부의 직접적인 도움을 못 받았을지라도 자유롭게 사역할 수 있도록 허락되었다. 무슬림들은 아직도 선교사들이 매우 빈곤하여 삶을 위해 돈과 물질에 쉽게 넘어가는 가난한 층을 유혹하여 회심시킨다고 의심한다.[139] 1992년 한 우르두 주간지는 선교사들이 라홀에 있는 젊은이들에겐 포르노 영화를, 여성들에겐 결혼과 서구 비자를 미끼로, 그들을 유혹한다고 주장했다![140]

3) 파키스탄 크리스천의 사회적 지위

한 번은 파키스탄에서 나에게 세를 준 집주인이 접시 닦는 일로 고용한 여인을 해고한 적이 있었다. 나는 왜 그 여인을 해고했는지 이유를 물어보았다. 그의 대답은, "그녀가 기독교인이라는 것을 알았는데, 이는 그가 나의 그릇들을 더럽힐 것이기 때문이죠!"이었다.

파키스탄과 같은 신분 사회에서 청소부와 기독교인이 연관되는 것은 회심에 큰 장애요인이 된다. 에스더 존(Esther John)은 무슬림한테 이런 질문을 받았다. "당신은 어떻게 무슬림을 하층 계급인 기독교인으로 만들 수 있습니까?"[141] 또한 굴산 에스더(Gulshan Esther)의 친척은 "차를 더럽히고 싶지 않다!"[142]며, 그녀를 차에 태우지 않았다. 내가 알고 있는 라홀 근교에 사는 한 여성 회심자의 집주인 친척은 그녀가 "소동을

---

138) Quoted in Edward Mortimer, Faith and Power: The Politics of Islam(UK: Faber & Faber, 1982), 208.
139) M. S. Masumi, "Review of S. A Rahman's Punishment of Apostasy in Islam," in Al-Mushir Vol. II, No. 4(1972): 310.
140) Takbeer magazine, 30.1.92.
141) Janet B. White, Esther: Faithful Unto Death(no publisher given, ca. 1964): 25.
142) Sangster, Torn Veil, 146. 인류학자의 견해는 Alison Shaw, A Pakistani Community in Britain (Oxford: Blackwells, 1988)을 보라.

치우는 기독교인"과 관계를 한다며 매우 화를 냈다.

그러나 마음 깊이 자리 잡은 이러한 편견도 개인적으로 알게 됨으로 극복된다. Syrjänen의 인터뷰 중 몇몇 사람은 '인격존중', '정직', '용감', '기도'와 같은 기독교인 삶의 스타일에 감명을 받았다고 말한다.[143] 내가 조사한 자료에서도 무슬림들이 기독교인 개개인에게서 긍정적인 인상을 받았음을 보여 준다. 지난 수십 년 동안 교육을 통해 도시화된 많은 기독교인들의 신분이 어느 정도는 상승되었다.

파키스탄 무슬림 배경의 신자들은 그들 자신의 교회를 형성하기에는 숫자적으로 부족하다. 이들은 파키스탄에 흩어져 어디서도 볼 수 있는 푼자비 기독교인 공동체와 연합하여 교회를 형성할 수 있다. 이것은 또한 기독교인 결혼 배우자를 만날 수 있는 기회를 제공한다. 한편, 푼자비 교회와의 연합은 특히 푼잡 사람이 아닌 경우에 자신들의 정체성과 무슬림 공동체와의 접촉 상실을 야기할 수 있다. 이런 회심자들은 양쪽 공동체에 속하였기 때문에 종종 주일에는 교회에 출석하는 반면에 주중에는 자파르 이스마일(Zafar Ismail) 옹호회(advocates)와 같이 회심자들의 교제 모임에 참여하곤 한다.[144]

4) 가족 불명예

인류학적인 여러 연구들을 통해 가족의 명예(izzat)를 지키는 것은 파키스탄에서 매우 소중한 가치라는 것이 강조된다.[145] 사실 영어의

---

143) Syrjänen, In Search, 112-13.
144) International Review of Mission, 1983, 385-92에 있는 그의 글을 보라.
145) 연구에 의하면 파키스탄의 다양한 종족 그룹들에게 Izzat은 매우 중요한 개념임을 보여 준다. 예를 들어 Punjabis의 경우, Zekiye Eglar, A Punjabi Village in Pakistan(Washington, D.C.: Columbia University Press, 1960)을 보라; Baluchi의 경우 Stephen Pastner, article "Baluchi" in Muslim Peoples: A World Ethnographic Survey, ed. R. Weekes(Westport, CT: Greenwoord Press, 1978)를 보라; Pathans의 경우 Akbar Ahmed, Pukhtun Economy and Society: Traditional Structure and Economic Development in a Tribal Society(UK: Routledge, 1980), pp. 201ff., and Fredrik Barth, Feature of Person and Society in Swat(UK: Routledge, 1981); Sindhis의 경우 John Honigmann,

honor(명예) 혹은 prestige(영예)와 같은 단어는 우르두 말 Izzat의 풍성한 의미를 제대로 전달하지 못한다. Izzat은 공유되는 질적 상태이다. 가족 구성원 개인의 행동이 확장된 전체 가족의 영예에 기여한다. 반대로, 한 개인의 잘못된 품행이 가문 전체에, 마치 그들 모두의 인격에 깊은 손상을 입은 것처럼 느끼므로, 치명적인 모욕(be-izzat, izzat의 반대)을 일으킨다. 그들은 사회의 가장 낮은 자리로 떨어지게 된다.[146]

파키스탄의 문화적 구조에 대한 인식을 통해 회심자들에게 가해지는 처벌을 잘 이해할 수 있다. 서구에서는 개인적인 종교의 선택이 친척들에게 아무런 영향을 미치지 않는다. 그러나 파키스탄에서는 전체 가족의 명예가 달린 문제인 것이다. 빌기스 쉐이크의 조카는 흐느끼며 이렇게 말했다. "이모, 당신이 한 행동이 우리들에게 어떤 결과를 가져올지 아세요!"[147]

젊은 사람들의 행동을 지도하는 것은 가족의 명예 수호자인 연장자 남성에게 달린 몫이다. 이것은 기독교 회심자가 불명예스런 행동으로 벌을 받은 파키스탄 젊은이들과 동일하게 벌을 받는 이유를 설명해 준다: 논쟁, 추방, 위협, 구타, 축출, 제명 혹은 살해. 죄목이 가족에게 공개적으로 불명예를 가져오면 가져올수록 형벌은 더욱 커진다.

배교로 인해 가문이 수치를 당하지 않으려고 파키스탄 가족은 그 소식을 외부에 감추려 노력하게 되며, 회심자에게는 회귀를 종용하거나 그의 변화를 비밀로 할 것을 경고한다. 그러나 만일 그 소식이 밖으로 새어나간다면, 그들은 공개적으로 배교자를 처벌하여 가족이 적절한 조치를 했다는 것을 공동체에 보여 주지 않을 수 없다.

수치를 면하고자 샤픽(Shafiq)의 아버지는 아들의 배교에 대해 조치를 취하지 않을 수 없었다. 파키스탄에서 가장 성공한 사업가 중의 한 사

article "Sindi" in Muslim Peoples: A World Ethnographic Survey, ed. R. Weekes(Westport, CT: Greenwood Press, 1978).
146) Patras Yusuf, "The Principle of Izzat: Its Role in the Spiritual Formation of Punjabi Religious[sic]," in Al-Mushir 22, no. 1(1980): 20.
147) Sheikh, I Dared, 78.

람이었으며 Syed, 즉 무하메드의 후손인 그에게 미친 명예적 손상은 매우 컸다. 그러나 그는 아들의 마음을 돌이킬 수 없었다. 그러자 그는 상류층 친구들을 초청해 모임을 열고 그들 앞에서 아들에게 제안을 했다. "이슬람으로 돌아와라. 그러면 너는 나의 재산을 물려받을 것이다. 그러나 거절한다면 나는 너를 영원히 가족으로부터 축출할 것이다." 이런 식의 공개적 처벌로, 그는 친구들에게 그가 아들의 배교에 적절한 조치를 취했음을 보여 주었다. 그렇게 하여, 그의 불명예를 다소 씻을 수 있었다.

아들보다 더 심각하게 가족의 명예는 여성들의 정숙한 행동에 많이 달려 있다. 파탄(Pathans)에 대해 아크바르 아흐메드는 이렇게 말한다, "여인의 정숙과 칭송은 명예의 가장 민감한 요소이다.[148] 여성의 행실은 남편의 위치와 명예를 반영한다." 이는 파키스탄에서 매년 600명의 여성이 수치를 씻는다는 이유로 살해되는 배경이다. 이러한 살해는 대부분 가까운 남성 친지에 의해 이루어진다.

그러므로 표본 조사에서도 여성의 회심에 가장 심한 처벌이 가해진다는 것은 놀랄 일이 아니다. 결혼하지 않은 세 여성의 피살도 수치에 대한 응징으로 설명될 수 있다. 여성으로서 그들은 주선된 결혼을 거부하고 집에서 도망갔으며 더욱이 기독교 전도 활동에 가담함으로 가족에게 큰 수치를 안겨 주었던 것이다(에스더 존스의 경우). 따라서 명예를 회복하기 위해 극단의 조치가 요구되었다. 하지만 이는 오직 남자 배교자에 한해 죽음의 형벌을 내린다는 하나피 법에 위반된다. 실제 적용에서는 사회적 가치가 이슬람의 율법에 우선하는 것을 명백하게 보여 준다.

5) 기타 사회적 요소

개인 독립 정도 및 종족 그리고 사회 계층도 역시 연구에 있어 다루

---

148) Ahmed, Pukhtun Economy and Society, 201ff.

어져야 하는 중요한 요소들이었다.

① **독립 정도.** 조사한 자료에 따르면, 남성 회심자의 처벌 과중이 가족으로부터 독립 정도에 상당히 의존하는 것을 보여 준다.

나이와 결혼 여부	처벌의 과중 (강————————————약)							합계
	A	B	C	D	E	F	G	
20살 이하 남자	0	3	11	6	2	1	0	23
20살 이상 독신 남자	1	2	5	8	2	2	0	20
20살 이상 결혼한 남자 (이혼 포함)	0	0	5	8	2	0	17	

결혼한 남자 중 아무도 살해 혹은 생명 위협에 노출되지 않았다는 것은 중요하다.(범주 A, B) 이 범주의 회심자들은 가족과 함께 사는 싱글 남자들처럼 압박을 받지 않았으며, 그들의 수치스런 행동이 부모들에게 직접적인 영향을 주지도 않았다. 또한 싱글 남자라 할지라도 아버지가 돌아가시거나 형이 없을 때는 더 나은 상황이었다. 그리고 경제적으로 독립했을 때 압박을 더 적게 받는 경향을 보여 준다.

② **종족.** 처벌의 정도는 종족에 따라 다른 것으로 나타난다.

종족	처벌의 정도(강————————————약)							합계
	A	B	C	D	E	F	G	
Sindhi	1	0	8	7	2	5	0	23
Punjabi	2	6	7	7	1	0	0	23
Pathan	0	1	1	7	1	0	0	9
Muhajir	1	0	3	2	1	0	0	7
기타	0	1	2	1	1	0	0	5

약한 처벌을 받은 대부분의 남자 회심자들은 신디(Sindhi) 배경을 가지고 있다. 이것은 대개의 경우 신디족은 파탄이나 푼잡족보다 명예에 대한 관심이 적다는 인류학적 연구와 상관관계가 있다.

③ **사회 계층.** 이 조사에 따르면, 사회의 상류 계층으로 갈수록 회심자에 대한 처벌의 수위가 점점 높아지는 것으로 나타난다.[149] 이는 그들이 현대화되고 개인주의 혹은 관용적인 견해를 뛰어넘어, 지켜야 할 명예가 하류 계층 사람들보다 더 많기 때문일 것이다. 하류 계층 가족에게 있어 중요한 요소는 경제이다. 가족이 아들의 경제적인 도움을 간절히 필요로 할 때, 배교가 좀 더 쉽게 용납된다.

사회경제적 계층 구분	처벌의 정도(강------약)							합계
	A	B	C	D	E	F	G	
상	2	2	4	1	1	1	0	11
중상	0	1	3	3	0	0	0	7
중	0	1	4	8	4	1	0	18
중하	0	1	5	8	1	0	0	15
하	0	0	4	3	0	3	0	10

6) 현대화과 도시화

일반적으로, 밀착된 공동체일수록 회심자가 견뎌 내기 더 힘들다. 전통적인 마을에서는 모든 사람들이 서로 잘 알고 있다. 종교 지도자들

---

149) 각 경우에 점수를 주고(A=6, B=5…F=1) 평균을 계산하여, 각 범주에 해당하는 대표적인 수치를 보여 주려 시도했다. 이 방법이, 비록 인위적이고 정확하지 않을지라도, 다음과 같은 처벌의 평균 범주를 나타내 준다: 하위 계층 2.8(D 범주보다 약간 약함), 중간 계층 3.4(D와 C사이), 상위 계층 4.0(C 범주).

은 모스크에서 공고를 통해 회심자들을 향한 사람들의 적개심을 유발하며 처벌을 선동할 수 있다. 한 비밀 신자는 "이 나라에 많은 대중 매체가 있지만 가장 영향력 있는 것은 모스크의 확성기입니다. Maulvis(이슬람 지도자)는 당신과 당신 가족의 삶을 망하게 할 수 있습니다. 우리는 그들을 두려워하며 삽니다."라고 말한다.

반면에 큰 도시에서는 회심자가 이름 없이(이웃으로부터) 독립적으로(가족으로부터) 살기 쉽다. 꽤 규모가 있는 타운에 사는 하밋(Hamit)은 수년 동안 계속해서 자신의 가게를 운영하며 살 수 있었다. 사람들이 공익 요원들에게 그의 회심에 대해 항의하자, 그의 반응은 "그는 그의 일에 충실합니까? 그가 문제를 일으키는 사람입니까? 그렇다면, 그가 무엇을 믿든 무슨 상관이 있습니까?"

파키스탄에서의 급속한 도시화는 개인주의를 확장시키고 있다. 이 현상은 무슬림이 회심할 수 있는 선택의 기회를 줄뿐 아니라 그들 가족의 태도에 있어서도 영향을 줄 것이다. 자기 형제의 회심에 대해 한 푼잡인 사업가의, "그의 선택이죠."라는 반응은 도시화된 중산층 사람들에게 더욱 일반적이 될 것이다.

5. 앞으로의 연구를 위한 질문

이번 조사를 통해 이미 언급한 것처럼 흥미로운 결과들이 도출되었다. 또한 이 결과들은, 계속되어야 할 앞으로의 심층 연구를 위해 다음과 같은 질문을 하게 만든다.

1) 회심에 우호적인 사회적 요소들

앞으로의 연구에서, 파키스탄에서 어떤 종족과 사회, 경제적 그룹들이 회심에 있어 더 열려 있는지 조사할 수 있다. 파키스탄에선 왜 아직 다른 나라에서 볼 수 있는 종족차원의 운동(People Movement)이 일어나지 않는가? 큰 스케일의 기독교 운동이 아닐지라도, 최초 회심자가 핵가족 및 확장된 가족을 그리스도께로 인도하는 데 중요한 역할을 하는 것 같이, 어떤 요소들이 제한적일지라도 연쇄하강효과(cascade effect)를 가져올 수 있는가?

2) 전통적인 기독교 공동체: 도움 혹은 방해?

한 파키스탄 사람이, "무슬림 복음화를 위해 가장 큰 자원은 파키스탄 교회인 반면에, 가장 큰 방해도 파키스탄 교회이다."라고 말했다. 파키스탄 기독교 공동체를 잘 아는 사람들은 이러한 역설이 어떤 근거에서 나오는지 잘 이해한다. 그러나 기독교 전통 인구가 없는 나라의 예를 삼아, 이에 대한 긍정적이고 부정적인 면들을 비교해 보는 것은 큰 교훈이 될 것이다. 어떤 역동들이 서로 다르게 작용하고 있는가? 오래 전부터 뿌리내린 기존의 기독교 민족이 있는 나라에서 효과적인 선교 전략은 무엇인가에 대해 어떤 결론을 내릴 수 있는가?

3) 은밀한 제자훈련 vs. 공개적인 전도

목회적으로, 새 신자를 가족으로부터 축출시키며 사회적으로 고립시키는 무모한 용기 및 무감각한 전도, 반면에 현실과 타협하며 영적 정체를 가져오는 지나치게 조심스러운 접근 사이에 균형은 강조되어야 한다. 이러한 균형을 어떻게 구분하고 가르쳐야 할까? 선교학적인 면에서도 어려운 문제이다. 회심자가 그의 삶의 변화를 깨닫기도 전에 가족으로부터 멀어져 증거의 기회를 놓칠 수 있는 반면, 기존 문화에 융화되어 결국 양쪽을 다 잃어버릴 수 있다.

4) 세계화 vs. 이슬람

　현대화의 영향으로 회심자들에 대한 관용은 앞으로 점점 증가할 것이다. 한편, 서구 현대화의 영향에 대항하는 역반응은 이미 1990년대에 그들의 보폭을 늘려갔고, 아프가니스탄과 이라크에 대한 미국의 침략으로 더욱 힘을 얻고 있다. 이 경향은, 9.11 사태 이후, 서구인과 파키스탄 기독교인에 대한 치명적인 공격으로 이어졌다. 파키스탄 무슬림들 중 어떤 사람은 기독교인들을 무슬림들에 대항하는 미국 주도의 십자군 동맹체로 여긴다.

　이러한 분위기에서, 파키스탄 기독교 회심자들은 민족의 반역자로 취급당하고 이에 따른 처벌을 받게 될 것이다. 현대화와 전통주의 복고세력의 틈바구니 속에서, 무슬림 공동체인 움마에 속하는 것을 포기하지 않으면서도, 개인적인 신앙의 선택을 할 수 있어야 한다. 이슬람이 아닌 신앙을 유지하면서 무슬림 공동체의 정상적인 일원으로 남을 수 있겠는가? 배교와 반역은 구분되어 질 수 있는가? 케니스 크랙이 말한 것처럼, "이슬람 사회에서 기독교인이 된다는 것은 무슬림의 필요, 무슬림의 생각, 무슬림의 혈연관계를 버리는 것이 아니라는 사실을 납득시키기 위해 우리는 무엇을 할 수 있을 것인가?"[150] 이것은 파키스탄인뿐만 아니라 전 무슬림 세계에서 매우 중요한 질문이다.

---

150) Phil Parshall, Beyond the Mosque(Grand Rapids: Baker, 1985) 180 에서 인용된 Cragg, The Call of The Minaret.
　　1) 미전도 종족그룹(UPG)은 기독교인 숫자가 1%도 안 되는 세계의 10,000여 종족을 의미한다.
　　2) 이 교회들의 대부분은 비 토착종족들로 구성되어 있다.
　　3) George Hunter III, The Contagious Congregation: Frontiers in Evangelism and Church Growth(Nashville: Abingdon, 1979), 37.

14장

초대형 미전도 종족에서의 극소수

P.I. Barnabas

동남아시아는 5억 이상의 사람들이 사는, 세계에서도 가장 인구가 많은 지역이다. 세계에서 가장 많은 무슬림이 살고 있는 나라가 있으며, 전체 인구 중 반은 무슬림이다. 비록 이 지역에서 단지 두 국가만 공식적인 무슬림 왕국이지만, 동남아에서 한 개인이나 가족이 그리스도 안의 믿음을 갖는다는 것은 매우 어렵다.

1. 세계에서 가장 큰 종족 그룹 중의 하나

미전도 종족들(UPG) 중 가장 큰 집단 중의 하나가 동남아시아에 위치하고 있다. 이슬람은 그들 중에 매우 우세한 종교이며, 이들의 기원은 16세기 초부터 시작된다. 그러나 어떤 역사가에 따르면, 14세기 중엽

이들 중에 이미 이슬람을 받아들인 사람들이 있었다고 한다. 오늘날, 공식 통계에 따르면 이 종족의 100% 전체가 무슬림이며 이 미전도 종족에 속한다는 것은 무슬림을 의미한다.

이슬람이 처음 소개되었을 때, 이 종족에게는 이미 인딕(Indic) 종교(힌두/불교)에 영향을 받은 토착 신앙이 있었으며, 이와 같은 기존 신앙의 요소들이 지금도 이들 매일의 삶에 존재한다. 이들은 기존 전통 종교 위에 새로운 옷을 껴입는 것처럼 이슬람을 받아들였다. 이 미전도 종족의 몸에 이 새 옷을 억지로 맞추면서 여러 군데가 뜯어졌는데, 이 찢겨진 구멍 사이로 민속 이슬람으로 알려진 옛날 옷이 보인다.

일반적으로, 이 사람들은 동남아시아의 다른 종족들보다 더 강한 무슬림들로 보인다. 이슬람적인 공예품에서도 분명히 들어나는데, 이슬람의 상징들은 외부적으로 자주 사용된다. 여인들은 대부분 이슬람 의상과 함께 머리에 베일을 쓴다. 남자들도 역시 이슬람 관습의 가운을 걸치고 모자를 쓴다. 이슬람 사원은 모든 곳에 퍼져 있으며, 다양한 이슬람 학교들도 이들이 거주하는 지역에 걸쳐 산재해 있다.

매년 메카로 순례 여행을 떠나는 사람들은 더욱더 늘어나고 있다(2004년 거의 2만). 1990년대에 이 종족에 의해 일어난 이슬람 운동 있었는데 이는 좀 더 이슬람적인 태도를 가지자는 운동이었다. 이에 따라 모든 무슬림들이 샤리아 법을 따라야 한다는 정치적인 시도가 있었고 삶의 모든 요소를 이슬람화해야 한다는 폭넓고 전반적인 운동의 성격을 띠었다.

2. 이 종족그룹에서 기독교가 치러야 하는 대가

과거에는 기독교가 서구의 종교로 인식되었다. 동남아시아의 유럽 식민화는 1511년 말레이 반도에서 시작된다. 이슬람은 유럽인들의 식민화에 저항하는 세력이 되었다. 식민 시대 동안, 한 현지 토착인이 기독교인으로 되면, 이웃들은 그를 '검은 유럽인'이라며 조롱하였고 그는 공동체에서 이방인이 되었다. 어떤 기독교인 회심자의 경우, 가족으로부터 유산 상속의 권한을 몰수당했다.

1960년 중반에 일어난 한 사건을 통해 많은 기독교인 중국인들이 이 지역으로 이주했다. 다른 종족 그룹들 또한 그들 사이에서 산다. 그러나 이 토착 종족 사이에서 기독교는 낯선 종교로 여겨지는 반면에, 이슬람은 이상적인 종교로 간주된다. 이 종족의 단지 0.07% 사람들만 기독교인임을 고백한다.

위와 같은 상황 중에서도 하나님께 감사드리기는 이 토착 종족 중에 기독교인이 존재한다는 사실이다. 사람들 대부분은 이 사람들이 제정신을 가졌다고 여기지 않을지라도 이들은 용기를 갖고 신앙을 지킨다. 1960년대 중엽부터 수천 명의 사람들이, 이들을 그리스도께로 인도하고자 시도한 폭넓고 다양한 접근에 반응하여, 새로운 믿음을 받아들였다. 어떤 사람들은 일반 전도 집회 때 반응한 반면에, 어떤 사람들은 상황화, 즉 문화 혹은 이슬람 상황화된 접근을 통해 반응했다.

어떤 새 신자들은 친척들이나 지역 공동체로부터 강한 반대에 직면했다. 어떤 경우에는 심한 핍박을 받아 현지인이 개인적으로 기독교인이 되었다고 밝히는 것은 불가능했다. 이러한 어려움은 종종 공동체 지도자들의 태도에 많이 좌우됐다. 이런 경우, 현지인들은 비교적 안전한 지역으로 이주하게 되거나 옛날의 믿음으로 되돌아간다.

지난 15년 동안, 이 지역에서 교회에 대한 핍박은 더욱 심해졌다. 많은 교회 건물들이 불타버리거나 파괴되어 문을 닫았고 재건축도 허락이 안 되었다. 또한 교회나 기독교 사역을 위해 건물을 짓기 위한 허가가 점점 더 힘들게 되었다.

3. 믿음을 갖게 된 소수의 회심자로부터 교훈

　이러한 어려움 가운데 기독교인이 된 사람들의 동기를 확인하는 것은 흥미로운 일이다. 극히 소수일지라도, 이들의 믿음은 강하며 어떤 이들은 매우 오랫동안 믿음 위에 견고히 서 왔다. 모두가 어려움을 겪었으나 믿음의 여정을 계속해 왔다. 놀랍게도, Musafir(영적 여행의 순례자)의 초기 단계 과정에 참여를 원하는 사람들의 흐름이 끝이지 않고 계속되었다.

　새 신자들의 태도와 생각에 영향을 주는 상황화적 접근에 관한 논의는 이 짧은 글의 범위를 넘어선다. 나의 초점은 단지, 무슬림 배경의 사람들이 새로운 믿음을 받아들이는 결단을 할 때, 이들이 직접 말해 준 일반적인 동기에 대해 논의하고자 한다. 이 동기들을 조사하고자 나는 이 미전도 종족의 1세대 기독교인들을 대상으로 무작위로 설문서를 돌렸다. 그리고 지금까지 118개의 작성된 설문서를 회수하였다.

　118명의 응답자 중 남자가 53명, 여자 65명이었다. 8명은 14~19세, 53명은 20~40세, 그리고 57명은 41~83세 사이였다. 가장 나이 어린 응답자인 두 명은 3년 전 믿기 시작한 14세 소년이었다. 가장 나이 많은 응답자는 둘 다 83세 할아버지이며, 한 사람은 23년 전에, 또 한 사람은 27년 전에 믿기 시작하였다!

　118명 중, 단지 14명만이 지난 2년 사이에 믿음을 갖기 시작한 사람들이다.(지난 해 7명) 이 새 신자 중 제일 최근에 믿은 사람의 나이는 50세인데 믿음을 결단한 후 2 달이 되서 설문서를 작성하게 되었다. 이 14명 중 4명은, 그들 친척들과 이웃들에게 아직도 무슬림으로 인식되고 있으나 교회 모임에 규칙적으로 출석한다. 31명의 응답자가 20년 혹은 그 이전에 믿음을 가졌고, 이들 중 2명은 40년보다 더 오래 전에 믿게 된 사람들이다.(둘 다 독실한 신자들로, 66세 남자와 65세 여자이다.) 응답자의 다수(73명)가 2년과 20년 전 사이에 믿게 된 사람들이다.

118명 응답자 중, 30명은 기도(Salat)를 매일 하는 독실한 무슬림이었다고 고백한 반면에, 40명은 전혀 기도하지 않았다고 얘기했고, 나머지(48명)는 이 극단적인 양 부류 사이에 있었다.(간헐적으로 종교행위를 실천하나 헌신되지 않은) 역시, 다수가(55명) 라마단 기간 동안 처음에는 금식하나 지속하지는 않는 양 극단 사이에 있었다. 단지 14명이 메카로 순례하고 싶은 열망을 가졌다고 말했다. 매일의 기도와 금식은 헌신된 무슬림의 대표적 표시이므로 응답자들의 다수가 독실한 무슬림은 아니라고 결론지을 수 있다. 그러나 사회학적으로, 이들은 이슬람과 깊게 연관되어 있는 사람들이다.

모든 응답자들은 자신들의 가족과 가까운 친척들이 아직 무슬림이라고 말한다. 응답자들이 기독교인으로 되었다는 사실을 알았을 때, 이들 중에 단지 50명만이 가족, 친척 혹은 이웃으로부터 강한 반대에 부딪쳤다고 말하는데 이것은 흥미로운 발견이다. 나머지 68명은 가족이나 친척들이 부정적으로 반응하지 않았다고 말한다. 그들이 기독교인으로 되었다는 것을 가족과 친척 혹은 친구들이 알았을 때 좋아하지 않았지만 거부하지도 않은 것이다. 다수의 응답자가, 믿었을 당시 이웃으로부터 강한 반대에 직면하지 않았으며 지역 무슬림 공동체도 개방적이었다고 말한다.

118명 응답자 중 두 사람을 제외하고 모두가 새로운 믿음에 만족한다고 적었다. 다수가 어려움에 직면하였지만, 그들은 새 믿음과 공동체에 만족해 한다는 좋은 표시일 것이다. 나는 두 사람이 왜 만족하지 않았는지 그 이유를 알지 못한다. 아마도 아직 새 믿음 안에서 갈등하고 있는 상태인 것 같다.

4. 동기와 출처

설문서는 그들이 믿음의 결단을 내리게 된 동기와 믿음의 여정을 시작하는 데 미친 주된 영향(사람 혹은 환경)에 대해 자료를 수집하기 위해 고안되었다. 아래의 표는 이 미전도 종족들이 그리스도를 따르기로 결정하는 그 이유와 동기를 나타낸다.

결단을 위한 주된 동기	응답자 비율 (%)
구원의 확신	66
크리스천 삶의 증거	11
축복	9
치유	7
용서	6
결혼	1

응답자 중 66%는 그리스도 안에 있는 영원한 삶을 열망하여 믿게 되었다. 그들은 지고한 기독교인 신앙에 대해 들었고, 그들의 전통 믿음과 비교했다. 어떤 사람들은 이 동기를 아직 이슬람적인 관점에서 설명하기도 한다.("이곳과 하늘에서" 구원을 경험하고자 하는 열망) 어떤 사람은 기독교인의 구원의 확신에 대한 말을 기도를 마치자마자 동료 무슬림에게서 처음 듣게 되었다고 덧붙여 언급했다. 더불어, 그는 하나님으로부터 한 사인을 받았다. 오랜 숙고 끝에 그는 그리스도를 믿게 됐고 그의 큰 형도 교회에 다니기 시작했다. 오늘날, 그의 전 가족은 기독교인이다.

구원의 확신과 연관되어, 6%가 용서를 받고자 하는 마음이 주된 동기가 되었다고 말한다. 그들은 하나님의 완전한 용서가 왜 필요한지 잘 이해하고 있었고, 회개와 용서를 위해 유일한 길인 예수를 믿어 참된 만족을 얻은 사람들이었다. 두 번째로 가장 큰 동기는 기독교인 삶의 스타일(11%)이었다.(기독교인의 성품과 사랑의 태도) 한 응답자는 해군시절 그의 지휘관이 기독교인이었는데 그의 삶의 스타일에 깊은 인상을 받았고 그와 같이 되기 원했다고 말했다.

또한 치유를 위한 소원함이 동기가 되었다는 응답이 7%이며, 물질적인 축복이 추가적으로 9%를 형성한다. 오직 1명이 결혼이 동기가 되었다고 말한다. 이 여인은 안정된 기독교인 결혼 생활(i.e. 이혼이 허락되지 않는)에 이끌림을 받았다. 나는 많은 무슬림들이 기독교인 가정의 견고함에 대해 확증하는 것을 들었다.

5. 개인적 관계의 힘: 가족, 성직자, 친구

아래의 표는 믿음의 결단을 도운 가장 주요한 영향력(사람 혹은 환경)을 보여 준다.

믿음을 갖는데 가장 큰 영향력	응답자의 비율 (%)
가족	36
목사.전도자	25
친구	22
크리스천 예배 모임	5
직장상사.선생	3
꿈	3
전도지	2
성경	2
자발적인 관심	1
TV	1

이 미전도 종족 사이에서, 가장 많은 숫자의 사람들이 가족 구성원을 통해 믿게 된 것은 흥미로운 사실이다(36%). 부모, 삼촌, 이모, 조부모, 형제, 자매, 자식들, 혹은 사위. 가족 중 한 사람이 믿게 되었을 때, 그는 자연스럽게 가족의 다른 구성원들과 자신의 새로운 경험을 나눈다. 가족 라인을 따른 자연스런 증거는 신약 성경에서 나타나는 현상이다(요 1;40-42).

어떤 응답자들은 자신의 아들 혹은 딸로부터 처음 복음을 들었다고 말했다. 그들은 또한 친척들과 이 새 믿음을 나누었는데, 이는 가족 라인을 따라 복음이 전파되는 현상을 말해 주고 있다. 이러한 현상은 공동체적 삶을 사는 종족 그룹 사이에서 매우 보편적이다. 동남아시아의 역사적 자료에 따르면, 많은 교회들이 가족 라인에 의해 시작되었다. 이러한 예들을 말레이인, 일본인, 수단인, 중국인들에게서도 볼 수 있다.

두 번째로 큰 그룹으로, 그들이 전도자나 목사를 통해 개인적으로 복음을 들었다고 말한다(25%). 신실하고 근면한 개인 전도자나 목사는 많은 현지인을 믿음으로 인도할 수 있다. 한 응답자는 시어머니가 다니는 교회의 목사로부터 들은 복음에 마음이 열려 그리스도께로 나아 왔다고 적었다.

세 번째 그룹은 친구로부터 복음을 처음 접한 경우이다(22%). 친구라는 말은 구체화되지 않은 단어이다.(직장, 손님, 학교, 이웃 등) 3명의 응답자가 이웃으로부터 처음 복음을 들었다고 말했다.

그리고 단지 두 명의 응답자가 그들의 직장 상사로부터 복음을 처음 들었다고 적었다. 한 명의 응답자는 20년 전 자신의 고등학교 선생님이 그에게 복음을 전했다고 말했다. 고용주, 상사, 학교 선생에 의해 전도된 그룹은 모두 3명으로 응답자 중 3%를 차지한다. 이는 꿈을 통해 믿게 된 것과 같은 숫자이다.

6. 메시지 전달을 위한 다른 수단

　단지 3%의 응답자가 꿈으로 인해 믿음의 여정을 시작했다. 이는 다른 이슬람 국가의 무슬림 민족들과 대조적인 경우이다(특히, 중동, 남아시아). 아마도 하나님께선 이 종족에게 더 평범한 수단을 사용하셨고 이들은 이러한 수단에 더 마음을 열었다. 가족, 친척, 친구들, 목사들, 혹은 전도자들은 이 종족과 사랑의 복음을 나눌 준비가 되어 있었다.

　118명 응답자 중, 두 명이 전도지를 통해 복음을 들었고, 단지 한 명만이 매 주일날 기독교 설교 방송이 전파되고 있음에도 불구하고, 텔레비전을 통해 복음을 들었다. 무슬림들은 대개 기독교 프로그램을 시청하지 않는다. 대중 매체(전도지 혹은 텔레비전)를 통해서 복음을 듣는 비율은 단지 3%이거나 그보다 더 적은 응답자 수를 나타내고 있다. 그러나 적은 숫자일지라도, 미디어 매체는 복음에 적대적인 상황에서 개개인이 주변 사람들(가족, 친척)에게 들어나지 않고 복음을 들을 수 있는 중요한 수단이다. 내 자신도 전도지를 통해 예수 안에 있는 구원의 도를 알게 되었다.

　응답자 중 6명(5%)은 기독교 찬양을 듣거나 찬양 집회에 참여함으로 믿음의 여정을 시작하였다. 이들 중 한 명은 그녀의 친구와 함께 기독교인 수련회에 참석하였고, 또 한 명은 그가 감옥에 있을 때 예배 모임을 통해 복음을 들었다. 공개적인 기독교 찬양 모임은 지역 공동체로부터 어려움을 당한다. 그러나 이것도 사람들에게 전도할 수 있는 효과적인 방법일 수 있다.

　그리고 단지 두 명의 응답자가 직접 성경을 읽음으로 믿음의 여정을 시작하였다. 한 명은 친구로부터 성경을 빌려 직장에서 여러 번 읽었다고 한다. 또 다른 한 명은 야채 상인인 친구가 성경을 빌려 준 것이 계기가 되었다고 한다.

7. 결론

조사를 하면서 나는 하나님께서 이 종족을 얼마나 사랑하시는지 놀라지 않을 수 없었다. 하나님께서는 여러 다양한 방법과 수단을 통해 이들을 구원하셨고 지금도 여러 사람들과 다양한 방법들을 통해 일하고 계신다. 이 종족 사이에서 일하는 주요 기관의 자료에 보면, 2003년에 이 종족 중 200명이 믿게 되었음을 볼 수 있다.

설문지를 통해 자료를 분석해 볼 때, 특별히 세 부류의 사람들을 전도자로 훈련시키는 것이 가장 효과적임을 보여 주는데, 이들을 통해 83%의 응답자들이 복음을 받아 들였다: 가족 구성원(36%), 기독교인 사역자(25%), 친구(22%). 두 번째로, 평신도들의 역할은 이 종족 교회의 성장에 있어서 과소평가하지 말아야 한다. 응답자들의 58%는 평신도를 통해 전도되었다(i.e. 가족 구성원, 친구).

조지 G. 헌터 3세는 오래 전 "전염적인 회중(Contagious Congregation): 전도에의 전방과 교회성장(Frontiers in Evangelism and Church Growth)"에서 "기독교인이 된 대부분의 사람들이 낯선 사람보다는 자신이 신뢰할 수 있는, 즉 친척과 친한 친구를 통해 진정한 의사소통이 되고 복음으로의 초청을 받아들인다. 이러한 의사소통은 미리 계획된 프로그램이라기보다 마음에서 우러난 자연스러운 대화인 것이다."라고 말한다. 빌리그래함전도협회(BGEA)가 세계 복음화를 위한 국제회의(로잔 II)를 마닐라에서 1989년 6월 11-20일 주최했을 때, 참석자 대부분은 자신들이 평신도들의 개인적인 접촉을 통해 믿게 되었다고 고백하였다.

특별히 강한 무슬림 공동체에서는 대중 전도가 거의 불가능한 반면에, 개인 전도는 모든 곳에서 자연스럽게 이루어질 수 있다. 개인 전도는 보이지 않지만 영향력에 있어서 더 강한, 표면 밑에 흐르는 강한 파도의 흐름과도 같다. 조사한 118명의 응답자들도 대부분 개인 전도를

통해 믿게 되었다. 이 종족 속에 살고 있는 평신도들은 하나님의 사랑을
나누기 위해 더 고무되고 동기가 부여되며, 준비되어야 한다. 그럴 때,
그들은 하나님의 능한 손에 놀라운 도구로 사용될 것이다.

FROM THE
STRAIGHT
PATH
TO THE
NARROW
WAY

3부

몇몇 신앙운동에 대한 이해

Dan McVey

1992년에서 2003년까지 서아프리카의 지짐바[151] 종족 집단 가운데 이루어진 교회개척 사역으로 35개 이상의 무슬림 배경을 가진 신자들로 구성된 회중들이 설립되었다. 이 교회들은 지짐바 문화의 전통적인 중심이요, 조잔(Jojan)이 통치하는 동부 지경의 주 거점 데자니(Dejani)에서 반경 30마일 이내에 세워졌다. 여러 해에 걸친 복음에 대한 거친 저항 이후 최근 몇 해 동안 동부 조잔은 복음에 대한 수용성이 더욱 많아지고 있다. 그러나 그들 공동체 가운데 처음 기독교인 회중이 세워진 이후, 이어서 회심자들이 그 제자들의 회중에 더해지는 비율은 복음전도 첫 단계의 수용 정도 및 회심자 숫자에 비추어 기대되는 것보다 너무나 극적으로 적다.(여기서 '첫 단계'는 최소 일주일에 한 번의 모임을

---

151) 이 이름과 앞으로 등장하는 이름들은 신자들의 실제 지역 및 정체성을 보호하기 위하여 가명을 사용하였다.

갖는 신자들의 집회조직 및 초기 복음전도 단계를 의미한다. '둘째 단계'는 신자들의 회중이 세워진 이후에 복음전도를 지속하기 위한 노력들로서 정의된다.)

2003년 4-6월에 한 조사가 시행되었는데, 그것은 기존의 교회들로부터 수집된 정보와 교회지도자들과의 상세 인터뷰 그리고 최전방 복음사역팀과의 토의 및 그 부족의 의사결정 지도자들을 망라한 것이다. 이 조사는 지짐바 교회지도자들, 복음전도자들 그리고 한 외국인 사역자로 구성된 팀이 기획 및 구성을 하였다. 조사양식 및 구조는 이들 지역지도자들의 실제적 필요에 의하여 결정되었다.

1. 첫 단계 복음전도 성공에 기여한 인자들

다양한 방법들이 교회개척에 사용되었다. 가장 일반적이고 효과적인 것은 먼저 한 마을의 결정권을 가진 지도자들 및 우두머리들과 사전 접촉을 가진 이후에 기독교에 대하여 더 배우는 데 흥미를 가진 소규모 마을 사람들의 집단과 토의하는 것이다. 이를 통하여 보통은 세 명에서 여섯 명 정도, 드물게는 열두 명 이상으로 구성된 소규모 스터디 그룹이 이루어진다. 복음전도 활동의 주역들은 비슷한 방법으로 이미 예수신앙 가운데 들어온 지짐바 기독교인들이다. 교회개척을 주 사역으로 하는 두 복음전도자가 전임사역자가 되어 복음전도를 위하여 합류한 6명의 평신도 사역자들과 함께 일한다. 그 동일한 사람들이 다른 5-7명의 교회 리더들의 도움으로 교회성숙을 위한 사역에 참여하고 있다.

예수영화 상영 및 다른 방법들은 마을 지도자들이 허락하고 무슬림들의 저항이 세지 않을 때에 사용된다. 공식적인 성경 봉독, 어린아이 작명 기념회, 장례식, 개인 토의 등을 통하여 무슬림들에게 적절하게 말씀을 전하는 것은, 하나님의 말씀을 변하지 않고 존경할만하며 들을 가치가 있는 것으로 메시지를 전하는 주된 도구이다.[152] 일반화된 문맹과 하우사(Hausa), 아잠비(Ajambi) 언어로 된 이슬람식 기도 및 가르침 그리고 아랍어를 알고 읽을 수 있는 사람이 없기 때문에 꾸란 자체의 지식은 매우 한정되어 있다. 이런 상황은 사람들에게 주님의 말씀에 목말라하도록 이끌고 있다.[153] 따라서 연대기적 성경교육과 선지자들(아브라함, 요셉, 모세, 다윗 등)의 삶을 담은 영화의 공개적 상영이 매우 유효하게 주기적으로 사용된다.

복음전도의 주된 도구는 기도이다. 복음전도자들과 교회지도자들은 주 단위의 금식과 기도를 위한 시간을 배정하였다. 지짐바 사람들은 축제, 제례 및 예배 의식을 통하여 이슬람식의 우주적 강력뿐만 아니라 조상의 영적능력에 대한 헌신을 계속적으로 새롭게 한다. 따라서 기도라는 무기는 필수적이다. 기도사역과 능력대결은 조잔의 영적 왕국과의 싸움에 있어서 전략적 중요성을 갖는다.[154]

이와 비슷한 방법이 서부 아프리카의 동일한 지역들 내에 있는 정령숭배 부족집단들에게 적용되었을 때에 놀라운 결과를 가져왔다. 이 집단들 가운데 첫 단계의 복음전도가 시행된 때에 초기 회심자 대열은 곧 또 다른 회심자들에게 확장되었다. 그러나 동일한 교단 그룹에서 1992-2003년까지 지짐바 근처에 600개 이상의 교회를 정령숭배 집단들 가운데 세울 정도의 수용성과는 대조적으로 지짐바 무슬림들의 반응은 다른 속성을 보여 주었다.

지짐바 공동체 내에서 교회개척 준비단계 가운데 믿는 자들의 한 회중이 실제적으로 형성되었을 때에, 어떤 개개인 회심자들 가운데에는 보통 복음전도와 사역적 기회의 관점에서 더욱 많은 긍정적인 발전을

---

152) William J. Saal, Reaching Muslims for Christ(Chicago: Moody Press, 1991), 90-91.
153) James P. Dretke, A Christian Approach to Muslims: Reflections from West Africa(Pasadena: William Carey Library, 1979), 177.
154) John Robb, "Overcoming Resistance Through Prayer," in Reaching the Resistance: Barriers and Bridges for Mission, J. Dudley Woodberry, ed.(Pasadena: William Carey Library, 1998), 180-92.

보장하는 가정 및 관계고리들을 갖게 되는 것을 목격한다. 우리가 복음 메시지를 가지고 들어 갈 수 있는 마을들의 전체적인 관심수위는 초기에 통상 매우 높다. 왜냐하면 그러한 마을들은 사람들이 접근하는 것을 완전히 부정하든지 아니면 더욱 나은 반응을 보일 희망을 갖게 되도록 어느 정도 호기심 및 개방성을 보이기 때문이다.

복음 메시지에 대한 후속적인 관심은 일단 일련의 신자들이 기도 및 예배를 함께 시작하게 되면 급격하게 감소한다. 어떤 경우에는 여러 해 동안 아무런 새로운 회심자가 없기도 하다. 우리가 각 마을에 들어갈 때에 단지 한 가정 혹은 한 씨족집단만 대상으로 하기 때문에 잠재성을 가진 다른 회심자들을 제한하는 것은 아닌가? 그 마을 다른 사람들의 흥미를 지속시키지 못하거나 희석시키게 하는 신자들의 소외집단화가 있는가? 만일 그렇다고 한다면 어떤 인자들이 이러한 소외집단화를 유발시키며 그것들을 할 수만 있다면 어떻게 극복할 수 있겠는가? 우리가 복음전도 활동을 하였던 각 공동체에서 발견한 이렇게 서로를 구별 짓는 특징에는 그 이유들이 있는가? 두 번째 단계 복음전도로 나아가는 데 결정적 장해들이 있으며, 그러한 장해들을 최소화하고 회심률 저하의 원인들을 완화하기 위하여 취할 수 있는 어떤 방책들이 있는가?

2. 조사 결과

그 지역에서 선별된 전통적 의사결정 지도자들과 교회지도자들과 더불어 복음전도팀은 광범위한 영역에 걸쳐 자체로 일련의 토의를 하고 조사 이후의 분석을 하였다. 조잔 지역에 있는 총 35개 교회들 즉, 이 교단 소속 무슬림 배경 교회 85%가 이 조사에 포함되었다. 이들은 지짐바 종족 가운데 있는 회중에서 무슬림배경신자(MBB) 교회의 98%를 대표하며, 그 지역의 주도 가운데 있는 한 회중을 제외하면 모두 작은 마을들 가운데 있다. 그들 중 단지 2개의 교회만이 1993년 이전에 세워졌고, 23%에 달하는 8개의 교회는 1994년에서 1998년 사이에, 그리고 71%인 25개의 교회는 1999년에서 2003년 사이에 세워졌다. 전체 모임가운데 능동적으로 참여하는 신자들의 숫자로 보면(어린아이들은 제외), 그것은 다음과 같다.

5-20명 신자	21-40명 신자	41-60명 신자	60이상 신자
22개 교회 (63%)	8개 교회 (23%)	3개 교회 (9%)	2개 교회 (5%)

결혼 유무를 살펴볼 때에 단지 1개의 교회만이 전체 신자들의 10% 이하가 결혼을 했으며, 8개 교회는 전 신자들의 11-25%가, 그리고 13개 교회는 25-50%의 신자들이 결혼한 것으로 보고된다. 그 나머지는 51-75% 결혼률을 보이는 곳이 5개 교회, 반면 8곳에서 75% 이상의 신자들이 결혼한 것으로 나타난다. 이 특징이 중요한 것은 성숙한 어른들이 의미심장할 정도로 복음을 받아들였음을 보여 주기 때문이다.

17%에 해당하는 6개 교회는 전원이 한 대가족, 혹은 보다 정확히는 대가족으로 보기에는 가족 관계의 규모가 더 크기 때문에 한 씨족 출신으로 구성되었음을 보고한다.[155] 한 씨족의 두 구성원은 가장 나이가 많은 씨족 및 가족 장로들의 장례식이나 부족/씨족의 축제의식 때를 제외하고는 어떤 접촉이나 관계를 갖고 있지 않다. '핵가족'이라 부를 때에 그것은 가족 관계가 한 공동의 조부로 거슬러 올라갈 수 있을 때에 해당한다. 이런 가족의 결속과 서로에 대한 의무는 매우 강하여 결혼, 출산,

---

155) 지짐바 종족 가운데 '당'(dang)이 이들이 속한 씨족이다. 보통 한 씨족으로 취급되는 가계도는 어떤 한 가정이 아버지 쪽으로 4대에 걸쳐 올라갈 때에 연결되어 있는가에 의하여 계산된다. 이는 서로 간에 현재 직접 관계를 가지고 있는가에 무관하게 사회적 정체성을 만들어 낸다. '잉니마'(Yingnima) 혹은 대가족이라고 부르는 집단은 그 정의가 그리 광의적이지 않지만 가족의 구성원들 간에 이루어진 헐거운 관계에 의하여 이루어지며 보다 정확히는 그들이 거기서 태어났든지, 입양되었든지, 결혼이나 심지어 우정에 의한 것이든지 한 집안에 살고 있는 거주자들에게 적용된다.

경제적 독립 및 거주의 문제에 대한 결정적 구조를 이루도록 해 준다. 4개의 교회(11%)가 그 구성원들이 두 씨족에서 왔으며, 또 다른 4개의 교회는 최소한 세 씨족으로부터 왔다고 보고하였다. 대다수(19개 교회)는 그 구성원들이 넷 이상의 씨족들 가운데에서 왔다고 보고하였다.

신자들이 대부분 작은 규모로 모이는 것을 고려할 때에, 그들 가운데 셋 혹은 그 이상의 씨족들이 있다는 것은 복음에 대한 수용성이 아마도 씨족 관계에만 기초하고 있음을 보여 주지는 않는다. 예를 들어 만일 교회가 하나 혹은 둘 정도의 제한된 가족들이나 씨족들에 국한된다면 우리는 그 교회가 사회의 어떤 특별 계층만을 위한 것이라는 불평이나 비난을 들을 수도 있을 것이다. 그러나 여기에서는 오히려 그 반대의 이야기가 교회에 대하여 들린다. 즉, 다양한 가족들과 씨족들 가운데 복음이 전하여짐으로써 사회공동체들이 영향을 받게 된 것이다. 동일한 회중 내에 종종 서로 적대관계에 있는 대가족 및 씨족 출신의 구성원들이 함께 있다는 사실은, 회심에 있어서 가족 및 씨족 내에 존재하는 관계성의 자연스러운 연결이 긍정적인 인자로 작용하기는 하지만, 가족 유대 관계가 결정적 요인이 아니라는 결론을 여기에서 지지한다.

일부 조사는 신자들 가운데 보다 성숙한 구성원들 및 의사결정 리더들 121명을 대상으로(남성 77명, 여성 44명으로 남성의 58% 그리고 여성의 50%가 40세 이상임) 광범위한 주제들을 다루었다. 그들은 예수 신앙 가운데 나아온 개인적인 경험을 다음과 같이 나누었다.

- 69%가 복음의 공개적인 제시에 반응하여 믿게 되었다.
- 18%는 기독교인들의 삶에 의한 영향으로 믿음에 이끌렸다.
- 8%는 어린 시절 그들이 이미 경험한 기독교의 영향(기독교 학교, 친척들이나 친구들 등)을 보고하였다.
- 3%는 "우정", 즉 동년배와의 가까운 관계를 통하여 복음에 밀접하게 다가갈 수 있어서 회심을 할 수 있었다.

- 1%는 라디오 방송을 통해 나아왔다.

　자기 마을에서 이루어진 공개적인 설교나 복음제시를 통하여 신앙을 갖게 되었다고 보고한 사람들 가운데 88%가 자신들의 지역에서 있었던 처음 설교에 의하여 회심하였다. 이들 응답자들 가운데 23%가 이전에 자신들의 지역에서 교회나 기독교 신자들과 어떤 모양으로든 접촉한 것으로 나타났으나, 둘만을 제외한 다른 모든 공동체들이 자신들이 신앙 가운데 나아오게 될 때에 자신들 근처에 기능하는 교회나 능동적인 기독교 신자들은 없었다고 보고하였다.

　꿈은 76%에 이를 정도로 그들이 그리스도께 나아오게 된 의미심장한 인자였다. 이들 중 49%가 안정적이고 보호받고 있는 느낌을 받는 기독교 환경 가운데에서 기도하며 찬양하는 꿈을 꾸었다. 그리고 25%는 꿈에서 그리스도를 보았거나 그가 자신을 따르라고 부르는 꿈을 꾸었고, 나머지 26%는 그리스도를 따르라는 경고 혹은 지시를 받았다.

　무엇이 그들에게 그리스도를 알게 했는가의 관점에서 살펴보면, 인터뷰 결과 다음과 같은 응답을 보여 준다.

- 예수의 능력과 선하심.(35%)
- 기독교인들의 삶의 양식.(22%)
- 구원에 대한 열망.(17%)
- 안내와 보호에 대한 갈망.(11%)
- 이슬에 대한 불만족.(6%)
- 기독교인들이 행한 친절한 행위들.(5%).
- 자신들의 아주 어린 시절 가족이나 영적 분위기에 영향을 받아서 그리스도께 나아오게 됨.(3%)

　그리스도를 따르는 자가 된 이후에 당한 핍박에 대하여 살펴보면,

81%가 가족들에게 거절당하거나, 그들의 생명에 대한 위협 및 시험, 극단적인 모욕, 거짓 증언, 강제 이혼 등과 같은 구체적인 내용들을 나눈 반면, 단지 19%만이 구체적인 이야기를 제시하지 않거나 자신들의 고난에 대하여 이야기하고 싶지 않음을 나타냈다. 지도자들 가운데 54%는 자신들이 처음으로 기독교인을 만난 것이 자신의 마을에서 있었던 처음 설교 때라고 밝혔고, 28%는 그들이 복음을 제시하는 설교를 듣기 이전에 적어도 한 기독교인(보통 이 나라에서 기독교가 우세한 남부 지역 출신의 현지인 기독교인)을 만났다고 하였다. 또 다른 사람들은 기독교인 학급동료들, 친척 혹은 이웃들을 가지고 있었다. 이 경우는 특히 일거리를 찾아 마을 사람들이 남부로 이주하는 건기 동안 다소 도시 환경 가운데 살았던 경험이 있는 사람들에서 나온 것이다.

무엇이 그들로 이슬람을 떠나도록 영향을 미쳤는가에 대한 질문을 받았을 때에 38%는 기독교에 대한 긍정적인 국면(예수의 인격과 능력, 기독교인의 생활양식, 기독교인의 기도에 의한 병 치유, 기독교인들이 행한 선행 등)에 끌렸다고 표현한 반면 56%는 이슬람에 대한 부정적인 국면(이슬람 가운데 진리, 평화, 행복, 구원 혹은 사랑이 없음)을 이야기하였다. 83%가 자신들의 마을에서 기독교인들은 이교도 혹은 위선자의 딱지를 일상적인 별명으로 가질 만큼 매우 부정적인 시각으로 비친다고 이야기하였다. 나머지 17%는 그들의 선행으로 인하여 기독교인들이 보다 긍정적으로 비친다고 말하였다. 이들 교회지도자들 가운데 3%는 때때로 기도하기 위하여 모스크에 나가고 있으며 5%는 종종 교훈이나 조언을 얻기 위하여 이맘(이슬람 종교 지도자)에게 간다고 한다.

왜 무슬림들은 그리스도의 메시지를 거절하는지 묻는 질문에 핍박이라는 명백한 두려움 때문이라는 것 이외에 43%가 기독교인들이 예수를 믿는 데 이슬람법에 의거하여 열심히 기도하지 않는다는 것 때문이라 답하였다. 또한 35%는 이러한 거절은 이슬람의 무지와 이슬람식 삶의 양식이 기독교인의 생활양식과 매우 반대되기 때문이라고 말하였다.

이러한 질문들은 무슬림들이 가장 공격적이라고 생각하는 복음의 요소가 무엇인지 이해하도록 방향을 잡도록 해 준다.

응답자 중 28%는 무슬림에게 다가가는 최선의 방법이 우정과 그들 앞에서 선한 삶을 사는 것이라 이야기한 반면, 29%는 그리스도에 대한 메시지가 사적인 환경, 예를 들면 농장에서 일하는 중에, 주로 마을 사람들에게 제시되어야 한다는 점을 지적하였다. 9%는 전략적인 요소로서 무슬림들을 위한 기도 자체와 그들이 어려움이나 필요 가운데 있을 때 함께 기도하는 것과 같은 기도의 중요성을 강조하였다. 자신들의 마을에서 예수를 따르는 자들과 무슬림들과 구별되게 해 주는 것에 대해서는 다음과 같이 대답하였다.

- 인격/생활양식.(69%)
- 하나님의 진리.(14%)
- 기도 방식.(8%)
- 그리스도에 대한 이름.(2%)

그리고 7%는 무슬림과 기독교인들 사이에는 생활양식의 차이가 거의 없다고 의사표명을 하였다.

3. 복음전도 두 번째 단계의 일곱 가지 장애물들

복음전도 두 번째 단계에서 회심비율이 기대보다 낮은 문제에 대한 철저한 조사가 이루어졌다. 신자들의 회중이 이루어진 이후 회심자 증가를 어렵게 하는 일곱 가지의 구분된 요소들이 있다. 이들은 회원들의 구성에 관련하여, 회심의 방법 및 시기, 무슬림들이 복음을 거절하는 이유들, 지역 회중들의 복음전도에 대한 노력의 결여, 지도자들 간의 성숙도, 신자들이 복음에 대한 절대적 관점을 가지는 정도, 일반인들의 신자들과 교회에 대한 인식, 그리고 자신들의 지역 공동체 내에서 기독교인들이 가지는 공식적 역할에 대한 내/외적 태도 등이 있다. 특별히 태도, 인지 반응 및 사회 조직과 같은 것과 관련하여 통계를 낼 때에는 가능한 문화를 고려하여 세심한 분석에 의한 해석이 요구되므로 영적인 통찰력과 교회들의 상황에 대한 실질적인 평가를 구하고자 하는 어떤 지역의 연구결과를 위하여 기도하는 자세로 신중함을 취하였다.

1) 하나님의 부르심

하나님의 부르심에 대한 기초적인 영적 인자가 무엇인지는 가장 우선적으로 고려할 사항이다. 우리 주님께서 바울에게 "이 성중에 내 백성이 많음이라"(행 18:10)고 하시는 말씀은 우리 주님만이 "추수의 주인"(눅 10:2)이심을 나타내며 당신의 영원한 은혜와 뜻에 따라서 복음에 대한 반응이 조절됨을 보여 준다. 사도행전 16장 6,7절과 14절은 주 예수께서 복음전도를 위한 땅을 준비시키시고 듣는 자의 귀를 여시는 분임을 확증한다. 우리 주님께서는 아버지께서 부르시지 않으면 누구도 당신께 올 자가 없음을 밝히셨기 때문에(요 6:44-45), 그리스도 안에 있는 구원의 메시지에 대한 사람들의 반응이 열려 있든지 혹은 꺼려하든지 그것은 하나님의 주권 가운데에 있음을 사전에 인지하여야 한다. 누구든지 하나님 나라로 들어가도록 할 수 있는 자는 복음전도자도 아니요, 신자 자신도 아니다. 그를 부르시는 분은 하나님 당신이시며 당신의 영광을 위하여 그렇게 하신다.

이러한 원리는 공동체 가운데 복음을 가지고 들어갈 때에 우리가 가져야 하는 태도로 보인다. 처음 몇 해 동안 기초연구 및 사전조사가 수행되었는데, 가장 먼저 세워진 7개 교회들 가운데 복음전도 프로그램을 적용할 수 있었다. 그러나 연이은 28개 교회들에 대해서는 모두가 그 공동체들의 개개인들이나 소그룹들을 대상으로 복음이 신자 자신들에게 무엇인지 설명하라고 물어보는 방식으로 이루어졌다. 심지어 처음 7개 교회들 대부분이 다른 종족 집단들 가운데 일하고 있던 복음전도자들과의 면식이나 우연한 일상적 토의를 통한 접촉으로 세워졌기 때문에 지짐바 종족 가운데 있는 복음전도 활동 조직에 대하여 심각하게 고려하게 되었다. 여러 명의 영향력 있는 개개인들의 회심을 통하여 그 사역은 성령의 인도하심과 함께 신자들의 생명력 있는 회중으로 발전하였고 핍박을 견디고 은혜를 더해 가며 성장하게 되었다.

2) 한정된 인구

연이은 회심이 더딘 또 다른 이유는 한정된 인구 때문이다. 즉, 추수를 위한 밭을 복음을 들을 수 있는 사람들이라 생각할 때에 그 공동체 내에 인구가 한정되었던 것이다. 한 대규모 중심지역을 제외하고는 어떤 공동체의 평균 인구는 25컴파운드로서[156] 그 각각은 평균 400-500명의 사람들로 구성되며 가구 수로는 평균 15-20명 정도가 있으며, 그 전체 인구의 과반수가 15세 이하의 아이들이다. 200여 인구 가운데 한 20-30여 명의 어른 집단이 이미 복음을 들은 바 있는데, 그러한 적은 인구 때문에 장래에 이루어질 복음의 접촉점이 제한되고 그 공동체들 안에 있는 가족적 연합관계에 부정적 그리고 긍정적 양 방향의 영향력을 미친다. 한 씨족 내에서 의사소통 능력이 강화되고 호기심을 갖는 수준이 올라가지만 복음이 한 씨족의 것으로 식별될 가능성은 다른 씨족들과 항구적인 긴장의 국면을 조성하여 편견의 장벽을 만들어 낸다.

---

156) 역자 주: 컴파운드(compound)는 아프리카 등지에서 원주민들이 모여 살도록 형성된 블록을 의미한다.

3) 관찰을 위한 일시 멈춤

기독교는 이 마을에서 너무나 새롭기 때문에 일련의 신자들로 회중이 이루어진 다음에는 그곳의 다른 나머지 인구가 관찰을 위하여 일시 멈추는 상황이 야기된다. 이것이 처음 회심자들이 이루어진 이후 다음 복음전도의 개시(복음전도의 두 번째 단계) 사이에 있는 간격으로 인식된다.

두 번째 단계에서 회심비율이 급격하게 감소하는 것과 대조적으로 초기 복음전도 활동 직후에 회심을 하는 신자들이 전체의 81%라는 것을 알고 있기 때문에, 교회지도자들과 복음전도자들은 불신자들의 관점에서도 그 이해를 구하기 위하여 기독교인들뿐만 아니라 전통적인 비기독교인 지배세력들, 가장들 그리고 의사결정 지도자들을 대상으로도 상담을 하였다. 일단 일련의 신자들이 예수 그리스도를 따르는 사람들로서 실제 식별되면 그 마을 주민 대다수는 기다림과 관망이라는 관찰 국면으로 들어간다. 그 마을 출신이건 인근 다른 마을에서 왔건 이맘들은 기독교인들의 존재에 대한 경고와 그것을 반대하는 설교를 시작한다. 매우 종종 그 신자들은 지속적인 위협과 모욕 그리고 거절과 더불어 저주를 받는다. 일반 사람들은 그 결과가 어떤지 기다리며 지켜본다. 과연 기독교인들이 살아남을 것인가? 그들은 자신들의 신앙에 정말 진지한가? 그들을 기독교로 유혹하는 선물을 받고 있는가? 그들은 씨족 및 공동체 일원으로 어떻게 기능할 것인가? 이러한 불확실한 요소들 때문에 누구도 그리스도에 대하여 배우려는 마음을 갖지 못한다.

4) 핍박

복음전도의 두 번째 단계에서 네 번째의 장해물은 핍박이다. 기독교 신앙에 대한 이슬람식 욕설들과 신자들에 대한 지속적이며 조직적인 괴롭힘은 연이은 회심을 방해하는 효과적인 장해물들이다. 이들 공동체 내에 있는 어떤 유명 인사들을 포함하는 많은 사람들이 그리스도 신앙에 대한 진실성과 독특성을 인식하지만, 자신들의 생명과 지위에 대한 두려움과 가족들에 대한 불명예 등이 복음의 부르심에 대한 가장 심각한 장해로서 작용하는 것 같이 보인다. 아내들을 신자들로부터 멀리하고 아이들도 그 부모들에게서 떨어뜨려 놓으며 재산조차도 몰수한다. 어떤 이들은 생명의 위협을 당하기도 하는 반면 매를 맞기도 한다. 거의 대부분 자신들의 가족들에게 거절과 소외를 당하며 영적으로도 공격을 당한다.

5) 한정된 접근(Restricted Access)

다섯 번째 인자는 신자들과 복음전도자들이 공동체의 구성원들과 의미 있는 종교적인 대화를 나눌 기회가 제한된다는 것이다. 첫 단계의 복음전도에서 쉽게 열린 복음의 문은 복음이 한정된 토착 마을 사람들 가운데 들어가면서 금방 닫히고 만다. 대중이 호기심 차원이나 낮은 수준의 영적 관심으로 복음의 제시를 듣는 것과 가족들이나 동년배 혹은 이웃들 사이에서 실제적으로 예수 그리스도를 구세주로 믿고 이슬람에서 주장하는 선지자 및 구원의 문제를 거절하게 되는 것은 또 다른 문제이다.

지짐바 마을 사람들의 사회공동체적 성격 때문에 너무나 개인적이거나 일대일 방법으로 사람들에게 복음의 접근을 시도하는 것은 일반적으로 가능하지 않다. 소규모 집단들이나 심지어 마을 공동체 전체 모임들이 의심을 최소화하고 가장 광범위하게 복음 메시지를 제시할 수 있는 최선의 방법이다. 비록 이러한 방법이 집단으로서 견뎌야 할 압력을 야기하지만 이 초기의 일반적 복음 제시는 성령의 역사하심을 위한 기회를 제공하게 된다. 비록 직접적인 복음전도 방법들이 가능하지 않지만, 어린아이 작명을 위한 축제, 결혼의식, 장례 및 두레와 같은 것을 이용하여 간접적인 방법들을 사용할 수 있다. 기독교인들은 기도, 성경봉독, 노래 및 축사 등을 통하여 적절한 말씀으로 신앙을 소개하거나 선포 및 설명함으로써 이러한 전통적인 양식의 의례와 관습들을 따라갈 수 있다.[157]

6) 부적절한 시간과 노력(Inadequate Time and Effort)

마지막으로 회심에 대한 두 가지의 장벽이 있다. 어떤 경우에는 단순히 복음전도자 측의 일정문제 및 지역 신자들의 소심함으로 사회공동체에 복음을 전도하고자 하는 충분한 노력이 결여되었거나, 또 어떤 경우에는 두 번째 복음전도 단계에서 충분한 시간이 지나지 못한 경우이다. 모이는 과정과 조사한 정보를 분석하였는데, 이는 그러한 연구 노대한 가치를 리더들이 알도록 일깨워 주며 비슷한 연구계획 수립 및 실행을 이끌었다. 그것은 또한 교회 내부 및 교회 간의 약점들을 드러내고 기회들을 인식하도록 함으로써 그들을 도전하게 만들었다.

복음전도의 두 번째 단계에서 기대되는 회심률 감소 원인으로 식별된 것들에는 복음전도자 들이나 교회지도자들의 능력범위를 분명하게 넘어서는 것들로서 다음과 같은 것들이 있음을 언급할 필요가 있다. 즉, 하나님의 부르심에 대한 원리, 한정된 인구, 더 많은 회심자들을 얻

---

157) 이 글을 준비하면서 도움을 받은 것들 가운데 다음과 같은 것들이 있다: Elias Fouad Accad, Building Bridges: Christianity and Islam(Colorado Springs: Navpress, 1997); Al-Ghazali, Inner Dimensions of Islamic Worship, trans, Muhtar Holland(Leicestershire, UK: The Islamic Foundation, 1992); Colin Chapman, Cross and Crescent: Responding to the Challenge of Islam(Leicester, UK: INter-Varsity, 1995); Jean-Marie Gaudeul, Called from Islam to Christ: Why Muslims become Christians(London: Monarch Books, 1999); Tarif Khalidi, The Muslim Jesus: Sayings and Stories in Islamic Literature (Cambridge, MA: Harvard University Press, 2001); Islamic Creeds: A Selection, trans, J. Montgomery Watt(Edinburgh: Edinburgh University Press, 1994); and J. Dudley Woodberry, "Contextualization Among Muslims Reusing Common Pillars," International Journal of Frontier Missions 13, no. 4(October-December 1996).

을 수 있는 적합한 시간적 기회를 놓치는 것 등이다. 핍박은 회심의 잠재성을 가지고 있는 사람들에게 두려움과 주저함을 자동적으로 야기할 것이다. 따라서 인내와 신실한 견인 이외에 다른 답이 있을 수 없다. 교회지도자들과 복음전도자들이 이해한 것은 특히 마을 사람들에게 등장하는 관찰기간 동안 기독교 신앙을 전통들 가운데 들어가게 함으로써 복음전도의 가능한 노력을 강화시키는 철저한 기회로 삼아야 한다는 점이다.

따라서 직접적인 복음전도 결여에 대한 논점, 많은 사람들에게 복음전도할 기회가 제한되는 것, 그리고 관찰이라는 머뭇거리는 마음이 일어나는 것들에 대하여서는 활기찬 믿음과 상황화된 의례들을 통하여 누적적으로 접근할 수 있다. 121명의 교회지도자들에 대한 인터뷰 가운데 74명이 자신들의 지역에서 이루어진 초기 설교 및 복음전도로 회심한 사람들이며 36명은 두 번째 복음전도 단계에서 자신들이 회심하였다는 정보를 제공하였다. 이들 가운데 10명은 일종의 공개적인 복음전도를 통하여 회심되었고, 22명은 그리스도에 대하여 더욱 배우게 된 기독교인들의 삶과 신앙의 영향으로 이끌림을 받았으며, 4명은 친구관계를 통하여 메시지를 들을 수 있었다고 진술하였다. 이는 관찰 기간이 어떻게 긍정적 영향력을 미치도록 사용될 수 있는지를 보여 준다. 모두 36명이 초기 복음전도 단계 이후에 기독교인들이 행한 긍정적인 영향들과 일종의 관찰을 통하여 회심을 하였다.

4. 필요: 세계관 변혁

지짐바 사람들 가운데 교회성장에 대한 가장 커다란 방해물은 지짐바인으로서 정체성을 가진 채 예수를 따르는 사람이 될 수 있다는 개념을 의사소통하는 문제였다. 조잔 역사는, 특히 19세기 후반 유럽의 식민지가 지배하기 이전 시대에는 왕조를 세워서 관련이 있건 없건 부족 집단들을 억누르며 사바나를 휩쓸었던 정복자들의 전투복에 둘려 싸여 있다고 할 수 있다. 지짐바 제국 수준에서 이슬람은 하우사(Hausa) 상인들과 이맘들의 영향력에서 왕족으로부터 하부 방향으로 사회 가운데 스며들어 갔다. 남부 산지 종족들과 동맹을 함으로써 지짐바의 경제 및 군사적 지위가 확고해졌고, 이슬람은 매우 긍지가 강한 종족의 위대성, 안정감 그리고 부를 관련짓는 정체성으로 기여하게 되었다. 따라서 그리스도의 메시지를 가지고 이 사회 구조 가운데 들어가는 것은 기독교에 대한 이슬람의 편견 때문에 커다란 도전이며, 외부의 침투에 대항하는 통일된 인프라구조가 종족적 정체성으로 강화되어 있다.

이름을 지어줄 때, 장례식, 결혼식, 두레 및 추수와 같은 축제 때 행하는 의식 가운데 기독교인 신앙과 삶을 불어넣고 마을의 우두머리들에게 충성심을 표현하는 것으로도 복음선포의 문들을 여는 데 확실히 기여하였다. 비록 교회지도자들이 자신들의 수고가 상황화적으로 더욱 확고해지고 강화될 필요가 있음을 깨닫고 있기는 하지만, 자신들이 이러한 원리를 이미 주의하고 있다는 것은 지짐바 공동체가 받아들이고 있는 인내와 수용의 수준을 볼 때에 칭찬을 받을 만하다. 이 교회에 대하여 이전 교회들에는 없었던 수준 높은 존경심을 표하는 무슬림들의 말을 종종 들을 수 있다. 다만 이 교회가 하루에 다섯 차례 기도하지 않는 부분에 대한 지적이 있을 따름이다.

그리하여 여러 해 동안의 핍박과 거절 이후 최근에 있었던 종족 간 충돌이 있던 시기에 비록 기독교인들이 그들 싸움에 휘말린 씨족들 가운데에도 발견되었지만 평화를 이루어 낸 자들로서 판명된 것은 기독교 복음전도자들과 교회지도자들이었던 것이다. 그들의 정직성, 용기 그리고 평온함은 부족 장로들과 우두머리들이 바라볼 때에 가장 신뢰할 수 있는 조언자요 중재자로서 그들을 인정한 인격적 요소들이었다. 우두머리들과 장로들이 모인 큰 회합에서 어떤 복음전도자의 연설이 마치자

한 나이든 우두머리는, "만일 우리 모두가 이사 알마시를 따르는 자들이었다면 이러한 비극은 일어나지 않았을텐데…."라고 진술하였다.

이 충돌 가운데 그 교회지도자들의 역할이 이루어지고 우리가 조사한 시점은 바로 그들이 성령에 대하여 새로운 수준의 확신 가운데 더욱 움직여 가도록 도전받고 더욱 많은 문을 열게 되리라 기대할 수 있게 된 시기였다. 조사 결과는 교회지도자들과 복음전도자들이 이제 수십 년 동안 지속된 견고한 저항 가운데서도 하나의 돌파구를 바라보고 있음을 나타내었다. 더욱이 그들은 영적인 변화의 측면에서 자기 자신들의 사회와 문화의 역동성을 완전히 이해하게 되었다.

이는 지짐바 문화 및 정체성을 잃지 않고도 예수를 따르는 한 사람이 될 수 있음을 상당히 공개적으로 시위하게 된 것이다. 그 기독교인들이 삶을 영위해 감에 따라서 지짐바 문화 내에 예수 그리스도의 분명한 인상이 생생하게 심길 것이고, 구원에 이르는 믿음을 소유하게 될 공동체 지도자들 및 관심 있는 개개인들과의 대화가 줄을 이을 것이다.

16장
풀베 무슬림들 가운데 내부자 운동

Lowell de Jong

우리는 풀베(Fulbe) 종족 가운데 20년을 사역해 오고 있지만,[158] 여전히 작은 시작을 했을 뿐이라 느낄 때가 종종 있다. 풀베 종족의 마음은 점점 열리고 있지만 여전히 장벽들이 존재하고 저항이 지속된다. 약간의 풀베 사람들이 그리스도를 따르기 시작하였음에도 불구하고 교회는 아직도 저 멀리에 있는 실체처럼 보인다. 믿는 자들 가운데 어떤 자들은 패러다임 전환을 경험하기도 하고 또 다른 이들은 옆길로 떨어져

---

158) 풀베(Fulbe)는 목축을 하는 무슬림 유랑종족인데 여러 이름으로 알려져 있다. 풀베(단수형은 풀로(Pullo)) 혹은 풀페(Fulpe)가 스스로를 부르는 이름이다. 영어로 그들은 종종 풀라니(Fulani)로 불리며 영국이 나이지리아로부터 그 기원을 가져왔다. 프랑스어로는 풀(Peul)이라고 부른다. 세네갈에서 그들은 풀라(Fula)라고 지칭되며 서부아프리카의 많은 종족 집단들이 이 명칭의 변형된 이름으로 알고 있다. 언어는 세네갈 및 기니 말로 풀라아르(Pulaar)로 알려져 있지만 모든 다른 나라들 가운데에서는 풀풀데(Fulfulde)라고 알려져 있다. 서부 아프리카에는 2,000만 이상의 풀베 종족이 있고 대부분은 서쪽으로는 세네갈로부터 동쪽으로는 중앙아프리카 공화국까지 사헬을 통과하여 흩어져 있다. 세네갈, 기니, 말리, 부르키나파소, 니제르, 그리고 나이지리아에 상당한 인구가 집중되어 있다. 6개의 주요 방언이 있으며 그들 가운데 어떤 것들은 상호 간에 이해가 가능하지만 구분된 성경번역이 필요하다.

나가는 경험을 하는 등 상당히 변하기 쉬운 상태에 있다. 우리는 자신들을 교회를 개발하는 사람들이라기보다는 운동을 전개하는 사람들이라고 간주해야 하지 않나 생각한다. 교회를 개발하는 것은 누구의 일인가? 우리가 사역하는 지역의 풀베 종족 가운데 성령의 역사하심을 분석하고자 할 때에 우리는 이 질문과 그 외의 또 다른 질문들에 대한 답변을 구하고자 할 것이다. 그러나 여기서 먼저 풀베 종족 문화 및 사회에 대한 무슬림 침투로부터 배울 수 있는 것을 알아볼 것이다.

1. 풀베 이슬람의 발전

기독교는 풀베 종족 가운데 이제 막 신작로를 낸 상황이다. 이슬람은 약 400년 전에 비슷한 국면을 이 풀베 종족 가운데 맞이하였다. 그 당시 이슬람은 사하라 이남 아프리카 지역으로 군사적인 정복을 통하여서는 나아가지 못하였다. 그래서 현재까지도 무슬림 선교사들이 드문 상황이며 오히려 사하라를 통과하던 고대 상인들이 활동한 결과로 아랍 및 베드윈 그리고 점성술사와 같은 지속적인 흐름이 그곳을 통과하여 서부 아프리카에 정착하였다. 그들의 영향력으로 주후 800년경부터 서부 아프리카의 대부분 지역을 지배하던 가나, 말리 및 송하이(Song-hai) 왕국의 귀족 계보가 무슬림이 되었다. 1500년 후엽 경에는 유목하던 풀베 종족뿐만 아니라 농사를 짓던 아프리카 사람들 사이에도 이슬람이 퍼지기 시작하였다. 그리고 1700년대 중엽에 풀베 종족은 1800년대 후반 프랑스가 도착하기까지 사헬(Sahel)의 광대한 면적을 점차적으로 지배하게 된 일련의 무슬림 왕국들을 만들어 낼 정도로 이슬람화되었다. 이들 왕국들은 이슬람이라는 이름과 더불어 팽창하였고, 지하드(jihad)는 풀베 종족으로 하여금 사헬을 이슬람화하는 과업을 완수하도록 하는 통상적인 전쟁에 대한 외침이 되었다. 1800년대 중반에

풀베 종족은 실질적으로 100% 무슬림들이 되었고 이슬람을 풀베 문화 및 사회에 상황화시켰다.[159]

따라서 풀베 종족 가운데 기독교 선교는 겉으로는 무슬림이지만 마음은 여전히 정령숭배를 하는 그러한 무슬림들로서, 그저 한편으로는 풀베 전통 종교의식이라는 물장난을 치며 다른 한쪽으로는 살랕(salat: 이슬람 기도의식)과 라마단 금식을 하는 무슬림들(종종 민속 이슬람이라고 부름)을 마주하게 된 것이다. 이는 풀베의 전통 종교는 더 이상 실천되지 않지만 이슬람이 풀베 문화 가운데 성숙되어 안정화된 실체로서 통합된 것을 말한다. 사실상, 풀베 이슬람은 이제 예수 시절 유대교가 그러한 것처럼 외식화되었고 심지어 영적으로는 빈사상태로까지(침체상태로) 발전되었다.

결국 이슬람은 단지 풀베 사회를 그럴듯하게 변화시켰지만 그것은 주로 새로운 종말론, 즉 천국과 지옥이 있고 심판 날이 오면 시간이 끝난다는 생각을 가져다 준 것이다. 이러한 생각은 삶이란 단순히 조상들의 장소로 전환한다는 순환적 시간 연속에 대한 믿음을 대치하였다. 이렇듯 기본적인 생각의 변화는 어떤 제정 의식뿐만 아니라 일상생활에 새로운 영적 영역의 변화를 낳았지만 가족이라든가 가축을 기르는 일 그리고 세계관과 같은 것에는 거의 변화를 주지 못하였고 그로 말미암아 풀베의 정령숭배적 의식을 강화시켰다.[160] 그와 동시에 풀베 종족은 이슬람을 품어 안을 수 있기까지 서서히 인내심을 가지고 변화되어 갔다.

---

159) 서부 아프리카 이슬람 확장에 대한 철저한 연구를 위하여 다음을 참조하라: J. Spencer Trimingham, A History of Islam in West Africa for a thorough study of the spread of Islam in West Africa.
160) 비록 이슬람이 새로운 종말론을 소개하였지만 사하라 사막을 통과하여 전달된 대중 이슬람, 특히 수피 형태의 이슬람 저변의 세계관은 풀베의 정령숭배적 세계관을 멋지게 연결시켰는데, 특히 일상생활에서 마주치는 문제 해결을 위한 정령숭배적 방법들에 있어서 그러하다.

2. 기독교 선교는 무슬림 선교로부터 무엇을 배울 수 있는가?

기독교는 풀베 종족 가운데 이슬람이 성공적으로 전파된 것으로부터 찾을 수 있는 몇 가지 원리를 잘 알 필요가 있다.

1) 이슬람은 인내심이 있었다

아프리카에 이슬람이 들어가기까지는 수백 년이 걸렸다. 반대로 기독교 선교사들은 조급한 경향이 있다. 아프리카 무슬림 상황은 많은 다른 무슬림 상황들보다 더 자유로운데 성급한 선교사들은 과도한 대중 복음전도 기술 및 '첫 안식년 이전에' 교회개척을 계획한 다른 방법들을 사용함으로써 엄청난 손해를 끼칠 수 있다. 그들은 초기 단계에서 인상적인 결과를 가져올 수 있을 것으로 생각하여 자신들 주변의 선교사들에게 압박을 가하지만 그들의 성공이란 종종 피상적이고 그 수명이 짧다. 왜냐하면 대부분 공동체가 그들의 방법들을 적대시하기 때문이다.

더욱이 새로운 신자들이 아직 준비가 되지도 않았는데 교회를 조직하도록 하는 것은 압박을 가져와 많은 문제를 일으킨다. 그렇게 하기보다는 무슬림 예를 따라, 그들로 하여금 비형식적인 성경공부 및 기도 그룹으로서 필요하다면 여러 해 동안 내부에 남도록 하여 그들 자신의 속도와 시간 가운데 문화적으로 자연스럽게 적절한 지도자들의 출현이 허락되기까지 선교사들이 새로운 신자들에게 애정을 보일 수는 없을까? 일반적으로 이렇게 하면 핍박의 수위가 줄어들지만 쭉정이를 알곡으로부터 가려내어 안정화되어 가기 위한 새로운 운동 시간을 벌 수 있고 결국 보다 강력한 교회들이 설 수 있다. 이는 분명 풀베 문화 가운데 효과적으로 침투해 들어간 이슬람의 경험이었다.

2) 이슬람은 내부자 접근을 사용하였다

대부분의 아프리카 사람들을 이슬람으로 개종시키고 그 사람들과 대결한 사람들은 아랍의 용사나 수도사 혹은 심지어 아랍의 무슬림 상인들이 아니었다. 그것은 바로 이러한 과정을 겪었던 상대적으로 소수인 아프리카 개종자들로서 아프리카 문화의 변화를 이룬 사람들이다. 18~19세기경에는 풀베 종족 자신들이 서부 아프리카의 많은 종족들 가운데 이슬람을 받아들이는 도구가 되었다. 풀베 종족은 약 200년 이후에 기독교와 함께 이 과정을 완전하게 반복할 수 있는 것이다.

3) 이슬람은 선택적으로 상황화되었다

이슬람은 풀베의 전통적인 종교와 신학적으로 양립하도록 구축되었으며(비슷한 세계관, 행위로 인한 구원, 정령숭배적인 의식 등) 꼭 필요한 것이 아니면 더 이상의 변화를 요구하지 않았다. 그리고 그 결과가 매우 아프리카적인 이슬람이다. 그러나 기독교 선교사들이 종종 자신들이 세운 교회들의 어떤 신앙행위들에 대하여 의심의 눈초리를 보이는 것처럼 고전적인 무슬림들도 서부 아프리카 이슬람에 의심의 눈초리를 보낸다. 그들의 관점으로는, 여성들이 얼굴을 가리지 않고, 의상이 무함마드를 따르는 사람들의 양식이 아니며, 결혼 의식도 무슬림 같지 않고 종교 교육도 부적절할 뿐만 아니라 정령숭배적인 의식이 가득 차 있는 등, 샤리아(sharia) 법이 적용되지 않고는 좋은 이슬람이라고 볼 수 없기 때문이다. 주의 깊게 관찰해 보면 서부 아프리카 무슬림들은 아랍식의 문화 배경을 내어 던진 반면에 꾸란식 이슬람의 필수적인 것들을 병합하였다. 풀베 종족은 만일 우리가 자유와 책임감을 줄 수 있다면 다시 기독교와 함께 그 과정을 완전하게 반복할 수 있을 것이다.

4) 이슬람은 풀베 종족의 전통적인 종교와 같이 가볍게 여행한다

이슬람은 이슬람법에 대한 수천 권의 책으로 채워진 도서관과 같은 법 위에 세워진 종교이다. 그것은 완전한 양식 안에서 무게감을 가지고 현학적이며 견고해질 수 있다. 그러나 그것은 모든 상부구조들을 벗겨 내어 버리고 가장 단순한 형태의 신조 및 신앙의 표현들이 되는 경향도 있다. 그것은 건물을 필요로 하지 않는다. 모스크의 내부는 그 구조가 거의 없으며 모스크를 위한 간소화된 정책만 있을 뿐이다. 깨끗한 장소 혹은 가지고 다닐 수 있는 깔개만 있으면 몇 명의 무슬림들이, 심지어 단 한 명의 일반 무슬림이라 할지라도 이슬람의 필수적인 것들을 수행할 수 있는 임시 모스크가 된다. 이는 세상의 많은 유목민 집단들이 그러한 것처럼 이들 유목하는 풀베 종족의 필요들과 완전히 긴밀한 연관관계를 가진다.

그와는 대조적으로 기독교는 종종 가볍게 여행하지 못하는 것처럼 보인다. 기독교는 성령과 은혜에 기초한 종교이지만 이 세상에 있는 대부분이 끝없는 관료주의의 껍질들과 신학교 그리고 요구사항들과 행사를 포함하는 크고 무거운 상부구조를 개발시켜 왔다. 기독교 선교사들은 좋은 의도에도 불구하고 의사소통 및 이동성에 있어서뿐만 아니라 상황화를 방해하고 비양립성을 너무나 강조한 과도한 물질 및 구조를 가져와 새로운 회심자들에게 너무 많은 짐을 지웠다.[161]

요약하면, 이슬람은 2세기에 걸쳐서 풀베 종족 가운데 발전하였다. 초기 이슬람은 아랍 무슬림 및 베드윈 상인들이 들여왔지만 풀베 문화 가운데 상황화되었고 첫 모스크가 풀베 종족 처음 회심자 자신들에 의하여 세워졌다. 그 결과 겉으로는 매우 풀베 종족의 것처럼 보이나 본질

---

161) 말콤 헌터(Malcolm Hunter)는 국제 SIM 선교회 소속으로 수년간 유목민 종족(nomads) 사역을 하였는데, 한 번은 한 유목민이 "만일 당신이 당신의 교회를 낙타 위에 둘 수만 있다면 나는 기독교인이 되겠소."라고 그에게 말하였다 한다. 우리는 이 일이 가능하다고 생각하는데 왜 그렇게 하지 않을까?

적으로는 무슬림과 이슬람이 된 것이다.

3. 우리의 이야기

400년 이후에 우리가 무슬림 이야기를 반복할 수 있을까? 기독교가 풀베 종족 가운데 이슬람보다 더욱 빠르고 심지어 보다 효과적으로 풀베 종족 가운데 심길 수 있을까? 기독교가 과연 이슬람보다 더욱 깊게 풀베 종족 문화 속으로 침투할 수 있을까? 나는 우리가 예수의 이름으로 성령의 능력으로 일하는 한 그럴 수 있다고 믿는다.

1984년도에 나는 가족과 함께 거의 모두가 기독교인이라고 주장하는 기독교 나라와 다를 바 없는 라이베리아에서 거의 모두 무슬림임을 천명하는, 현재 우리가 있는 곳으로 옮겨왔다. 1986년 초반에 우리는 긍지가 많고, 거의 유랑 종종처럼 가축을 기르는 무슬림 종족 가운데 일하기 위하여 사하라 사막 남부 변방 가운데 있는 후미진 지역인 사헬의 작은 풀베 종족 마을로 이사하였다. 우리는 기독교인 존재 전략을 개발하였는데 그것은 복음이 전해질 수 있도록 하는 친분관계 및 접촉점을 개발하기 위하여 최선을 다해 풀베 종족처럼 그들 가운데 살아가는 전략이었다.

이것은 우리가 있는 상황에서 풀로 엮은 오두막에 온 가족이 살면서, 잠은 땅바닥에 놓인 깔개 위에서 자며, 긴 옷을 입고, 수수를 먹고, 가축을 사들이고, 수수밭을 일구며, 매트를 짜는 기술을 익히고 우리 아이들이 그들의 아이들과 함께 어울려 자라는 것과 같은 것을 의미한다. 또한 그것은 아랍식의 제례용 차를 마시면서 풀베 사람들과 수많은 시간 동안 앉아서 대화하는 것을 의미한다. 우리는 정기적으로 9시간에 걸쳐 수도까지 차를 몰고 가서 보다 서구식의 집에 기거하면서 균형을 다시 잡고 우리가 하는 사역을 앉아 정리하는 시간을 갖곤 하였다. 이러한 전략은 상당한 시간이 여행에 소비됨을 의미했다. 그러나 그것은 풀베 종족과 관계를 만드는 것이 우리의 유일한 계획이므로 그 마을에 가능한 짐을 가볍게 하고 장기적으로 들어가야 함을 의미한다.

우리가 이러한 접근방법을 추구한 데에는 몇 가지 이유가 있다. 첫째로, 풀베의 문화 및 생활양식과 동일시될 때만이 예수께서 그들만 아니라 그들의 문화도 사랑하신다는 것을 그들과 의사소통할 수 있다고 느꼈기 때문이다. 그것은 소통할 수 된다는 것이 그들의 문화를 버리는 것이 아니라 복음의 변혁시키는 능력으로 그들의 문화가 성취되도록 하는 것이기 때문이다. 이는 특히 자신들의 문화와 언어에 대하여 배타적일 정도로 자긍심이 많은 풀베 종족에게 매우 중요한 것으로 보였다.

둘째로, 대부분 풀베 사람들은 자신들의 수도사들로부터 배운 것을 제외하고는 한 번도 기독교인을 만나거나 기독교에 대하여 배운 적이 없다. 그들은 비록 불완전하긴 하지만 기독교인들이 기도하고, 자신들의 신앙행위를 준수하며 그리스도의 긍휼을 경험하는 것을 볼 수 있도록 기독교인들을 만날 필요가 있었다. 개인적 수준에서 그들이 오해하고 있는 것들을 다룰 필요가 있었고 복음 앞에서는 무너지게 되는 장벽들에 대해 의사소통할 수 있었다.

셋째로, 사하라 이남 아프리카 대부분의 선교사들은 비록 무슬림 상황이기는 하지만 어떤 형태로 복음을 전하든지와 무관하게 법적인 자유를 가지고 있다. 우리는 정령숭배자들 가운데에서 사용하였던 동일한 복음전도 기술을 무슬림들 가운데에서 사용하기 때문에 바람직한 결과를 얻지 못하고 있는 선교단체들과 그들이 세운 교회들을 관찰한 적이 있다. 사실상, 그냥 종종 있게 되는 적대적 반응을 복음에 대한 핍박이라는 관점으로 보고하는 경우가 많이 있다. 우리는 새로운 접근 방법들이 필요하다고 느꼈다.

넷째로, 우리의 주된 비전은 신학적으로 그리고 철학적으로 풀베 종족의 마음 깊은 곳에 심겨져 풀베 문화 저변으로부터 길어 나오는 복음을 보고자 하는 것이었다. 우리는 어떻게 이러한 일이 일어날 수 있을까에 대한 희미한 생각들을 가지고 있을 뿐이었다. 그러나 우리는 의사소통 수단이 철저한 풀베 종족의 방법일 필요가 있다고 생각했고 장래의 어떤 교회 지도력도 한 명 이상의 신자가 있는 그날부터 풀베 종족의 손아귀에 있을 필요가 있다는 것을 알아채고 있었다. 우리가 하는 일은 단지 기독교인의 존재를 확립하고 복음전도자와 촉매자로서 섬기며 들어갔던 길을 빠져 나오는 것이었다.

1986년 초에 우리는 비전을 이루기 위해 대략 10–12년 정도의 시간이면 충분하지 않겠느냐는 순진한 생각을 가지고 사헬에 있는 작은 마을로 이사하였다. 초기 몇 년간은 이 어려운 환경 가운데 살아가고자 적응하는 데 모든 노력을 경주하였다. 언어를 배워야 했고, 문화와 관습도 습득해야 했다. 그리고 처음에는 홈스쿨링을 통하여 아이들을 양육하였고 이후에는 기숙사 학교로 아이들을 보냈다. 그 당시 여러 해 동안 (처음 5~6년 동안), 우리는 거의 아무것도 이루지 못하고 있다고 느꼈지만 그 시기에 우리는 사실 사람들과 친분관계를 개발하고 있었으며, 서로가 서로를 관찰하면서 양자 간에 믿음이 발전하고 있었고 신뢰도가 형성되어 나는 서서히 린질라(Linjiila: 신약 성경)를 가진 수도사로서 자신의 정체성을 삶에 입혀가고 있었다.[162]

이 시기가 끝날 무렵 우리는 오늘까지 진행되고 있는 개발 프로젝트를 시작하였다. 우리는 또한 점차적으로 종교에 관한 이야기를 시작하였고 심지어 때로는 복음의 어떤 국면을 나누기조차 하였다. 결국에는 보다 나이 어린 사람들과 마을 종교지도자(이맘) 및 다른 수도사들 가운데 어느 정도 린질라를 읽으며 이슬람, 기독교 그리고 예수에 대하

---

162) 처음부터 나는 자신을 린질라(신약 성경) 수도사의 정체성을 갖고자 하였다. 처음에 풀베 마을에서 어떻게 살아가는지를 배우며 언어적 기술이 아직 제한되어 있을 때에 나는 그리 인상적인 수도사가 될 수 없었다. 시간이 지남에 따라서 나는 이 정체성을 점점 밝혀갈 수 있었지만 마음 가운데에는 그 정체성을 더 광범위하게 일관성을 가지고 발전시킬 수도 있지 않았나 하는 느낌을 가졌다.

여 이야기하게 되었다. 그 마을에 있은 지 10년이 되던 1996년도에는 신약 성경과 예수에 대한 공개강연을 요청하였는데 마을이 그것을 허락하였다. 네 번에 걸친 모임들에서는 참석이 장려되면서 진행되었다. 그러나 그 이후에는 내가 많은 시간을 들여 자신뿐만 아니라 그의 아버지도 함께 성경 읽기와 토의를 하였던 연장자격 되는 수도사가 더 이상모임에 참석하는 것을 금하여, 더욱 발전 가능성이 보장되어 보이던 이모임을 폐기해야 했다.

우리는 그 지역에서 10년이 지나던 시점 이후 의기소침해졌으며 그때까지도 아무런 신자를 얻지 못하였다. 이 일이 있은 후 얼마 지나지 않아 "시라(Sira)"라고 하는 한 여성이 예수를 따르는 자가 되었다. 2000년도에는 약 7년 동안 나와 그 수도사들과 더불어 공부하여 왔던 "알파(Alfa)"가 마침내 주님께 헌신하였다. 그 이후 시라와 알파는 모두 열매를 맺어갔고 또 다른 관심자들이 나타났다. 현재 우리 지역에는 많은 수의 구도자들뿐만 아니라 7명의 믿는 자들이 있다. 그 정도 숫자의 신자들이 우리 동료가 일하는 다른 지역에도 있다.

4. 출현하고 있는 운동?

이러한 고무적인 결과가 지난 5년 동안 일어났다. 우리는 한 운동의 출현을 마주하고 있는 것처럼 보이는데 그 이유는 다음과 같다.

- 신자들은 자신들의 모든 희망을 예수 그리스도의 삶과 죽으심 가운데 두었다. 비록 모스크라는 상황 가운데에서 지속적으로 예배를 드리지만 예수께서 그들의 유일하신 보호자요 중보자가 되셨다. 그들은 예수 그리스도의 이름으로 예배드리며 금식을 지키고 있다.

- 신자들은 적절하게 토착적인 수단을 사용하여 자신들의 예수신앙을 증거하고 있다.
- 멘토링 모델의 제자양육이 보다 나이 든 지식인 신자들이 지도력을 갖도록 만들고 있으며 일종의 수도사로서 간주된다. 이것은 우리가 어떤 새로운 것을 소개하지 않는 한 이곳의 자연스러운 지도력 개발일 것이다.
- 상당한 수준의 토착화와 상황화가 일어나고 있다.
- 상당한 수준의 활력이 주어져 있다. 많은 사람들이 기초적 신학 논점들과 씨름하고 있다. 그들이 새로운 사상들을 실험함으로써 서서히 패러다임 전환이 일어나고 있다. 사람들은 운동이 지속되거나 어떤 때라도 핍박으로 수그러들 수 있음을 느끼고 있다.
- 그러나 아직도 교회로 발전하는 징조는 보이지 않으며 어떤 누구도 세례를 요구하지 않았다.

이러한 요소들은 모두 어떤 운동이 일어나는 데 결정적인 특징이라고 할 수 있는 높은 수준의 토착적 소유권을 나타내는 것이다. 또한 이것은 이러한 초기 단계에서 신자들이 (전통)교회 내부라는 자신들의 상황 밖에서 모이거나 또 다른 길(뽑아내기와 같은)을 따르기보다는 자신들의 상황 내부로 예수를 모시고 가고 있음을 보여 준다. 거의 모든 신자들이 내부자로서 예수를 따르는 상태로 남아 있고 그들 주변에 있는 사람들에게 무슬림으로 비치지만 예수와 신약 성경에 대하여 위험할 정도로 관심을 가진 무슬림들로 보인다. 그럼에도 불구하고 그들은 혼란을 야기하지 않고 이슬람의 기둥들을 실천하는 한 상대적으로 평화롭게 그 사람들의 눈에 무슬림으로 남아 있다. 이러한 일이 오래 지속될수록 그 신자들은 그 운동이 더욱 힘을 얻어갈 수 있도록 숫자와 신앙에 있어서 그만큼 더 성장의 기회를 갖게 될 것이다.

이 시점에서 우리의 상황은 선교사적인 수고로서 종종 무시된 국면, 즉 운동이라는 국면에 더욱 주의를 기울여야 하는지 궁금하다. 이는 선교사의 사역이 다음과 같이 나누어질 수 있는가의 문제이다.

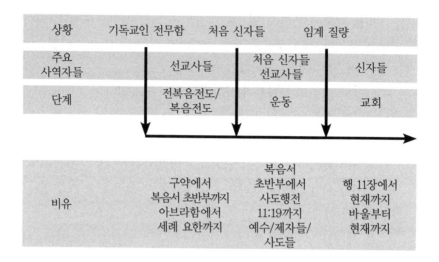

상황	기독교인 전무함	처음 신자들	임계 질량
주요 사역자들	선교사들	처음 신자들 선교사들	신자들
단계	전복음전도/ 복음전도	운동	교회
비유	구약에서 복음서 초반부까지 아브라함에서 세례 요한까지	복음서 초반부에서 사도행전 11:19까지 예수/제자들/ 사도들	행 11장에서 현재까지 바울부터 현재까지

도식 16.1 선교 사역의 세 단계

1) 복음전도 단계

이 단계는 선교사들이 주요 세력으로서 그들의 사전전도 활동 및 복음전도 활동으로 특징지어진다. 구속사적인 관점에서 살펴보면 이는 아브라함으로부터 시작하여 세례 요한에 이르기까지 하나님께서 예수를 위하여 유대인들을(그리고 세상을) 준비시킨 시기이다. 이는 성경의 구약으로부터 복음서의 처음 몇 장에 걸친 내용에 해당한다.

2) 운동 단계

이는 점차적으로 주요 세력이 되어야 할 처음 신자들과 더불어 시작될 것이다. 선교사들은 재정비가 필요하고 제자양육을 시키는 역할로 뒤로 물러나기 시작해야 할 것이다. 구속사적인 관점으로 이를 살펴본다면 예수께서 제자들을 준비시키셔서 세상 가운데 내어 보내시는 바와 같이 사도 시대의 초기까지 그러한 일이 지속되는 시기와 비유될 수 있다. 성경에서 그것은 복음서와 안디옥 교회가 출현하게 되는 사도행전 11장 19절까지 해당될 것이다. 구속사에서 이는 거칠고 타오르기 쉬운 국면이다. 이사와 표징과 기적들 그리고 많은 회심자들이 있지만 핍박, 이단 및 후퇴가 있을 수 있다.

제자들이 주위의 도시에 복음전도를 하도록 보냄을 받았고 예수께서는 사단이 하늘에서 떨어지는 것을 보았지만 이후에 베드로는 세 번이나 그를 부인하였다. 스데반은 영광스러운 순교를 체험했지만 아나니아와 삽비라는 하나님의 심판을 경험했다. 성령의 능력과 역사는 모든 면에서 분명하였지만, 이 또한 마술사 시몬처럼 가짜가 나오기도 한다. 우리는 풀베 무슬림들 가운데에서 어떤 다른 운동을 기대할 수 있겠는가?

3) 교회 단계

우리의 경험과 관찰은 교회를 개발하는 것이 선교사들의 사역인지에 대한 질문을 이끌게 한다. 더욱이 토착적인 교회들은 토착적인 운동에서 이상적으로 출현하고 현지의 신자들이 성령의 인도하심을 받아 성경을 연구할 때에 그들 자신에 의하여 개발된다. 선교사는 이 단계에서 완전히 뒤로 물러나 있어야 한다. 이는 구속사에서 볼 때에 바울이 선교여행을 하던 시대와 그 이후의 시대를 대략적으로 포함하는 교회 시대와 나란할 것이다. 성경에서 이는 사도행전 11장과 그 이후의 내용에 해당한다. 타문화 사역자들을 바울과 사도들 같이 교회를 세우는 모델로서 종종 다루지만 그들은 사실 '본국의 사역자들'이었음을 잊는다. 사도들과 바울은 모두 자기 자신의 혹은 그와 비슷한 문화권들에서 사역하였다. 그들은 무슨 말을 해야 할지 어떻게 행동해야 할지 그 언어를 알았고 모든 면에서 전도자요, 목사였다. 나는 타문화 사역의 역동성은 사도들과 바울이 당면하였던 것들과 매우 다르고 교회가 출현하기 이전에 보다 길고 복잡한 운동을 요구할 것이라고 제안하는 바이다.

5. 우리는 어떻게 반응하는가?

만일 우리가 진정 하나의 운동에 직면한다면 어떻게 반응해야 할까? 위에 언급한 바와 같이 다른 두 지역에 일곱 명의 신자들이 있다. 그들을 두 교회가 되도록 조직할 수 있을 지도 모른다. 많은 선교사들이 서부 아프리카에서 무슬림 상황 가운데 이와 같이 하는 것을 보아왔다. 그러나 그 결과는 언제나 거의가 실망스러운 것이었다. 교회는 그 외형적인 형태가 무엇이건 간에 다음과 같은 몇 가지 이유 때문에 갈등하고 결국 사멸하거나 정체된다.

- 새로운 신자들은 신앙이 어리고 아직 교회를 위한 준비가 되지 않았다. 대부분은, "어떻게 예수를 나의 상황 가운데 통합시키는가?"와 같은 기본적인 삶과 신앙의 논점들로 갈등한다. 황급하게 교회를 설립하게 되면 이와 같은 문제가 너무 조급하게 뒷전으로 물러나고 교회 조직에 대한 논점과 같은 것들이 전면에 나서게 된다.
- 더 복잡한 문제는 처음 믿는 자들이 종종 사회적으로 적합하지 않은 경우가 많이 있다는 것이다. 즉 어떤 이들은 그 사회 변두리에서 온 자들이고 어떤 경우에는 그릇된 동기를 가지고 나오기 때문에 집단에 분쟁을 가져오기도 하며 어떤 이들은 이슬람(

그리고 종교)에 거의 관심이 없었던 자들이기도 하다.
- 이러한 종류의 신자들이 주류를 이루는 상황에서 선교사는 자신이 교회를 세우는 데 주도권을 가져야 한다고 느낀다. 그것은 매우 서구적 생각으로서 신자들의 주인의식을 잃게 한다.

우리의 상황을 보면, 운동이 전개되면서 일련의 침체기도 경험하고 세계관이 변화하며 믿음이 성숙되어 신자들이 자신들의 신앙과 실천을 상황화 및 토착화하면서 지도자들이 자연스럽게 등장하도록 시간을 줄 필요가 있다. 그러나 운동들이란 예측 가능하지 않으며 조정 불능하다는 것을 알고 있다. 상황화 및 토착화의 수준이 높을수록 선교사들이 그 운동을 조절하거나 알아차릴 수 있는 수준이 낮아지는 것도 일리가 있어 보인다. 문제는 우리가 그 폭풍을 올라타고 갈 용기가 있으며 안전한 피난처라고 느끼는 조직된 교회 가운데 신자들을 이끌 수 있겠는가에 있다.

우리의 상황에서는 폭풍을 올라타는 것이 중요하다. 왜냐하면 만일 우리가 풀베 종족 가운데 일어나는 한 운동의 정상으로 진정 올라탄다면 그 표면 아래에서는 어떤 흥미로운 변화들이 일어나고 있을 것임에 틀림없다. 실제로는 상당한 복음전도 활동이 일어나는 것과 동시에 좀 이상한 어떤 개인이 신자가 되는 것 이상의 사건들이 발생함에도 우리가 표면으로는 관측할 수 있는 모든 것이란 그저 그 정도 수준일 수 있다. 나아가 신자들의 숫자가 이렇게 증가함에 따라서 어떤 임계수치의 인구가 그리스도께 향하는 규모 있는 운동이 실제로 시작될 가능성이 매우 크다. 우리는 그것이 바로 풀베 무슬림들 가운데 일어나고 있는 것이라 느낀다.

현 시점에서 그 운동은 매우 미묘한 상태에 있다. 만일 이들 처음 회심자들을 거두어 한 교회를 만든다면 위에 언급한 것과 같은 임계질량이 아직 못 이른 상태에서 더 이상의 운동은 일어나지 않을 수 있을 것이다. 단지 그들이 나가고 있는 방향에 경고를 발하는 일에 그칠 것이고 그들의 많은 것들을 인정하지 않을 것이며 결국 운동은 침체하게 될 것이다. 그것은 정체되어 지하에 머무르고 말 것이다. 만일 그 교회가 매우 상황화된다면 실제적으로 이 운동을 가속화시킬 수 있지만 그것은 우리 눈에 그리 성공적으로 비치지 않을 수도 있다.

당분간 우리의 역할은 인내로 말씀 가운데 신실하게 깊이 들어가면서 신자들과 더불어 기도하는 것이라 느낀다. 그 운동이 생각건대 비록 한 세대 이상의 선교사들을 필요로 할지라도 그대로의 길을 달려가도록 허용해야 할 것이다.

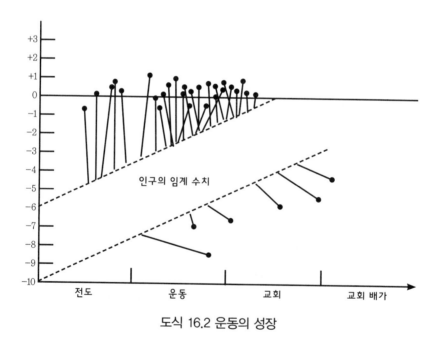

도식 16.2 운동의 성장

도식에 대한 설명:

- 수직축은 수정된 엥겔(Engel)/소가드(Sogaard) 지수로서 영(0)

은 회심의 시점을 나타낸다.

- 수평축은 선교사역이 진행되는 단계를 나타내는 시간축이다.

- 점선에 닿아 있는 선들은 그리스도께 보다 서서히 움직이고 있는 임계수치의 인구보다 앞서서 나아가는 사람들이거나 그 운동에서 뒤쳐지는 사람들을 나타낸다.

그와 같은 시기에는 운동이 앞으로 진행될 수도 있고 뒤로 미끄러질 수도 있지만 우리는 상당한 숫자의 사람들이 신학적으로 돌아올 수 없는 강을 넘어간 것 같은 인상을 가진다. 그들은 예수가 누구인지 알고 믿는다. 그리고 이러한 진리가 더욱 뿌리 깊이 내려가게 됨에 따라서 이제 이슬람의 그 어떠한 것도 이전과는 동일하게 보이지 않을 것이다.

그러나 무엇이 그 운동을 점화시키는 것인가? 나는 그에 대한 한 열쇠로서 복음을 문화 내부에 심는 작업이라고 제안하는 바이다. 문제는 선교사의 의도가 아무리 좋고 그 문화 내에서 아무리 잘 교육을 받았다고 해도 매우 다른 문화에서 온 사람은 이 과업을 적절하게 완수할 수 없음에 있다. 나는 새로운 신자들이 복음과 더불어 씨름할 때에 그들과 동행하며 그들의 삶 속에 복음을 적용하고자 그들과 같은 감정으로 의사소통하려 한다. 그들이 나의 마음 가운데 거의 찾아오지 않아도 그들은 그리스도와 동행할 수 있다. 내가 하는 일이란 그들과 동행하고 관찰하면서 그들이 성경에 닻을 내리도록 하는 것일 뿐이다. 그들 자신이 길을 인도하고 계획을 세운다. 나는 그들이 성령의 충만하심으로 시간이 지남에 따라 400 여 년 전에 심겨진 이슬람보다 더욱 효과적이고 심오하게 복음을 풀베 문화 깊숙이 심을 것을 확신한다. 그리고 이러한 성령의 역사하심과 함께 교회가 출현하게 될 것이다.[163]

---

163) Paul Neeley and Sue Hall, "Praising the High King of Heaven," in Eth-

17장

풀베 무슬림 상황 내부로 복음을 심어 넣기

Lowell de Jong

만일 복음을 심어 넣는 것이 운동을 일으키는 주요 열쇠라고 한다면 어떻게 이 일이 일어나도록 할 수 있는가? 무엇보다 먼저 우리가 성령에 완전히 의존되어야 하지만, 우리가 책임져야 하는 부분이 그것으로 인하여 멈추지 말아야 한다. 선교사들은 자신들이 육체적 사회적으로 문화 가운데 들어가 그들 내부에 기독교인의 존재가 이루어지도록 해야 한다. 그래야 이후에 보다 복합적이고 장기간에 걸쳐서 메시지가 심기는 과정이 뒤따르게 된다. 새로운 신자들이 합류하게 되면 이와 같은 일은 보다 의미 있는 모습을 갖출 수 있도록 하는 시작에 불과할 뿐이다.

알파(Alfa)는 이 과정에서 특별한 도움이 되었다. 알파는 7년 동안 다양한 수도사들과 공부하면서 기독교의 진리들과 함께 씨름하였다. 그

---

nomusicology: Articles on Music in Missions, 〈www.worship-arts-network.com〉.

는 내가 그에게 준 풀풀대(Fulfulde)어로 된 읽을거리들을 모두 소화하였다. 그리고 여러 해가 지나면서 우리는 신학적으로 상호작용을 하면서 서로에게 영향을 미쳤다. 한편 그는 예수에 대한 진리와 성령의 능력으로 이끌림을 받았지만 또 한편으로는 그것이 함축하는 것들을 어려워하였다. 그 마을 우두머리이자 헌신된 무슬림인 그의 아버지는 어떠하였나? 그는 어떻게 반응해야 하는지 알았지만 매번 우리가 만났을 때에 단지 점점 더 그리스도께 가까이 움직이는 반응을 보여 주었을 뿐이다. 2000년 8월 우리는 여전히 예수의 속성에 대한 다른 토의를 하고 있었다. 이때 예수께서 하나님의 말씀으로서 육신이 되신 사실과 하나님의 말씀은 그와 함께 영원하다는 것을 토의했는데 그것이 마침내 영향력을 주었다. 그는 7일 동안 거의 잠을 자지도 먹지도 못하였는데 그러는 가운데 자신을 그리스도에게 드렸다.

1. 그의 회심 요인들

감성적인 회심이 뒤따르게 되는 유일한 결정적 순간이란 없었다. 그의 회심은 어떤 한 가지의 결정적인 것보다는 엥겔 지수와 같이 한 단계씩 올라가는 형식을 띠었다. 그의 회심을 이끌어 낸 유일한 요소나 사건은 없었지만, 성령께서 알파와 더불어 사용하신 개인적이고 외적인 복합된 요인들이 있었다. 한 가지 핵심 인자는 오랜 시간에 걸친 기독교인과의 밀접한 접촉이었다. 그는 최근 간증에서 성경을 읽고 공부하는 것 이외에 우리가 긍휼의 마음을 보인 행동들(프로젝트, 가난한 자들에 대한 원조 및 곤경 중의 인내와 같은 것들)이 그와 많은 풀베 사람들의 기독교인들에 대한 인식을 변화시켰다. 어떻게 하나님(알라)께서도 정확하게 알지 못했던 이들 '이교도들'이 그토록 선한 무슬림들처럼 행동할 수 있었겠는가? 왜 하나님께서는 그들이 무슬림이 아니었을 때에 그들로

하여금 공의로운 행동을 하도록 예정하시는 호의를 베풀지 않으셨는가? 말과 행동 모두가 영향을 주었다. 그러나 가장 의미심장한 인자는 그가 복음을 붙잡고 자신의 상황 내부로 그것을 심어 넣은 것이었다.

1) 구도자들을 뽑아내 오기보다는 복음이 심어지도록 함

나는 어떤 선교사들이건 자신들의 사역을 통하여 신자들이 물리적으로 그들의 가정과 문화 밖으로 뽑혀 나오는 것을 바라지는 않는다. 그러나 실제 기독교인들의 행동은 우리의 추측과는 달리 어쩔 수 없이 그러한 결과를 낼 수밖에 없는 것처럼 보인다.

알파는 자신이 기독교인이 된다면 반드시 뽑혀질 수 있다고 추측할 수 있었을 것임에도 자신의 문화, 종교 그리고 마을로부터 뽑혀 나오게 될 때에 그것이 내포하는 의미들을 숙고하려고 하지 않았다. 그 이후 나는 우리 선교사들이 의도하지 않을지라도 미묘한 방법으로 이에 대해 의사소통한다는 것을 알게 되었다. 알파는 다음과 같이 말하곤 하였다. "만일 내가 신자가 되면 아버지가 나를 마을에서 쫓아낼 것이다." 그 이전 처음 몇 해 동안은 나에게 다음과 같이 질문하곤 하였다. "내가 기독교인이 되면 모스크를 떠나야 하나요?" "아니. 그러나 너는 결국 모스크를 떠나게 될지도 몰라. 왜냐하면 그건 네가 예수 그리스도로 말미암는 구원의 복음을 네 가족 및 친구들과 나누고 싶어 할 것이기 때문이지."

나는 사실 "모스크를 떠난다."라는 것을 이슬람이라는 종교를 떠나서 공개적인 기독교인이 되어 증거하는 좁은 의미로 정의하였던 것이다. 그러나 알파의 마음속에 이는 종교뿐만 아니라 그를 위한 삶 전부의 변화로, 결국 더 나아가 아무런 증인 역할을 할 수 없도록 하는 신호였다. 그 당시만 해도 나는 그런 점을 완전히 이해하고 있지 못하였다. 나는 그가 한 신자로서 자신의 문화에 머무르기를 원했기 때문에 그가 뽑혀 나올 것을 가르친다고 생각하지 않는데 사실상은 그러한 가능성을 열어 놓았다는 것을 생각조차 하지 못하였다.

지금은 내가 그때 그렇게 한 것이 그리스도께 향하는 그의 움직임을 늦추었다는 것을 알고 있다. 그때 이후로 우리는 생각이 바뀌었다. 2년여 전, 다른 신자들과 같이 모스크에 남은 채 그리스도를 따를 수 있다고 내가 이해하기 시작할 즈음 알파는 무슬림 기도를 예수에 대한 기도로 바꾸기 시작하였다. 그러한 이해에 도달한 이후에 알파는 그리스도의 진정한 속성에 대하여 강력한 증인 역할을 하고 있다. 우리와 그가 천명한 궁극적인 목표는 비슷한 마음을 가진 신자들의 숫자가 임계치에 달하게 되면 그들이 모스크를 나와서 '진정한 풀베 종족으로서 진정한 기독교인 교회'를 개발하는 것이다.

물리적인 뽑아내 오기와는 정반대로 신학적인 관점의 뽑아내 오기는 그 신학적인 논점들이 개인적인 논점들과 서로 얽혀 있기 때문에 보다 복잡하다. 나는 직관적으로 보안 및 복음을 직접 드러내는 어구적 표현과 같은 문제로 자주 후퇴하는 반면 알파나 다른 사람들은 이러한 문제를 전혀 눈치 채지 못하였다. 풀베 종족은 예수를 높은 위치에 모시고 있다. 따라서 나는 예수의 권위를 토의함으로 예수의 위치를 더욱 높은 곳으로 밀어 올리려 하였다. 이는 몇 가지 주의를 요하는데, 내가 하고자 한 것은 참가자들과 함께 죄, 악, 사단 그리고 사망에 대한 승리로서의 십자가 복음에 나가도록 하는 것이었다. 이러한 관점에서 어느 정도 의사소통은 이루어진 것 같았지만 사실상 알파를 포함한 어느 누구도 감동시키지 못하였다. 논리 사슬에 무엇인가 빠진 것이 있었다. 십자가 복음에 대한 의사소통이 되지 않은 것이었다. 알파가 경험한 과정을 관찰하면, 이에 대한 한 가지 답변을 준다. 즉 그것은 그리스도의 속성에 대한 것이다. 그는 이 논점이 핵심이라는 것을 믿으면서도 처음부터 그 언저리에서 서성거렸던 반면 나는 그가 잘 양육된 바울 신학적 기독교인이 되어 이제 십자가가 그에게 핵심주제가 되었기 때문에 모든 문제를 지속적으로 그 방향으로만 연결하려고 했던 것이다.

나에게 그리스도의 속성과 삼위일체와 같은 것은 그냥 매우 중요하지만, 기독교인들과 무슬림들 사이에는 그것이 논쟁의 뼈대였다. 그래서 그와 같은 논점들의 토의는 이후 문제로 미룰 필요가 있다고 생각했다. 그렇지 않으면 서로에게 비생산적인 변증수사학으로 서로를 잡아끌어 내리는 위험이 있다고 생각하였다. 그러나 알파는 바로 이 논점에 대하여 어느 정도 이해되기까지는 사실 신자가 되지 못하였고, 그는 그것과 계속 씨름하였던 것이다. 그는 이슬람 신학으로 돌아갔고 무슬림 전통 가운데서 예수께서 누구신지에 대하여 보다 깊이 성찰하였다. 그의 사고 과정들은 다음과 같다.

- 그는 하나님은 한 분이시고 영원하시다는 가정으로 출발하였다.
- 그 다음 그는 하나님의 말씀이 하나님과 분리될 수 있느냐는 질문을 던졌다. 하나님의 말씀은 그 존재 자체가 하나님과 영원하지 않은가 하는 점이다.
- 그 다음 그는 예수의 속성에 대하여 꾸란에서 제시하는 것들을 취하였다. 꾸란에서 알파는 예수를 마리아에게 불어넣어 진 "하나님의 숨"(21:91)으로, 하나님의 말씀으로(3:45) 그리고 하나님의 영(4:171)로서 그가 유일한 전부와 분리될 수 없음을 이해하였다. 말씀은 숨으로 말하여지고 영은 하나님의 보이지 않는 숨이기 때문이다.
- 그리고 그는, "따라서" 예수는 하나님의 말씀/숨/영으로서 육체가 되셨으며 하나님과 분리될 수 없고, 하나님과 영원하며 바로 하나님 자신일 수밖에 없다는 데까지 나아갔다.
- 그의 두 번째 "따라서"는 다음과 같다. 하나님은 거짓말 하실 수 없다. 그리고 예수께서는 영원한 하나님의 말씀으로 육신이 되셨기 때문에 그 또한 거짓말 하실 수 없다. 따라서 예수 당신이 구세주요 십자가에서 이루신 일을 통하여 부활하심으로서 그것을

성취하셨다고 말씀하시기 때문에 그것은 그래야만 한다.

이것이 알파가 복음을 제시하는 방법이다. 보다 최근에 그는 이슬람이 예수께 부여한 호칭인 루후라이(Ruuhulayi)를 유효하게 사용하고 있다. 모든 풀베 종족은 이 칭호를 알고 있으며 그것은 "하나님의 숨" 혹은 "하나님의 영"으로 번역되지만 그 내포하는 의미는 알지 못한 것으로 보인다. 알파는 예수를 루후라이로 소개하면서 위에 설명한 일련의 논증을 사용하여 풀베 종족의 전통적인 예수에 대한 이해를 효과적으로 뒤집어 놓고 있다. 나는 그가 이 논점을 수도사들과 일반 무슬림들과 토의하는 것을 들었는데, 우리와는 다른 출발점을 갖고 다른 양식들을 사용하지만 예수가 창조되지 않았으며 하나님과 같이 영원하신 분이라는 것을 언제나 효과적으로 제시하였다.

2) 복음은 심겨져야 한다는 것이 내포하는 점

어떤 풀베 종족이 내가 이야기하는 복음에 대하여 이해하려면 나의 세계관과 신앙 체계에서 교육을 받아야 한다. 그러나 내가 확실히 믿기에는 이 복음이 어떠한 세계관이나 신앙체계 내부에서도 심길 수 있다는 것이다. 알파와 다른 지도자급 사람들과 함께 지금 우리는 예수 그리스도의 좋은 소식들을 풀베 무슬림 종족의 상황 안에 효과적으로 심기 위하여 점점 더 가까이 나아가고 있다.

3) 선교사의 자세를 말할 때에 그것이 내포하는 점

나는 사역 초기에 사람들 앞에서 이슬람을 존경하였다. 그래서 나의 관점을 지지하도록 하기 위하여 꾸란의 구절들을 사용하곤 하였다. 그러나 나의 마음속에는 이슬람을 첫 번째 원수로 여기는 생각이 있었다. 나의 기본적인 마음 자세는 언급한 바와 같이 예수를 풀베 무슬림 세계관과 신앙체계 가운데 심고자 하는 나의 사역목표와는 맞지 않는 것이었다. 그러나 예수를 세계관과 신앙체계 가운데 심기 위해서 우리는 그들 내부로 기꺼이 들어가야 한다. 그리고 그것이 성경적으로 가능하기만 하다면 그 세계관과 신앙체계와 함께 동행해야 한다. 그리고 예수를 그 안에 있는 논점들에 대한 해답으로 가져가야 한다. 나는 선교사들이 '새로운 무슬림'(neo-Muslim)이 되는 것을 제안하는 것이 아니다. 오히려 지난 2년 동안 새로운 자세를 가지고 이슬람에 대하여 새로운 공부를 하면서 기독교와 꾸란적인 이슬람은 정말 장거리를 동행할 수 있다고 깨닫고 있다. 이슬람은 그리스도 때문에 고용될 수 있는 하나의 자원으로 볼 수 있다

4) 상급이 내포하는 점들

알파와 나는 함께 길을 내려가면서 각자의 동등함을 경험하고 있다. 알파는 좌절한 신자였지만 지금은 자신의 마을, 문화 그리고 세계관 내부에 남은 채 앞으로 나갈 길을 보고 있다. 예수께서 바로 거기에서 그를 만나 주셨기 때문이다. 그는 이제 자신의 주변에 있는 많은 이들에게 예수의 강력한 증인이다. 나는 이슬람이라는 성채에 자주 압도당하던 좌절한 선교사였지만, 이제 장벽에 있던 간극이 없어지고 복음과 더불어 같이 올바로 걸어갈 수 있다고 느끼고 있다. 이는 우리가 그리스도의 진정한 의미를 알리고자 할 때에 많은 생산적이고 협력적인 토의를 이끄는 복음전도 방법으로 나를 변화시켰다.

2. 종교라는 뼈대

각각의 세계관과 신앙체계 가운데에 확실히 집고 넘어가야 하는 많은 것들이 있다. 그렇지 않으면 그것이 복음에 대한 적대적 영역이 될 수 있기 때문이다. 변화되어야 할 것들이 있을 것이다. 그러나 어떤 것들은 나중이 아니면 일어나지 않을 수도 있다. 그러면 풀베 무슬림들 위하여, 우리는 어디에서 시작하게 되는가?

1) 예수께서는 궁극적인 선지자, 보호자, 공급자, 구원자, 그리고 형님이 되신다. 하나님의 영원한 말씀이요, 하나님의 숨으로서 루후라이이며, 서로가 일부를 이루게 되는 새로운 집단/왕국/움마(umma)의 왕이 되신다. 풀베 문화에서 사람들은 내세를 위한 것뿐만 아니라 이 세상에 사는 동안에도 모두가 한 보호자 혹은 한 중재자와 항상 제휴하고자 한다. 풀베 배경의 사람이 일단 예수가 누구인지 이해하고 그를 믿으면 다른 그 어떤 그럴싸하게 보이는 것들도 예수께서 대신하게 되며 모든 것 가운데 최우선이 된다.

2) 예수가 이생과 내세에서 하나님으로부터 주어지는 바르께(Barke)의 최고 원천이 된다. (바르께는 축복과 초자연적 능력을 의미하는데 하나님이 사람들을 위해서 베푸는 것이다. 아랍말의 바라까(Barakah)와 동일하다. 이는 풀베 종족 사람들이 엄청나게 추구하는 것이다.) 시간이 감에 따라서 그들은 예수가 축복의 유일한 원천임을 이해한다. 영적으로 성장함에 따라서 그들은 예배와 감사에 더욱 초점을 맞추기 시작하고 거기에서 그들은 그리스도께 돌아가며 복을 받는 것보다는 복음을 위한 고난과 봉사에 더욱 관심이 맞추어진다.

3) 그가 선교사이든 풀베 사람이든 린질라 수도사는 예수께 더욱

가까운 사람으로 여겨질 것이며 복을 중재할 능력이 있는 사람으로 비치게 된다.

4) 복을 받기 위한 수단으로서 기도를 강조한다.

5) 풀베 사람들은 종교에 두 가지 강조점이 있다. 그것은 바르께와 샤리아(Shariah, Law)이다. 사람은 바르께를 얻기 위하여 샤리아를 지킨다. 아프리카에서는 모든 물신, 영 혹은 능력 그리고 모든 종교적인 표식들은 그 법을 가진다. 법을 지키면 축복을 받게 되고 법을 어기면 그 표식에 삼킴을 당한다. 풀베 사람들이 그리스도에게 복종하게 되면 그들은 즉각적으로 그리스도의 법을 찾게 된다. 기독교인의 사랑과 은혜의 개념을 의사소통하는 것은 많은 반복을 요하게 될 것이다.

6) 글을 읽을 수 있는 것을 가치 있게 여긴다. 왜냐면 빈디(binndi: 책들)는 시리(sirri: 능력의 비밀들)를 포함하기 때문이다. 그들은 빈디를 공부한 사람들을 구한다. 왜냐하면 거기에서 대부분의 시리가 발견되기 때문이다. 이제 우리는 린질라의 많은 부분을 풀베어로 번역하였고 빈디가 점점 더 일반 사람들에게도 가능하게 되어가고 있기 때문에 글을 읽는다는 것에 대한 가치가 점점 증가하고 있다. 린질라는 강력한 도구이다. 시간이 감에 따라서 새로운 신자들은 시리를 찾는 일이 점점 줄어들게 되고 격려와 이해를 구하기 위하여 점점 더 린질라로 돌아간다. 그들은 마침내 예수의 도 가운데에는 시리란 없고 모두가 빛임을 받아들이기 시작한다.

이상이 풀베 무슬림들이 어디에서 출발하는가이다. 그들은 삶과 죽음에 있어서 자신들의 유일한 희망으로서 예수를 신뢰하는 것에 두었다. 이것이 구원을 위하여 충분치 아니한가? 이들 새로운 신자들은 요한복음 11장 45절에 묘사된 사람들과 비슷하게 특징지을 수 있다. "

마리아에게 와서 예수께서 하신 일을 본 많은 유대인들이 그를 믿었으나"[164] 이들 유대인들은 예수의 십자가와 부활에 대하여 아무것도 이해하지 못하였지만 그가 하는 것을 보았고, 그가 하는 말을 들었으며 그래서 그들은 그가 진정 평범한 선지자가 아니라는 결론을 내렸고, 마침내 그들은 "그를 믿게 되었다."

사도들에게 그 당시 긴급하게 필요하였던 것은 예수가 진정한 메시아라는 것을 유대인들에게 보여 주는 것이었다. 그래서 그들은 예수는 누구이신가에 초점을 맞추었다. 그들은 그의 이적과 부활을 그의 정체성을 증명하는 것으로서 전파하였다. 십자가에 대한 완전한 이해가 이루어진 것은 단지 그 후의 일이다. 마찬가지로 풀베 종족 사람들 가운데 긴급한 필요는 예수가 무함마드가 봉인을 한 그저 또 다른 선지자를 훨씬 뛰어넘는다는 것을 보여 주는 것이다. 십자가의 완전한 이해와 그 의미는 그 이후에 뒤따르는 일이 될 것이다. 내가 관찰한 바로는 풀베 신자들은 자신들이 이슬람에서 가졌던 신앙과 동일한 뼈대를 유지하지만 단지 그 이름들을 바꾼다. 이렇게 하는 것이 필요불가결한 이유는 거기에서 그들이 나왔으며 거기에 예수를 모셔들어 갔기 때문이다. 우리가 희망한 바와 같이 예수는 그들의 세계관과 신앙체계 내부에 심기어졌다. 그러나 제자양육을 통하여 그 신자들이 새로운 뼈대를 개발하도록 도울 수 있을 것이다. 아프리카의 전통 종교에서 빠져나온 사람들은 비슷한 뼈대를 갖지만 다른 이름들을 갖게 되어 신자들로서 다른 초점을 갖게 된다. 그들의 배경은 모호하게 정의된 영적인 존재들과 능력들로서 가득 차 있다. 그래서 그들은 보다 자연스럽게 예수보다 성령을 식별하게 된다. 이슬람은 사람들을 하나님(알라)과 그의 선자자들에 대한 관심으로 이동시켰다. 따라서 무슬림들이 믿는 자들이 되면 보다 자연스럽게 예수를 식별하게 된다.

---

164) 이와 유사한 구절들을 요한복음에서 다음과 같이 찾을 수 있다: 7:31; 12:11, 42. 또한 요한일서 2:22-23; 4:2, 15; 5:1, 6-11, 20을 보라.

3. 후기

　　어떤 풀베 신자가 자신의 풀베 무슬림 세계관과 신앙체계에서 나온 코멘트를 한다고 해서 그것이 그가 신앙인이 아니라는 의미는 아니다. 오히려 처음 몇 해 동안은 두 세계관 사이에서 살면서 믿는 자들로서 갈등이 있는 상황으로 보아야 한다. 이러한 논점들이 일어날 때에 그들은 기쁜 마음으로 성경을 취할 필요가 있다. 이러한 맥락에서 나는 과연 새로운 신자들에게 영적으로 얼마큼의 자유를 기꺼이 주고자 했는지를 씨름해야 했다. 이는 교회나 예배의 토착화에 관한 문제뿐만 아니라 그들의 개인적 신앙의 표현에 대한 것을 포함한다. 얼마만큼이나 새로운 신자들이 우리처럼 소리를 발하고, 느끼고, 자신들의 신앙을 우리 복음전도자가 말하는 것과 같은 경건한 투의 어조가 되기를 기대할 수 있겠는가? 나는 다른 사람들과 내 자신 가운데 일종의 경향이 있음을 관찰하였다. 그것은 신자들이 우리처럼 소리를 발하지 못할 때에 그들의 신앙에 대하여 의심의 눈초리를 보인다는 것이다. 이것이 바로 그들이 우리처럼 소리를 발하고 느끼도록 하기 위한 미묘하면서도 알지 못하는 가운데 다가오는 압력이 될 수 있다. 나는 신자들이 온전한 신앙 가운데 나아오도록 하는 그 무엇에 대하여 내 자신에게 계속 주지해야만 하는 것이 있다. 그것은 근본적인 것으로서 그들 자신이 삶의 변화와 세계관 논점들로 더불어 씨름할 때에 자신들의 마음이나 생각 가운데 진행되는 싸움이다. 우리는 그들 자신이 스스로를 이루어 가도록 자유를 주어야 하고 그들 가운데 역사하시는 성령을 인정하여야 한다.

18장

예수 신앙으로 나아온 무슬림 마을 사람들: 집단의 역동성에 대한 사례 연구 및 모델

John Kim

"주는 포학자의 기세가 성벽을 치는 폭풍과 같을 때에 빈궁한 자의 요새이시며 환난 당한 가난한 자의 요새이시며 폭풍 중의 피난처시며 폭양을 피하는 그늘이 되셨사오니" (사 25:4~5).

'아나톡'(Anatoc) 마을은 동남아의 한 외진 곳에 있는 산간 마을이다. 그 마을의 '방운다'(Bangunda) 종족 사람들은 거의가 문맹으로서 강한 종족적인 정체성과 함께 종교적으로도 무슬림임을 자랑한다. 최근에 한 섬에서 있었던 종족 분쟁으로 이 종족은 난민이 되어 다른 여러 섬으로 흩어진 가운데 그들 중 얼마는 이전에는 평화스러웠던 이 마을에 정착해 들어왔다.

이러한 시기에 방운다 종족과는 이웃 사촌격인 종족 출신의 현지 기독교인 사역자들로 구성된 팀이 외국인 사역자들에게 사역지도를 받고 그 지역에서 사역을 시작하였다. 그들은 데이빗 게리슨(David Gar-rison)이 묘사한 교회개척운동(CPMs) 가운데 있는 "우주적인 요소들"을 가지고 몇몇 지역들을 평가하였다.[165] 그리고 그들은 아나톡 마을에 이미 교회개척운동을 위한 대부분의 우주적인 요소들이 존재하기 때문에 그러한 운동이 일어나기에 가장 가능성이 있는 지역으로 간주할 수 있다고 결론을 내렸다.

그러한 연구평가 이후 두 달이 지난 어느 날 나는 이사야 25장 4절을 묵상하고 있었는데 그때 전화벨이 울렸다. 그리고 다급한 목소리가 들려왔다. "아나톡 마을의 많은 집들이 폭풍으로 무너졌어요. 마을 사람 몇이 죽었답니다." 우리는 즉각 그곳을 조사하기로 하였다. 많은 집들이 파괴되어 있는 모습 가운데, 그 사역팀과 나는 이사야 25장 4절은 진정 하나님께서 폭풍 중에 피난처가 되시고 이 가난한 자들을 위한 보장이 되신 것을 직접 눈으로 목격하며 적용할 수 있었다. 가난한 마을 사람들은 피난처와 보장이 되시는 하나님을 필요로 하고 있었다.

우리는 16개 가정을 선별하여 집을 수리하거나 지어 주는 작업을 방운다 종족 사람들과 같이 시작하였다. 현지인 사역자팀원들은 '하나님'(알라: Allah)을 그들의 보장이요, 피난처로서 소개함으로써 자연스럽게 복음을 나누었다.

두 달이 지나면서 팀은 '방운다 전도자'로서 예수를 따르는 C-5 내부자 사역자를 초청하였다.[166] 마을 사람들의 환영을 받으면서 그는 방운다 종족어를 사용하여 토라로부터 인질에 이르기까지 약 4 시간에 걸쳐서 말씀을 전하였다. 마을 사람들의 마음은 그 말씀에 크게 움직였고

---

165) David Garrison, Church Planting Movements(Richmond, Virginia and Wiesbaden, Germany: IMB, 1999).

166) 존 트라비스(Jon Travis)가 개발한 "그리스도 중심의 공동체"에 대한 "C"-구분에서 "C-1" 신자 집단은 "외부자"(outsider) 언어를 사용하여 무슬림 공동체와 문화적으로 큰 간격을 갖는 반면에 "메시아파 무슬림들"을 지칭하는 "C-5" 라 부르는 신앙 공동체는 예수를 주와 구주로 받아들이면서도 외부자들의 문화 관습과 언어를 따르지 않는다. C-구분에 대한 설명과 응용에 대해서는 다음을 참조하기 바란다. Joshua Massey, "God's Amazing Diversity in Drawing Muslims to Christ," International Journal of Frontier Missions 17 (Spring 2000).

모두 25명이 손을 들고 이사 알마시를 그들의 구주로 영접하였다.

그러나 얼마 지나지 않아 네트워크 가운데 같이 동역하던 사역자들 가운데 세례의 문제가 큰 논점이 되었다. 우리는 그들 무슬림 배경의 신자들 자신이 그 세례 문제의 주도권을 갖게 하기로 결정하였다. 그러는 중, 그 회심자 집단 가운데 한 여성이 있었는데 남편에게 핍박을 받고 있었다. 그 집단 회심이 일어난 이후 일 년 정도 된 시점에 그 남편은 몇 명의 승객들이 사망하기까지 한 교통사고에서 자신의 왼쪽 정강이 세 군데가 골절되는 변을 당하였다. 처음에 사람들은 그를 주술사에게 데려가기도 하였으나 아무 소용이 없었다. 그러자 남편은 현지인 사역자팀을 불러 오도록 하락하고 약 한 달 동안 예수 그리스도의 이름으로 치유를 위한 기도를 정기적으로 받게 되었다. 그 과정 중에 마을 사람들은 그가 어찌나 빨리 회복되는지 회복 속도를 보면서 매우 놀랐다. 그는 이 마을에서 영향력 있는 위치에 있었는데, 결국 이사 알마시에게 자신을 드리기로 결정하게 되었고 마을 사람들도 함께 집단적으로 주님께 돌아가게 되었다. 현지인 팀 사역자들은 매우 고무되었고 무슬림 배경의 신자들과의 접촉을 이어갔다.

이러한 두 번째 집단회심 이후 무슬림 배경의 신자들은 세례를 받기로 결정하였다. 몇몇 현지인 사역자들의 직접적인 격려와 네트워크 가운데 동역하던 다른 사역자들의 기도 지원과 함께 25명의 방운다 종족이 세례를 받았다. 이후 두 번째 집단세례가 이어졌다. 이 집단 운동은 점차적으로 성장하고 있다. 그 회심자들의 친지들로 구성된 약 100여 명의 사람들이 세례 이후에 거행된 만찬에 초대되었고 거기에서 상황화된 복음전도용 영화가 상영되었다. 이후 두 명의 우스따드(Ustad: 이슬람 종교 선생)가 알끼땁(Alkitab: 성경)을 요청하였고 이사 알마시에 대하여 더 자세하게 배울 것을 표명하였다. 한 새로운 방운다족 신자는 자신이 현지인 팀 사역자들로부터 병든 여성을 위하여 기도하라고 요청을 받았을 때에 일련의 이웃 사람들을 불러들인 후 이사 알마시의 이름으로 기도하였다. 그 여성은 곧 병 고침을 받았고 이웃 사람들과 그 여성을 포함한 가족이 모두 주님께 돌아왔다.

방운다 종족 가운데 지도력이 형성되고 있다. 그들은 교제 중에 사용하기 위하여 전통적인 음악을 섞어서 방운다 종족 언어 및 아랍어로 성경 구절들을 녹음한 카세트를 만들어 낼 계획을 세웠다. 잠재성 있는 지도자들이 하나님의 말씀을 만남으로써 성장할 것이 기대된다. 현지 사역자팀은 그들이 모일 때에 어떻게 문화적으로 적합한 예배를 드리며 그 카세트에 녹음된 하나님의 말씀을 사용하여 어떻게 무슬림 배경의 신자들을 인도할지에 대하여 가르치고 있다.

1. 교회개척운동 이해를 위한 클러스터 모델: 집단의 역동성

데이빗 게리슨은 교회개척운동을 "주어진 종족 집단이나 인구계층 가운데 교회를 개척하는 토착교회들의 숫자가 급격하고 지수 함수적으로 증가하는 것"으로 정의한다.[167] 본인의 물리학적인 배경과 사회 집단의 역동성에 대한 연구를 바탕으로 이 장에서는 교회개척운동에 필수적인 집단의 역동성을 잘 이해하도록 도움을 줄 수 있는 모델을 개발하고자 한다. 이 모델에 기초하여 그러한 운동 가운데에는 성령의 독특한 역할이 있어야 한다는 것을 인식하면서 무슬림 상황 가운데에서 교회개척운동을 장려할 몇 가지 제안을 할 것이다.

1) 주어진 종족 집단 혹은 인구계층

주어진 한 종족 집단이나 인구계층은 클러스터들의 집합이라고 생

---

167) David Garrison, Church Planting Movements,
⟨www.missions.com/Downloads/WordDocs/CPM%20Booklet.pdf⟩.

각할 수 있는데, 각 클러스터는 다른 클러스터들과는 구별되는 상대적으로 강력하고 더욱 균질한 친화력을 지니고 있다. 시골지역의 상황에서는 대가족의 형태일 수 있으며, 도심의 무슬림 상황에서는 종종 모스크나 기숙사 시설을 갖춘 이슬람종교학교를 중심으로 한 종교–사회학적 친화성을 가진 집단의 형태일 수 있다.

각각의 클러스터는 여러 가족단위들로 구성될 수도 있고 비슷한 직업의 영역에서 일하는 사람들일 수 있다. 한 클러스터에 있는 가족들 및 비슷한 직업을 가진 사람들은 사회적, 종교적, 정치적, 교육적, 혹은 전문직업적 배경들을 공유함으로써 서로가 연결될 수 있다.

2) 클러스터들을 한 종족 집단이나 인구계층이 되도록 묶어 주는 구속조건

한 클러스터는 언어, 종족성 혹은 계급적인 장벽을 넘지 않고서도 기독교인들이 될 수 있는 동질집단 원리를 적용할 수 있을 일련의 사람들이다.[168] 한 클러스터의 집단적인 행동은 "종족운동(people movement)"이라는 잠재적 가능성을 창출한다.[169] 한 클러스터가 집단적인 변화를 경험함에 따라서 다른 클러스터들에 영향을 미치게 되고, 그것은 차례로 그와 같은 운동 가운데 들어가도록 한다.

한 클러스터를 다른 클러스터들과 묶어 주는 것과 같은 상황은 그 여러 클러스터들이 서로를 구속시키는 한 체계를 이루도록 일련의 클러스터 모임을 형성한다.(도식 18.1을 보라.) 그러한 구속인자들(constraints)은 역사적, 사회적, 정치적, 종교적, 경제적인 배경을 가질 수 있는 것들로서 클러스터들의 항상성을 유지시키도록 내부적으로 치우

---

168) Donald A. McGavran, The Bridge of God(New York: Friendship Press, 1981), rev. ed.
169) Donald A. McGavran, "The Bridge of God" in Perspectives on the World Christian Movement (Pasadena: William Carey Library, 1999), 323–338.

친 상태를 만들어 낸다. 그와 같은 구속조건들 가운데 있는 한 상황에서 클러스터들은 서로 상호 관련되며 삶의 모든 국면에서 서로 제한을 받게 된다.

구속조건 자체는 전체적인 움직임에 긍정적일 수도 있고 부정적일 수도 있다. 부정적인 국면은 한 클러스터가 막 움직이려고 할 때에 드러나게 되는데, 내부적으로 치우쳐진 상태 자체가 클러스터가 재배열하려고 하는 것을 방해하는 것을 말한다. 이는 어떤 집단이라도 전통적인 안정성을 계속 유지하려고 하는 고유한 성질이 있기 때문이라고 할 수 있다. 그러나 그러한 클러스터들은 서로가 네트워크를 이루고 연결되어 있기 때문에 한 클러스트의 움직임은 다른 클러스터들 가운데 일련의 연속적인 변화를 일으킬 수 있다.

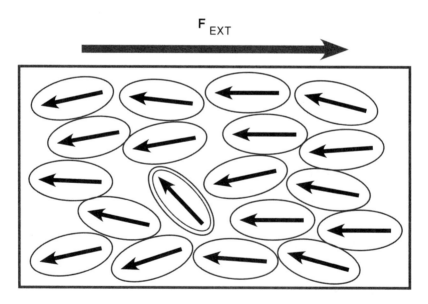

도식 18.1 클러스터 모델의 그림 묘사

3) 한 종족 집단 내에 존재하는 전 클러스터들이 움직이는 궁극적 모양

도식 18.1은 구속조건에서 클러스터들로 구성된 한 종족 집단을 나타내는 그림이다. 각 타원은 제한된 조건 가운데 있는 하나의 클러스터를 묘사하는데 모두가 외력(Fext)과 반대되는 방향으로 다소간 비슷한 방향성을 가지고 있다. 각 클러스터는 어떤 각도를 가지고 외력의 영향을 받아 움직임을 보일 수 있는데, 본 모델의 경우 그러한 외력은 선교적 수고라고 할 수 있는 복음의 영향력이다. 외력에 의하여 가장 잘 움직임을 보일 수 있는 이동성이 가장 큰 클러스터는 가장 높은 자유도를 가지고 있는 것으로서 도식 18.1에서 이중 실선으로 표시된 타원 모양의 클러스터이다. 외력이 지속적으로 가해짐에 따라서 그 클러스터는 내부적 집단성을 유지한 채 재배열 과정을 경험할 수 있다. 그러한 재배열 과정이 이루어짐에 따라서 다른 클러스터들도 움직임이 유발되고 그러한 움직임은 전체 시스템으로 확산될 수 있다.

이러한 재배열 과정은 인간들이 살아가는 사회 시스템이나 물질계에서 공히 관측된다.[170] 시간이 지남에 따라서 더욱 많은 클러스터들이 재배열되어 가고 도널드 맥가브란(Donald A. McGavran)이 연쇄반응이라고 묘사한 것과 같이 한 종족 집단 전체가 변화를 경험한다.[171]

---

170) 물질계를 다루는 물리학에서는 입자물리학과 응집물리학 사이에 종종 관점의 차이가 있는 것을 발견하게 된다. 입자물리학자들에게는 소립자들 각개의 상세한 물리적 행동과 특성이 매우 중요하다. 그것은 거시적인 세계가 그러한 입자들로 구성되어 있기 때문에 각 기본적인 입자들의 행동 양상을 파악할 수 있다면 전체를 이해할 수 있다고 생각하기 때문이다. 그러나 한 입자의 성질이나 행동 양상은 그것이 자유로운 상태에 있을 때와 군을 이룬 응집상태에 있을 때에 전혀 달라진다는 것이 알려져 있다. 이와 같이 양자는 다른 각도에서 접근을 하고 있는 것이다. 한쪽은 분석적, 개인적, 미시적인 반면 다른 한쪽은 상대적으로 총체적(혹은 통계적), 집단적 그리고 거시적이라 할 수 있다.
171) McGavran, The Bridge of God.

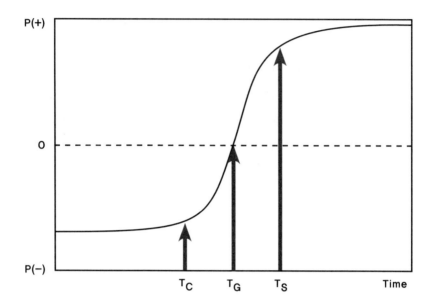

도식 18.2 재배열 과정을 겪는 클러스터들의 전체 계의 시간 의존성:
잡아늘인 지수함수성을 보여 준다.

도식 18.2에 묘사된 바와 같이 그러한 움직임은 전체적으로 초기
증가구간(단지 몇 클러스터들만 움직임), 임계시간(Tc)의 문턱을 지나면
서 급격하게 증가하는 구간, 그리고 결국 포화되어 가는 구간(Ts)과 같
은 세 구역으로 나눌 수 있다.[172] 이 그래프에서 수평축은 시간을 나타
내고 수직축은 새로운 배열을 취하게 되는 클러스터들의 지표를 나타낸
다. 게리슨(Garrison)이 교회개척운동이라고 부른 지수함수적인 증가
가 일어나는 곳이 도식 18.2에서 Tg로 묘사된 구간이다.

---

172) 이와 같은 시간 의존성을 "잡아 늘인 지수 함수 형"이라고 부르는데 어떤 구속적
인 상태에서 재배열 과정 가운데 있는 분포된 클러스터들로 이루어진 한 계가 보여 주
는 가장 일반적인 변화 양상이다.

2. 클러스터 모델이 함축하고 있는 것들

　이 모델은 한 종족 집단은 역사적, 사회적, 정치적, 종교적 그리고 경제적인 배경으로 특징지어지는 상황 내부의 공통 구속인자들에서 균질성을 가진 클러스터들의 집합이라는 시각적인 이해를 가져다준다.

　각 클러스터는 아나톡 마을에서 우리와 함께 주님께 나아갔던 집단처럼 집단 회심의 단위가 된다. 집단 회심은 구속적 조건이 헐거워질 때에 일련의 사람들이 복음의 영향력으로 상호협조적인 방법으로 반응하게 되는 상황에서 발생한다. 회심이란 새로운 방향성을 이루게 되는 과정이고 한 클러스터는 다른 이웃하는 클러스터들과 구속적 상태 가운데 상호 관련되어 있기 때문에 연속적인 재배열 과정을 야기할 수 있다.

　도식 18.1에서 복음의 영향력이 가해지는 방향에 대한 각 클러스터의 상대적인 위치는 복음에 대한 개방도를 나타낸다. 구속력에 대한 상대적 자유도가 큰 클러스터에 복음의 영향력이 가해지면 그 클러스터는 연속적인 재배열 과정을 유발시키는 초기 클러스터가 될 수 있다. 복합적인 클러스터들이 함께 재배열하는 과정은 물리학적 용어를 사용하면, 보통 시간에 따라서 "잡아 늘인 지수함수"(Stretched Exponential Function)형을 보이는데, 그것은 매우 느린 성장(Tc 이전 시간), 교회개척운동 구간(Tc와 Ts 사이의 Tg로 표시된 구간), 그리고 포화 구간(Ts)의 구분되는 세 구역을 가진다. 이러한 경우, 교회개척운동이란 그리스도께 향하는 전 재배열 과정 가운데 한 시간 구간임을 알 수 있다.

　이러한 모델은 우리에게 회심을 개인적인 관점에서 한 종족 집단적 관점으로 접근하도록 이해의 폭을 넓혀 준다. 결국 이러한 관점은 하나님 나라의 궁극적인 성장 패턴을 이해하도록 도와준다. 하나님 나라의 성장은 우리의 상상을 초월하는 방법으로 이루어지는데, 그것은 마치 예수께서 하나님 나라의 성장을 작은 겨자씨와 누룩으로 비유한 것과 같다(마 13:31, 33). 그것은 단지 두 사람과 더불어 에덴동산에서 시작하여 셀 수 없는 군중들이 우리 주님을 찬양하게 되는 위대한 거룩한 도성으로서 완성될 것이다(계 7:9). 시간에 따른 하나님 나라의 성장은 종족 집단들 가운데에 역사적으로 이루어진 종족운동들의 총체적인 집합이다. 그것은 각개 종족 집단들 가운데 교회개척운동처럼 일어난 모든 사건들이 총 집합체를 이룰 것이다.

1) 집단의 역동성과 가장 이동성이 큰 클러스터 단위로서의 가정

가정 혹은 온 집안은 구원의 단위로서 그리고 하나님의 축복을 위한 채널로서 성경 가운데 반복적으로 강조된다. 바울과 실라가 간수와 이루어진 만남은(행 16장) 가정 단위의 집단 회심을 나타내는 명백한 예이다. 우리가 다룬 모델에서 가정은 보다 큰 변화를 유발할 수 있는 가장 이동성이 좋은 클러스터가 될 수 있는데, 베드로가 고넬료 온 집안을 만나는 사건 또한 그를 설명하는 다른 예이다(행 10장). 물론 일을 일으키는 동인으로서 성령께서 동기를 부여하시고, 일을 시작하시며, 활성화시키고 조정하는 특별한 역할을 하셔야 회심에 이르는 집단의 역동성을 낳게 된다.

이렇게 성령께서 역사하실 때 집단의 역동성이 발휘되고 복음 메시지는 설득이나 대화의 형식으로 제시되기보다는 선포의 형식을 갖추게 된다. 상호 간에 이해를 목적으로 하는 대화 및 설득은 서구 문화권에서 일상적인 의사소통의 방법이다. 그러나 아시아 문화권에서는 의사소통이 종종 설교나 선포의 형식으로 이루어지며 그러한 상황에서는 계서제를 이루는 사회체제에서 가정을 포함하는 집단의 역동성이 발휘된다.

가정이란 사회적, 혈연적, 친족적인 친화집단으로서 가장 작은 단위를 구성하는데, 자체가 사회적인 영향력을 가질 수 있는 하나의 클러스터라 부를 수 있다. 사회적인 국면이 가정의 구성원들 사이에 개인적 상호관계에 의하여 공유되지만 동시에 이웃하는 가정 단위 가운데 전달될 수도 있다. 딘 길리랜드(Dean S. Gilliland)는 시간 인자와 개인 및 사회적 국면들을 모두 인식하였다.[173] 볼프강 심슨(Wolfgang Simson)은 교회개척의 특별한 모델로서 가정 단위의 접근을 이해한다. 그의 접근에 따르면 새롭게 회심한 전체 가정을 하나의 새로운 교회로 시작할 것을 구하는 것으로서 그렇게 하면 그 가정이 다른 가정과 연결되어 가정교회의 배가를 이룰 수 있다는 것이다.[174]

2) 클러스터 모델 관점에서 본 빌립보 및 고린도 교회의 성령과 집단의 역동성

교회개척운동을 주도하는 분은 삼위 하나님이시다. 클러스터 모델의 관점에서 하나님께서 어떻게 역사하시는지에 대하여 사도행전의 두 가지 예를 살펴보고자 한다.

사도행전 16장에서 우리는 바울을 급하게 마게도니아로 부르시는 성령의 주도하심을 알 수 있고 그 결과 바울은 빌립보를 방문하게 된다. 구속 조건적인 관점에서 보면 빌립보는 복음의 영향력에 매우 적대적인 것으로 보인다. 기도를 위하여 바울은 회당을 가지 못하여 도시 밖으로 가게 되는데, 거기에서 그는 하나님을 경외하는 루디아, 즉 도시의 구속조건에 훨씬 덜 속박되어 있는 예외적인 여성 집단 가운데 속한 한 여성을 만나게 된다. 그녀는 복음 메시지에 반응하였고 그녀와 온 집이 세례를 받았다. 이 일은 소문이 나게 되었고, 바울 일행은 귀신들린 여종의 방해에 그 귀신을 쫓아내게 되는데, 그녀를 소유한 주인들과 그에 동조한 군중들의 소동과 고소로 깊은 옥에 갇히게 되었다. 그러

---

173) Dean S. Gilliland, Pauline Theology and Mission Practice(Eugene, OR: Wipf and Stock Publishers, 1998), 88.
174) Wolfgang Simson, Houses that Change the World (Waynesboro, GA: Authentic, 1999), 276.

나 복음을 저항하는 영적이며 사회적인 구속 상태는 한밤중의 지진으로 흔들리게 되었다. 이러한 불안정하고 공황적인 상황 가운데에서 간수와 그 가정은 구속 상태로부터 자유로워졌고 그때 복음을 받아들인 모두가 세례를 받았다.

루디아와 그녀의 온 집안은 복음에 반응하였던 가장 이동성이 좋은 클러스터를 구성하였다. 반면, 그 여종의 주인들뿐만 아니라 군중들도 복음에 강하게 저항하였지만 이러한 구속 조건은 흔들리게 되었고 결국 집단적인 재배열 과정이 일어났다. 우리는 또한 성령께서 바울로 하여금 그 도시로 들어가게 하였고 루디아의 가정을 예비하였으며 지진 가운데에서 역사하신 것을 알 수 있다. 성령의 역동적인 역사하심은 복음이 전파되는 데 없어서는 안 되는 고유한 속성이다.

고린도라는 구속 상태에 있는 상황은, 황제 클라우디우스(Claudius)가 로마를 떠나라고 명령하여(행 18:2) 브르스길라와 아굴라를 포함하는 유대인들이 로마에서 새로운 이주자 행렬이 되어 유입되어 옴으로써 어느 정도 흔들리게 되었다. 이는 하나님의 의도적인 준비하심이 있는 것을 알 수 있는데, 하나님께서 바울에게 환상 가운데 "이 성중에 내 백성이 많음이라"(행 18:10)고 말씀하신 것을 보면 알 수 있다.

바울과 브리스길라와 아굴라는 유대인들에게 심하게 저지당했다. 그래서 즉각 회당을 떠났다. 그러나 그들이 이웃 회당에 도착하였을 때에 그곳에 어떤 종류의 사람들이 있는가의 관점에서는(즉, 클러스터의 관점에서는) 앞선 장소와 거의 차이가 없음에도 불구하고 전개되는 상황은 완전히 다르게 변하였다. 그들은 한 이방인으로 "하나님을 경외하는" 디도 유스도(Titus Justus)의 가정을 만나게 되고 바로 회당장 그리스보(Crispus)가 회심하는 것을 목격하게 되었다. 그리고 그 회당장뿐만 아니라 "그의 온 집안"이 회심을 경험하고 "고린도의 많은 사람들"이 주님께 나아오고 세례를 받게 되었다.

바울은 첫 번째 회당에서 보다 더 열정적이었지만 긍정적인 반응이

드러난 곳은 두 번째 회당에서 가르칠 때이다. 그 두 클러스터들은 사회 종교적인 국면에 있어서 거의 동일한 것으로 보인다(행 18:7). 그러나 복음에 대한 반응은 정반대로 나타났다. 우리는 비록 동일한 종류의 클러스터라 할지라도 복음의 영향력에 대한 위상이 서로 다르다는 것을 알 수 있다. 그리스보의 온 집안은 도식 18.1에서 나타나 있는 이중 실선의 타원으로 된 클러스터의 역할을 하였다. 그들의 집단적인 회심은 연속적인 다른 클러스터들의 재배열(회심운동)을 야기하였다(행 18:8).

성령께서는 상황을 준비시키시고 다음과 같은 말로 바울로 하여금 계속 복음을 전파하라고 격려하셨다. "내가 너와 함께 있으매 어떤 사람도 너를 대적하여 해롭게 할 자가 없을 것이니 이는 이 성중에 내 백성이 많음이라 하시더라"(행 18:10). 이 이야기는 비록 사회적인 클러스터가 겉으로는 동일한 것으로 보이지만 복음의 영향력에 대해서 서로 다른 위상에 있을 수 있다는 것을 보여 준다. 따라서 우리는 아직 방향이 분명치 않은 상황 가운데에서도 성령의 인도하심에 민감할 필요가 있다

3. 아나톡 마을(Anotoc Village)

이제 클러스터 모델의 관점에서 아나톡 마을의 이야기로 돌아가 보자. 이웃하는 종족 집단의 배경을 가진 현지인 팀 사역자들은 데이빗 게리슨에 의하여 묘사된 교회개척운동에 대한 가능성을 가진 상황을 찾고 있었다.[175] 아나톡 마을은 다른 마을보다 교회개척운동을 위한 우주적인 요소들을 더욱 많이 가지고 있어서 다른 마을보다 더 이동성이 용이한 클러스터가 있는 것으로 여겨졌다. 사역팀은 새로운 회심자들이 등장하면 자신들의 내부 상황에 머물도록 해야 한다는 중요성을 인식하

---

175) Garrison, Church Planting Movements.

고 "뽑아 내오기 식"의 사역을 멀리하였다. 교회개척운동에 대한 공부를 통하여 복음전도에 대한 긴박성과 성령의 역사하시는 역동성에 대한 민감성을 깨닫게 되었다.

그 현지인 사역자들은 그 마을에 대한 사역을 지속하면서 결정적인 때를 기다리고 있었다. 그때는 내가 이사야 25장에 묘사된 바와 같이 하나님께서 빈핍한 자의 보장이 되시고 폭풍 중에 환란당한 자의 피난처되신다는 말씀을 묵상할 때에 그 온 마을을 휩쓴 폭풍과 함께 다가왔다.

방운다 무슬림 마을 사람들은 서로가 친족관계로서 연결되어 동일한 종교를 가진 가족 중심의 구속 조건하에 공동의 상황적인 상태를 공유하고 있었다. 마을 사람들을 서로 묶어 주는 이와 같은 구속된 상황은 폭풍이라는 재난으로 급격하게 헐거워졌다. 집을 새로 건축하는 프로젝트는 그러한 불안정한 마을의 상황 가운데에서 한 내부자 사역자에게 자유롭고 상황화적으로 복음을 전할 수 있도록 해 주었고 한 자리에 모였던 25명으로 구성된 클러스터 전체로 하여금 예수께 향하는 구원의 믿음으로 방향을 틀게 하는 집단적 행동 유형의 결단을 낳게 하였다.

집단적인 재배열 과정을 경험해 가는 동안 그들은 자신들의 내부 상황 가운데 그대로 머물렀다. 그러나 긴장이 조성되기도 하였다. 이들 무슬림 배경을 가진 예수 신앙 가운데 나아온 사람들에 대하여 마을의 어떤 지도자들이 "기독교화된" 것으로 바라보았기 때문이었다. 사실상, 현지인 팀 사역자들은 상황화 접근을 조심스럽게 실습하고 있었다. 한 종교 지도자는 새로운 회심자 가운데 한 사람의 친척이었는데 다른 종교 지도자들과는 달리 이들 새로운 신앙 가운데 나아온 사람들에 대하여 변호하는 입장을 취하기도 하였다. 그는 심지어 그 지도자 그룹에서 나와 아나톡 마을에 자신의 사원을 짓기도 하였다. 회심자들 가운데 어떤 자들은 이 사원에 여전히 나가고 있다.

세례가 결국 결정적인 논점으로 떠올랐으나 무슬림 배경을 가진 이들 새로운 회심자들에게 그 문제를 맡겨 두기로 결정하였다. 이러한 기간 동안, 첫 번째 집단 회심 사건 이후에 심각하게 아픈 한 여성에 대한 치유사건과 새로운 회심자 그룹 가운데 있던 한 여성의 남편이 주님께 돌아오는 일로 말미암아 두 번째 집단적인 회심이 일어났다. 다시 한 클러스터가 재배열 과정을 경험하게 된 것이다. 이들 무슬림 배경을 가진 회심자들은 세례를 받기로 집단의사결정을 하였다. 그 세례와 이어지는 축제 가운데 많은 방운다 사람들이 참석하였고, 그 자리에서 이사 알마시의 죄사함의 메시지를 담은 상황화된 영화가 상영되는 기회가 주어지기도 하였다. 이러한 일련의 활동들은 집단의 역동성을 마음에 둔 채 의도적으로 기획되었다. 이어지는 치유 사역 등으로 이미 그리스도께 돌아간 클러스터에 있는 사람들의 영향을 받은 한 클러스터가 집단 회심의 결과를 낳았다.

물론 무슬림 배경을 가진 이들 회심자들은 자신들의 개인 생활에서뿐만 아니라 사회적 관계에서도 변혁을 경험해야 한다. 그들이 이사 알마시를 통하여 성령을 받은 것이라면, 그들은 지속적인 삶의 변화를 경험할 것이다. 내가 이 글을 쓰고 있는 동안 마지막 집단은 세례를 자신들이 준비하고 있고 이제 지도자 양육을 위한 활동이 일어날 것이다.

4. 우리는 무슬림 상황 가운데 교회개척운동을 활성화할 수 있는가?

나의 모델 및 우리의 경험에 비추어 보면서 다음과 같은 원리들이 아나톡 마을과 비슷한 상황 가운데에서 교회개척운동을 일으키는 데에 도움을 줄 수 있다고 생각한다.

1) 미전도 종족에 대한 초점은 클러스터에 대한 초점이 되어야 한다.

우리는 어떤 사회종교학적인 구속 상태에서 집단의 역동성으로 변화를 경험할 수 있을 보다 작은 동질성을 가진 친화집단의 존재에 대하여 안식할 필요가 있다. 한 클러스터가 구속적인 상태에서 움직여 나갈 때에는 그 재배열 자체가 이웃하는 다른 클러스터들 가운데 움직임을 전달할 수 있다.

2) 우리는 클러스터들을 묶고 있는 구속인자들이 무엇인지 알아야 할 필요가 있다.

구속인자들의 형태는 한 클러스터 안에 어떠한 친화성이 있는지 그 속성을 정의한다. 집단적인 회심은 구속 상태가 헐거워지거나 파괴되는 환경 가운데에 더욱 잘 일어날 수 있다. 여러 가지의 구속 인자들이 한 집단의 오랜 역사 가운데 형성될 수 있는데, 그것들은 사회, 정치, 종족, 경제적 배경을 가진 것들이다. 교회개척운동을 목표로 하는 사역에서 전략 코디네이터의 최우선적인 역할은 클러스터들을 묶고 있는 구속인자들을 찾아내는 것이다. 많은 구속 인자들이 영적인 것들이기 때문에 우리는 성령의 역사하심에 민감하여야 한다.

3) 우리는 넓은 지역의 많은 클러스터들에게 접근하기보다는 가장 이동성이 좋을 클러스터를 분별할 필요가 있다.

한 가정은 가장 끈끈한 혈연적 친화집단으로서 이동성이 강한 클러스터가 될 수 있다.

4)우리는 또한 개인적인 접촉보다는 모임이나 집단적인 활동에 초점을

맞출 필요가 있다.

사적인 관계를 형성하는 것은 복음을 나눌 수 있는 기회를 갖는 출발점으로 보인다. 그러나 개인적인 회심은 한 클러스터의 구속 상태를 돌파할 만한 충분히 강력한 추진력을 갖지 못한다. 많은 개개인 회심자들이 자신들이 살고 있던 상황과 가정으로부터 뽑히게 되지만 일련의 사람들이 집단 회심을 경험하게 되면 주변의 다른 사람들에게 그 영향력을 미치고 핍박 가운데에서도 자신들의 상황 내부에 존속할 수 있다.

믿는 자들의 모임이 많을수록 집단 회심의 기회는 더 많이 주어진다. 무슬림 사회는 공동체적인 활동에 매우 깊이 관여한다. 따라서 가정을 중심으로 하거나 사회적 성격을 띤 집단적인 활동을 권장하는 것이 전혀 이상하지 않다. 사람들이 모이게 되면 성령에 의하여 준비된 분위기 가운데에서 집단의 역동성이 작동할 준비가 되는 셈이다.

5) 우리는 아시안 상황 가운데에서 통상 발견되는 사회종교적 계서제를 인식할 필요가 있다.

사원이나 이슬람 기숙사 학교는 종종 사회종교적인 활동의 중심이 된다. 아나톡 마을의 경우에 그 이슬람 지도자는 집단 회심 사건을 일련의 사람들로 하여금 자신의 권위 가운데 놓이도록 하는 기회로 이용한 것으로 보인다. 이러한 계서제를 가진 사회 체제에서는 종교 지도자들과 진실한 관계를 형성할 필요가 있다.

6) 우리는 복음전도에 대한 긴박성을 유지할 필요가 있다.

영적 능력대결은 한 클러스터가 역동적인 상황을 경험할 때에 종종 일어난다. 우리는 예수의 승리를 선포하여야 한다. 나아가 계서제를 가진 사회종교적인 체제에서는 복음을 설명하거나 설득하기보다는 선포하거나 설교하여야 한다. 집단의 역동성이라는 상황적인 인식과 함께 성령의 역사하심을 알고 긴박성을 유지해야 한다. 무슬림 상황은 성령의 특별한 역사가 있는 진정한 개척적인 상황인 것이다.

7) 우리는 일단 한 클러스터가 초기 이동을 시작하면 이웃하는 클러스터들에게 그 움직임이 전파될 수 있도록 그 움직임을 격려하고 관측하여야 한다.

기존의 구속 인자들은 집단적인 움직임을 유발하는 데 방해가 될 수 있다. 그러나 첫 번째 집단적 움직임이 일단 일어나면, 그러한 구속 조건에 연결되어 있는 이웃하는 클러스터들에게 자발적으로 영향력을 미칠 수 있다. 아나톡의 경우에 처음 집단 회심을 경험한 무슬림 배경의 믿는 자들은 지속적으로 현지 사역자들과 접촉을 가지면서 이웃하는 클러스터들 가운데 지속적인 영향력을 미치도록 권장받았다. 그 결과 집단 회심들이 이어질 수 있었다.

8) 집단 회심의 역동성을 이해하는 것은 C4-C5 논쟁에 대한 해결의 실마리를 가져다 줄 수 있다.

필 파샬이 "C-5" 회중에 대하여[176] 혼합주의 논점을 제기한 이후에 상황화는 뜨거운 주제가 되었다.[177] 이 논쟁 가운데 자신들의 논지를 펼치고 있는 사람들이 대부분이 상황을 정적으로 두고 개인적인 차원에서 너무 분석적인 접근을 하고 있는 것으로 보인다. 역동적으로 움직이

---

176) Phil Parshall, "Danger! New Directions in Contextualization" in Evangelical Missions Quarterly (October 1998), 404-10.
177) Scott Woods, "A Biblical Look at C5 Muslim Evangelism" in Evangelical Missions Quarterly, 39 no. 2 (April 2003), 188-95.

고 있는 무슬림 상황을 총체적 관점에서 볼 때에, 우리는 회심과 상황화를 시간에 의존하는 것으로 이해할 수 있다. 집단의 역동성이 작동할 때에 아나톡 마을에서 집단의사결정에 의하여 세례를 내부자들 스스로 택한 것처럼 상황 내부에 있는 무슬림 배경의 회심자들이 스스로의 결정을 내릴 수 있다. 집단의사결정은 개인적으로 이루어지는 것보다 훨씬 더 효과적이고 힘이 있다. 남아 있는 그들이 안고 있는 문제들은 시간이 지남에 따라서 집단의 역동성과 함께 성경적인 상황화라는 과정을 통하여 해결해 갈 것이다.

9) 마지막으로 우리는 하나님 나라 확장에 대한 궁극적 시간 의존성을 이해할 필요가 있다.

회심 자체가 시간에 의존하는 방향 전환 과정이다. 즉, 이 세상을 향한 방향성을 가지고 있다가 예수께 향하는 방향성으로 전환되는 것이다. 그것은 상황적 조건에 결정적으로 민감하게 의존한다. 우리의 목표는 정적으로 한 교회를 그들 안에 세우려는 것이 아니라, 역동적인 운동을 보고자 하는 것이다. 우리는 역동적으로 변화하는 세계에 살고 있지만 안정적인 상황을 구가하는 경향이 있다. 우리는 이러한 경향을 버려야 하겠다. 만일 하나님 나라 확장에 대한 전체적인 시간 의존성을 이해한다면, 복음전도에 대한 긴박성을 유지할 수 있고 우리가 현재 보고 있는 것은 그 영원한 전체의 일부라는 것을 이해하게 된다. 그 과정은 도식 18.2에 묘사된 바와 같이 시작 초기에는 알아차릴 수 없을 정도로 느린 전개일 것이다. 그러나 하나님 나라의 전체적인 성장 패턴을 이해한다면, 우리는 급격한 성장을 이루게 될 임계시간을 기다릴 수 있는 것이다.

19장
한 무슬림 땅에서 하나님의 역사

Richard Tucker

다리스탄(Daristan)은 비록 제한된 자유에 대한 값을 지불하긴 했지만 최근 여러 해 동안 상당한 안정을 경험하고 있는 무슬림 민주국가이다. 사회는 상대적으로 개방되어 비록 이슬람에 대한 내성이 사람들을 사원으로 돌아오도록 하고 있지만 경제적 부가 점증하면서 물질주의와 세속주의를 가져왔다.

다리스탄은 인권 문제에 대하여 유엔헌장에 서명한 나라이며 헌법 가운데에도 종교의 자유가 명기되어 있다. 비록 권력을 쥐고 있는 자들의 교회와 개종에 대한 태도는 여러 해 동안 상당히 다양성을 띠어 왔지만 지난 몇 해 동안은 종교적 관용이 적은 수치에 머물고 있다.

다리스탄은 150여 년이 되는 기독교 선교역사에도 불구하고 그 열매는 매우 미미하다. 현지 교회 가운데 간헐적 성장이 있었지만, 결국은 예외 없이 퇴보로 끝나고 말았다. 의미심장한 성장의 지속성을 보인 것은 최근의 지난 5년 동안뿐이다. 이러한 성장에 영향을 미친 인자에 대하여 본 장에서 이야기하고자 한다.

1. 1990년 후반까지의 교회역사

오래 전에 이 지역 교회의 영향력은 강력하였다. 그러나 그 영향력이 점점 쇠퇴하면서 무슬림 군대는 기독교인들의 저항을 거의 경험하지 않고도 권력을 잡았다. 그 이후부터 이 지역에는 기독교 복음증거가 거의 이루어지지 못하게 되었다.

기독교 선교사들이 19세기에 처음으로 다리스탄으로 들어갔다. 그러나 20세기가 끝날 즈음까지도 열매가 거의 없었다. 2차 세계대전 이후 기회의 문이 상대적으로 열려서 겉으로 보기에 저항이 없었음에도 교회들은 몇십 명 이상의 신자를 가져 본 적이 없다. 기독교 복음전도가 활성화되지 못한 채, 신앙 가운데 나아온 사람들도 심각한 사회적 저항 및 간헐적인 신분의 저항을 경험하곤 하였다. 그러나 일제 단속이 있던 시기에도 신자들은 상대적으로 권력자들에 의하여 잘 대우받았고 누구도 감옥에 들어가거나 심각한 육체적 학대를 당한 사람은 없었다.

몇 해 전에 교회는 어느 정도 성장이 있었지만 교리상의 문제에 기인한 내부분열과 밀고자들의 침입이 함께 섞이어 시들고 말았다. 그 결과로 1990년 초까지 자기 자신들을 예수 믿는 사람들이라고 칭하는 다리스탄 사람들은 그 나라에 50명도 되지 않았다. 그러나 여러 가지 다른 방법으로 많은 사람들에 의하여 복음의 씨앗이 많이 뿌려졌다. 많은 사람들이 관계를 형성하는 데 시간을 들였다. 또 문헌이 건네졌다. 라디오 방송과 기독교 위성 TV가 출현하였다. 해마다 극소수의 사람들이 예수를 따르기로 결정하였다는 뉴스가 있었다. 그러나 매번 새로운 집단들이 만남을 시작하긴 하였어도 전체적인 성장은 거의 이루어지지 않았다. 1990년 말에야 이러한 상태가 변하여 얼마간의 주요 인물들이 믿음을 갖게 되었고 의미심장한 숫자의 사람들이 세례를 받았으며 무언가 새로운 일이 일어날 도로가 준비되었다.

2. 다리스탄을 위한 새로운 희망

그때에 하나님께서 다리스탄에 있는 사역자들에게 "새로운 희망"(New Hope)이라는 프로젝트를 신선한 희망과 비전으로 주셨다. 그것은 해안을 거닐던 한 사역자가 자그마한 물웅덩이로부터 바다로 통하도록 파진 좁은 도랑에서 물방울이 똑똑 떨어지는 것을 보았는데, 다시 그 지점에 이르렀을 때에 한 광경을 보고 시작되었다. 그는 그곳에 몇 분 후 다시 돌아 왔는데 그 졸졸 흘렀던 물줄기는 그야말로 건널 수 없는 큰 강이 되어 있었다. 주님께서는 그 나라를 관통하여 흐르게 될 생수라고 하는 예언자적 그림을 그의 마음에 보여 주는 감동을 주셨던 것 같다. 하나님께서는 당신의 거룩한 영을 통제할 수 없는 홍수와 같이 부어 주시겠다고 약속하고 계셨다. 그러나 그에 대한 열쇠는 맨 먼저 작더라도 돌파가 필요한 것이었다. 바로 그 작은 도랑이 홍수를 만들게 하는 것으로 이해되었다.

그로부터 하나의 돌파를 이루는 데에 목표를 둔 "일 년 동안 집중된 노력"을 구하자는 아이디어가 떠올랐다. 이것은 그저 "일 년 동안의 기도" 그 이상의 것이었다. 그것은 거대한 기도의 운동을 복음전도, 제자양육 및 훈련과 함께 일으키는 것을 목표로 하였다. 그 나라의 모든 단체들이 예외 없이 그 프로젝트에 지원하였고 그 배경에는 하나님께서 계심을 인식하였다. 그 해 동안 전 세계의 수백 교회와 네트워크들이(비디오, 정보책자 및 기도일지 등을 포함하는) 여러 나라 말로 번역된 자료들을 사용하여 다리스탄을 위하여 기도하였다. 그리고 많은 기도팀들이 그 나라를 방문하였다. 그 나라에 알려진 거의 모든 신자들이 함께 모여 '교회가 되도록' 가르치기 위하여 한 달에 한 번씩 주말 훈련이 조직되었다.

가장 의미심장한 성장이 이루어진 것은 그 해 겨울 한 특별 주말 모임을 통해서였다. 이러한 주말 모임들에서는 음식을 나누고, 교제와 예배와 제자양육과 그리스도의 몸에 초점을 둔 문화적으로 적합한 교육들이 다양한 방문 교사들에 의하여 채워졌다. 첫 주말 모임에서 20명이상의 신자들이 출석하였다. 두 번째 주말 즈음에는 30명을 넘어섰고, 어떤 신자들은 자신들의 마을에서 직접 함께 모이기 시작하였다고 보고하였다. 세 번째 주말 모임에는 45명 이상이 참석하였고 이들 가운데 몇 명은 그 이전에 기독교인이 아닌 사람들이었다! 놀라운 일은 그들 무슬림 배경의 신자들이 자신들의 친구와 가족들을 데리고 왔는데 이후에 그들도 신앙을 갖게 된 것이다.

1) "새로운 희망" 이후(Post New Hope)!

"새로운 희망"이 시작되었을 때에 100명 이상의 새로운 신자들이 세례를 받은 것으로 추산되며 몇몇의 새로운 그룹들이 시작되었다. 사역자들과 교회지도자들은 오늘날 최소한 300여 명의 신자들이 있을 것으로 평가하는데, 그 가운데 150-200명은 교회 생활에 열심히 참여하고 있고, 나라 전체적으로 대부분은 수도에 있지만 전체적으로 12 소그룹으로 나뉘어 지속적으로 만나고 있다. 교회는 현지에서 그 기능이 조정되도록 일종의 평의회를 구성한 지역지도자들이 전적으로 인도하고 있다.

3. 분석

하나님께서는 다리스탄에 놀라운 일을 행하셨다. 그러나 다음과 같은 사실들을 염두에 두는 것이 중요하다.

- 여러 가지 인자들이 작동되고 있기 때문에 어느 한 인자를 '유일한 열쇠'로 분리하는 것은 현명하지 못하다.
- 사람들은 자신들의 역할, 은사, 감정 그리고 선호도에 따라서 다른 관점을 가지고 사물들을 바라본다. 진정으로 객관적이 된다는 것은 극히 어려운 일이다. 특히 현장 가운데에서 사역하고 있을 때에 더욱 그렇다.
- 위와 같은 사건들은 여러 해 동안 하나님께서 언제나 여러 가지 다른 방법으로 함께 하심으로써 이루어진다. 많은 사람들이 20세기를 넘도록 다리스탄에 수고하며 씨를 뿌렸다.
- 무슬림들 가운데 하나님 나라가 이루어지는 빠르고도 쉬운 해답은 없다. 우리는 우리 자신의 책략보다는 하나님께 지속적으로 의지하여야 할 필요가 있다.

1) 신앙 가운데 나아온 사람들의 종류

① **대부분 젊은이들.** 지난 5년여 동안 믿음 가운데 나아온 대부분의 사람들은 젊은이들로서 학생들이 높은 비중을 차지한다. 그렇다고 해서 나이든 사람들이 배제되지는 않았다. (그 가운데에는 70대의 매우 알려진 인물이 포함되었다.) 어떤 경우에는 전 가족이 믿음에 들어오기도 하였다.

② **남성과 여성의 숫자가 동일함.** 지역적인 차이를 보이기는 하지만,

신앙 가운데 나아 온 남녀의 숫자는 거의 동일하다.

③ **대부분의 사회 계층에서 나아옴.** 아마도 매우 부유한 계층을 제외하면 대부분의 사회 계층에서 믿음으로 나아왔다. 전문직업인, 육체노동자, 학생 그리고 실직자들도 이들 가운데 들어간다.

④ **주로 도심지역.** 도시와 시골 모두 반응을 보이지만, 대부분의 교회 그룹들은 보다 도심지역에서 형성되었다. 시골 지역의 신자들은 지방 권력과 사회로부터 보다 심각한 저항에 직면하였다. 지방에서 신자들이 함께 모여서 그룹이 되어 살아남게 된 경우는 거의 없다.

⑤ **주로 비보수적인 배경으로부터 나옴.** 엄격한 이슬람 배경을 가진 가정에서 나아 온 사람들은 상대적으로 매우 적다. 비록 다리스탄은 주로 수니 무슬림으로 이루어져 있지만 명목상의 신자들이 많이 있고 지금까지도 이슬람을 엄격하게 준수하는 사람들은 소수에 속한다. 신앙 가운데 나아온 대부분의 사람들은 이슬람이란 단지 문화적인 정체성을 제공하는 명목적이거나 세속적인 배경을 가졌다. 심지어 어떤 사람들은 무신론자이거나 사회주의자임을 천명하기도 하였다. 다른 말로 하면 비록 모두는 아닐지라도 신앙 가운데 나아온 사람들은 비보수적인 무슬림 배경을 가진 사람들로부터 나아온 것이다.

2) 사람들이 신앙 가운데 나아오게 된 경위

사람들은 물론 여러 가지의 다른 방법을 통하여 신앙 가운데 나아왔다. 다음에 몇 가지 가장 일반적이고 중요한 것들을 살펴본다.

① **악령과의 조우.** 한 성자의 제단에 저주와 주문을 연루시키면서 시작하게 된 두려움, 악몽 그리고 악령의 방문으로 시달리던 단지 한 여성만이(그리고 그녀로 말미암아 그녀의 남편도) 예수 그리스도 이름의 기도를 통한 영적대결로 자유롭게 되면서 신앙 가운데 나아왔다.

② **꿈.** 몇 명의 어떤 사람들은 아직 예수를 모르거나 알아가는 과정 가운데 다른 인자들과 더불어 꿈을 통하여 신앙 가운데 나아오게 된 것을 보고하였다. 흥미롭게도 현지 신자들은 의미심장한 꿈을 꾼 사람들의 비율이 높다고 느꼈다.

③ **계획하지 않았던 모임들.** 보다 많은 사람들이 계획되지 않았던 모임을 통하여 나아왔다. 예를 들면, 두 명의 기독교인이 나무 아래 앉아서 성경을 읽고 있는 한 젊은이를 만났고 그는 결국 신앙 가운데 나아왔다. 다른 기독교인들은 가톨릭 성당에 시간을 보내려 들어갔는데, 그곳에서 기독교에 관한 것을 알아보려고 하는 몇 명의 사람들을 만났다. 또 다른 사람들은 기독교 사역자들에게 무료편승을 하면서 나아오기도 하였다.

④ **라디오,** TV 및 통신 과정. 라디오나 TV 및 통신과정을 통한 접촉은 신앙 가운데 나아온 중요한 경로가 되었다. 많은 방송국들이 지속적인 접촉을 이루기 원하는 기독교 사역자들과 협력하였다. 방문하는 단체들에게 그 이름들과 주소들이 소개되었고 이것은 도심지역 밖에서 사람들이 신앙 가운데 나아오게 된 가장 대규모의 유일한 수단이 된 것으로 여겨진다.

⑤ **외국인과 현지인의 관계들.** 현지인들에게 신앙의 증인 역할을 하

고자 하는 외국인 기독교 사역자들이 100여 명에 이른다. 많은 관계가 형성되었고 그 관계를 통하여 예배 모임 가운데 그들을 데려옴으로써 신앙 가운데 나아오게 된 많은 경우가 있다.

⑥ **현지인들에 의한 담대한 복음전도.** 지금까지 가장 중요한 인자는 현지의 신자들이 자신들의 가족, 친구 및 접촉하는 사람들과 믿음을 나누는 것이었다. 이전에는 대부분의 지역 신자들이 그렇게 하는 것을 두려워하였고 또한 현지 교회도 새로운 사람들이 자신들의 모임에 나오는 것을 조심스러워 하였다. "새로운 희망" 프로젝트가 시작될 때에 사람들이 자연스럽게 자신들의 친구들을 데려왔으며 그들에게 어떤 일이 일어나는지 목격함으로써 이러한 두려움은 깨어졌다.

3) 다리스탄에서 사람들이 신앙으로 나아오게 된 인자들

① **현지 신자들의 담대한 복음증거.** "새로운 희망" 프로젝트가 시작된 해가 현지인 신자들이 담대한 복음전도자가 되는 것을 보게 된 전환점이었다. 그렇게 된 데에는 몇 가지 이유가 있다. 첫째로, 동시에 시행된 나라를 위한 기도의 강도가 효과를 발휘했고 그들에게 담대함을 불러일으켰다. 둘째로, 두려움 없는 개방성과 복음 선포의 모델이 된 젊은 지역지도자들이 있었는데, 어떤 자들은 지방 정권에 의하여 종종 의심받기도 하였다. 셋째로, 예수를 따르는 것에 대한 대가와 핍박에 대한 가르침이 있었다. 마지막으로, 신자들은 다리스탄이 서명국가로서 천명한 유엔헌장의 인권과 관련된 양심과 신앙의 자유를 기술한, 자신들의 헌법에 있는 조항에 대하여 공부하도록 가르침을 받았다. 많은 현지인 신자들은 자신들이 경찰의 질문을 받았을 때에 이 조

항을 진술할 수 있었다.

② **공공 미팅.** 현지의 신자들은 도시의 국제교회 건물 중 하나를 사용하여 매월 공공 미팅을 개최하였다. 주로 현지인들이지만 종종 얼마간의 외국인도 포함된 여러 다른 그룹들이 그 미팅에 참가하도록 초대되었고 예배, 교육, 교제 그리고 만찬이 있었다. 참석자들은 그들의 친구를 데려오도록 권장 받았고 심지어 거리에서 만난 호기심을 가진 사람들도 환영받았다. 권력자들도 이 미팅들을 알게 되었는데 아마도 그들 가운데에는 집회에 참여한 자들도 있는 듯하며, 신자들이 집에서 비밀리에 모임을 갖는 것보다는 이렇게 교회 건물에서 공개적으로 만나는 것을 더 좋아하는 듯 보였다. 기독교인들도 도시에 있는 국제 도서 판매대에서 수입된 성경을 법적으로 팔 수 있을 정도가 되었다.

③ **성장을 위한 의도적 계획.** 담대히 복음을 전할 수 있도록 활성화된 것은 일련의 주말 교육이 이루어졌던 "새로운 희망" 프로젝트가 시발점이 되었다. 가능한 많은 신자들이 주말에 예배, 교제 및 교육을 위하여 여러 곳에서 함께 모여 들었다. 경험이 많은 기독교인 공동체가 처음으로 교회 생활에 대하여 의도적인 모범을 만들었다. 이들 주말 모임들은 신자들로 하여금 새 신자들을 얻도록 고안되었는데, 하나님께서 기도에 응답하시고 많은 사람들의 구원을 위하여 그들을 보내 주신다는 기대를 갖고 함께 '교회가 될' 준비를 하는 목적으로 고안되었다. 그 일은 의도된 대로 정확하게 이루어졌다. 어떤 사람들은 두 번째 주말에 자신들의 도시에서 비슷한 모임을 시작하였다는 보고를 가지고 오기도 하였다. 세 번째 주말에 어떤 사람들은 자신들의 친구와 같이 나오기도 하였다.

④ **협력과 연합.** 이 모든 것은 서로 다른 단체 사이에 협력과 연합을 배경으로 이루어졌다. "새로운 희망"을 함께 끌어내기 위하여 주말 교육과 기도의 주도적인 역할에 모두가 참여하였다. 에베소서 4장에 있는 바와 같은 모든 은사들이 서로 다른 면에서 확증되고 사람들이 함께 일하도록 준비되는 것은 의미심장한 일이었다. 사도들(교회를 세우는 데에 은사를 가진 사람들), 예언자들(상황을 볼 줄 알고 그 상황 가운데 하나님의 말씀을 말할 수 있는 사람들), 복음전도자들(다른 사람들에게 복음을 설명할 수 있는 사람들), 교사들(다른 사람들을 세우고 훈련하는 데 소질이 있는 사람들)이 있었다.

⑤ **기도.** 비록 "새로운 희망" 프로젝트가 언제나 "단지 일 년 동안의 기도" 그 이상으로 작동되었지만, 기도는 그 자체로서 의심할 바 없이 가장 기초가 되는 것이었다. 국내외적으로 많은 연합 기도가 있었다. 처음부터 교회와 네트워크들 가운데 자료들이 제공되었고 기도에 대한 도전이 주어졌다. 기도 요점과 정보를 제공하는 비디오가 만들어져 프로젝트를 설명하였다. 월별 기도 수첩과 핸드북이 있었고 매 주마다 이메일을 통하여 정보를 교환하였다. 이 모든 것들은 9개의 다른 언어로 번역되었으며 온 세계에 배포되었다. 국내 기도모임들이 조직되었고 30개 이상의 단기사역팀이 기도를 위하여 방문하였다.

⑥ **사회 및 정치적 상황.** 이 기간 동안 사회 및 정치적 상황은 상대적으로 개방적이었다. 권력자들도 어떤 일이 벌어지고 있는지 능동적 관심을 보였고 자주 질문을 한 반면 일어나고 있는 일을 중지시키려고 심각한 노력을 기울이지는 않았다. 또한 많은 가족들이 자기 구성원들이 신자가 되는 것을 반대하였고 심지어 그

들을 자신들의 집에서 쫓아내기도 했지만, 그 당시 사회의 전반적 흐름은 관용의 방향을 타고 있었다. 그러나 안타깝게도 중동이 서방에 대하여 경직된 태도를 갖게 된 정치적인 사건들과 더불어 지금은 더 이상 그러한 상황은 아니다.

⑦ **하나님.** 그러나 가장 위대한 인자는 역시 하나님의 때에 이루어지는 하나님의 계획으로서 사람들은 하나님께서 하시는 일 가운데 하나님과 함께 하는 것이다. 이러한 일은 종종 예언적인 메시지와 함께 드러나며 매 순서마다 그저 일이 그렇게 되도록 '드러날 종뿐인 것으로 보였다. 수많은 인간적인 노력과 수고가 주어지는 동안에도 하나님께서는 당신의 영을 통하여 분명하게 움직이고 계셨다.

4) 몇 가지 주의 사항 및 배워야 할 교훈

① **증가가 정지된 시기(Plateau Period).** 다리스탄의 성장률은 아직 역전 상태는 아니지만 감쇄 추세를 보이고 있다. 이러한 휴지기 상태는 통합이 이루어지고 있는 과정이 아니면 지도자들의 부재, 제자훈련의 부적절함 혹은 핵심 외국인 사역자들의 출국과 같은 다른 인자들 때문일 수 있다.

② **현지 지도력으로의 이양.** 현지 교회의 지도력은 철저하게 현지 신자들의 손에 놓여있다. 단지 소수의 외국인 사역자들만이 그 가운데에 포함되어 있고 대부분은 교회 밖에서 새로운 집단들이 이루어지는 것을 보고 있다. 현지 지도력으로의 이양은 토착화된 교회의 설립을 보기 위한 핵심적인 필요이다. 그러나 이러한 이양은 '토착화' 운동이 일어나는 것을 보아야 한다는 압력 때문

으로 너무 급하게 이루어질 수도 있다. 지도력 분배는 제자화 양육이 결정적으로 필요할 때에 이루어지는 것이 더욱 성숙과 안정을 가져올 수 있다.

③ **조직으로 인한 에너지 분산.** 교회 구조라는 조직을 위하여 많은 양의 시간과 에너지를 소모함으로써 성장 속도와 제자양육의 깊이가 손상되는 일이 교회가 성장하는 상황 가운데에 매우 쉽게 일어난다. 현지 신자들이 서구의 교회 생활양식을 복제하기 바라는 일은 매우 자연스럽게 일어난다. 그러나 발흥하는 교회로 하여금 외국인 사역자들이 종종 함께 가지고 오는 것들(비디오, 교육 자료 같은 것들) 없이도 시간에 따라서 자기 자신의 구조를 형성할 수 있도록 하는 것이 훨씬 나은 일이다.

④ **'단순한 개종'이 아닌 제자양육을 위한 필요.** 많은 사람들이 신앙 가운데 나아올 때에 단지 '주기도문'을 읊조리는 정도가 아니라 새로운 신앙 가운데 확고한 뿌리를 내리도록 제자가 되는 것이 매우 중요하다. 다리스탄의 경우 종종 이 부분에서 약점이 있었다. 어떤 복음전도자들은 사람들이 주기도문을 한다는 것만으로 행복해 하였다. 그러나 이후에 중생에 대한 대가로서 제자가 되어야 하며 삶의 양식이 변화되어야 한다는 것을 이들에게 분명하게 제시하지 않았을 때에 나중에 오히려 그것을 거부하기도 하였다. 이 부분을 확실히 해야만 확고한 회심이 많이 일어나고 제자양육과 성장이 일어나게 되었다.

⑤ **외부의 영향력은 의도하지 않은 파괴를 부를 수 있다.** 때때로 신학적 확신이 매우 강한 선생들과 기독교 배경 신자들로 구성된 단기방문팀들은 새로운 신자들과 성장 중에 있는 교회에 불일치

를 조장하는 건설적이 못한 부정적 영향을 가져올 수 있다. 특히 오순절적인 논점들을 반대하는 사람들은 많은 내분과 분열을 조장하였다. 외국의 자본 또한 외부지원에 대한 건강치 못한 의존성뿐만 아니라 적개심, 탐욕, 의심 및 불신을 쉽게 조장할 수 있다. 오늘날의 현지 교회는 자국 내에서 자급을 위하여 노력하는 긍정적 정책 추구가 강력하게 권장되고 있다.

⑥ **딱 자른 정답이란 없음.** 마지막으로 강조해야 할 점은 이러한 일이 모든 면에서 하나님의 계획이요 하나님의 역사라는 점이다. 일 년 동안 기도를 하였다는 것이 어느 곳에건 돌파가 이루어진 데 대한 유일한 응답은 아니다. 최근에 이루어졌던 다른 나라의 무슬림들을 위하여 조직된 기도 프로젝트들은 잘 되었고 좋은 것이다. 그러나 하나님께서는 위에서 언급한 우리의 경험과는 전혀 닮지 않았지만 동일한 결과를 일으키는 다른 방법들도 마찬가지로 사용하실 수 있다. 중요한 점은 상황이 어떠하든지 하나님께서 당신의 고유한 열쇠를 주실 것을 요청해야 한다는 것이다. 우리는 보통 어떤 방법이나 최고로 여겨지는 실천 가운데 빗장을 걸지 하나님께 기대는 데에는 실패하는 경향이 있다. 아마도 하나님께서 다른 장소에서 다른 방법을 사용하시는 이유는 우리로 하여금 당신만을 의지하도록 하기 위함이며 인간의 계략에 의존하지 않도록 하기 위함인 것 같다. 딱 자른 정답이란 있을 수 없다.

20장
복음전도의 한 인자(Factor)로서 예수의 아름다움

Abraham Durán

우리팀은 중동과 중앙아시아에 위치한 비아랍권 종족들을 섬기는데 10년 이상을 보냈다. 그리고 하나님의 무조건적인 은혜로 수백 명이 예수께 나아와 구성원이 된 한 교회의 설립을 보게 되었다. 대부분 이들 무슬림 배경의 신자들은 우리팀이 훈련시키고 비전을 던졌던 현지팀에 의하여 주님께 나아왔다. 나는 이 특별한 사례에 있어서 아마도 무슬림 복음전도에서 고려해야 할 중요하다고 생각되며 효과적이었던 7가지의 인자들을 언급하려고 한다.

우리의 경험이 매우 한정적이고 지역적이지만 다음과 같은 경우에 사람들이 그리스도에게 나아오는 것을 보았다.

- 그들이 복음에 준비되었을 때.
- 그들의 편견이 분쇄되었을 때.

353 ⌒

- 그들이 알고 있는 것으로부터 시작하였을 때.
- 그들이 예수의 아름다움을 보았을 때.
- 우리가 그들에게 예수에 대한 진리를 이야기하였을 때.
- 그들이 하나님 나라에 대한 확증을 보았을 때.
- 그들이 자신들을 지지하는 공동체가 있다는 것을 알았을 때.

1. 그들은 복음에 준비되어 있었음

성경은 하나님께서 사건들이 일어나도록 하시는 특별한 때가 있음을 분명하게 보여 준다. 창세기 15장에서, 하나님께서는 아브라함에게 그 자손들이 400년 동안 포로가 될 것이라고 말씀하셨다. 그리고는 하나님께서 적절한 때에 모세를 일으켜 그 포로들을 자유롭게 하셨다. 마가복음 1장 15절에서는 예수께서 "이르시되 때가 찼고 하나님의 나라가 가까이 왔으니 회개하고 복음을 믿으라 하시더라"고 말씀하셨다. 갈라디아서 4장 4절에는 "때가 차매 하나님이 그 아들을 보내사 여자에게서 나게 하시고 율법 아래에 나게 하신 것은"이라고 기록되어 있다. 바울은 비슷한 용어를 사용하여 자신의 삶과 사역에 대한 부르심을 이해한다: "그러나 내 어머니의 태로부터 나를 택정하시고 그의 은혜로 나를 부르신 이가 그의 아들을 이방에 전하기 위하여 그를 내 속에 나타내시기를 기뻐하셨을 때에 내가 곧 혈육과 의논하지 아니하고"(갈 1:15-16).

우리는 성령께서 바울로 하여금 아시아의 로마 지경으로 복음 가져가도록 허락하지 않으시고 대신 유럽으로 인도하셨던 것을 알고 있다(행 16:6-10). 그는 성령의 인도하심에 따라서 거기서 힘들었지만 놀라운 사역을 감당하였다. 이후에 아시아로 가는 길이 열려서 그는 많은 열매를 맺었다(행 19:10).

나는 어떻게 이러한 일이 일어나는지 잘 이해하지 못한다. 왜 "하나님은 모든 사람이 구원을 받으며 진리를 아는 데에 이르기를 원하시느니라"(딤전 2:4)고 말씀을 하시면서 그 구원의 계획에는 무언가 결정적인 것을 하기 위한 '기약'(right time)을 기다려야 하는지에 대한 강력한 신학적 논쟁이 있다.

나는 윌리엄 케리의 교회 가운데 있던 어떤 장로들이 "만일 하나님께서 이교도들을 구원하시기로 마음먹으신다면 그는 우리가 없이도 그것을 할 수 있네."라고 말한 바와 같은 너무나 강력한 결정론적인 접근을 여기서 제시하고자 하는 것은 아니다. 또한 오늘날 어렵게 보이는 땅으로부터 모라토리움(moratorium)을 제시하는 것도 아니다. 그와 반대로 성경에는 이와 같은 적절한 시기들이 기도와 그 기도에 대한 놀라운 응답과 관련되어 있다는 강력한 암시가 있다는 것을 이야기하고자 한다. 이는 다음과 같이 성경이 자증하고 있다.

"여러 해 후에 애굽 왕은 죽었고 이스라엘 자손은 고된 노동으로 말미암아 탄식하며 부르짖으니 그 고된 노동으로 말미암아 부르짖는 소리가 하나님께 상달된지라 하나님이 그들의 고통 소리를 들으시고 하나님이 아브라함과 이삭과 야곱에게 세운 그의 언약을 기억하사"(출 2:23-24).

내가 분명히 아는 것은 수백 년 전에 내가 사역하는 종족 가운데 대부분 회심자들이 그 가족들과 함께 거하는 것이 불가능하였다는 것이다. 무슬림 공동체 지도자들의 영향력은 혈연적 끈보다 더 강력하였고 가족 구성원들은 '배교자'들에 대하여 제일 먼저 처단하였다. 또한 다른 인자들도 포함되었다. 문화와 신앙은 서로 뒤섞이어 새로 예수를 따르게 된 사람들은 종종 자신들의 중립적인 국면들도 버리도록 권장을 받았다. 국수주의와 현대화가 분명 우리 공동체 가운데 이슬람 지도자들의 지위와 권위를 약화시켰다.

우리는 하나님의 초대에 응답하여 2년 동안 이 종족 집단들에게 나아가고자 시도하였으나 기다리며 기도해야 했다. 그리고 분명한 시기가 이르렀을 때 정확하게 들어갔다.

2. 그들의 편견들이 분쇄되었음

사역팀은 종족 집단에 초점을 두고 접근하였다. 같은 도시에 있는 우리 종족 집단들, 기독교 배경의 신자들(CBB)의 공동체, 세속적인 외국인들, 다른 기독교 사역자들 및 다른 종족 집단들과 동시에 자발적으로 어울리는 삶을 살기란 불가능하다. 우리는 특별히 입양한 종족 사람들에게 속하기 위하여 모든 노력을 경주하였다. 도날드 라슨(Donald Larson)은 다음과 같이 기록하였다: "우리가 (성공적인 언어 학습자가 되는 데) 실패한 사람들을 점검해 보면 종종 자기 자신들을 외부자로 인식하지 않거나, 그렇지 않다 하더라도 자신들이 내부자들에게 정말 받아들여지고 있는지 그렇지 않은지 실제로 아무런 주의를 하지 않는 사람들이다."[178]

우리는 우리가 입양한 종족 가운데 속하기 위하여 가능한 모든 노력을 다 하였다. 우리는 그들이 어떠한 사람인지 이상적인 남녀의 모습을 연구하였고 그러한 표준을 따르려고 최대한 노력하였다. 우리 종족 집단이 생각하기에 바르고, 적절하고, 이상적이라고 여기는 그러한 방법으로 걷고, 행동하고, 먹고, 마시고, 이야기하고, 나누고, 침묵하고, 잠도 자고 그리고 관계를 갖으려고 노력하였다. 또한 우리 자신의 가치로 어떠한 성취에 대해서 혹은 성취의 결핍에 대해서 측정하려고 하지 않았고 대신 기꺼이 모든 시도를 통하여 무엇을 하든지 '그리스도만을 기쁘시게 하려고' 노력하였다. 그러나 모든 팀원들이 이렇게 할 수 있었던 것은 아니다. 어떤 사람들은 고향으로 돌아가야 하거나 함께 하는 팀에

---

178) Donald Larson, Guidelines for Barefoot Language Learning(St. Paul, MN: CMS Publishing, 1984).

의하여 지속적인 지원을 필요로 하였다.

우리는 한 종족 집단에 초점을 맞추었다. 그래서 그들에게 걸림돌이 될 것은 우리 주님의 뜻과 배치되는 것이 아니라면 모두 피하고자 하였다. 우리는 불신자들이 우리에 대하여 잘 알지도 못하면서 반대하는 종교 지도자들에게 공개적으로 반대되는 말을 하였을 때에, 다른 곳에서 어떤 사람들은 우리의 평판을 변호하면서 우리가 얼마나 자신들과 같이 되고자 하는지 이야기했다는 것을 들었다.

물론 우리가 언제나 완벽하거나 일관성을 갖진 못하였지만 우리 스스로가 어떻게 기독교인들이 행동하는지에 대한 편견을 분쇄하는 데 도움을 주고자 하였고 사람들로 하여금 우리의 실수를 잊고 우리가 그들처럼 되고자 얼마나 성공적인 노력을 하고 있는지 볼 수 있을 정도가 되기까지 하나님은 우리에게 은혜를 주셨다. 우리는 성경에 대한 신뢰성 및 기독교 신앙의 의미에 대한 그들의 편견을 일소하려고 노력하였다. 우리는 결코 변증법적인 논쟁을 주도하지 않았지만 진리, 죄, 사랑 그리고 예수의 인격과 같은 논점들이 화제가 되어 거기에 적절하게 반응할 수 있었다. 사람들이 우리의 추한 모습만 본다면 그리스도의 아름다움을 볼 수 없다.

3. 그들이 알고 있는 것으로부터 시작함

어떠한 한 가지의 특별한 상황화 수준이 모든 사회에 유용한 것은 아니다. 그보다는 어떤 종류의 상황화를 사용하는가가 더 중요하다. 대부분의 경우에 복음을 제시하고자 할 때에 그들이 알지 못하는 선지자로부터 주어지는 완전히 새로운 그 어떤 것으로 제시하려고 하는 것은 좋지 않다. 비록 예수를 따르는 자들은 아니었지만 예수를 사랑하는 많은 무슬림들을 발견하였다. 심지어 그들은 예수를 꾸란에 등장하는 가장 흥미로운 인물로, 혹은 가장 위대한 혁명가 혹은 사랑의 교리로서 매력을 끄는 분으로 생각하기도 한다. 일반적으로 그들이 알고 있는 이와 같은 매력적인 특징에 대하여 그가 지닌 이름 및 사실들과 함께 시작하는 것이 효과적이다. 만일 우리가 사용하는 '예수'(Jesus)가 기독교인들만의 선지자 중 한 사람이 아니라 자신들의 선지자 가운데 한 분을 이야기하는 것을 무슬림들로 하여금 알게 한다면 그들은 예수의 아름다움을 더 잘 볼 수 있을 것이다.

4. 그들이 예수의 아름다움을 보게 됨

우리는 예수의 인격과 가르침에 그들이 매력을 느끼도록 인도하기에 힘썼다. 여기서 핵심 단어는 '매력'(attraction)이다. 일단 오해와 편견이 제거되고 예수에 대하여 모든 무슬림들이 받아들일 수 있는 생각들을 가지고 시작하면, 예수가 어떤 분인지 그들에게 이야기하기 이전에 예수께서 하나님, 인간, 사회 공동체, 종교 지도자들 그리고 하나님 나라에 대하여 하신 그 멋진 말씀들을 제시할 수 있다.

우리는 이런 방법을 우리 주님 자신으로부터 배웠다. 왜냐하면 예수께서는 제자들에게 자기 자신에 대하여 가르치시기 이전에 다른 많은 것들에 대하여 이야기하셨기 때문이다. 그렇게 함으로써 그는 마침내 "너희는 나를 누구라 생각하느냐?"와 같은 질문을 던지셨다.

예수의 말씀은 이성보다 경험적으로 우리에게 확신을 줄 때에 가장 강력한 힘을 갖게 된다. 예수께서는 우리의 삶 가운데, 하나님, 인간의 속성, 죄, 가족, 정욕, 그리고 탐욕과 같은 중요한 것들에 대하여 말씀하셨다. 우리는 그가 우리를 이성적으로 설득하셨기 때문에 그를 믿는 것이 아니라 그의 가르침이 우리의 경험과 더불어 '사실'로서 공명하기 때문에 믿는 것이다. 그는 매우 자주 논리를 뛰어 넘으셨다. 그의 방법은 힘 있고 지혜 있는 자들의 방법으로서는 매우 이상스러워 보였고(사실, 우리 모두가 힘과 지혜가 있고 싶지 않은가?), 반복하지만 그 이상스러움에도 불구하고 '그것은 사실이기 때문에' 우리는 그를 믿는다. 우리는 우리가 선하다고 생각하지만, '율법'이나 우리가 가치를 두는 '새해' 혹은 '새로운 삶'에 대한 맹세와 같은 해법들을 지킬 수 없음을 발견한다. 우리는 보다 나은 교육을 통하여 사회를 교정할 수 있다고 확신하지만 최상의 프로젝트들도 혼란으로 막을 내리고 만다. 우리는 해법이 문제를 해결할 수 있다고 주장한다. 그러나 그것은 문제를 증폭시킬 따름이다. 우리는 부와 권세를 조정할 수 있다고 확신하지만, 그것들 자체가 우리의 주인이 되어 버린다. 종교가 힘이 있으면 세상을 변화시킬 수 있다고 알고 있지만, 종교가 힘이 있을 때에 사람들로 하여금 반역하게 하고 거룩해야 할 사람들조차 한갓 배우와 괴물을 만들어 버린다.

그래서 예수의 방법은 우리의 경험과 일치하기 때문에 매력을 끌게 된다. 우리는 예수의 가르침에 대하여 "아멘"이라고 그들이 말할 수 있는 내면의 것들을 우리 무슬림들에게 이야기 한다. 우리는 그들과 논쟁을 함으로써 패퇴시키려고 하는 것이 아니다. 단지 우리 모두가 공유하는 인간성으로부터 그들의 마음 가운데 이야기하는 것이다.

우리는 주님의 가르침에 매력이 끌리는 것만 아니라 그의 인격에 초점을 맞춘다. 주님은 친구가 없는 자들에게 친구가 되시고 가난한 자 빈핍한 자들에게 공급자가 되시며 병든 자에게는 의사가, 아이들에게는 사랑스런 아버지가, 과부들에게는 도움을 주는 자가, 불가촉천민들에게는 그들을 건져 올리는 자가, 버림받은 자들과 절망 가운데 있는 자들에게는 구원자가, 종교적인 위선자들과 부유한 착취자들에게는 위엄한 왕이 되시는 분이다.

그는 영적으로 갈급해 하는 사람들, 애통해 하는 사람들, 온유한 사람들(그러나 동시에 역설적이게도 정의를 구하는 사람들), 자비로운 자들(그러나 동시에 자신들의 삶에 있는 죄를 참을 수 없는 사람들), 평화를 만드는 사람들, 바른 일을 행함으로서 핍박을 받는 그러한 상황 가운데 있는 사람들에게 위대한 분이 되실 수 있다. 우리는 그가 바로 그들이 그렇게 바라던 그것을 하셨던 그들이 찾고 있던 위대하신 분으로 소개할 수 있다.

우리는 주님께서 거느리셨던 열두 제자들이, "주님, 우리가 어디로 가야합니까? 오로지 당신만이 영생을 주시는 말씀이십니다."라며 "어디에서도 그와 같은 누구도 들어보지 못하였다."라고 고백하였던 것처럼, 무슬림들에게서도 동일하게 그러한 말이 나오도록 하는 것을 목표로 삼아야 한다.

우리는 또한 현실적이며 보수적 유대인들이 "나는 그가 무슨 말을 하는지 잘 모르겠다. 그것은 엄청나고 공격적으로 들리는데, 내가 어릴 때부터 지금까지 배운 것과는 다르지만 나는 지금 저 분을 신뢰할 수 있다. 그는 자기가 무슨 일을 하고 계신지 안다."라고 할 수 있었던 것과 같은 결과를 향하여 목표를 세워야 한다. 그들이 예수에 대한 교리적인 그 어떤 것을 제시받기 이전에 예수의 인격에 이끌림 받기 원한다. 우리는 예수에 대하여 정통 무슬림들이 배운 모든 것을 믿지만 자신들이 죄인임과 자기 자신들과 사회를 스스로 변화시킬 수 없다는 것을 동의한 이후 급진적으로 예수를 따르는 사람들이 된 무슬림들을 만나 보았다. 그렇게 예수를 따르게 된 이후 그들은 갑자기 예수를 구세주로, 하나님의 아들로 심지어 하나님으로 받아들이며 자신들이 이전에 가졌던 주된 논점들을 아무런 문제도 삼지 않게 된다. 그들은 경험적으로 다른 문제들에 대한 그의 말씀이 유일한 진리의 소리를 발한다는 것을 알고 있다. 어떻게 그들은 예수께서 자신에 대하여 이야기한 것들을 신뢰하게 될 수 있었던 것일까? 그렇게 된 때만이 우리는 예수 자신에 대한 엄청난 주장의 메시지를 제시하게 된 것일 것이다.

5. 그들에게 예수에 대한 진리를 말함

일단 그들이 예수께 이끌렸을 때에 우리는 예수에 대한 이야기와 하나님 나라 가운데 그가 가지고 있는 필수적인 역할 그리고 세상의 미래와 그들의 구원에 대한 문제에 초점을 맞추었다. 빌라도의 이야기를 사용하여 그들이 예수께서 진정으로 세상의 구주이신 것을 믿는다면 자신들을 예수께 드리기로 결심하여야지 그렇지 않으면 그를 거절하는 것이라고 그들의 헌신을 권장하였다. 우리는 예수와 그의 말씀을 믿는 것과 그것들을 거절하는 사이에 중립적인 도덕적 기준이란 없다고 설명하였다. 이러한 단계에 이를 즈음이면 이미 대부분이 예수께 헌신되어 있고 그의 말씀을 진리로 믿는다. 이는 진정으로 은혜라고 밖에 말할 수 없는 기적이지만, 첫 세대의 신자들에게 있어서는 그를 진리로 믿는다는 것과 공개적으로 그를 따르는 자가 되는 것과는 동시적이지 않았다.

6. 그들이 하나님 나라의 확증을 봄

하나님 나라에 대하여 이야기하는 것 자체로는 충분치 않다. 그것은 시위되어야 한다. 성경은 하나님의 나라가 말로서가 아니라 능력으로 드러남을 말한다. 더욱 특별하게는 하나님 나라는 의와 평강과 희락으로 규정되며 악한 영이 쫓겨 나가는 것으로 확증된다고 말한다(롬 14:17; 눅 11:20).

믿는 첫 세대는 거의 모든 경우에 하나님 나라에 대한 확증을 경험한 외국의 사역자들에 의하여 직접 주님께 나아오게 된다. 사역의 직접적인 현장에서 사역팀은 선한 사역을 통하여, 핍박 가운데에서도 기쁨을 그리고 어려움 가운데에서도 평강을 가지며, 정의의 편에 서고, 가난한 자들을 돌보며, 병든 자들을 고치고, 무지한 자들을 가르치며, 빈핍한 자들에게 필요를 채워주면서 하나님 나라를 시위하였다.

그러나 기도에 대한 현저한 응답은 그들의 친구들이 보는 앞에서 하나님 나라의 실제를 가져오는 것으로서, 때로는 꿈으로, 환상으로, 치유를 통하여 그리고 예언으로 이루어졌다. 이러한 방법으로 하나님 나라의 실제를 경험한 모든 사람이 믿게 된 것은 아니었다. 심지어 오늘날까지도 자신들의 삶을 예수께 드리지 못한 채 자신들이 병들었을 때에만 사역팀에게 자신들을 위한 기도를 요청하기도 한다. 이러한 현상은 아직도 주기적으로 일어나고 현재 그 빈도수는 줄어들었어도 놀라운 치유들이 규칙적으로 여전히 일어나는데 현지 신자들 대부분이 이를 통하여 복음전도를 담당한다. 아픈 불신자들을 위하여 하는 모든 기도가 응답받지 못하여도, 우리 무슬림 친구들은 우리 기도에 응답하시지 않는 하나님과 아무런 문제를 갖지 않았다. 그들은 병이 나면 여전히 우리에게 기도해 줄 것을 요청하였다. 예수의 아름다움을 보기 위하여 그들은 주님의 긍휼하심, 정의의 편에 선 자들을 돌보심, 희생의 봉사, 거룩한 인도하심, 그리고 능력의 역사와 같은 것들을 볼 필요가 있었다. 대부분 무슬림들은 자신들이 함께 놀고, 공부하고 어려움을 당하기도 하는 공동체 가운데에서 태어나고 마침내는 그 안에서 생을 마감한다. 따라서 처음부터 우리는 하나님 나라 가운데에서 거듭난다는 것은 관계와 공동체와 선교에 관련된 것으로서 단순히 하나님과 '개인적 관계'의 문제만은 아님을 강조하였다.

7. 그들은 자신들을 지지하는 공동체가 있음을 알아차림

우리와 함께 살았던 사람들은 모든 것을 함께 하면서 개개인의 유익보다 가정이나 공동체의 유익을 더 생각하였다. 모든 무슬림 배경의 신자들로 하여금 자신들의 가족과 함께 지내도록 격려하며 열심히 노력한 반면 우리는 또한 깊은 수준으로까지 처음 믿게 된 사람들에 대한 가족이 되었다. 이는 지나친 요구사항 같아 보이지만 필요불가결한 것이었다. 우리 자신이 그들보다 덜 사랑하는 모습을 보이거나 우리가 그들 자신들의 문화 내에서 이해할 수 있는 방법으로 사랑을 나타내지 않는다면 어떻게 그들로 하여금 우리가 고백하는 사랑의 하나님을 믿게 할 것인가?

우리는 그들이 할 수 있는 한 자신들이 신뢰하는 친구들, 가족과 이웃들에게 하나님과 그리스도에 대하여 나눌 것을 격려하였다. 우리는 하나님 나라에서 거듭난다는 것은 자신들의 공동체 가운데 주어진 저주를 멈추게 하고 축복의 시대에 대한 안내자 역할을 하는 특권을 받은 지위를 가진 선교적 사명으로 거듭나는 것임을 설명하였다. 우리는 그들보다 백여 년 전에 이미 그리스도를 따랐던 그들 나라 사람들에 대하여 이야기하였다. 이들 신자들은 공동체를 위한 모범이 아니었지만 그들의 영적인 자손들은 그렇게 오래 전에 살았던 사람들과도 연합의 감정을 느낄 수 있었다.

또한 예수께 나아온 다른 믿는 자들에 대하여서도(그들의 이름을 언급하지는 않았지만) 이야기하였고 그들이 준비가 되기만 하면 다른 믿는 자들과도 만날 것을 격려하였다. 우리 모두가 믿는 자들인 것을 알 수 있도록 우리 집에서 미팅 자리를 마련하였는데, 그들은 친구가 되었고 다른 사람들도 예수를 따르는 사람임을 알게 되었다.

중요한 것은 그들에게 우리가 그러한 것처럼 다른 사람들에게 그리스도를 나누고, 공동체임을 즐거워하며, 주님에 대하여 담대함을 가질 자유를 주었다는 것이다. 우리는 그들이 어려운 시기에도 그들과 함께하고 그들을 지원하는 위치에 있었다는 것과 그와 같은 태도를 또한 교회가 가지도록 시위하였다. 그들은 예수와의 관계에 담대함을 가지고 있다는 것 때문에 결코 비난을 받지 않았으며 자신들의 문제 가운데 홀로 버림을 받지 않았다. 거의 모든 경우에 우리는 그저 뒷짐을 지고 있었지만 그들은 만일 상황이 닥친다면 우리가 공적인 입장을 취할 준비를 하고 있었다는 것을 알았다.

8. 인내심을 가진 공동체적 접근

예수의 아름다움은 공동체 가운데 드러난다. 교회는 그의 몸이며 이 세상 가운데 있는 그의 성전이다. 무슬림들이 예수의 아름다움을 보기 위하여서는 한 공동체가 예수께 그리고 그 구성원 각자가 서로에게 헌신되어 있음을 볼 필요가 있다. 그것은 사랑, 선, 화평 그리고 희락으로 함께 하는 공동체요 사람들이 능력과 연약함을 역설적으로 보여 주는 공동체이며 자신들과 같이 갈등을 가지고 있지만 그것을 극복해 가는 사람들로 이루어진 공동체이다. 그들은 비록 자신들의 육체적 가족에게 버림을 받고 거절당하였지만 예수의 사랑스러운 팔 안에 안기게 될 것이며, 자신의 교회 가운데 한 가족으로서 확증될 수 있음을 볼 필요가 있다.

예수께서는 성인의 모습으로 하늘나라에서 오시지 않았으며 유일신을 믿는 율법적 유대인들에게 "나는 하늘에서 막 내려온 전능한 하나님이다. 그러니 만일 네가 지금 회개하고 나의 속죄 희생을 믿으면 구원을 받을 것이다."라고 말씀하시지 않으셨다. 만일 우리가 우리의 율법적인 유일신을 믿는 무슬림 유일신과 좋은 소식을 나누고자 한다면 우리 주님의 예를 따라야 한다. 그것은 사람들로 하여금 예수의 인격, 가르침 그리고 삶에 대한 아름다움과 진리를 분별하여서 그들로 그를 따르는 사람들이 되도록 동기를 부여하는 점차적인 접근인 것이다.

FROM THE STRAIGHT PATH TO THE NARROW WAY

4부

마무리하는 고찰들

21장
회고:
개인적 고찰

Helen Steadman

    나이가 들어가면서 가질 수 있는 특권 가운데 하나는, 지난 몇십 년 동안을 되돌아보면서 보다 넓은 시야를 가지고 하나님께서 어떻게 역사하셨는지 추적해 볼 수 있다는 점이다.

    내가 처음으로 무슬림 세계의 필요에 대하여 눈이 뜨인 것은 『이슬람을 위한 횃불』(Torch for Islam)이라는 죠지 헤리스(George Harris)의 도전적인 자서전을 읽었던 1960년대 초반으로서 학창시절이었다. 그는 어떤 가시적인 열매도 없이 중국 서북부에서 여러 해 동안 사역하였다. 그러나 내가 하나님을 섬기고자 준비하였을 때에 일본의 엄청난 대학생 인구가 나의 생각과 기도에 우선순위를 차지하였다. 무슬림에게 예수 복음을 전할 도전으로 다시 관심이 옮겨진 것은 그 후 단지 몇 년이 지나서 하나님께서 나를 인도네시아의 학생들 가운데 방향을 수정하도록 하셨던 때였다.

인도네시아 무슬림들 가운데 있었던 첫 번째 그리스도께 향한 실질적 전향은 19세기에 자바에서 일어난 것으로, 그로 말미암아 동부와 중부 자바에 기독교 교회들이 형성되었고 그 보다는 작은 규모로 서부 자바에 빠순단(Pasundan) 교회가 세워졌다.[179] 그러나 이들 종족 중심으로 형성된 교회들은 서구 교회에서 온 외부 형식들을 많이 채용하였고 그 결과 대다수를 차지하는 무슬림들과 멀리하였다.

1965년 9월 30일에 있었던 실패로 끝난 공산당 반란 사건 이후, 그리스도께 돌아온 두 번째 위대한 행진이 있었던 1960년대 후반에 나는 인도네시아에 도착하였다. 새로 증가한 엄청난 기독교인 숫자가 전통 종교의 배경을 가진 사람들로부터 나아온 반면, 자바족 가운데에서도 실질적으로 상당한 전향이 있었다. 그것은 종종 무슬림 젊은이들이 공산주의자들로 의심 가는 자들을 학대하는 것을 보면서 그들에게 환멸을 느낀 결과였다.

나는 중부 자바의 마을들에서 연이은 세례에 대한 소식을 들으면서, 과학을 가르치던 학생들의 절반가량을 포함한 내가 사역하던 지역의 무슬림 종족들 가운데 하나님의 성령에 의한 비슷한 운동이 진정 일어나기를 바라며 기도하였다. 그러나 내가 사역하던 대학의 기독교 학생단체들은 전통 종교적 배경 출신에서 나아온 수천의 새로운 기독교인들 가운데 긴급한 필요로서 그들의 양육에 초점을 맞추고 있었다. 따라서 무슬림 친구들과 이웃들에게 복음을 전도하고자 하는 우리의 시도는 산발적이었고 전심을 다하지 못하였다. 왜 정령숭배하는 마을들 가운데 있는 희어져 추수할 때가 된 곳을 떠나서 복음에 거의 관심을 보이지 않는 사람들에게 가려고 할 것인가?

한 무슬림 친구가 암으로 죽게 된 것은 보다 심각한 우려로 나를 뒤흔들었다. 그는 좋은 사람이었지만 그리스도를 모른 채 죽고 말았다.

---

179) 다음을 참조하라. David Bentley-Taylor, The Weathercock's Reward: Christian Progress in Muslim Java(London: Overseas Missionary Fellowship, 1967). 여기에 동부 자바교단의 설립과 성장에 대한 놀라운 이야기가 있다.

나는 그와 함께 복음을 전할 수많은 기회를 가졌다. 그러나 이러한 기회들을 내가 개인적으로 아직 부적합하다는 생각과 함께 혹 오해를 불러일으킬까 하는 두려움으로 모두 놓치고 말았다. 나는 하나님께서 나의 실패에 대하여 책임을 물으실 것이라는 것을 깨달았다. 그때에 그것은 하나님께서 나에게 주신 모든 기회를 전적으로 사용하고자 노력해야 한다는 새로운 긴박성을 가져다주었다. 특히, 비록 그들 대부분이 자바의 민속 무슬림들이거나 기독교인 남성들과 결혼한 여성들이었지만, 상당한 숫자의 무슬림 배경 신자들에게 세례를 베풀도록 준비할 수 있던 것은 특권이었다.

인도네시아에 있으면서 거의 모두가 이슬람인 지역으로 이사하였는데, 그것은 복음전도를 위한 새로운 최전선이 되었다. 동일한 비전을 나눌 수 있는 인도네시아 친구들을 찾게 되고 성경통신과정, 사회개발 사역 및 캠퍼스에 있는 소수의 기독교인을 위한 훈련 프로그램을 포함한 전 영역의 복음전도 방법을 통하여 무슬림 이웃들에게 나아가기 위하여 그 다음 몇 해 동안 그렇게 복음전도 활동한 일은 흥분된 일이었다. 그러나 그 지역의 거의 모든 소규모 기독교 공동체들은 우리들처럼 외부에서 새로 유입된 사람들이었다. 그래서 그들은 단지 명목상의 기독교인들에게만 관심을 두고 그들에게 복음전도 활동을 해야 한다고 믿었다. 무슬림 이웃들에게 복음을 전한다는 것은 진정 현명치 못하고 위험스러운 것이라고 여겼다. 심지어는 가능한 조용히 숨어서 이 나라의 보다 개방된 지역으로 빨리 이사하기 위한 기도를 하는 것이 더 낳게 생각되었다!

애석하게도 이러한 태도는 지금도 대부분의 인도네시아 기독교인들 사이에 거의 표준같이 되어 있다. 비록 무슬림 배경을 가진 신자들이 지속적으로 흘러 떨어지는 물방울처럼 마르지 않고 교회에 유입되었지만, 대다수 무슬림들에게 복음증거를 하고자 깊이 고려하는 사람들은 극소수에 불과하였다. 지금도 모든 무슬림 배경 신자들은 기존의 교회들 가운데 합류해야 한다는 가정을 가지고 있는데, 그러한 교회에서는 그들 대부분이 전체적으로 상황화 되지 않은 외부의 양식들을 가지고 있어서 우리 무슬림 친구들에게 '서구 종교의 중심'이라는 생각만을 갖게 한다.

1980년대 초경에 자바로 이동하여 하나님께서 무슬림들에게 복음을 전하도록 사용하시는 무슬림 배경의 신자가 있는 교회의 한 시니어와 함께 단기간 사역할 특권을 가졌다. 그리스도께 돌아오기 이전에는 경험 많고 존경받는 꾸란 선생이었던 그는 자기 집으로 오는 주류 무슬림들에게 조용히 복음을 나누고 있었다. 우리는 함께 수도에 있는 많은 교회들을 방문하면서 복음전도에 대한 우리의 비전을 나누었다. 그러나 다시 한 번 다음과 같은 반응을 경험한 우리는 실망하고 말았다. 기독교 공동체 가운데에서 일하는 것으로 충분치 아니한가? 우리의 '양들'을 돌보는 것이 다른 그 어떤 사역보다 더 우선순위를 두어야 하는 것이 아닌가?

이후에 더 동쪽으로 이사하였는데, 그곳에서 나는 약 2,000여 명의 정규 성인 회원들 중에 약 25% 이상이 무슬림 배경 신자들인 한 지역 교회에 가게 되었다. 우리는 상당한 유동성을 가지고 친척과 친구들이 그 교회에 합류하며 그리스도께 나아오고 있는 것을 보고 매우 기뻤다. 그러나 여전히 복음을 가지고 장벽을 능동적으로 넘어가는 일에는 매우 소극적이었고 심지어 상황화적인 접근을 통하여 이와 같은 장벽들을 낮추고자 하는 생각조차 기울이지 않았다.

1980년대 중반에 인도네시아를 떠났는데, 하나님께서 동아시아 다른 지역의 무슬림들 가운데 무슨 일을 하고 계셨는지에 대하여 처음으로 관찰할 수 있는 기회가 주어졌다. 종족적 언어적 장벽으로 무슬림 이웃들과 분리되어 있는 상대적으로 강력한 기독교회들이 있는 나라들은 그래도 매 해마다 어느 정도의 사람들이 지속적으로 그리스도께 나아오는 것을 볼 수 있었던 인도네시아와 그 상황이 별반 다를 바가 없었다.

무슬림 세계에 대한 점증하는 관심과 기도가 동유럽권의 공산주의 정부들의 몰락과 함께 이어졌다. 이러한 관심의 증가는 서구에서 그러한 것처럼 아시아에서도 확연하였는데 그것은 동남아시아의 기독교인들 가운데 자신들의 무슬림 이웃들에게 어떻게 복음을 전할 수 있을지 배우고자 하는 새로운 열망과 합치되었다.

여러 나라들의 지역 기독교인들은 의도적으로 무슬림 지역으로 이사를 갔으며 삶과 입술을 통하여 예수 그리스도 안에 있는 하나님의 사랑을 나누고자 하였다. 다 그런 것은 아니지만 어떤 경우에는 외국인 사역자들이 이러한 일을 주도하였다. 새로운 상황화적인 접근이 채택되었고, 무슬림 배경 신자들로 이루어진 소규모 가정모임들도 태동하였다. 인도네시아와 같이 이미 교회 회원 가운데 많은 수의 무슬림 배경 신자들이 있는 경우에는 이렇게 저변의 접근을 통하여 많은 열매를 맺을 수 있음이 증명되었다.

그리하여 5년 전에는 작은 신학교로 선교학을 가르치기 위하여 다시 인도네시아로 돌아올 수 있게 되었다. 동시에 이 나라의 수많은 무슬림 지역에 있는 현지 사역자들을 지원하는 한 인도네시아 그룹과 더불어 사역할 수 있게 되었다. 여러 해 동안 주된 관심을 기울인 사역을 되돌아 볼 때에, 전 세계가 점점 무슬림 세계에 대한 관심을 증폭시키고 있는 상황 가운데 내가 몇 가지 것들을 같이 나눌 수 있을 것 같다.

- **우리가 참여하고 있는 사역은 하나님의 사역이지 우리의 사역이 아니다.**

우리가 무슬림 친구들과 그리스도의 부요함을 나누고자 할 때에 우리를 부르시고, 준비시키시고, 그 일을 할 수 있도록 하시는 분은 하나님이시다. 각 나라에서 그토록 오래 갈망하던 돌파의 시기를 택하실 분이 바로 하나님이시며 수많은 무슬림 배경 신자들이 의미심장할 정도로 증가하는 것도 하나님의 때에 하나님의 주권에 달려 있다.

나는 때로 하나님께서 당신의 나라를 세우기 위하여 사용하고자 하는 전략으로서 경쟁적인 스피릿을 권장하는 것 같은 생각이 들 정도로 종종 우리가 너무나 자신들의 전략과 방법에 메여 있지 않은지 염려된다. 그러나 세계의 여러 다른 곳에서 주어지는 보고들을 놓고 볼 때에 하나님께서 사실상 넓은 영역의 방법을 사용하시며 개개인과 동시에 집단을 예수께 불러 모으시는 전도방식을 사용하시는 것은 분명하다.

- **하나님의 사역은 우리가 그곳에 있기 전부터 이미 시작되었다.**

  수십 년에 걸쳐 신실하게 복음의 씨앗을 뿌린 역사가 없는 오늘날 우리가 보는 특권을 누리고 있는 바와 같은 반응을 볼 수 없었을 것이다. 아무런 열매도 보지 못한 채 헌신과 열심을 가지고 섬겼던 이름 없는 하나님의 많은 종들로 인하여 우리가 하나님께 얼마나 감사해야 하겠는가.

- **아직도 하나님 나라 밖에 있는 사람들에게 예수에 대한 좋은 소식을 가져가기 위한 하나님의 주된 도구는 여전히 지역 교회이다.**

  미전도 종족들 가운데 복음을 전도하는 데 매우 열심인 대학을 졸업한 학생들이, 현지 동료들의 충고에 기꺼이 귀 기울이려고 하지 않는 어떤 외국인 사역자들의 교만함에 대하여 이야기하는 것을 들으면 마음이 심란해진다. 무슬림이 다수인 지역에 있는 현지 교회 구성원들이 항상 우리 비기독교인 친구들에게 복음을 전하지 않는다는 것을 알고 있고 상황화된 회중들이 세워지고 내부자 운동의 전개가 이루어져야 한다는 기대를 알고 있긴 하지만, 그렇다고 해서 현지 교회를 완전히 비껴 가는 것을 정당화할 수 없다고 나는 믿는다. 우리는 손님으로 있는 나라의 사람들과 더불어 직접 혹은 간접적으로 함께 기도하고 사역하도록 부르심을 받았다. 우리의 사역에 대하여 일종의 부정적 반응을 보이는 주력부대가 일반적으로 바로 그들이다.

- **무슬림-기독교인 관계에 있어서 가슴 아픈 역사에 비추어 볼 때에 우리는 예수의 모든 놀라운 사랑을 시위하는 방법으로 완전한 복음을 전인격적인 개인에게 분명히 전할 필요가 있다.**

  무슬림들은 우리의 이야기들을 너무 자주 들었지만 우리의 생활과 그것이 반대되는 것을 보아왔다. 너무나 자주, 마치 밖으로 드러난 낚싯줄에 달려 있는 이면적 동기가 분명히 있는데 실질적 도움을 제공하는 것과 같이 보였다. 나는 예수께서 당신의 친구들뿐만 아니라 원수들까지도 끝까지 사랑하였다는 사실로 인하여 지속적으로 도전받는다. 만일 우리가 많은 사람들이 그리스도께 돌아갔다는 것과 같은 멋진 기도 편지를 결코 쓸 수 없을 지라도 과연 얼마나 우리가 무슬림 친구들을 섬기기 위하여 기꺼이 시간을 사용하고 함께 있을 용의가 있을 것인가? 얼마만큼이나 우리가 주님의 이름을 위하여 고난당할 준비가 되어 있으며 그래서 '죽음보다 강한 사랑'을 시위할 수 있을 것인가? 나는 때때로 우리의 이야기와 서신 가운데 예수의 거룩한 영과는 너무나 거리가 먼 것처럼 보이는 승리주의라는 혼란스러운 요소를 발견한다.

- **우리는 하나님께서 우리를 어떠한 방법을 사용하도록 인도하시든 우리 사역 가운데 말씀을 그 중심에 두어야 한다.**

  우리가 왜곡이나 오류에서 멀어질 수 있는 길은 우리의 모든 말과 행위가 오로지 하나님의 계시된 말씀의 조명하에 규칙적으로 판단될 때뿐이다. 마찬가지로 우리의 무슬림들도 성령께서 '모든 진리 가운데' 그들을 인도하시기 위한 역사를 경험할 수 있도록 도울 필요가 있다. 다른 사람들의 삶 가운데에 있는 비일관성을 보면서 우리 자신의 삶과 사역 가운데 성경의 진리와 대립되는 것이 있다는 것을 얼마나 쉽사리 보지 못하는가!

• **우리는 제자양육을 통하여 믿음 가운데 나아오는 것과 그리스도의 몸의 일부가 되는 것을 분리시키지 말아야 한다.**

주님께서는 내부자 운동, 교회개척운동, 상황화 회중과 같은 새로운 접근방법들을 우리가 채택하도록 인도하실 때에, 무슬림 배경의 신자들에게 성령께서 그들을 전 세계적인 그리스도의 몸과 하나를 이루는 교제 가운데 들어 갈 수 있도록, 복음의 능력이 수 세기를 걸쳐 내려오는 장벽들을 깨뜨리는 것을 경험할 수 있는 방법들을 찾아내는 데 더욱 창의적일 필요가 있다.

이제 나는 세계에서 무슬림이 가장 많은 지역 가운데 거의 40여 년 동안을 섬기도록 허락하신 하나님께 마음 깊이 감사드리면서 이상과 같은 간략한 고찰을 마치고자 한다. 오로지 하나님께만 영광이 있기를 바라면서!

22장
마무리:
미래의 조망

David Smith

　　본 논문들을 읽어 보면서 나는 일종의 거룩한 땅에 서 있는 느낌을 받았다. 여기서 우리는 여러 다른 나라에서 온 사람들이 그들과 그들의 친구들 그리고 동료들이 어떻게 예수의 제자들이 되었는지에 대하여 쓴 내용들을 읽었다. 우리는 하나님께서 어떻게 각 개개인, 가정, 공동체 가운데 당신의 길을 내셨는지에 대한 이야기들을 하나씩 들었다. 우리는 장 마리 고들이 말한 바와 같이 "각 인간 양심은 주님께서 당신의 자녀들을 만나시고 그들을 자신에게 이끄시는 거룩한 전"이라고 한 것(7장)을 기억한다. 나는 타오르는 떨기나무 앞에 서서 발 앞에 신을 벗기 원하는 모세와 같은 느낌을 갖는다. 이 논문들이 처음 제시되었던 대회에 모였던 사람들은 이 이야기들이 오늘날 교회의 세계 선교에 대하여 무엇을 의미하는지 반영하고, 토의하고 분석하기를 원했다. 좀 더 느긋한 심정으로 이들 논문들을 읽고 그것들에 대한 반영을 피력하는 것은 나에게 기회이자 특권이기도 하였다. 따라서 이제 기록하는 것들은 앞으로 계속 나아가기 위한 가능한 방법에 대하여 나름대로 결론을 이끌어 내고 제안을 하고자 하는 개인적인 시도임을 밝힌다.

1. 이 과정 자체에 대한 몇 가지 결론

(제2장과 부록에 제시된 바와 같은) 더들리 우드베리가 개발한 설문은 서로 다른 상황이라는 광범위한 다양성으로부터 분명한 정보를 얻어 내는 매우 의미심장한 방법임이 입증되었다. 그들이 그 질문들에 답변함으로써 자신들의 경험을 반추하도록 하였고 이전에는 스스로 그렇게 의미심장한 질문들을 결코 던져 보지 못했을 그러한 질문들을 제시하기 때문에 거기에 참여한 수백 명의 사람들에게 그것은 가치 있는 경험이 되었음에 분명하다.

나는 이미 드러났거나 드러날 반응들에 대한 평가 또한 그 질문들을 준비하고 그 답을 수집하는 과정만큼이나 철저한 노력이 깃든 일이 되기를 희망한다. 이러한 평가는 일련의 집단에 의하여 이루어질 필요가 있는데 그 이유는 우리 모두가 읽은 각각의 것들을 필연적으로 걸러 내어야 하고 다른 사람들이 찾아 낼 수 있는 중요한 메시지들을 놓칠 수 있기 때문이다. 그러한 평가를 통하여 새로운 신자들, 복음전도자들, 교사들 그리고 여러 다른 종류의 학자들이 지속적으로 서로 상호작용할 기회를 가질 수 있다. 이 모든 것은 새로운 상황에서 새로운 신앙 가운데 나온 사람들에게 주어지는 질문들과 더불어 하나의 지속되는 진행형적 과정으로 볼 필요가 있다. 그리고 그 과정은 다가오는 여러 해에도 이어져야 하기 때문에 그 설문 자체가 어떤 부분에서 보다 깊게 검증할 필요가 있고 또 어떤 부분에서 새로운 종류의 질문들을 구성해야 하는지와 같은 방법들을 잘 정제하여 개발될 필요가 있을 것이다.

2. 모든 기독교인들이 알 필요가 있는 세 가지의 의미심장한 인자

무슬림에 관련하여 여러 해 동안 기독교인들을 가르치면서 그리스도의 제자들이 된 사람들의 경험 가운데 세 가지 인자들이 있음을 나는 종종 지적하곤 하였다. 본 책의 글들을 읽으면서도 이 간단한 메시지가 그렇게 널리 알려진 것이 아님을 발견하고(내가 이 글을 쓸 필요가 있다는 당위성 차원에서)[180] 안심이 되었다. 따라서 나는 기독교인들을 교육하고 훈련시키는 어떤 프로그램에서 이 내용이 그 일부가 될 필요가 있지 않나 생각하게 된다. 모든 교회의 모든 기독교인들은 무슬림들이 예수께 나아오는 거의 모든 경우에 있어서 다음 세 가지 인자들 가운데 최소한 두 가지가(때로는 세 가지 모두 다) 작동되었다는 것을 알 필요가 있다.

1) 무슬림 회심자들은 기독교인들이 보여 준 희생적인 사랑을 목격하고 경험하였다

앞의 여러 장들에서 우리는 그들이 관찰한 기독교인들의 삶에 의하여 감동받고 이끌렸던 무슬림들 하나하나의 예들을 보았다. 기독교인들의 삶의 질과 특히 희생적인 사랑에서 그들은 깊은 감동을 받았다. 여러 해 동안 있었던 상호접촉에 대하여 기록한 서부 아프리카 상황을 예로 들면, 로웰 드쟝은 한 가지 주요 요인으로서 오랜 시간에 걸친 기독교인들의 긴밀한 접촉을 관찰한다.

> 우리의 긍휼적 행동(프로젝트, 가난한 자에 대한 원조, 괴롭힘 가운데 인내와 같은 것들)이 기독교인들에 대한 많은 풀베 사람들의 인식을 변화시켰다. '하나님'(Allah)을 완전히 알지 못하였던 이들 '이교도들'이 어떻

---

180) 문맥의 의미를 분명히 하기 위하여 역자가 삽입한 것임.

게 그토록 선한 무슬림들과 같은 행동을 할 수 있었을까? 왜 하나님께서는 그들이 무슬림이 아니었을 때에 그들에게 공의로운 행동을 예정하시는 은 총을 내리지 않으셨을까?(17장)

중앙아시아의 경우에 우리는 "좌절되고 희망이 사라졌을 때에 그들은 기독교인 형제와 자매들 가운데에서 사랑을 보고 그리스도에 대하여 듣고자 관심을 갖게 된 것"을 알게 된다(12장). 크리스텔 에릭은 다음과 같이 기록할 때에 변증법보다 관계의 중요도에 대하여 강력하게 진술하고 있다: "무슬림 여성들에게 복음을 전도하고자 하는 나의 주된 관심은 그녀를 내가 얼마나 설득시킬 수 있는가가 아니라 정말 그녀를 진정으로 사랑할 수 있는가이다."(11장)

2) 무슬림 회심자들은 말씀의 일부를 읽었다

무슬림들이 그리스도께 나아옴에 있어서 말씀의 역할을 기록한 데이빗 마란즈는 자신이 쓴 장에서 무슬림 회심에 대하여 다음과 같이 피력한다: "대부분의 경우에 성경 혹은 말씀의 일부분이 회심에 결정적인 역할을 한다. 그것 말고 어떤 다른 것이 있을 수 있는가?" 그는 이 인자의 중요성을 요약하기 위하여 다음과 같이 로버트 브라우의 말을 인용한다: "무슬림들이 실제적으로 성경을 읽게 되었을 때에 그들은 성경이 가장 매력적인 그림을 제시하고 있음을 발견한다. 그들 자신 스스로 성경을 읽도록 하는 것은 최우선 순위이다."(5장) 우리는 성경의 본문이 모든 가능한 매체 가운데 될 수 있는 한 광범위하게 적용되어야 할 필요가 있다는 것을 보다 분명하게 진술해야 하는데, 그러한 요청을 하지 않을 수도 있다.

3) 무슬림 회심자들은 그리스도의 특별한 능력을 경험하였다

거의 모든 장들이 꿈과 환상과 비전 혹은 치유를 통하여 예수를 매개로한 하나님의 능력을 경험한 개개인들에 대하여 이야기하고 있다. 예를 들면 메리 맥비커는 다음과 같이 말한다: "예수를 경험하는 것이 남아시아에서 무슬림 여성들이 신앙 가운데 나아오는 주된 원천이다⋯. 여성들이 하나님의 말씀에 대한 접근 방도를 가지고 있을 때에 예수의 임재를 보거나 느끼는 것과 같은 초자연적인 계시에 더하여 하나님의 활동이 성경적인 진리를 확증하는 것을 보면서 이러한 경험적인 지식이 그들을 믿음 가운데 인도한다."(10장)

이것이야말로 하나님의 성령께서 사람들의 삶 가운데 들어가고자 하실 때에 어떤 단계에서는 지적인 부분을 비껴 가면서도 살아 계신 그리스도와의 직접적인 만남을 이루도록 하신다는 결론을 이끄는 항구적인 주제이다. 그들이 꿈에서 예수를 보거나 예수 이름으로 이루어지는 치유를 목격할 때에 심지어 그분의 정체를 완전히 이해하기도 이전에 그분의 능력을 경험한다. 예수가 누구이시고 어떻게 그가 정확하게 악의 권세를 물리치셨는지를 더욱 완전하게 이해하게 되는 것은 단지 그 이후의 일이다.

3. 기독교인들이 어떻게 기도해야 하는지에 대한 약간의 교훈들

만일 댄 멕베이가 제안한 바와 같이 "기도는 복음전도의 주된 도구이다."(15장)라고 한다면 어떻게 정확히 기독교인들이 기도해야 할 것인가? 여러 해 동안 나는 어떻게 무슬림들 가운데 있는 기독교인들이 복음증거를 위하여 어떻게 기도해야 할 것인가의 모범으로서 사도행전 4장 23절부터 31절까지에 기록된 바와 같은 초대 교회의 기도를 보았다.

사도 베드로와 요한은 자신들이 감옥에서 풀려났을 때에 교회를 찾았고 연합기도 가운데 자신들의 목소리를 함께 올려 드렸다. 그들은 하나님을 창조자로서 그리고 피조물과 역사를 주관하시는 주로서 인정하는 것을 시작으로 "주여 이제도 그들의 위협함을 굽어보시옵고"(Now, Lord, consider their threats···, 행 4:29)라고 기도하였다. 이 책의 많은 장들 가운데 대부분의 경우, 그리스도를 따르고자 하는 무슬림들에 대한 위협(즉, 거절, 말과 육체적인 비하, 가족과 공동체로부터의 추방 및 때로는 살해의 위협과 같은)은 매우 실제적이다. 비록 배교자에 대한 율법이 대부분의 이슬람 국가들 가운데에서 실제적으로 적용되지는 않지만, 그 개념은 무슬림들의 마음속 깊이 여전히 박혀 있는 것이다. 이 초대 교회의 기도는 어려움에 처해 있는 논점들의 심각성을 인정하는 것으로 시작하고 있다. 그러나 초대 기독교인들이 실제적으로 어떠한 내용을 기도하였는지는 우리에게 큰 교훈을 준다. 보호와 인도를 위한 기도 대신에 그들은 자기 자신들을 위한 단 한 가지의 요청을 하였다. 그것은, "또 종들로 하여금 담대히 하나님의 말씀을 전하게 하여 주시오며"(행 4:29)라는 기도이다. 그들은 하나님께서 자신들을 두려움에서 건져 내시고 그들이 할 수 있는 한 예수에 대한 메시지를 의사소통할 담대함과 용기를 달라고 하였던 것이다. 그리고 어려움을 당했을 때에 자신들이 무능함을 인정하면서 하나님께서 그들 주변에 있는 사람들의 삶을 만지시고 당신의 권능을 통하여 역사하실 것을 구한 것이다: "손을 내밀어 병을 낫게 하시옵고 표적과 기사가 거룩한 종 예수의 이름으로 이루어지게 하옵소서 하더라"(행 4:30). 하나님의 그 기도에 대한 응답은 즉각적이고 극적이다: "빌기를 다하매 모인 곳이 진동하더니 무리가 다 성령이 충만하여 담대히 하나님의 말씀을 전하니라"(행 4:31).

다리스탄의 상황을 기록한 장은 기독교인들이 기도한 결과로 얼마나 담대하게 되는지 보여 준다: "지금까지 우리가 이야기한 가장 중요한 인자는 현지의 믿는 자들이 자신들의 신앙을 가족, 친구 그리고 접촉하는 사람들과 나누었다는 것이다. 이때 이전에는 대부분의 현지 신자들은 그렇게 하는 것을 두려워하였고 현지 교회들도 자신들의 모임에 새로운 사람들이 들어오는 것에 대하여 조심스러워 하였다."(19장) 따라서 오늘날 우리는 기독교인들이 초대 교회처럼 팀으로 기도할 때에 새로운 기대감을 불러일으키고 하나님께서 사람들의 삶을 만지신 것을 알게 될 때에도 놀라지 않을 수 있을 것이다.

4. 해야 할 남아 있는 일

이 논문들을 읽으면서 알게 된 것은 지난 이삼십 년 동안에 많은 의미심장한 진전이 있었다는 것이다. 거기에 완전히 만족할 수는 없더라도 우리 기독교 복음전도자들을 더욱 강하고 분명하게 하기 위하여 배워야 할 많은 중요한 교훈들이 들어 있다. 그래서 다음에 쓰고자 하는 것은 열 가지 영역에 대한 개인적인 제안으로서 거기에 우리가 해야 할 남아 있는 일이 있다. 다음은 우선순위를 두고 기록한 것은 아니다. 또한 비판하고자 하는 마음으로 그것을 제시하는 것도 아니다. 이는 내 자신이 단지 꿈꾸고 있는 것이며 구하는 것이다. "만일 이러한 일이 이미 일어났거나 지금도 우리 눈앞에 일어나고 있다면, 그것은 어떠할 수 있을 것이며 무슨 일이 여전히 일어나야 할 것인가?"에 대한 것이다. 만일 이러한 교훈을 더욱 효과적으로 실천하게 된다면 다가오는 장래에 얼마나 더욱 더 복음전도를 잘 할 수 있게 될 것인가?

1) 제자훈련에 대한 초점

모든 장들이 무슬림들이 어떻게 예수에 대한 믿음으로 나아오는지 그 과정에 초점을 맞추고 있는 반면, 또한 많은 내용들이 새로운 신자들을 제자양육을 하는 것과 관련된 부분을 다루고 있다. 어떤 기독교 사역자들은 사람들을 처음으로 헌신 가운데 나아오도록 초청하는 것도 어렵지만 그들을 성장하게 하고 기독교인들의 교제 가운데 들어온 일종의 신자들이 되게 하는 것은 더욱 어려운 일이라고 말한다. 만일 우리가 복음전도를 위한 자료들을 개발하고 나누는 데에 시간과 에너지를 쏟는다고 한다면 그와 마찬가지로 제자양육을 위한 자료를 개발하고 나누는 데에 에너지를 쏟아야 한다.

몇몇 저자들은 실제적인 믿음 가운데 들어왔던 모든 사람들이 제자양육을 지속하지 못하고 얼마는 자신들의 본래 이슬람 신앙과 공동체 가운데 되돌아가 버림을 인식하고 있다. 바나바 재단(Barnabas Trust)의 페트릭 수케도(Patrick Sookhedo)에 의하여 수행된 몇 해 전 연구는 새로운 신자들로서 이슬람으로 돌아간 비율이 현저하게 높다는 제시를 하였다.

따라서 믿음 가운데 나아오게 된 사람들에 대한 간증들을 분석하는 것과 병행하여 왜 많은 사람들이 기독교인 신앙을 지속하지 못하는가에 대한 이유를 철저하고 정직하게 연구할 필요가 더 있지 않을까? 이들 장들을 읽어 보면 그 이유들 가운데 많은 내용이 말할 것도 없이, "가족과 무슬림 공동체로부터의 압력, 경제적 어려움, 기독교인 공동체 내에서의 어려움들, 그리고 새로운 정체성을 찾는 것과 관련되는 정서적인 긴장"과 같은 것이 있다. 아마도 신약 자체가 이러 저러한 비슷한 이유로 멀어져 간 많은 제자들의 예를 보여 주기 때문에 이러한 상황이 우리를 놀라게 하지는 않을 수 있다. 그러나 만일 우리가 그들이 그렇게 돌아가게 된 것이 종종 우리 자신의 실패라는 것을 인정할 수 있다면, 우리의 실천과 우리의 복음전도에 대한 많은 부분을 재고해야 할지도 모르겠다.

2) 고난의 신학을 개발함

중앙아시아 상황을 기록한 장에서 하산 압둘라허글리는 핍박이 있는 것이 정상적인 것으로, 전 세계에 걸쳐 드러나는 단순한 진리임을 진술하였다.

"누군가 그리스도에 대한 믿음 가운데 나아왔을 때에, 그들은 즉시 핍박을 받았다."(12장)

더들리 우드베리는 자신의 조사에서 "치유와 능력 사역"과 나란하게 "고난의 역할에 대한 성경적 가르침"의 중요성을 기록한다(2장). 그리고 에버린 레이서처는 그녀가 여성들이 느끼는 고통의 감수를 알고 있다는 부분에 매우 정직하다.

> 이 연구를 하는 동안 나를 혼란스럽게 한 것이 있다. 나는 이 여성들을 잘 안다. 그리고 그들이 예수를 따르며 가지는 기쁨을 안다. 나는 그들의 열심, 혼신 그리고 하나님과의 깊은 밀착을 여러 해 동안 관찰하였다. 그럼에도 불구하고 나는 이 여성들이 기쁨보다도 어려움과 우려와 무거운 압박을 표현하는 것을 발견하였다. 아마도 그들은 깊은 우려들을 자발적으로 나눌 정도의 확신을 느낄 만큼 나를 잘 알았던 것 같다. 그들과 좀 덜 가까웠던 어떤 누군가에게는 다른 분위기를 풍겼던 것처럼 보였다. 아마도 그들이 언급한 문제들은 여전히 풀리지 않았거나 고통스러운 것일 것이다(9장).

나는 케니스 크랙이 여러 해 전에 카이로에서 "예수께서 고난당하셔야 한다는 메시지에(막 8:27-38) 대한 베드로의 첫 반응의 의미심장함"에 대하여 이야기하던 것을 기억한다. 그는 사실상 "만일 당신이 하나님의 그리스도이시면 도대체 어떻게 당신이 고난을 당하실 수 있겠습니까?"라고 말하는 베드로의 공포어린 반응이 무슬림들의 전통적인 생각, 즉 "전능하신 하나님이 어떻게 자신의 선지자와 사도를 지상에서 고난당하게 하시고 그토록 비천한 모습이 되도록 하실 수 있겠는가?" 하는 것과 매우 가까울 수 있다는 것이다. 션 베드로전서가 기록된 때는 십자가 사건 이후 30여 년이 경과된 때로서 권세를 잡은 자들로부터의 핍박이 증가하자 소아시아에 흩어져 있던 기독교인들을 준비시키기 위함이었는데 그것은 무슬림 배경을 가진 믿는 자들 사이에 있는 고난을 반영하기에 적절한 것일 수 있다. 베드로는 예수의 고난에 대한 필요를 하나님의 섭리적인 요구로 이해하였고 그에 대한 필연적인 결과로서 그의 제자들 또한 고난을 당한다는 것을 알았다. "이를 위하여 너희가 부르심을 받았으니 그리스도도 너희를 위하여 고난을 받으사 너희에게 본을 끼쳐 그 자취를 따라오게 하려 하셨느니라"(벧전 2:21).

나아가 이 상황에서 베드로전서가 특별히 의미심장하게 확증하고 있는 것이 있는데, 그것은 오히려 기대하지 못하였던 자료로부터 나에게 주어졌다. 그것은 이 서신서에 대하여 최근 발표된 박사학위 요약으로 다음과 같은 내용이다.

이 연구는 이들 어린 교회가 직면하고 있는 핍박에 대하여 저자가 깊이 우려하고 있음을 보여 주는데 그것은 하나님에 대하여 자라나는 능동적인 신뢰와 성장하고 있는 도덕적 순결 가운데 주로 나타나는 기독교인 인격의 형성과 관련되어 있다. 저자가 언급하고 있는 고난에 대한 역설적인 반응은 "선한 일을 하라"(do good)는 반복적인 명령이다. 여기에 저자의 깊은 우려는 사회적 배척이라는 고통에서 일어나는 도덕적인 도전들과 관련된 것이다. 복수나 타협 혹은 자신들을 스스로 격리하고자 하는 유혹이 기독교인의 확신과 실천을 위협하기 때문에 이러한 시험들을 직면함에 있어서 저자의 목표는 기독교인들로 하여금 핍박이 일어날지도 모르는 자신들의 구별된 삶의 양식을 지속함으로서 기독교인으로서의 인격이 형성되는 것을 격려하는 것이다…. 그는 핍박이 좌절을 이끄는 것이 아니라 오히려 기독교인의

인격이 성장하는 기회가 되기를 구한 것이다.[181]

고난의 신학은 이와 같은 성경적인 출발점을 필요로 할 것이다. 동시에 1999년 7월 나이지리아에서 "기독교인-무슬림 관계에 있어서 고난과 능력: 오늘날 이슬람의 정치적 도전과 교회교육과 선교를 위한 적용"이라는 주제로 열린 한 대회에서 고찰한 바와 같이 알려져야 할 것이다.[182]

3) 적합한 상황화를 실천함

풀베 종족에 대한 드쟝의 글은 상황화의 비전을 잘 요약하여 제시하였다: "우리의 주된 비전은 복음이 풀베 사람들의 마음속에 신학적으로 그리고 철학적으로 깊이 심기어서 풀베 문화 내부 깊은 곳으로부터 길어지는 것을 보는 것이다."(16장) 에드워드 에반즈는 13장에서 이와 같은 비전을 공유하는 모든 사람들의 기본적인 동기 중 하나를 요약한 케네스 크레그의 말을 인용한다: "이슬람 가운데 격려할 수 있는 것은 기독교인이 된다는 사실이 무슬림의 필요와 생각 그리고 친족으로부터의 단절을 의미하는 것이 아니라는 점이다."

댄 멕베이는 어떤 상황 가운데에서 기독교인의 믿음과 실천을 상황화하는 진지한 시도에 대하여 긍정적인 영향력을 묘사한다. "작명 축제, 장례의식, 결혼, 집단 노동 및 추수와 같은 페스티벌 가운데 그리고 지도자들에 대한 충성심의 표현에 기독교인의 신앙과 삶을 도입하는 것은 복음의 선포를 위한 문이 훨씬 잘 열리도록 하였다."(15장) 그리고 드쟝은 "심어 넣는"(embedding) 모델이 바람직하다는 점을 "뽑아내

---

181) J. de Waal Dryden, "Refined by Fire: Parenetic Literary Strategies in 1 Peter," Tyndale Bulletin 55, no. 2 (2004): 317-20.
182) Transformation, 17, no. 1(january-March 2000), the title and theme of the entire issues.

기"(extraction) 모델을 거부한 사람들의 접근방법을 통하여 묘사한다.

> 나는 새로운 신자들이 복음과 더불어 씨름할 때에 그들과 함께 걸어가며 그
> 들의 삶 가운데 그것을 적용하고자 하고 그것을 그들과 같은 감정을 가지고
> 의사소통한다. 그들은 나를 데리고 내려가지만 나의 마음에 찾아오기보다
> 는 그리스도와 함께 걸어간다. 내가 하는 일이란 그들과 함께 걷고, 관찰
> 하고 그리고 그들이 성경에 닻을 내리도록 하는 것일 뿐이다. 그들이 인도
> 하고 계획을 세운다. 나는 그들이 시간이 지남에 따라서 성령의 충만함으로
> 400여 년 전에 심기어진 이슬람보다 더욱 효과적이고 심오하게 풀베 문화
> 깊숙이 복음을 심을 것을 확신한다. 그리고 이러한 성령의 역사하심과 함
> 께 교회가 출현하게 될 것이다(16장).

이 모든 것은 상황화 그 훨씬 이상의 가능성들을 탐구하도록 하는
하나의 자극일 뿐이다. 분명 서로 다른 상황에서 채택되는 다른 많은
접근방법들이 있을 것이다. 그 스펙트럼의 한쪽 끝에는 새 신자들이 가
능하면 기존 교회에 완전히 합류하도록 격려하는 사람들이 있다. 그리
고 다른 한쪽 끝에는 그들을 자신들의 가족, 공동체, 그리고 심지어 모
스크 안에도 예수 그리스도의 이름으로 머물도록 격려하는 사람들이
있다. 많은 사람들이 보다 극단적인 위치에 있는 사람들을 그렇게 변호
하지 않는데, 그 이유는 그들이 핍박을 최소화하기 때문이라는 것이며,
부분적으로는 그들이 보다 일반적인 넓은 영역의 사람들에게 영향을 받
을 수 있기 때문일 것이다. 이러한 스펙트럼의 어떠한 위치를 택하든 상
황화의 한계에 대한 논쟁은 계속될 필요가 있다.[183]

---

183) 이 주제에 대한 논문들과 반응들에 대하여서는 예를 들어 Evangelical Mis-
sions Quarterly 에 나와 있는 필 파샬(Phil Parshall) 및 다른 사람들의 글을 참조
하기 바란다: Phil Parshall, "Danger! New Directions in Contextualization,"
EMQ 34, no. 3(October 1998). 보다 최근 것은 다음과 같다: "Lifting the Fatwa,"
EMQ 39, no. 3(July 2004).

4) 교회론적 논점들을 탐구함

복음주의 기독교인들은 '교회개척'이라는 실질적인 일에 주로 관심을 갖는 반면 교회론에 대하여 종종 그렇게 흥미를 갖지 않는다. 따라서 때때로 그들이 기존 교회가 없는 지역에서 사역할 때에 자신들의 배경교단의 교회 질서와 같은 것을 소개하는 일이 일어나는 것이다.

이 책의 여러 장들에서 현재 시험 중인 상황화의 예들을 모델로서 포함하므로 상황이 변하고 있는 것으로 보인다. 예를 들어 중앙아시아를 다루는 장에서는 소규모의 가정 집단들의 중요성과 신약 성경 가운데 묘사된 바와 같은 장로들을 이야기하고 있다(12장). 다리스탄에서 우리는 교회의 구조가 선교사들에 의하여 부과되는 것이 아니라 자연스럽게 발전하는 적합한 모델의 점차적인 전개를 본다. 거기에서는 다음과 같이 말하고 있다: "만일 발현할 교회들이 외국 사역자들이 종종 가지고 오는 짐들(그들이 가지고 들어온 비디오, 교육 자료 같은 것들) 없이도 시간에 따라서 자신들의 구조를 형성해 갈 수 있다면 그것은 훨씬 멋진 일이다."(19장) 또한 풀베 상황에서 드쟝은 이러한 과정 가운데에서 진정한 인내가 필요하다고 다음과 같이 언급한다: "무슬림들을 따라감에 있어서 예를 들면, 선교사들은 새로운 신자들이 비형식적인 성경공부 및 기도그룹으로 남는 것을 허락함으로, 필요하다면 여러 해 동안 자기 자신들 스스로의 보조와 시간에 따라 교회를 상황화하고 자연스럽게 문화적으로 수용할만한 지도력이 발현할 시간을 허락함으로써 그들에게 '통제권'을 줄 수 있지 않겠는가?"(16장)

만일 이러한 모델들이 어떤 상황 가운데에서 상당 기간 동안 적용되는 것을 본다면 그와 더불어 다음과 같은 그 이상의 질문들을 마주하게 될 것이다. 예를 들면, 그들은 어떻게 성만찬을 기념할 것인가 그리고 어떻게 세례를 받을 것인가? 또한 한 장소나 지역 및 나눔면 서로 다른 집단들은 어떻게 서로를 관련지을 것인가? 그들은 얼마나 공개적이고 공식적이 될 것인가? 권력자들은 그들이 어떤 단계가 되었을 때에 알아차리게 될 것인가? 그들은 다른 나라의 신자들 및 세계 교회와 어떻게 관계할 것인가? 우리가 그것을 좋아하건 그렇지 않건 이와 같은 질문들에 답변을 구하는 것은 우리의 교회 구하는 교리를 진지하게 반영하게 할 것이고 처음 몇 세기 초대 교회의 역사를 연구하도록 할 것이다.

5) 이슬람 신학에 대한 작업

짐 테베는 "좋은 신학이란 언제나 좋은 선교를 낳는 것은 아니지만 신학이 없거나 좋지 못한 신학은 확실히 나쁜 선교가 나오도록 한다."라고 말한다(6장). 매 단계에서 마주칠 필요가 있는 기초적인 한 가지 신학적 질문은 우리가 이슬람을 생각하는 방법에 관한 것이다. 선교사들은 이슬람의 속성에 대하여 어떻게 생각하는가? 또한 어떻게 새로운 신자들은 그들이 이전에 양육받았던 종교에 대하여 생각하게 될 것인가? 그것에 대하여 자신들을 완전히 잘못 인도한 그 어떤 것으로 생각하여 부인해야 할 것으로 여길 것인가 아니면 단지 그리스도 안에서 하나님에 대한 보다 완전한 계시를 보는 데까지는 인도하지 못하였던 부적합한 결점이 있는 그 어떤 것으로 볼 것인가? 이러한 종류의 질문들은 무슬림들 가운데 사역하는 기독교 선교사로서 자신의 사고의 전개에 따라 다음과 같이 정직한 고찰을 한 로웰 드쟝에 의하여 주어진 것이다.

> 내가 사역하던 초기에는 사람들 앞에서 이슬람을 존경하였다. 그래서 나의 관점을 지지하기 위하여 꾸란의 구절들을 사용하곤 하였다. 그러나 나의 마음속에는 이슬람을 첫 번째 원수로 여기는 생각이 있었다. 나의 기본적인 마음 자세는 예수를 풀베 무슬림 세계관과 신앙 체계 가운데 심고자 하는 나의 사역에 언급된 목표와는 맞지 않는 것이었다. 그러나 예수를 세계관과 신앙 체계 가운데 심기 위해서 우리는 그들 내부에 기꺼이 들어가

야 한다. 그리고 성경적으로 가능하기만 하면 그 세계관과 신앙 체계와도 동행해야 한다. 그리고 예수를 그 안에 있는 논점들에 대한 해답으로 가져가야 한다. 나는 선교사들이 "새로운 무슬림"(neo-Muslim)이 되는 것을 제안하는 것이 아니다. 오히려 지난 2년 동안 새로운 자세로 이슬람에 대하여 새롭게 공부를 하면서 나는 기독교와 꾸란적 이슬람은 정말 장거리를 동행할 수 있다고 깨닫게 되었다. 이슬람은 그리스도 때문에 고용된 하나의 방편으로 볼 수 있다(17장).

여기서 우리가 반영하고자 하는 것은 여러 해에 걸쳐서 일련의 선교사들의 마음속에 일어났던 태도에 대한 점차적인 변화이다. 그들은 이슬람에 대하여 매우 부정적인 관점들을 가지고 사역을 시작하였다. 그러나 그들이 책략적인 이유가 아니라 꾸란을 공부하고 구도자들 및 새로운 신자들과 지속적으로 동행하였기 때문에 그들이 가지고 있었던 어떤 생각들이 바뀌게 된 것이다. 따라서 무슬림들 가운데 사역하는 기독교인들은 서로 평행선을 그으며 불편하게 같이 존재하는 이러한 두 가지 접근태도에 대하여 보다 진지하게 씨름할 필요가 있다. 한 편으로 이슬람은 사탄에 의하여 세워진 종교이기 때문에 이슬람의 신은 기독교의 신과 '완전히 다르다'고 믿는(심지어 때때로 무슬림들에게 그렇게 이야기하는) 사람들이 있다. 다른 한 편으로는 비록 이슬람이 복음의 기본적인 요소들을 부인하는 것으로 보이는 여러 가지 면들이 있음을 인식하지만 거기에 있는 진정한 공통분모에 기초하여 시작하기 원하며 비록 그들의 유일하신 분에 대한 개념이나 경험들은 다를 수 있어도 무슬림과 기독교인들은 동일한 분을 예배하고자 한다고 말하는 사람들이 있다. 우리가 밤을 지새울지라도 논점들을 해결할 수는 없다. 그러나 드쟝의 간증은 기독교인들이 무슬림을 어떻게 관련짓는가는 그들이 이슬람을 무엇이라고 생각하는가에 따라서 매우 심하게 영향을 받음이 확실함을 보여 준다.

6) 우리의 변증학을 적합하게 함

더들리 우드베리의 설문지는 무슬림들이 마주치게 되는 복음 제시의 다양한 방법들에 대하여 질의한다. 이러한 질문들 가운데 하나는 다음과 같이 변증학적 역할과 직접 관련되어 있다: "여러분은 기독교인이 되는 데 어려움을 끼치는 기독교인의 믿음과 교훈이 있었나? 혹은 지금 그러한 어려움을 가지고 있는가?" 그러나 나는 삼위일체, 그리스도의 신성, 십자가 위의 죽으심 및 성경의 적확함에 대한 전통적 이슬람식 아이디어들을 무슬림들이 질문함으로써 무언가 다른 단계를 찾아낼 수 있도록 하는 그 이상의 질문들이 필요할지 모르겠다고 생각한다. 기독교인들에 의하여 주어진 질문들에서 그들은 얼마나 도움을 발견할 수 있을까? 그들이 새로운 빛으로 하나님, 예수 그리고 성경을 점차적으로 바라보게 될 때에 기독교인들이 그것들을 설명하였던 것과 정확하게 동일한 방법으로 그들의 새로운 신앙을 표현하기 원할 것인가? 예를 들자면, 그들은 예수께서 '하나님의 아들' 되신 것과 '십자가에서의 죽음'의 의미에 대하여 자신들에게 주어지는 설명에 의하여 과연 완전한 확신을 갖게 될 것인가? 예수를 '단지 하나의 선지자 이상으로' 그들이 바라보게 되었을 때에 그들은 기독교인들이 그들과 함께 일찍이 사용하였던 동일한 언어를 사용할 것인가 아니면 자기 자신들에게 더욱 의미가 있는 메시지를 표현하는 새로운 방법들을 개발할 것인가?

여러 세대에 걸친 선교사들이, 본래 1829년도에 기록된 이후에 개정판과 함께 여러 다른 언어로 번역된 칼 팬더(Carl Pfander)의 『진리의 균형』(Balance of Truth)에 근거하여 양육을 받았다. 최근의 영판으로 1986년도의 것이 있다는 사실 자체가 그 내용은 오랜 시간 가운데 시험을 거친 것이라 할 수 있다. 동시에 오늘날 팬더의 접근방식에는 어떤 국면들에 한계가 있음을 점점 깨닫고 있다. 여러 해 동안 이 주제를 가르쳐 오면서 나는 고들의 『만남과 충돌』(Encounter and Clashes): 역사 가운데 이슬람과 기독교라는[184] 처음부터 지금까지 기독교인들과 무슬림들 사이에 있었던 논쟁에 사용된 다양한 접근방식들에 대하여 학생들이 이해할 수 있도록 해 주는, 값으로 따질 수 없는 자료를 찾아내었다.

나는 우리 자신의 변증법적인 접근에 특별히 우리가 질문할 필요가 있는 네 영역이 있음을 제안하는 바이다.

- 기독교인들이 무슬림의 신앙과 실천을 공격하는 것은 진정 적합한 것인가? 무함마드의 그 어떠한 것에 대하여 비판적으로 말하는 것이 진정 올바른 일인가?
- 변증수사학(polemics)과 변증학(apologetics) 사이에 분명한 차이가 있는가? 그렇다고 한다면 어디에서 그것을 구분하는 선을 그을 수 있는가?
- 무슬림들과 진정한 신학적 대화를 하는 것이 가능한 것인가?
- 공개적인 논쟁들은 얼마나 가치가 있는 것인가 그리고 그것들이 연출되기에 가장 생산적인 방법들은 무엇인가?

너무 닳아빠진 모든 논쟁들 대신에 새로운 신자들의 경험을 우리가 보다 사용함으로써 신앙을 시작하는 새로운 방법들을 탐구할 필요가 있을 것이다.

7) 다른 종류의 이슬람과 무슬림들에 대한 이해

이슬람은 무엇인가? 우리는 본서 가운데 반영된, 이슬람을 표현함

---

184) Jean-Marie Gaudent, Encounters and Clashes: Islam and Christianity in History, rev. ed., Vol. 1: A Survey; Vol. 2: Texts (Rome: Pontificial Institute for Arab and Islamic Studies, 1984).

에 있어서 내재된 엄청난 다양성을 어떻게 이해해야 할 것인가? 기독교인들이 쓴 이슬람에 대한 어떤 기본 교과서들은 무언가 분명하고 정확한 설명을 시도하지만 본서의 여러 장들 가운데 묘사된 바와 같은 경험을 가진 무슬림들의 신앙 및 실천과는 하나도 닮은 것이 없다. 예를 들면, 12장은 무신론적 공산주의 세력 아래에 수십 년을 지낸 이후 새로운 정치적 자유를 경험하고 있는 대중 무슬림들의 상황을 묘사한다. 풀베 종족에 대한 로웰 드쟝의 장은 아프리카 여러 지역에서 이슬람이 400여 년 동안 발전을 경험한 이후 어떻게 보이는지에 매우 유용한 설명을 하고 있다: "이슬람은 성숙되고 안정된 실체로서 풀베 문화 가운데 통합되었다. 그를 우리는 풀베 이슬람이라고 부를 수 있을 것이다…. 그 결과는 매우 아프리카적인 이슬람으로서 매우 풀베적이지만 본질적으로는 무슬림이요, 이슬람이다."(16장)

이상과 같은 내용은 우리로 하여금 이슬람을 묘사하는 방법에 대하여 더 생각해 볼 필요가 있음을 제안하는 것은 아닌가? 우드베리의 설문지는 간단한 질문을 던진다: "당신은 어떤 종류의 이슬람에 속합니까?(수니, 시아, 수피, 민속)" 그러나 나는 이들 새로운 신자들이 어디에서 왔는지 알기 위해서 보다 많은 질문을 던질 필요가 있지 않나 궁금하다. 예를 들자면 새로운 신자들 가운데 어느 정도의 비율이 실천적으로 헌신된 무슬림들이었고 어느 정도의 비율이 단순히 명목상이었는지 찾아내는 것은 흥미로울 것이다. 시아가 수니보다 복음에 일반적으로 더 개방적인가? 보다 경건한 무슬림들이 자신들의 영적인 소망의 성취를 그리스도 안에서 발견한다면 신앙 가운데 나아온 얼마나 많은 사람들이 정치적으로 매우 헌신되어 있고 정의감에 이끌리고 있었는가? 우리가 관찰한 것들의 어느 정도가 이슬람에 관련된 것이고 어느 정도가 현지 문화에 관련된 것인가? 만일 우리가 다른 문화와 정치적 상황 사이에 엄청난 차이가 있음을 인식하는 것과 마찬가지로 에벌린 레이서처가 북미 기원을 가진 신자들을 설명할 때에 언급한 것과 같이 여성과 남성 사이에 상당한 차이가 있음을 알고 있지 않은가?(9장) 무슬림들 사이에 있는 엄청난 차이들은 '이슬람'에 대하여 단순히 통일된 묘사를 하는 일반화에 상당히 주의를 해야 하며 '이슬람'보다는 오히려 '무슬림 들'에 대하여 이야기해야 함을 알려 준다.

8) 정치적인 논점들을 언급함

어떤 장들에서는 사람들이 신앙 가운데 나아오게 된 그 역할로서 정치적 상황 가운데 있는 인자들을 언급한다. 예를 들면, 더들리 우드 베리는 이란과 파키스탄의 정치적 격변이 복음에 대한 개방성을 증가시 켰다고 지적한다(2장). 이전 소비에트 연방에서 새로운 자치공화국들이 탄생한 것은 기독교 메시지에 대한 더욱 커다란 개방을 불러일으켰다 (12장). 그리고 9·11 사태 효과가 파키스탄에 나타난다(13장). 안드레아 스 마우러는 남아프리카의 상황 가운데에서 "어떻게 어떤 사람이 사회 정치적 이유로 자신의 종교적인 충성도가 바뀌도록 동기부여받을 수 있 는지"에 대하여 묘사한다(8장). 우리는 중앙아시아에서 다음과 같은 것 을 배운다: "공산주의와 무신론을 지지하던 정부의 몰락 이후 십여 년 이 지나자 명목상의 무슬림들의 거대한 대다수가 새로운 열정을 가지 고 하나님을 찾고 있다. 많은 사람들이 더욱 엄격한 이슬람 실천 가운 데 새로운 활력을 가지고 헌신의 방향성을 잡아가고 있다. … 그러나 … 생활은 어렵고 중앙아시아 무슬림들은 끊임없이 복음에 대하여 개방적 이 되어 가고 있다."(12장)

메디나의 첫 이슬람 공동체 설립에 대한 히즈라(Hijrah)(622년 메 카에서 메디나로 무함마드와 그의 추종자들이 이동한 사건)에 들어 있 는 무함마드의 예 때문에 이슬람이 매우 정치적인 종교로 보인다는 것 은 그리 놀랄만한 일이 아니다. 서구의 '기독교' 제국주의는 1세기 이상 의 기간 동안 거의 모든 무슬림 세계를 그 권세 아래 있게 하였다. 그래서 20세기 중엽에 제국주의의 보다 초기 형식들은 종말을 고하였지만 새로운 형태의 예를 들면, 문화적, 경제적 그리고 정치적 형태의 제국주의가 무슬림과 비무슬림들 사이에 충돌이 있는 대부분의 상황 가운데 여전히 살아 있다.

따라서 나는 믿음 가운데 나아온 자들과 정치적인 논점들에 대하여 더욱 대화를 해야 할 필요가 있지 않나 궁금하다. 설문지에는 정치적인 논점에 대하여 다루는 단 두 개의 질문이 있다.

- "당신은 다음과 같은 어떤 영향으로 기독교인이 되었습니까? 정치적인 환경들 때문에? 경제적인 환경들 때문에?"
- "당신이 기독교인이 되는 데 혹은 기독교인으로 지내는 데 어려움을 끼치는 사회적 혹은 정치적 영향이 있었습니까?"

그러나 나는 이러한 질문들이 보다 커다란 정치적 논점들의 중요성에 대하여 우리가 가져야 할 정보를 얻어 내기에 충분히 분명하게 작성되었는지 의심스럽다. 이 부분에 대한 것이라면 미국인 주도의 이라크 점령 및 그 결과에 대하여 그리고 그것이 장래 기독교인들과 무슬림 사이의 관계에 어떠한 영향을 줄 것인지와 같은 질문을 주었다면 더 적절할 수 있었을지 모르겠다.

2003년 5월에 있었던 미국과 영국의 이라크 침공에 대하여 천명된 동기는 대량 상살 무기를 가진 공격의 위협을 방어하고 사담 후세인(Saddam Hussein al-Majid al-Awja)을 그 권좌에서 제거하는 것이었다. 그러나 대부분의 관찰자들은 다른 동기가 있었는데 그것은 서방을 위한 오일 공급의 안전성 확보를 위하여 미국의 이익에 따라서 중동을 재편하고자 하는 것을 포함하는 것이었다. 이라크에서 기독교 교회에 대한 폭력적인 공격들은 이라크의 기독교인들이 극단주의 무슬림들의 마음 가운데 무슬림 국가인 중동에서 소위 '기독교식 서구'라는 짐을 지고 있는 것과 연결시키고 있음을 보여 준다. 아랍 세계에서 여러 해 동안 일한 바 있던 이슬람을 연구하는 미국인 기독교 학자는 1096년도의 첫 번째 십자군 전쟁 이후에 그 어떠한 것도 최근의 이라크 공격보다 더욱 기독교인-무슬림 관계를 더욱 훼손시킨 것은 없다고 나에게 이야기하였다. 전 지구적 소문거리가 떠도는 세계에 우리가 살고 있다면 이러한 사건들이 향후 몇십 년 동안 '기독교인들'과 '기독교'에 대한 무슬림들의 일반적인 개념에 심각한 영향을 미치게 될 것이라는 데에 놀랄 필요가 없을 것이다.

9) 기독교 시온주의에 대한 도전

최근의 많은 연구들이 서구의(특히 미국의) 이스라엘에 대한 일방적 지원이 무슬림들의 서구에 대한 분노의 한 요인이라고(유일한 요인은 아닐지라도) 제안하고 있다. 많은 선교사들 특히 아랍 세계에서 사역하고 있는 사람들은 많은 복음주의 기독교인들이(특히 미국) 이스라엘을 일방적이고 열정적으로 지지함으로써 그것이 복음에 대한 주요 걸림돌이 되었다는 사실을 확증한다. 무슬림들에 의한 메시지는 "만일 당신들 기독교인들이 우리에게 근본적으로 불공평하게 보이는 신학적 이유로 이스라엘을 지지한다면 우리가 어떻게 당신들의 메시지를 고려할 마음을 갖기 바랄 수 있겠는가?" 하고 질문하는 것으로 보인다. 따라서 나는 이 책에서 보고하는 간증들과 선교사들의 간증들 사이에 있는 간격을 어떻게 보아야 할지 어리둥절하다.

예수의 제자들이 된 무슬림들은 대부분 무슬림들이 시온주의와 이스라엘에 대하여 주요 걸림돌이라고 말하는 것과는 달리 그러한 우려를 한 번도 하지 않았다고 결론을 내리는 것인가? 이들 대부분 무슬림들이 과연 정치적 논점들에는 그다지 흥미가 없다는 것인가? 그렇지 않다면, 무슬림들 마음 가운데 있는 이 논점에 대한 우려를 표명하는 반응을 살펴볼 목적으로 하는 내용이 설문지 자체에(혹은 다른 연구에) 없지 않은가?

사실상 나는 "당신이 기독교인이 되거나 기독교인으로 지내도록 하는 데 어려움을 끼치는 사회적 혹은 정치적 영향들이 있는가?"라는 질문의 가능한 한 답변으로 시온주의와 이스라엘의 논점을 포함하지 않은 것에 대하여 놀라움을 감출 수 없다.

많은 기독교인들은 기독교인들이 이스라엘을 지지하기 때문에 그 영향력으로 무슬림들이 기독교를 대항하고 그 때문에 많은 사람들이 복음을 거부한 채 남아 있는 지속적인 주요 요인이라고 믿는다. 이스라엘-팔레스타인 갈등에 대하여 기독교인 간에 보다 균형 잡힌 접근을 함으로써 무슬림의 복음에 대한 개방성을 훨씬 더 증가시킬 방도는 없을까? 만일 무슬림들이 개개의 기독교인들과 그들이 '기독교 서구'라고 바라보는 진영에서 공의와 정의를 갈구하고 목말라하면서 이스라엘과 팔레스타인 사이에 진정한 평화를 가져다 주는 것을 볼 수 있다면 그들이 복음에 대하여 더욱 더 개방적이 되지 않을까?

10) 이슬람으로 개종하는 것에 대한 연구

이슬람에서 기독교로 개종하는 것에 관련된 질문을 넘어서 기독교에서 이슬람으로 개종하는 것에 대하여서도 최소한의 주의를 기울여야 하지 않을까? 파키스탄에 대하여 기록한 에드워드 에반스는 이슬람에서 기독교로 개종하는 것보다 기독교에서 이슬람으로 개종하는 것이 더 많다고 지적한다. 또한 남아프리카의 상황에서 안드레아스 마우러는 다음과 같이 지적한다: "개종이 양 방향으로 일어나는 것을 알아야 한다···. 기독교인들은 한 방향으로만 개종이 진행되는 것이 아니라 양 방향으로 왔다 갔다 한다는 것을 알 필요가 있다." 그는 사람들이 이슬람으로 개종하는 한 주요 요인으로 여러 해 동안 기독교 교육에서 강화되고 있는 남아프리카 공화국의 인종차별정책에 대한 거부라고 분명하게 진술한다. 그리고 "기독교에서 이슬람으로 개종하는 열에서 다섯은 남아프리카의 사회정치적인 상황이 그 이유다."라고 언급한다(8장).

어떤 사람들이 굳게 뭉친 공동체의 일부가 되고자 하는 열망으로 이슬람으로 개종할 때에 기독교인들은 교회와 교제 가운데 그들이 어떠한 공동체의 모범을 보이고 있는지 도전을 받을 필요가 있다. 만일 누군가가 이슬람 신학의 간결함에 이끌려 개종한다면 기독교인들은 자신들 스스로가 이슬람을 종류에 따라 보다 진지하게 택함으로써 그들에게 덜 공격적인 방법으로 믿음과 삶을 표현해야 하지 않겠는가? 그리고 만일 많은 사람들이(특히 서구에서) 수피즘으로 이끌린다면 이는 기독교인들이 영성 연구와 실천에 더 관심을 기울여야 함을 제안하는 것은 아닌가? 그리스도의 신앙 가운데에 나아온 사람들로 인하여 우리가 진정 흥분되지만 또 다른 방법이 영혼을 찾는 가치 있는 것이 될 수 있기에 이 운동에 대한 냉정한 반성이 필요하다.

5. 결론

모세가 타오르는 떨기나무 앞에서 자신이 거룩한 땅에 서 있음을 느끼듯(출 3:5) 이 글을 시작하였는데, 이제 여호수아와 그의 비전으로 이 글을 마무리 하고자 한다. "너는 나이가 많아 늙었고 얻을 땅이 매우 많이 남아 있도다"(수 13:1후). 나는 물론 지역적 정복을 생각하지 않는다. 오히려 개개인, 가족, 그리고 전 공동체가 예수의 제자들로 하나님 나라에 들어오는 것을 생각한다. 이 책의 모든 장들이 무슬림들 가운데 의미심장한 복음의 전개와 진보를 이야기 한다. 그로 인하여 우리는 감사를 드린다. 그러나 만일 우리가 이미 성취한 것에 기초하고 최근 수십여 년 동안에 이루어진 것을 잘 배운다면 얼마나 더 많은 남아 있는 땅들을 소유하게 될 것인가?

부록

우드베리 교수의 글(제2장)에 관련하여 진행되는 조사에
참여하기를 원한다면 다음의 설문에 응답하여
이메일 주소 〈dudley@fuller.edu〉로 전송하거나
아래 우편주소로 보내 주기 바란다.

Fuller Theological Seminary
School of Intercultural Studies
Pasadena, CA 91182
USA

아래 설문의 형식을 MS 워드 포맷으로 더 쉽게 사용하기를 원한다면
위의 연락처로 요청할 수 있다.

나의 영적 여행

질문지

예수 그리스도를 믿기 위해 나아온
여러 사람들이 취한 영적 여행들을 이해할 수 있도록
당신 자신의 여행이나 혹은 당신이 잘 아는 다른 사람의 여행에 관한
다음의 질문들에 답함으로 이러한 사역을 지원할 수 있다.

1. 처음 예수 그리스도 안에서 신자가 되는 것에 흥미를 가졌을 때 나는 어디에 살았는가?

　　____도시 ____읍 ____시골

2. 거기에 얼마나 오랫동안 살았는가?

　　____0-1년 ____1-2년 ____3-5년 ____5+년

3. 지금은 어디에 살고 있는가?

　　____도시 ____읍 ____시골

4. 거기에 얼마동안 살아왔는가?

　　____0-1년 ____1-2년 ____3-5년 ____5+년

5. 어느 나라에서 살았는가? _____

6. 무슨 인종그룹에 속하는가? _____

7. 이슬람의 어느 범주에 속하였는가?

　　____수니 ____시아 ____수피 ____민속

기타:

나의 의견:

다음 중 어느 누구라도 나의 기독교로의 회심에 연루된 사람이 있는가?			아니다	약간	많다
8	같은 인종그룹의 어떤 이	회심 이전			
9		회심 당시			
10		회심 이후			
11	내 인종그룹 바깥그룹으로부터 온 어떤 이	회심 이전			
12		회심 당시			
13		회심 이후			
14	가족 구성원	회심 이전			
15		회심 당시			
16		회심 이후			
17	친구 혹은 아는 사람	회심 이전			
18		회심 당시			
19		회심 이후			

다음 중의 어느 것이라도 나의 회심에 기여했는가?			아니다	약간	많다
20	문서 (서적, 전도지, 성경의 부분 등)	회심 이전			
21		회심 당시			
22		회심 이후			
23	라디오	회심 이전			
24		회심 당시			
25		회심 이후			
26	텔레비전 혹은 비디오	회심 이전			
27		회심 당시			
28		회심 이후			
29	성경공부그룹	회심 이전			
30		회심 당시			
31		회심 이후			
32	성경통신과정	회심 이전			
33		회심 당시			
34		회심 이후			
35	의료프로그램 (병원, 클리닉 등)	회심 이전			
36		회심 당시			
37		회심 이후			

	다음 중의 어느 것이라도 나의 회심에 기여했는가?		아니다	약간	많다
38	교육적인 프로그램	회심 이전			
39	(기독교학교, 대학,	회심 당시			
40	읽고 쓰는 능력 교육 등)	회심 이후			
41		회심 이전			
42	구제 혹은 개발 프로그램	회심 당시			
43		회심 이후			
44	한 사람 혹은 더 많은 사람들의	회심 이전			
45	개인적 간증	회심 당시			
46		회심 이후			
47		회심 이전			
48	대규모 전도대회 혹은 집회	회심 당시			
49		회심 이후			
50	기독교인들과	회심 이전			
51	신학적 논쟁이나 대화	회심 당시			
52		회심 이후			
53		회심 이전			
54	오디오 카세트?	회심 당시			
55		회심 이후			

나의 의견:

	다음 중에 나는 어떤 영향을 받아 기독교인이 되었는가?		아니다	약간	많다
56		회심 이전			
57	정치적 환경	회심 당시			
58		회심 이후			
59		회심 이전			
60	경제적 환경	회심 당시			
61		회심 이후			

나의 의견:

	그리스도 안의 믿음을 위하여 내게 영향을 준 어떤 경험이 있었는가?		아니다	약간	많다
62	특별한 기독교인이나 기독교인 그룹의 삶의 방식 관찰하기	회심 이전			
63		회심 당시			
64		회심 이후			
65	질병으로부터 치유	회심 이전			
66		회심 당시			
67		회심 이후			
68	비전 혹은 꿈들	회심 이전			
69		회심 당시			
70		회심 이후			
71	응답받은 기도	회심 이전			
72		회심 당시			
73		회심 이후			
74	기적들 혹은 특별한 상황에서 그리스도의 능력을 관찰	회심 이전			
75		회심 당시			
76		회심 이후			
77	무슬림이나 이슬람과의 불만족	회심 이전			
78		회심 당시			
79		회심 이후			

나의 의견:

그리스도 안의 믿음을 위하여 내게 영향을 준 어떤 경험이 있었는가?		아니다	약간	많다
80	내적 평화에 대한 바람	회심 이전			
81		회심 당시			
82		회심 이후			
83	용서의 확신에 대한 바람	회심 이전			
84		회심 당시			
85		회심 이후			
86	영적 진리로의 인도에 대한 바람	회심 이전			
87		회심 당시			
88		회심 이후			
89	두려움으로부터의 자유	회심 이전			
90		회심 당시			
91		회심 이후			
92	마귀로부터 혹은 영적 눌림으로부터 벗어남	회심 이전			
93		회심 당시			
94		회심 이후			
95	슬픔과 외로움으로부터 벗어남	회심 이전			
96		회심 당시			
97		회심 이후			
98	하나님의 사랑을 경험하고자 하는 바람	회심 이전			
99		회심 당시			
100		회심 이후			
101	구원의 확신을 갖고자 하는 바람	회심 이전			
102		회심 당시			
103		회심 이후			
104	영적 문제들에 대해 다른 사람들과 교제하고자 하는 바람	회심 이전			
105		회심 당시			
106		회심 이후			

나의 의견:

나로 하여금 기독교인이 되는 데 어렵게 만든 (혹은 여태껏 그렇게 만들고 있는) 어떤 기독교인 믿음들이나 가르침들이 있었는가?		아니다	약간	많다
107	삼위일체의 기독교 교리	회심 이전		
108		회심 당시		
109		회심 이후		
110	하나님의 아들로서 예수의 성육신	회심 이전		
111		회심 당시		
112		회심 이후		

나의 의견:

내게 기독교인이 되거나 기독교인으로 남는 데 어렵게 만든 사회적이거나 정치적인 영향들이 있었는가?		아니다	약간	많다
113	무슬림 가족 구성원으로부터의 압력	회심 이전		
114		회심 당시		
115		회심 이후		
116	무슬림 공동체로부터의 압력	회심 이전		
117		회심 당시		
118		회심 이후		
119	법에 의해 금지된 개종	회심 이전		
120		회심 당시		
121		회심 이후		
122	기독교 교회가 당신을 환영하지 않았거나 외국인의 방도로 예배함	회심 이전		
123		회심 당시		
124		회심 이후		

나의 의견:

	기독교인이 되거나 기독교인으로 남기가 어렵도록 만드는 기독교에 대한 다음의 생각들 중에 나는 어느 경우에 해당하는가?		아니다	약간	많다
125		회심 이전			
126	기독교는 서구의 종교이다.	회심 당시			
127		회심 이후			
128		회심 이전			
129	기독교는 무슬림을 개종 혹은 착취하였는가?	회심 당시			
130		회심 이후			
131	기독교인들은 세속적인 삶의 방식,	회심 이전			
132		회심 당시			
133	낮은 도덕성 등을 갖고 있는가?	회심 이후			

나의 의견:

	내 지식으로는 다음의 요소들 중에 어느 것이 기독교인으로서 나의 경험에 중요하다고 여기는가?		아니다	약간	많다
134		회심 이전			
135	이 지역에 이미 기독교 교회가 있었다.	회심 당시			
136		회심 이후			
137	교회에서의 예배 형태들은	회심 이전			
138	내가 편안함을 느낄 수 있도록	회심 당시			
139	한 것들이었다.	회심 이후			
140	다른 기독교인들은 그들의 교제에	회심 이전			
141		회심 당시			
142	나를 환영하는 느낌을 주었다.	회심 이후			

나의 의견:

143. 남성 혹은 여성?

　　____남성 ____여성